머리말

무난하게 접근할 수 있도록 친절히 서술하였습니다.

과목별 학습 전략

■ 상법(보험편)

시험범위는 상법 보험편 제638조부터 제687조까지의 54개 조문입니다. 출제 영역은 비교적 좁으며 난이도가 높지 않은 편이므로, 기본 이론과 조문을 정확히 이해한 뒤 기출문제를 통해 유형을 체득하는 것이 유효합니다.

상법은 조문을 중심으로 한 원칙과 체계의 이해가 핵심입니다. 조문 간 관계를 파악하고 개념을 연결하는 데 초점을 맞추면, 문제의 표현이 바뀌어도 흔들리지 않습니다.

■ 농어업재해보험법령

법률(제1조~제32조), 시행령(제1조~제23조), 손해평가요령(제1조~제17조)에서 거의 원문 그대로 출제되고 있습니다. 기출문제에서 자주 등장하는 단어와 문구를 중심으로 반복 학습하시기 바랍니다.

법령은 문구의 정확성이 본질입니다. 법령상 규정이 "어떻게 명시되어 있는가"를 정확히 파악하는 것이 중요합니다.

■ 재배학 및 원예작물학

작물생리, 토양환경, 환경스트레스 등 농학의 기초적인 내용을 모두 담고 있는 재배학의 출제비중이 5개년 기준 약 80% 정도로 매우 높습니다. 농학과 관련된 여러 과목들의 전반적인 내용을 다루기 때문에 양이 매우 방대하므로, 기출문제에서 자주 다루는 이론을 우선으로 회독한 후 세부적인 내용과 원예작물학의 필수 암기 부분을 학습하는 것이 바람직합니다.

손해평가사가 되는 과정은 단순히 자격증을 얻는 것이 아니라, 농업인의 삶과 우리 사회에 실질적인 가치를 더하는 전문가로 성장하는 여정입니다. 학습 과정에서 어려움이 있더라도, 지금의 노력이 여러분의 미래를 견고하게 만들어 간다는 사실을 잊지 마십시오.

이 교재가 여러분의 든든한 길잡이가 되어, 목표한 합격에 한 걸음 더 가까이 다가가길 진심으로 기원합니다.

여러분의 도전과 성장을 응원합니다.

2025년 11월

저자 일동

손해평가사 시험안내

➡ 손해평가사란 정책보험인 농업재해보험에서 보험사고가 발생한 경우 피해사실을 확인하고 보험가액 및 손해액을 평가하는 일을 수행하는 자로 농림축산식품부장관이 시행(한국산업인력공단에 위탁)하는 손해평가사 자격시험에 합격한 자를 말한다.

▶ 2026년도 손해평가사 시험일정

구분	원서접수		시험일자	합격자 발표일	원서접수방법
	본접수	추가접수			
1차	4월 예정	5월 예정	5월 예정	6월 예정	큐넷 www.q-net.or.kr
2차	7월 예정	8월 예정	8월 예정	11월 예정	

▶ 시험과목 및 문항 수, 배점

구분	시험과목	문항 수	시험시간	시험방법
1차	1. 상법 보험편 2. 농어업재해보험법령 3. 재배학 및 원예식물학	과목별 25문항	90분	객관식
2차	1. 농작물재해보험 및 가축재해보험의 이론과 실무 2. 농작물재해보험 및 가축재해보험 손해평가의 이론과 실무	과목별 10문항	120분	주관식

▶ 응시자격 및 합격기준
- 응시자격 : 제한없음
- 합격기준 : 1차 및 2차시험 각 과목 40점 이상, 평균 60점 이상
- 1차 시험에 합격하거나 면제된 자에 한하여 2차시험 응시 가능
- 1차 시험에 합격한 경우 다음 회에 한하여 1차시험 면제

▶ 손해평가사 합격자 통계

구분	1차시험				2차시험			
	대상자	응시자	합격자	합격률(%)	대상자	응시자	합격자	합격률(%)
1회	5,684	4,002	1,865	46.6	2,835	2,260	430	19.0
2회	3,655	2,879	1,761	61.2	2,442	1,852	167	9.0
3회	3,240	2,374	1,444	60.8	1,939	1,538	260	16.9
4회	3,716	2,594	1,949	75.1	2,372	1,934	129	6.7
5회	6,614	3,901	2,486	63.7	3,254	2,712	153	5.6
6회	9,752	8,193	5,748	70.2	5,855	4,937	566	11.5
7회	15,385	13,230	9,508	71.9	10,136	8,699	2,233	25.7
8회	15,796	13,361	9,067	67.9	10,685	9,016	1,113	12.3
9회	16,930	14,107	10,830	76.8	11,732	9,977	1,390	13.9
10회	17,871	14,037	9,343	66.6	11,291	9,584	566	5.9
11회	17,390	14,101	10,563	74.91	11,211	9,477	467	4.9
합계	116,033	92,779	64,564	69.6%	73,752	61,986	7,474	12.1%

▶ 손해평가사 활동
- 프리랜스 : 한국손해평가사협회 또는 한국농어업재해보험협회에 가입하여 손해평가
- 직장취업 : 보험업법에 따른 손해사정을 업으로 하는 손해평가법인에 취업하여 손해평가

출제경향 분석 및 학습전략

상법(보험편)

내용	1회	2회	3회	4회	5회	6회	7회	8회	9회	10회	11회	평균
통칙	13	15	14	14	13	13	14	14	13	13	13	13.5
손해보험	12	10	11	11	12	12	11	11	12	12	12	11.5
사례예시	–	–	–	–	–	1	1	2	3	–		
계	25	25	25	25	25	25	25	25	25	25	25	25

1. 출제경향분석
- 최근 보험편 통칙과 손해보험편에서 각각 50% 비중으로 문제가 출제된다.
- 난이도는 높지 않으며, 판례 학습 등 심화 학습보다 기본 이론과 법 조문에 초점을 맞추는 학습이 효과적이다.
- 사례형 문제도 출제되지만, 기본 개념을 이해하면 충분히 해결 가능하다.
- 문제에서 틀린 문구나 함정도 기본을 충실히 이해하면 파악할 수 있다.

2. 학습전략
- 본 교재는 시험 범위를 명확히 한정하고, 쉬운 용어를 사용하여 내용을 이해하기 쉽게 구성하였기 때문에 고득점을 목표로 효율적인 학습이 가능하다.

3. 효과적인 방법
- 기본이론을 꼼꼼히 읽고 관련 문제를 풀면서 이해하기
- 법 조문을 반복적으로 숙지하여 의미까지 완전히 파악하기
- 기출문제를 풀고 틀린 부분을 다시 법 조문과 연결해 점검하기

출제경향 분석 및 학습전략

농어업재해보험법령

내용	1회	2회	3회	4회	5회	6회	7회	8회	9회	10회	11회	평균	
농어업재해보험법 및 시행령													
총칙	2	2	1	3	2	2	1	2	2	2	3	2.0	
재해보험사업	9	7	11	5	10	9	8	7	6	7	5	7.6	
재보험사업		3	2	3	1	2	2	2	2	2	2	1.9	13.9
보험사업관리	1	1	2	1	1	2	1	1	1	1	1	1.2	
벌칙	1	2		2	1	1	1	1	1	2	1	1.2	
농업재해보험 손해평가요령													
총칙	1			1			1	1	1		1	0.5	
손해평가인	3	2	2	1	3	2	3	3	3	2	2	2.4	
손해평가	3	5	3	2	3	3	4	3	4	4	4	3.4	11.1
보험가액등 산정	5	3	4	7	4	4	5	5	5	5	6	4.8	
계	25	25	25	25	25	25	25	25	25	25	25	25	

1. 출제경향분석

➡ 매해 2~3문제 정도의 편차는 있으나 크게 「농어업재해보험법 및 시행령」과 「손해평가요령」의 두 part에서 각 절반 정도의 비중으로 출제된다고 보면 된다. 중단위 기준으로는 출제문항의 약 70%가 ① 〈재해보험사업〉 부분에서 재해보험의 종류, 보상의 범위, 보험가입자 및 사업자, 보험료율, 보험모집, 손해평가사, 보험금 수급권, 업무위탁, 재정지원, ② 〈손해평가〉 부분에서 손해평가단, 교차손해평가, 피해사실 확인, 손해평가준비 및 평가결과 제출, 손해평가결과 검증, 손해평가 단위, ③ 〈보험가액등 산정〉 부분에서 농작물·가축·농업시설물별 보험가액 및 보험금 산정 등에 대하여 집중적으로 출제되고 있다.

2. 학습전략

➡ **법령의 반복적 읽기**

법률 과목들이 대개 접근하기 까다로운 것으로 인식되는 경향이 있으나, 이 과목은 보험가액이나 보험금을 계산하는 몇 개의 문항을 제외하면 법률(제1조~제32조), 시행령(제1조~제23조), 손해평가요령(제1조~제17조)의 법령 규정을 그대로 출제하므로 충분히 정복할 수 있다. 물론 법령 전체에 대한 체계적인 이해가 바탕이 되어야 하고, 그 위에 회독 수를 늘리면 어려움이 없을 것이다. 아무리 보아도 이해가 안 되고 너무 어렵다고 느껴지는 부분들은 과감히 제외하는 것도 전략일 수 있다.

➡ **기출문제 및 모의고사 활용**

본서는 1~11회의 거의 모든 기출문제를 수록하였다. 따라서 이 내용을 점검하는 것만으로도 합격을 위한 충분한 대비가 될 수 있다. 본문에서는 법령을 읽은 후 기출문제에서의 오답 지문들을 바로바로 확인할 수 있도록 하였으므로, 기억에 오래 남고 효율적인 공부가 될 수 있을 것이다.

이와 같은 학습을 한 후에는 실제 시험과 비슷한 환경에서 모의고사 문제를 풀어보는 것이 중요하다. 그리하면 정답을 맞힐 수 없는 것 또는 맞혔을지라도 모호하게 이해하고 있는 것들이 드러나게 될 것이고, 책에서 그 부분을 찾아 확인함으로써 지식이 정확해질 수 있다.

➡ **중요사항 정리**

기출문제 분석과 모의고사 훈련을 통해 중요사항들을 확인하였으면 책에 잘 표시해서 반복적으로 학습하는 것만으로도 대비가 될 수 있기는 하다. 하지만 이미 알고 있고 머리에 각인 되어 있는 것을 계속 보는 것은 비효율적이므로, 무척 헛갈려서 시험 직전까지 확인하지 않으면 시험장에서 기억해 내지 못할 것 같은 내용(예 숫자, 요건, 자격, 기관명)을 별도의 노트에 요약 정리해두는 것이 바람직하다. 시험 전일(前日)에 모든 과목을 훑어야 하는 부담을 생각한다면 평소 이렇게 챙겨두는 것은 나중에 매우 큰 효과를 볼 수 있다. 시험 직전 20~30분 이내에 볼 수 있는 분량으로 나만의 자료를 만들어둔다.

재배학 및 원예작물학

내용	1회	2회	3회	4회	5회	6회	7회	8회	9회	10회	11회	평균
재배학	19	19	20	20	21	19	20	21	20	20	20	20
원예작물학	6	6	5	5	4	6	5	4	5	5	5	5
계	25	25	25	25	25	25	25	25	25	25	25	

1. 출제경향분석

➡ 작물생리와 재배환경에 대한 전반적인 내용을 다루는 과목으로, 비전공자일 경우 생소하게 느껴질 수 있다. 농학과 관련된 여러 과목의 기초적인 내용을 모두 다루는 재배학의 출제 비중이 약 80%로 매우 높으며 나머지 20%는 원예작물학에서 출제되고 있다. 특히, 최근 어려운 신유형이 매년 출제되고 있으므로 빈출 이론들은 반드시 암기하여 득점하는 것이 중요하다고 판단된다. 재배학은 양이 매우 방대하여 대학 교과의 모든 내용을 암기하는 것은 합격에 있어서 매우 비효율적이므로 이 책의 기출 중심으로 구성된 이론들을 전반적으로 익힌 후 작물의 분류, 환경스트레스에 따른 생육장해, 식물생장조절물질, 시설원예 등 매년 출제되는 중요 이론들은 반드시 암기해야 한다.

2. 학습전략

➡ **재배학의 전반적인 내용 흐름 파악하기**

재배학원론은 작물생리학, 토양학 등 여러 농학과목들의 전반적인 내용을 다루는 학문으로, 양이 방대하고 생소하여 처음 접할 경우 어려울 수 있다. 따라서 대학 교과의 지엽적인 내용들은 제외하고 기초 용어를 다루는 '작물의 기원과 분류', 작물생육에 적합한 수분, 온도, 광 조건을 다루는 '재배환경', 생산성을 늘리기 위한 재배기술을 다루는 '작부체계 및 생육관리', 생산 후 수확하고 저장하는 기술을 다루는 '수확 후 관리' 순으로 배치하였으므로 작물 재배부터 수확까지 전반적인 흐름을 파악한 후 빈출 이론들을 세부적으로 암기해야 한다.

➡ **빈출사항 암기 및 기출문제 활용**

효율적인 합격을 위한 내용을 담기 위해 역대 기출문제들을 분석하여 해당 내용들을 수록하고 중요 표시를 반영하였다. 따라서 전체 이론을 학습한 후에는 표시된 빈출 사항들을 반드시 암기하고 기출문제를 활용하여 점검하는 것이 중요하다.

이 책의 차례

I. 상법(보험편)

제01편 보험일반(보험총칙)

제1장	보험일반	18
제2장	보험법과 보험계약법	25
제3장	보험계약의 의의	34
제4장	보험계약의 요소	39
제5장	보험계약의 성립	58
제6장	보험계약의 효과	76
제7장	보험계약의 변동·소멸	114
제8장	타인을 위한 계약	117

좀 더 자세한 내용 및 수험정보 등은 당사 홈페이지(www.sonsakorea.com) 참조

이 책의 차례

제02편 손해보험

제1장 손해보험 총론 — 128
제2장 손해보험 각론 — 179

제03편 상법(보험편)

194

제04편 부록

제1장 부록 — 202

이 책의 차례

Ⅱ 농어업재해보험법령

제01편 농어업재해보험법

제1장	총칙	214
제2장	재해보험사업	226
제3장	재보험사업 및 농어업재해재보험기금	264
제4장	보험사업의 관리	275
제5장	벌칙	286

제02편 농업재해보험 손해평가요령

제1장	총칙	296
제2장	손해평가인	299
제3장	손해평가	310
제4장	보험가액 · 보험금 · 손해액 산정	325

이 책의 차례

Ⅲ 재배학 및 원예작물학

제01편 재배학

제1장	재배와 작물의 기원	356
제2장	작물의 분류	361
제3장	재배환경	368
제4장	작물 내적균형 · 식물호르몬 이용	397
제5장	작부체계	407
제6장	종자와 종묘	409
제7장	생육관리	422
제8장	비료 및 병충해 관리	429
제9장	생력재배와 수확 후 관리	435

이 책의 차례

제02편 원예작물학

- 제1장 원예작물 450
- 제2장 시설재배 457

memo.

과목 01

상법 보험편

01 보험일반(보험총칙)
02 손해보험
03 상법(보험편)
04 부록

이패스 손해평가사 1차 기본서

제1편 보험일반(보험총칙)

제1장 보험일반
제2장 보험법과 보험계약법
제3장 보험계약의 의의
제4장 보험계약의 요소
제5장 보험계약의 성립
제6장 보험계약의 효과
제7장 보험계약의 변동·소멸
제8장 타인을 위한 계약

제1장 보험일반

01 보험의 의의

(1) 보험은 일상생활에 있어서 불확실한 사고 위험에 경제적으로 대비하기 위한 제도이다.

> ▶ **일생생활에서의 보험**
> 〈일상에서 볼 수 있는 보험 사례〉
> - 아파트 위층에서 누수가 발생해 아래층 벽지·장판을 다시 해야 하는 경우
>   → 일상생활 배상책임 보험에서 수리·복구 비용을 보상
> - 반려견이 산책 중 지나가던 사람을 물어 치료비가 발생한 경우
>   → 일상생활 배상책임 보험에서 보상
> - 고령자가 길을 걷다 넘어져 골절상을 입은 경우, 대중교통을 이용하다가 급정거로 다쳐 치료비가 발생한 경우
>   → 지방자치단체 시민안전보험에서 보상
> - 식당에서 음식물을 먹고 식중독이 걸려 치료비가 발생되는 경우
>   → 식당에서 가입한 영업배상책임 보험에서 보상
> - 여행 중 짐이 분실되거나 도난당한 경우
>   → 여행자 보험에서 도난·분실 보상
> - 집안에서 음식 조리 중 화재가 발생하여 가재도구가 손상된 경우
>   → 주택화재보험 또는 주택종합보험에서 보상

(2) 즉, 보험은 동일한 위험에 놓여있는 다수의 경제주체가 그 위험에 대비하기 위하여 (위험)단체를 구성하고, 미리 일정한 금액(보험료)을 갹출 적립하여 위험에 대비한 공동 기금을 마련한 후, 그 위험이 현실화되어 손해를 입은 구성원에게 기금에서 일정한 금액(보험금)을 지급하여 손해를 전보하여 줌으로써 경제적 불안을 안정시켜 주는 제도이다.

02 위험

보험은 일상생활에 있어서 사고 위험에 대비하기 위한 제도로서 "위험이 없으면 보험이 없다"라는 것처럼 보험은 위험을 전제로 한다.

(1) 위험

보험은 불확실한 사고의 발생에 대비하기 위한 제도이다. 사고 발생의 불확실성은 상해나 화재 등과 같이

그 발생 여부가 불확정한 경우가 있고, 사망과 같이 발생할 것은 확정적이지만 그 발생 시기만 불확정한 경우도 있다.

(가) 위험의 동질성

보험에 있어서는 동질적인 위험에 놓여있는 사람들이 위험단체를 구성하는 것이므로 보험의 요건으로서 위험의 동질성이 요구된다. (자동차보험, 화재보험 등)

(나) 다수의 위험

보험은 동일한 위험 밑에 있는 많은 사람들이 (위험)단체를 구성하여, 그 단체의 구성원에게 위험이 발생한 경우에 그 손실을 구성원이 공동으로 충족시킨다.

(2) 위험의 분류

(가) 주관적 위험과 객관적 위험

① 주관적 위험은 개인의 심리적, 정신적 상태에 기초한 불확실한 위험을 말한다.(갑자기 화가 나서 타인을 폭행함, 만취상태에서 재물을 파손함)

② 객관적 위험은 그 존재 및 발생이 일반적으로 인정된 것으로 장기간에 걸친 다수의 경험 및 관찰을 기초자료로 하여 통계적인 기법을 사용함으로써 장래의 예측이 가능한 위험을 말한다.(자동차사고 발생률, 건물 화재발생률)

(나) 순수위험과 투기적 위험

① 순수위험 : 사망이나 질병, 화재나 자동차사고, 각종 자연재해 등 손해만 야기하는 위험을 말한다.

② 투기적 위험 : 손해를 야기할 수도 있지만 이익을 가져올 수 있는 위험이다. (주식투자)

(다) 기본위험과 특수위험

① 기본위험 : 개인적인 원인으로 발생하는 것이 아니라 사회적인 원인에 의하여 발생하는 경우를 말하며 그 영향력이 특정 개인만이 아니라 사회전반에 걸쳐 미치는 경우를 말한다.
(대량실업, 변란 등 사회적·정치적 변동, 자연계의 이상 변동)

② 특수위험 : 개인적인 원인으로 발생하며, 그 결과가 개인과 주변에 한정된 범위에서 미치는 것을 말한다. 따라서 특수위험은 개인의 통제가 가능한 것이 일반적이다.(교통사고, 화재, 상해)

(라) 보험대상위험

객관적위험, 순수위험, 특수위험

03 보험의 특성

(1) 위험의 결합·분산

① 위험의 결합이란 개별적으로 존재하는 여러 사람의 동질적인(비슷한 종류의) 위험을 하나의 집단으로 모으는 과정을 의미한다. 이 과정에서 각 개인이 단독으로 감당해야 할 실제 손실을 집단 전체의 평균 손실로 분산하여 대처하게 된다. 즉, 많은 사람이 조금씩 부담(보험료를 납부)해서 실제 사고가 난 몇몇 사람에게 보험금을 지급하는 원리이다.

> ▶ **위험의 결합·분산**
>
> **만약 1억원짜리 주택이 1만 가구가 있을 때, 1년 동안 10건의 화재가 발생한다고 가정해 보자**
> - **보험이 없으면** : 불이 난 10가구는 각자 1억원이라는 큰 손실을 갑자기 부담해야 한다. 어느 집에 불이 날지 알 수 없기 때문에 나머지 9,990가구도 불안할 수밖에 없다.
> - **보험이 있으면** : 1만 가구 전체 손실(10건 × 1억원 = 10억원)을 모두가 조금씩 나눠 부담한다. 가구당 1년에 10만원(10억원 ÷ 1만 가구)만 내면, 누구에게 불이 나더라도 큰 손실 걱정 없이 보상받을 수 있다.
>
> 즉, 보험 덕분에 개인의 불확실하고 큰 위험이 모두의 작고 확실한 부담으로 바뀌는 것이다. 이렇게 위험을 함께 나누면 예상치 못한 큰 손실이 개인에게 집중되지 않고, 모두가 부담 가능한 수준으로 분산된다.

(2) 위험의 전가

개별적으로 감당하기 힘든 손실 위험을 집단화하여 서로 분담하고 손실의 빈도는 적으나, 손실의 규모가 커서 스스로 부담하기 어려운 위험을 제3자인 보험회사에 전가하여 개인이나 기업이 위험에 대해 보다 효과적으로 대응할 수 있다.

(3) 실제손실에 대한 보상(실손보상의 원리)

손해보험계약에서 보험사가 보상하는 것은 실제로 발생한 손실을 원상 회복하거나 교체할 수 있는 금액으로 한정하기 때문에 이론적으로 보험보상을 통해 이득을 얻는 경우는 없다.

(4) 대수의 법칙 적용

① 보험의 주요 요소는 손실을 정확하게 예측하는 데 있다. 손실을 정확히 예측하기 위해서 대수의 법칙이 적용된다.

② 예컨대 동전을 던졌을 때 앞면이 나올 확률은 50%이지만, 몇 번 던질 때는 이 비율이 크게 달라질 수 있다. 하지만 수천 번, 수만 번 던지면 앞면이 나오는 비율이 50%에 가까워진다. 대수의 법칙은 표본이 클수록 결과가 점점 예측된 확률에 가까워진다는 통계학적 원리로 보험회사가 위험을 예측할 수 있는 이유가 여기에 있다.

(5) 수지상등의 원칙

보험료를 산정할 때는 대수의 법칙에 따라 예상되는 사고 발생 확률과 지급 보험금의 총액이 보험료 수입과 같아지도록 계산한다. [보험료 총액 = 보험금 지급액 (+ 경비)]

(6) 우연한 사고를 보상

보험은 우연한 사고를 보상하고 인위적이고 고의로 인한 사고는 보상하지 않는다.

04 보험의 분류

(1) 정책(목적)상의 분류

1) 공보험

㉠ 국가나 공공단체가 운영하는 보험

- **사회보험** : 국민건강보험, 국민연금, 산업재해보상보험, 고용보험 등
- **경제정책보험(산업보험)** : 수출보험 등

㉡ 국민의 최저생활 보장과 사회복지, 경제정책 실현 목적으로 가입이 의무적이고 사회적 안전망 역할을 한다.

2) 사보험

㉠ 개인이나 기업(사영보험)이 운영하는 보험.
㉡ 개인의 경제적 안정과 재산 보호 목적으로 가입이 자유롭고 영리를 목적으로 운영된다. (생명보험, 손해보험, 실손보험, 자동차보험 등)
㉢ 가입 및 선택이 자유롭고 보험계약법에 의해 규제된다.

(2) 영리성에 따른 분류

1) 영리보험

㉠ 사영보험 중 보험자(보험회사)의 영리 추구를 목적으로 하는 보험이다.
㉡ 경영 주체는 주식회사로서 보험회사가 위험단체를 구성한다.

2) 비영리보험

수익을 목적으로 하지 않고 국가, 공공기관 또는 비영리단체가 운영하는 보험

(3) 상법상 분류

보험은 상법상으로 손해보험(物보험과 동일)과 인보험으로 분류된다.

① 손해보험 : 보험사고로 인하여 피보험자가 입은 실제 재산상의 손해를 보상하는 보험
(화재보험, 운송보험, 해상보험, 책임보험, 자동차보험, 보증보험)

② 인보험 : 사람의 생명 또는 신체에 관하여 보험사고가 발생하는 경우 보험금액 등을 지급하는 보험
- 생명보험 : 피보험자의 사망 또는 일정 연령까지 생존을 조건으로 보험금을 지급하는 보험으로, 노후 생활자금 마련이나 유가족 생활보호에 활용됨. (사망보험, 생존보험, 생사혼합보험)
- 상해보험 : 피보험자가 우발적 사고로 신체에 상해를 입은 경우 보험금액 및 기타의 급여를 지급하는 보험
- 질병보험 : 보험자가 피보험자의 질병에 관한 보험사고가 발생할 경우 보험금이나 그 밖의 급여를 지급할 것을 약정한 보험

(4) 보험업법상의 분류

① 보험업상에는 생명보험, 손해보험, 제3보험으로 분류한다.

② 제3보험이란 "위험보장을 목적으로 사람의 질병·상해 또는 이에 따른 간병에 관하여 금전 및 그 밖의 급여를 지급할 것을 약속하고 대가를 수수하는 계약으로서 대통령령으로 정하는 계약이다."(보험업법 제2조 1호)라고 정의된다.

▶ 생명보험, 손해보험, 제3보험 구분

구 분	생명보험	손해보험	제3보험
보험사고대상(조건)	사람의 생존 또는 사망	피보험자 재산상의 손해	신체의 상해, 질병, 간병
보험기간	장기	단기	단기, 장기 모두 존재
피보험이익	원칙적으로 불인정	인정	원칙적으로 불인정
피보험자 (보험대상자)	보험사고 대상	손해에 대한 보상받을 권리를 가진 자	보험사고 대상
보상방법	정액보상	실손보상	정액보상, 실손보상

(5) 가입 대상에 따른 분류 (보험료납입 주체에 따른 분류)

1) 가계보험(개인보험)

㉠ 가계의 경제적 안정을 위해 가입하는 보험이다.

㉡ 생명보험, 화재보험, 자동차보험 등이 있다.

2) 기업보험
  ㉠ 기업의 경제적 안정을 위해 가입하는 보험이다.
  ㉡ 재보험, 해상보험, 항공보험, 운송보험 등이 있다.

(6) 보험의 목적의 수(범위)에 따른 분류

1) 개별보험
  개개인 사람이나 물건을 보험의 목적으로 하는 보험이다.

2) 집합보험
  ㉠ 다수의 물건을 보험의 목적으로 하는 보험을 말한다.
  ㉡ 종류
  - 특정 보험 : 특정보험은 보험의 목적이 특정되어 있는 것을 담보하는 보험을 말한다. 예를 들어, 운송 중의 화물이나 집안의 가재도구처럼 보험 목적이 명확히 구분된 경우가 특정보험에 해당한다.
  - 총괄보험 : 총괄보험은 보험 목적이 특정되어 있지 않고, 보험 기간 중에 수시로 교체되는 물건을 담보하는 보험이다. 예를 들어, 창고나 점포 안의 상품과 같이 보험 대상 물건이 정해져 있지 않고 수시로 변경되는 경우에 적용된다.

3) 단체보험
  단체보험은 일정한 조건을 갖춘 단체(회사, 공장, 협회 등)의 구성원 전부 또는 일부를 피보험자로 하여, 단체 또는 그 대표자가 보험계약을 체결하는 보험을 말한다

05 보험과 구별되는 유사제도

(1) 저축

경제생활의 안정을 도모하기 위한 제도라는 점에서 공통 된다. 하지만, 반드시 우발적 사고에 대비하는 것은 아니며, 경제주체가 결합방식이 아니고 임의적으로 적립하고 처분 할 수도 있다는 점에서 보험과 구분된다.

(2) 공제

동질적인 경제상의 위험에 놓여있는 많은 사람(회원)들이 사망이나 화재 등과 같은 불확실한 사고가 발생한 경우 미리 정해진 일정한 금액(공제금)을 지급하는 제도를 말한다.

우체국이나 농업협동조합, 수산업협동조합, 신용협동조합, 새마을금고, 각종 운수공제조합 등이 공제의 이름으로 영위하는 생명공제, 화재공제, 농협공제, 어선공제 및 자동차공제처럼 같은 직장, 직업 또는

지역에서 일하는 사람들이 조합을 만들어 조합원 또는 그 가족의 복지후생 또는 경제생활의 안정과 향상을 위하여 시행하는 상호부조 제도이다.

공제는 그 실질이 보험과 같은 기능을 하고 있어 유사보험의 일종이라고 할 수 있지만, 보험계약의 당사자 개념·이익보호규정·일부 절차규정 등은 보험과는 다른 성격의 것이 있다

- 상법 제4편의 규정은 그 성질에 반하지 아니하는 범위에서 공제계약에도 준용한다. (상법 제664조)

(3) 자가보험

자가보험(self-insurance)은 어떤 경제주체가 그가 소유하는 물건이나 시설에 화재·재난 기타 사고가 발생할 것에 대비하여 대수의 법칙에 따라 산출된 일정한 금액을 사업연도마다 적립하고 실제로 사고가 발생함으로써 생긴 손해를 보상하는 제도를 말한다. 하나의 경제주체에 의한 일종의 저축이고 위험보험단체가 없다는 점에서 보험과 다르다

(4) 도박·복권

도박이나 복권은 우연한 사고로 급부·반대급부 관계가 형성된다는 점에서 보험과 유사하지만, 보험이 위험분산을 통해 경제적 불안을 대비하는 것과 달리, 도박과 복권은 요행을 바탕으로 일확천금을 추구한다는 점에서 구별된다.

(5) 보증

보증이란 제3자가 채권자에 대하여 주채무자의 채무의 이행을 담보하는 일종의 채권담보제도로서 채무자가 그 채무를 이행하지 않은 경우에 제3자가 채권자에 대하여 그 채무와 동일한 내용의 채무를 부담하는 담보제도이다. 보증은 그 결과에 대하여 책임을 지는 사건이 불확실성을 가지는 점에서 보험과 유사한 면이 있으나, 위험단체성이 없고 무상으로 제공되는 경우가 많다는 점에서 보험과 구별된다.

(6) 상호부금

상호부금이란 다수인이 모여 각각 일정한 금액을 정기적으로 갹출하고 이렇게 조성된 금액에서 입찰 또는 추첨을 통하여 특정한 구성원에게 금전을 지급하는 일종의 상호금융제도이다.

제2장 보험법과 보험계약법

01 보험법

보험법은 보험에 관한 법 규정 전체를 말하며, 보험계약과 보험사업 운영을 규율하여 보험제도의 공정성과 안전성을 보장하는 법률체계이다.

① 보험법에는 넓은 의미의 보험법과 좁은 의미의 보험법이 있다.

② 넓은 의미의 보험법은 보험계약에 관한 규율뿐만 아니라 보험사업의 주체, 운영, 감독, 공보험과 사보험, 특별법(보험업법, 사회보험법 등)까지 포함한 보험 관련 모든 법규를 의미한다.
주로 보험공법과 보험사법을 모두 의미한다.

③ 보험공법이란 보험에 관한 공법적 법규를 의미한다. 구체적으로, 보험회사의 조직과 운영, 보험사업의 규제와 감독, 그리고 사회보험(공보험)에 관한 법규가 모두 보험공법에 포함된다. 보험업법, 산업재해보험법, 국민건강보험법, 무역보험법 등과 같은 법률을 포함하며, 보험회사가 어떻게 운영되어야 하는지, 어떤 규정을 따라야 하는지, 보험업의 공적인 감독과 관리에 관한 사항을 규정한다.

④ 보험사법이란 좁은 의미의 보험법(보험계약법)으로 주로 사보험(영리보험)의 계약 관계를 규정하며, 우리나라의 경우 상법 제4편 '보험'에서 보험계약에 관한 내용을 다룬다.

02 보험계약법

① 보험계약법이란 상법 제4편 보험편을 말한다. 보험계약법은 보험회사와 계약자, 피보험자 등 개별적 권리·의무 관계와 계약 실무에 관한 내용을 다루는 사법적 성질의 법규로서 상법 제4편 보험편을 좁은 의미의 보험법이라고 한다. 실질적 의미에서는 사보험, 특히 영리 보험에서 보험자와 보험계약자 사이의 법률관계를 규율하는 법이다.

② 상법의 보험편은 손해보험과 인보험으로 나누고, 이들에 공통적으로 적용되는 일반 원칙을 통칙으로 하여 3장으로 구성되어 있다.

③ 이것은 사법적인 보험관계를 규율하는 것이나, 공법적인 요소도 포함되어 있으므로 두 가지 성격을 겸하고 있다.(불이익변경금지 원칙 등)

④ 상법 보험편에서는 보험관계의 사회적·단체적·기술적 성격을 고려하여 그 성질이 반하지 않는 범위 내에서 상호보험, 공제 등에 준용하도록 하고 있다.

> **제664조(상호보험, 공제 등에의 준용)** 이 편(編)의 규정은 그 성질에 반하지 아니하는 범위에서 상호보험(相互保險), 공제(共濟), 그 밖에 이에 준하는 계약에 준용한다.

03 보험계약법의 구성

(1) 상법의 구성

1편(통칙), 2편(상행위), 3편(회사), 4편(보험편 =보험계약법), 5편(해상), 6편(항공운수)

(2) 상법4편 보험계약법

제1장	보험통칙		제638조~제664조(31개)
제2장	손해보험	1절 통칙	제665조~제682조(18개)
		2절 각칙(화재보험)	제683~제687(5개)
		각칙(운송, 해상, 책임, 자동차, 보증)	제688조~제726조(37개)
제3장	인보험	1절 통칙	제727~제729(3개)
		2절 각칙	제730~제739(10개)

04 보험계약법의 특성

(1) 단체성

① 보험자와 계약을 체결하는 많은 보험가입자(보험계약자)들은 경제적인 면에 있어서는 서로 연결이 되어 있고 이들은 하나의 위험단체 혹은 보험단체를 구성하게 된다.

② 즉 보험계약자는 보험자와 계약을 체결하는 것이지만, 보험계약의 배후에는 수많은 보험계약자로 구성된 보험단체 또는 위험단체가 존재하고 있다.

(2) 기술성

보험제도가 대수의 법칙, 수지상등의 원칙 등 수리적·통계적 원리를 기반으로 위험을 분산하는 기술적인 제도라는 사실에서 비롯된다. 즉, 보험사고가 우연히 발생한다는 전제를 두면서도, 위험단체 전체의 보험료 산정, 기금 운영, 보험금 지급 등의 모든 운영 원리가 확률통계, 수리계산 등 과학적·기술적 방법을 통해 설계된다.

(3) 사회성과 공공성

보험계약법은 다수 대중의 위험을 함께 분담·관리함으로써, 개인(사적) 계약임에도 사회 전체의 복리와 경제질서 유지라는 사회성과 공공성을 강하게 띤다. 이런 성격 때문에 보험계약법은 일반 민사계약과 달리 강행법규, 국가감독 등 특수한 법적 규제를 받게 된다

(4) 상대적 강행법성 (불이익변경금지의 원칙)

> 제663조(보험계약자 등의 불이익변경금지) 이 편의 규정은 당사자간의 특약으로 보험계약자 또는 피보험자나 보험수익자의 불이익으로 변경하지 못한다. 그러나 재보험 및 해상보험 기타 이와 유사한 보험의 경우에는 그러하지 아니하다.

불이익 변경 사례 예시

1. 보험계약 해지권 제한 사례
   - 상법 규정 : 보험계약자는 사고발생 전에는 언제든지 계약을 해지할 수 있음.
   - 불이익 특약 : "보험계약자는 보험기간 만료 전에는 해지할 수 없다."라는 특약.
2. 보험금 청구권 소멸시효 단축 사례
   - 상법 규정 : 보험금 청구권의 소멸시효는 3년.
   - 불이익 특약 : "보험금 청구권은 1년 이내에 행사하지 않으면 소멸한다."라는 약정.
   - 허용되는 특약 : "보험금 청구권은 5년 이내에 행사하지 않으면 소멸한다."라는 약정.
3. 보험자의 면책사유 확대 사례
   - 상법 규정 : 고의 또는 중대한 과실로 인한 사고는 면책.
   - 불이익 특약 : 고의 또는 과실(경과실 포함)로 발생한 사고는 면책사유로 한다."라는 특약.
   - 허용되는 특약 : 고의 사고는 면책, 단, 중과실 사고는 보상함.
4. 약관설명의무 위반 관련 사례
   - 상법 규정 : 보험자가 약관설명의무 위반시, 보험계약자는 3개월 이내에 계약을 취소할 수 있음.
   - 불이익 특약 : 보험계약자가 1월 이내에 계약을 취소할 수 있도록 하는 조항.
   - 허용되는 특약 : 보험계약자가 6월 이내에 계약을 취소할 수 있도록 하는 조항.

① 의의

보험계약과 관련한 법규 중에서 보험계약자, 피보험자, 보험수익자에게 불리하게 약관이나 계약 내용을 변경하는 것은 법적으로 허용되지 않는다. 이를 불이익변경금지의 원칙이라고 한다.

즉, 보험자와 비교하여 상대적으로 경제적 약자인 보험계약자의 권리를 보호하기 위해 강제로 지켜야 하는 법규라는 뜻이다.

② 인정 취지

보험계약은 보험자가 일방적으로 작성한 보험약관에 의하여 계약을 체결하는 부합계약성이라는 특성으로 보험자에게 유리한 조항이 삽입될 가능성이 높고 보험지식이 부족한 보험계약자는 피해를 볼 가능성이 있다. 이런 점을 규제하기 위해 상법 제663조에서 당사자 간의 특약으로 보험계약자 등에게 불이익

하게 변경하지 못하도록 하고 있으며, 다만 이러한 규정은 기업보험인 재보험 및 해상보험 등 이와 유사한 보험에는 적용되지 않고 있다.

즉, 기업보험은 보험자와 동등한 위치에 있어 상법 제663조 규정에도 불구하고 계약 당사자 간의 사적 자치를 존중하여 계약의 내용이 보험계약자 등에게 불리한 내용 일지라도 그 효력은 유효하게 인정된다.

③ **내용 및 적용범위**

상법 제4편 보험계약법은, 보험계약자 측에 불리한 방향으로 계약 내용을 변경할 수 없다. 반대로 보험계약자에게 유리하게 변경하는 것은 가능하다. 그래서 반면적, 편면적 강행법규라고도 부른다.

이러한 법규는 상법 제663조에 명시되어 있으며, 예외적으로 재보험, 해상보험 등 기업보험 성격이 강한 보험에는 적용되지 않는다.

보험약관이 보험계약자에게 불이익하게 변경된 부분이 있다면 그 부분(조항)에 한하여 무효가 되며, 보험계약법 규정이 그대로 적용된다.

④ **상법규정상 당사자간의 특약으로 "다른 약정"을 할 수 있도록 허용한 경우**

상법 조문에서 다른 약정을 할 수 있다고 정한 경우에 그 조문 내용에 대하여는 제663조 적용이 배제 될 수 있다.

〈조문예시〉

제656조(보험료의 지급과 보험자의 책임개시) 보험자의 책임은 당사자간에 다른 약정이 없으면 최초의 보험료의 지급을 받은 때로부터 개시한다. ➜ 약정에 따라 보험료를 지급받고, 몇 개월 후부터 보험자의 책임을 개시하도록 정할 수도 있다

memo.

확인문제

01 가계보험에서 불이익변경금지원칙에 위배되지 않는 경우는? ▶ 2024년 손해평가사 10회
① 보험계약자가 계약 체결시 과실없이 중요한 사항을 불고지한 경우에도 보험자의 해지권을 인정한 약관조항
② 보험료청구권의 소멸시효기간을 단축하는 약관조항
③ 보험수익자가 보험계약 체결시 고지의무를 부담하도록 하는 약관조항
④ 보험사고 발생 전이지만 일정한 기간 동안 보험계약자의 계약 해지를 금지하는 약관조항

02 이 편의 규정은 당사자간의 특약으로 보험계약자 또는 피보험자나 보험수익자의 불이익으로 변경하지 못한다. 그러나 (ㄱ) 및 (ㄴ) 기타 이와 유사한 보험의 경우에는 그러하지 아니하다.
▶ 2023년 손해평가사 9회

ㄱ.(   ),   ㄴ.(   )

03 재보험에서는 당사자간의 특약에 의하여 상법 보험편의 규정을 보험계약자의 불이익으로 변경할 수 있다.   (   ) ▶ 2022년 손해평가사 8회

04 보험계약자 등의 불이익변경 금지원칙은 보험계약자와 보험자가 서로 대등한 경제적 지위에서 계약조건을 정하는 기업보험에 있어서는 그 적용이 배제된다.   (   ) ▶ 2022년 손해평가사 8회

05 상법 보험편의 규정은 그 성질에 반하지 아니하는 범위에서 공제에도 준용된다.
(   ) ▶ 2022년 손해평가사 8회

정답 01 ② 02 ㄱ. 재보험 ㄴ. 해상보험 03 ○ 04 ○ 05 ○

06 상법 보험편의 규정은 약관에 의하여 피보험자나 보험수익자의 이익으로 변경할 수 없다.
( ) ▶2022년 손해평가사 8회

07 보험약관의 조항 중 그 효력이 인정되지 않는 것은? ▶2015년 손해평가사 2회
① 보험계약체결일 기준 1월 전부터 보험기간이 시작되기로 하는 조항
② 보험증권교부일로부터 2월 이내에 증권내용에 이의를 할 수 있도록 하는 조항
③ 약관설명의무 위반 시 보험계약자가 1월 이내에 계약을 취소할 수 있도록 하는 조항
④ 보험계약자의 보험료 반환청구권의 소멸시효기간을 3년으로 하는 조항

정답 06 × 07 ③

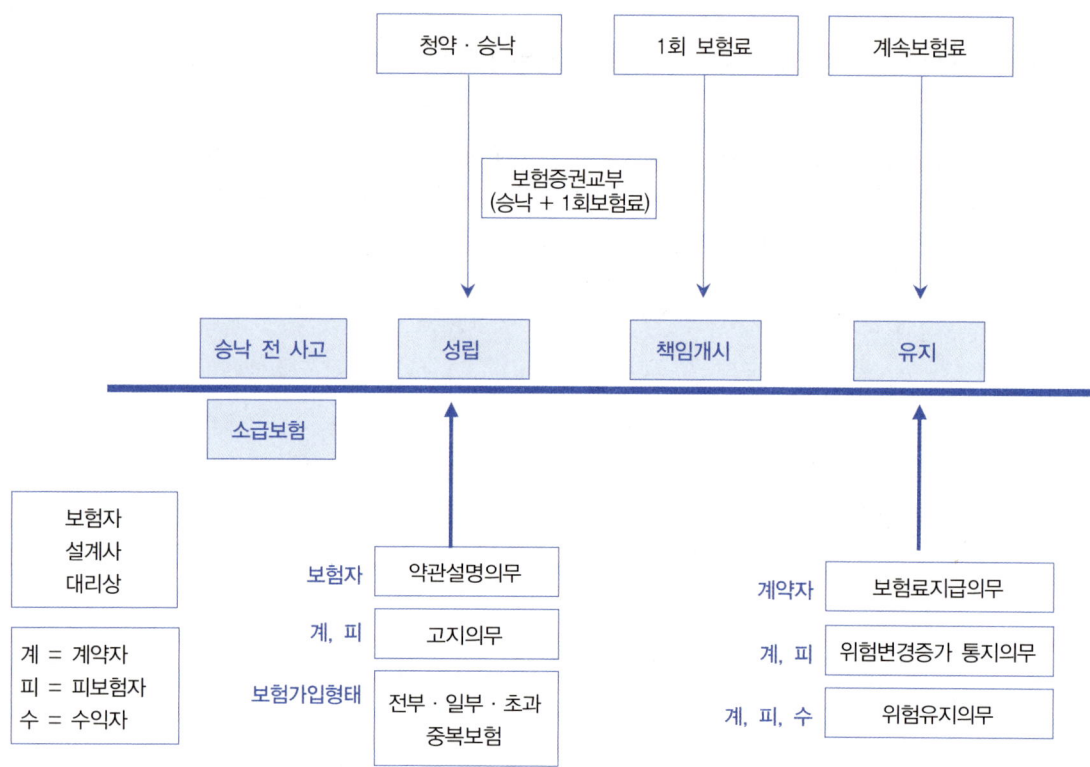

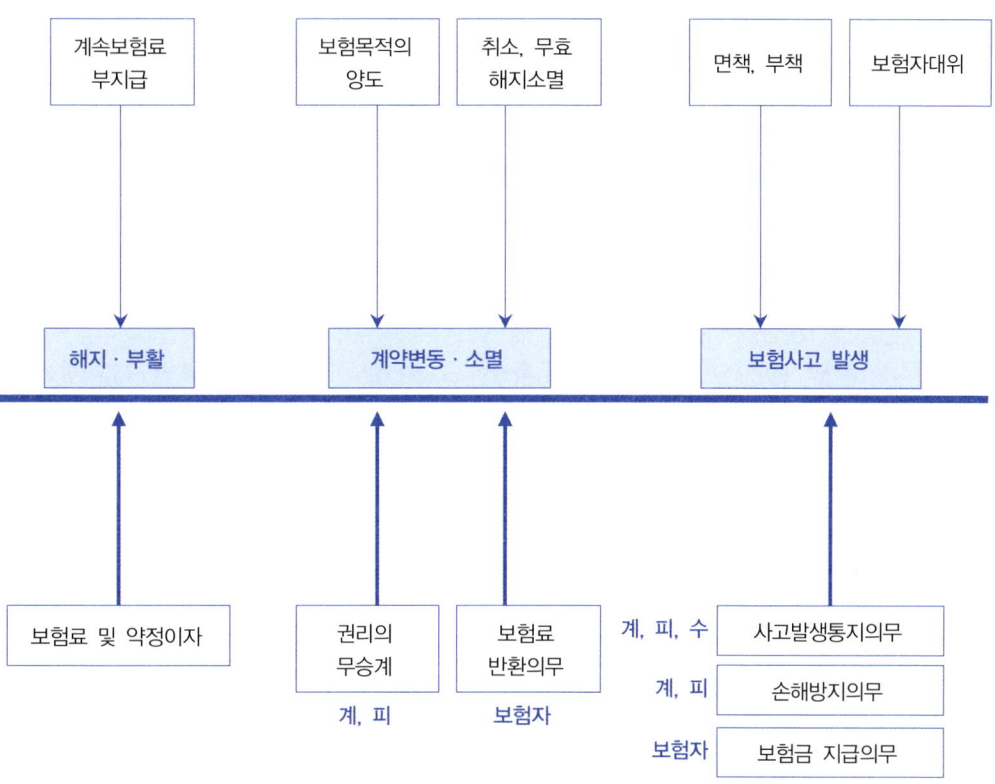

계약의 소멸(효력상실) 사유

해지 : 유효하게 체결된 계약을 장래를 향하여 효력상실 시키는 것 (계속보험료미납, 고지·통지의무위반)
해제 : 이미 성립된 계약의 효력을 처음부터 없었던 것처럼 소급하여 소멸시키는 행위(초회보험료미납)
무효 : 일정한 법률행위를 하였으나 효력요건을 갖추지 못하여 처음부터 효력이 없는 것 (사기계약)
취소 : 계약이 유효하게 성립했으나 일정한 하자가 있어 당사자가 취소권을 행사할 때 소급하여 효력이 소멸되는 것(약관교부설명의무 위반)

- 해지는 장래를 향해 계약을 종료하는 것으로, 이미 진행된 계약의 효력은 유지되는 반면에 앞으로의 효력만 소멸한다.
- 해제는 계약을 소급적으로 없던 것으로 해 무효화하는 것으로, 계약 체결 시점부터 효력이 발생하지 않는 것처럼 본다.
- 무효는 계약 자체가 처음부터 법률상 효력이 인정되지 않는 상태다.
- 취소는 계약에 하자가 있을 때 당사자의 의사표시로 소급하여 계약을 없던 것으로 만드는 것이며, 권리를 가진 당사자가 취소를 해야 효력이 생긴다.

제3장 보험계약의 의의

01 보험계약의 의의

(1) 의의

보험계약이란 당사자 일방(보험계약자)이 약정한 보험료를 납부하고, 상대방(보험자)이 재산 또는 생명이나 신체에 불확정한 사고가 생길 경우에 일정한 보험금액 기타의 급여를 지급할 의무를 부담하는 계약을 말한다.

> **상법 제638조(보험계약의 의의)**
> 보험계약은 당사자 일방이 약정한 보험료를 지급하고 재산 또는 생명이나 신체에 불확정한 사고가 발생할 경우에 상대방이 일정한 보험금이나 그 밖의 급여를 지급할 것을 약정함으로써 효력이 생긴다.

02 법적성질

(1) 불요식 낙성계약

① 보험계약은 계약자의 청약과 보험자의 승낙으로 이루어지며 당사자 간의 의사표시에 서면이나 그 밖의 특별한 방식을 요건으로 하지 않는다.
   그러나 보험실무에서는 보험계약의 안정성과 형평성을 위해 정형화된 보험계약 청약서가 이용되고 있다.
② 요물계약 아님 : 보험계약은 "서로 약속만 하면 성립하는 계약"(→ 계약자의 청약과 보험사의 승낙만 있으면, 보험료를 내기 전에도 계약은 성립됨)으로 물건을 주고받거나 보험료를 지급하는 것이 성립요건은 아니므로 요물계약이 아니다

"보험자의 책임은 당사자 간에 다른 약정이 없으면 최초의 보험료의 지급을 받은 때로부터 개시한다.(상법656조)"고 규정은 되어 있지만 보험료의 지급은 보험계약의 성립요건이 아니라 보험자의 책임이 발생하는 보험기간의 개시를 위한 요건이므로 보험 계약은 요물계약이 아니고 낙성계약이다.

(2) 유상·쌍무계약

보험계약자는 보험자에게 보험료 지급의무를 부담하고 보험자는 피보험자 또는 보험수익자에게 보험금 지급을 부담한다. 이는 상호 대가적 관계라는 측면에서 유상계약이며, 상호간에 의무가 존재하므로 쌍무계약이기도 하다.

(3) 부합계약성

① 보험계약은 보험자가 일방적으로 미리 마련한 정형화된 보험약관에 계약자가 동의함으로서 계약이 성립된다. 이는 당사자 일방이 계약내용을 설정하고 상대방은 그 내용에 자신의 의사가 일치할 때 체결되는 계약으로 상대방은 계약내용의 설정에 영향을 미치지 못한다.
   * 부합(附合)계약이란 계약자가 (상대방이 미리정한 내용에) 자신의 의사를 "덧붙여(附)" 그 내용을 그대로 "합치(合)"함으로써 계약이 성립하는 것을 의미

② 일방이 작성한 약관으로 인한 부합계약의 특성상 약관 해석 시 "작성자 불이익의 원칙"(약관규제법), '보험약관의 교부·설명 의무'(638조의3)와 '불이익 변경 금지의 원칙'을 규정하고 있다.(상법 제663조)

(4) 상행위성(영리성)

① 영리보험에 있어서 보험계약은 상행위성이 인정되며 이를 영업으로 하는 보험자가 상인이 된다.

② 계약자는 상인이 아니라도 상인인 보험자와 계약하면 상법 상행위법 통칙에 상행위 일반에 관한 규정이 적용된다.

(5) 사행계약성

보험계약은 미래에 발생할지 안 할지 알 수 없는 우연한 사고(예 화재, 사고, 질병 등)를 전제로 한다. 보험금 지급 여부와 지급액이 불확실하며, 사고 발생 시 보험자가 보험금을 지급하는 계약이다. 이런 점에서 보험계약은 불확실한 결과에 배팅하는 도박(사행계약)의 성격을 일부 갖고 있다.

(6) 선의계약성과 윤리성

① 계약의 선의성·신의성실의 원칙은 보험계약에만 국한된 것이 아니고 모든 계약에서 받아들여져야 할 기본원칙이며 민법의 기본이념 중의 하나이다. 다만, 보험계약은 우연한 사고의 발생이라는 사행성을 가지고 있기 때문에 선의성이 더욱 강조된다. 그러므로 보험은 최대선의에 기초한 계약이라고 한다.

② 보험계약의 선의성을 유지하기 위한 제도로 이득금지의 원칙, 보험계약자와 피보험자의 고지의무(상법 제651조)와 통지의무(상법 제652조, 657조)를 규정하고 있다.

③ 또한 보험계약자 등의 고의·중과실에 의한 보험사고 시 보험자의 면책(상법 제659조), 사기에 의한 초과보험·중복보험의 무효(상법 제669조 4항), 손해방지 의무(상법 제680조), 보험사고의 객관적·주관적 확정의 효과(상법 제644조) 등도 선의계약성과 관련된 조항이다.

(7) 계속계약성

보험계약은 아파트 매매계약처럼 1회성 계약이 아니다. 일정한 기간(보험기간) 동안 계속된다는 점에서 임대차 계약처럼 계속되는 계약이다. 즉 일정한 기간(보험기간) 동안 당사자 사이에 급부·반대급부가 지속적으로 오고 가는 계속계약성의 특성이 있다.

(8) 독립계약성

보험계약은 민법의 전형적인 계약 어디에도 속하지 않는 법률적으로 독립한 계약의 성질을 갖고 있다.

확인문제

01 피보험자는 보험계약에서 정한 불확정한 사고가 발생한 경우 보험금의 지급을 보험자 에게 청구할 수 없다. ( ) ▶ 2022년 손해평가사 8회

02 보험계약에 관한 설명으로 옳지 않은 것은? ▶ 2021년 손해평가사 7회
① 보험계약은 유상·쌍무계약이다.
② 보험계약은 보험자의 청약에 대하여 보험계약자가 승낙함으로써 성립한다.
③ 보험계약은 보험자의 보험금 지급책임이 우연한 사고의 발생에 달려 있으므로 사행 계약의 성질을 갖는다.
④ 보험계약은 부합계약이다.

03 보험계약의 성립은 특별한 요식행위를 요하지 않는다.( ) ▶ 2020년 손해평가사 6회

04 보험계약의 사행계약성으로 인하여 상법은 도덕적 위험을 방지하고자 하는 다수의 규정을 두고 있다. ( ) ▶ 2020년 손해평가사 6회

05 보험계약은 쌍무·유상계약이다. ( ) ▶ 2020년 손해평가사 6회

정답 01 × 02 ② 03 ○ 04 ○ 05 ○

확인문제

06 보험계약은 요물계약이다. ( ) ▶ 2020년 손해평가사 6회

07 보험계약의 성질이 아닌 것은? ▶ 2016년 손해평가사 2회
① 낙성계약② 무상계약
③ 불요식계약④ 선의계약

08 보험계약의 선의성을 유지하기 위한 제도로 옳지 않은 것은? ▶ 2015년 손해평가사 1회
① 보험자의 보험약관설명의무② 보험계약자의 손해방지의무
③ 보험계약자의 중요사항 고지의무④ 인위적 보험사고에 대한 보험자면책

09 상법상 보험계약의 법적 성질로 옳지 않은 것은? ▶ 2025년 손해평가사 11회
① 낙성·불요식계약성
② 사행·선의계약성
③ 부합계약성
④ 유상·편무계약성

정답 06 × 07 ② 08 ① 09 ④

제4장 보험계약의 요소

보험계약의 요소
보험계약은 보험계약의 관계자, 보험의 목적, 보험사고, 보험기간, 보험료, 보험금액 등을 요소로 한다.

01 보험계약의 당사자 - 보험자와 보험계약자

(1) 보험자

① 위험을 인수하는 보험회사를 말하며, 보험자(보험회사)는 보험계약 당사자이다.
② 보험계약자와 보험계약을 체결하고 유지된 계약에 대하여 보험금 지급사유가 발생하였을 경우 보험금을 지급할 의무가 있다.
③ 원칙적으로 보험계약에서 보험자는 1인 단일보험이지만, 공동보험, 병존보험, 중복보험도 있다.

구분	개념	예시
공동보험	여러 보험자가 하나의 보험계약을 공동으로 인수하여 위험을 분담하는 형태	120억 대형 공장 화재보험을 3개 보험사가 각자 1/3씩 부담하여 공동 계약 체결
병존보험	동일 보험목적에 대해 여러 보험자가 각각 독립계약을 체결하되, 총 보험금액이 보험가액을 초과하지 않는 경우	시가 10억 주택에 대해 2개 보험사와 각각 3억, 4억씩 계약체결
중복보험	동일 보험목적에 대해 여러 보험자가 독립적으로 보험계약을 체결하며 총 보험금액이 보험가액을 초과하는 경우	시가 10억 주택에 대해 2개 보험사와 각각 10억, 5억씩 계약 체결

(2) 보험계약자

① 보험자(보험회사)와 보험계약을 체결하는 보험계약당사자이다.
② 보험계약자는 보험계약에 대한 보험료납부 등의 의무와 보험료반환청구 권리를 갖는다.
③ 보험계약자의 자격에는 제한이 없어 자연인·법인 또는 1인·다수 등 상관없이 보험계약자가 될 수 있다.
④ 반드시 본인이 보험계약을 체결할 필요는 없고, 대리인을 통하여 보험계약을 체결해도 무방하다.

> **보험계약자의 주된 의무**
> 보험료 납입의무, 보험계약시 고지의무, 위험변경증가 통지의무, 위험유지의무 등

제646조(대리인이 안 것의 효과) 대리인에 의하여 보험계약을 체결한 경우에 대리인이 안 사유는 그 본인이 안 것과 동일한 것으로 한다.

기출문제

01 대리인에 의하여 손해보험계약을 체결한 경우에 대리인이 안 사유는 그 본인이 안 것과 동일한 것으로 할 수 없다.　　　　　　　　　　　　　　（　　） ▶ 2022년 손해평가사 8회

01 ✕

02　보험계약의 관계자 – 피보험자와 보험수익자

(1) 피보험자

① 인보험에서는 사망, 질병, 상해 발생시 그 대상자인 사람을 의미하며, 손해보험에서는 재산(건물, 차량 등)이나 권리의 소유자 (피보험이익의 주체)로서 손해의 보상을 받을 권리를 가지는 자(보험금 청구권자)를 말한다.

예를 들어, 생명보험이나 상해보험에서 "A"라는 사람이 피보험자라면, 그 사람에게 사망이나 상해가 발생하면 보험금이 지급된다.

손해보험은 재산상의 손해를 보장하는 보험으로, 피보험자는 보험으로 보호하려는 **재산상의 이익을 가진 자(자연인 또는 법인)이다. 화재보험(손해보험)에서 "B"라는 사람이 건물 소유주라면, 그 건물이 화재로 피해를 입었을 때의 손해에 대해 보험금을 받는 피보험자가 된다

② 피보험자는 1인 또는 다수이든 상관이 없다.

(2) 보험수익자

① 인보험에서 피보험자에게 보험사고가 발생 시 보험자에게 보험금지급을 청구·수령할 수 있는 권리를 가진 사람이다.

② 그 수나 자격에 대한 제한이 없다.

③ 보험수익자와 보험계약자가 동일한 경우 '자기를 위한 보험', 양자가 각각 다른 사람일 경우 '타인을 위한 보험'이라 한다.

④ 인보험에서만 보험수익자가 존재하며, 손해보험에서의 피보험자와 유사하다.

계약관계자에 따른 보험 분류(보험료납입자와 보험금청구권자)

보험계약자는 자기를 위해 보험계약을 체결할 수도, 타인을 위해 보험계약을 체결할 수도 있다.

보험관계자	자기를 위한 보험	타인을 위한 보험
인보험	계약자 = 수익자	계약자 ≠ 수익자
손해보험	계약자 = 피보험자	계약자 ≠ 피보험자

제639조(타인을 위한 보험) ① 보험계약자는 위임을 받거나 위임을 받지 아니하고 특정 또는 불특정의 타인을 위하여 보험계약을 체결할 수 있다.

▶ 보험계약 관계자

관계자	손해보험	인보험
보험자	보험회사 보험금지급의무자	보험회사 보험금지급의무자
보험계약자	보험자와 보험계약을 체결하는 자 보험계약과 관련한 권리와 의무의 주체 (자연인, 법인, 1인 또는 수인 관계없음)	보험자와 보험계약을 체결하는 자 보험계약과 관련한 권리와 의무의 주체 (자연인, 법인, 1인 또는 수인 관계없음)
피보험자	보험금 청구권자(피보험이익의 주체) *자연인, 법인 관계없음	보험의 대상자(사람) *자연인
수익자	X	보험금 청구권자 자연인, 법인, 불특정인(상속인) 관계없음

03 보험자의 보조자

계약자와 보험자간의 계약 체결을 위해 중간에서 도와주는 보조자가 있는데, 보험설계사, 보험대리점, 보험중개사 등이 보험계약의 체결을 지원하는 보조자이다.

(1) 보험설계사

상법상 "보험대리상이 아니면서 특정한 보험자를 위하여 계속적으로 보험계약의 체결을 중개하는 자"라고 한다.

① 의의
  ㉠ 보험자를 위하여 보험계약의 체결을 중개하는 자를 말한다.
  ㉡ 보험자의 피용자로서 금융위원회에 등록하여야 한다.
  ㉢ 보험설계사는 보험자의 피용자이므로 독립된 지위에서 보험계약 체결을 대리 또는 중개하는 보험대리상과 다르다.

② 권한

보험계약의 체결을 권유하고 중개하는 사실행위만을 하므로 증권교부권과 보험료 수령권(단, 보험자가 작성한 영수증을 보험계약자에게 교부하는 경우에 한함) 두 가지 권한만 있다

그 외 보험자의 의사표시권[보험계약 체결권, 변경, 해지권]이 없고, 계약자의 의사표시수령권[청약, 고지, 통지, 해지, 취소 수령권]은 모두 없다.

(2) 보험대리상(대리점)

① 의의
  ㉠ 보험대리상은 보험자를 위하여 보험계약을 대리 체결하는 자로 독립된 상인이다.
  ㉡ 보험대리상은 일정한 보험자를 위해 상시 그 계속적으로 보조하는 자이므로 불특정다수의 보험자를 위해 보조하는 보험중개인과는 다르다.
  ㉢ 보험대리상은 자연인이든 법인이든 상관없으나, 일정한 자격을 갖춘 자로서 금융위원회에 등록해야 한다.

② 권한
  ㉠ 보험대리상은 의사표시권 [계약체결권, 변경, 해지권], 의사표시수령권[청약, 고지, 통지, 해지, 취소 수령권]이 있고, 보험료 수령권, 보험증권 교부권을 모두 가지고 있다.
  ㉡ 보험자는 보험대리상과 계약을 체결하면서 권한 중 일부를 부여하지 않도록 제한할 수 있고 이 경우 보험자는 보험계약자에게 이를 알려야 하고, 만약 알리지 않아 대리상의 권한이 제한되었다는 사실을 모르는 보험계약자에게 보험자는 대항할 수 없다.

사례)

A 보험회사는 B 보험대리상에게 단체보험 계약만 체결할 수 있는 권한을 주고, 개인보험 계약 권한은 제한했다. 하지만 A 보험회사가 이 권한 제한 사실을 개인보험 가입자 D에게 알리지 않았다.

그런데 B 대리상이 D에게 개인보험 계약을 체결해 주었다.

이 경우, A 보험회사는 D에게 권한 제한 사실을 알리지 않았기 때문에, B 대리상이 개인보험 계약을 체결한 것을 이유로 계약 이행 책임을 거부할 수 없다.(개인보험가입을 거절할 수 없다) 즉, A 보험회사는 그 계약에 대해 책임을 져야 한다.

(3) 보험중개인

① **의의**
  ㉠ 보험계약을 체결할 때 보험회사와 보험계약자 사이에서 독립적으로 계약 체결을 중개하는 사람이나 기관을 말한다..
  ㉡ 보험중개인은 보험회사의 보험설계사, 보험대리점과 달리 특정 보험회사의 전속 대리인이 아니며, 여러 보험회사를 비교·분석하여 보험계약자에게 가장 적합한 상품을 중개한다
  ㉢ 보험중개인이 되기 위해서는 금융감독원장이 실시하는 시험에 합격한 후 금융위원회에 등록해야 한다.

② **권한**
  보험중개인은 특정 보험회사로부터 위임을 받지 않고 보험계약 체결 권한(대리권)이 없으며, 단순히 계약 체결을 돕는 중개자의 역할만 수행한다. 중개라는 사실행위만 하므로 보험대리상과 달리 계약체결. 변경. 해지권, 고지수령권, 보험료 수령권에 대한 권한이 없다.

▶ **보험모집 중개자의 권한 비교**

구분	의사표시수령권 (청약, 고지, 통지, 해지, 취소 등)	의사표시권 (체결, 변경, 해지 등)	보험료수령권	증권교부권
보험대리상 (체약대리점)	○	○	○	○
보험중개인	X	X	X	X
보험설계사	X	X	△ (단, 보험자가 발급한 영수증교부시 있음)	○

제646조의2(보험대리상 등의 권한) ① 보험대리상은 다음 각 호의 권한이 있다.
  1. 보험계약자로부터 보험료를 수령할 수 있는 권한
  2. 보험자가 작성한 보험증권을 보험계약자에게 교부할 수 있는 권한
  3. 보험계약자로부터 청약, 고지, 통지, 해지, 취소 등 보험계약에 관한 의사표시를 수령할 수 있는 권한
  4. 보험계약자에게 보험계약의 체결, 변경, 해지 등 보험계약에 관한 의사표시를 할 수 있는 권한

② 제1항에도 불구하고 보험자는 보험대리상의 제1항 각 호의 권한 중 일부를 제한할 수 있다. 다만, 보험자는 그러한 권한 제한을 이유로 선의의 보험계약자에게 대항하지 못한다.
③ **보험대리상이 아니면서 특정한 보험자를 위하여 계속적으로 보험계약의 체결을 중개하는 자**는 제1항제1호(보험자가 작성한 영수증을 보험계약자에게 교부하는 경우만 해당한다) 및 제2호의 권한이 있다.
④ 피보험자나 보험수익자가 보험료를 지급하거나 보험계약에 관한 의사표시를 할 의무가 있는 경우에는 제1항부터 제3항까지의 규정을 그 피보험자나 보험수익자에게도 적용한다.

확인문제

01 보험설계사가 가진 상법상 권한으로 옳은 것은? ▶ 2024년 손해평가사 10회

① 보험계약자로부터 고지에 관한 의사표시를 수령할 수 있는 권한
② 보험계약자에게 영수증을 교부하지 않고 보험료를 수령할 수 있는 권한
③ 보험자가 작성한 보험증권을 보험계약자에게 교부할 수 있는 권한
④ 보험계약자로부터 통지에 관한 의사표시를 수령할 수 있는 권한

02 甲은 보험대리상이 아니면서 특정한 보험자 乙을 위하여 계속적으로 보험계약의 체결을 중개하는 자로서 丙이 乙과 보험계약을 체결하도록 중개하였다. 甲의 권한 에 관한 설명으로 옳지 않은 것은? ▶ 2023년 손해평가사 9회

① 甲은 자신이 작성한 영수증을 丙에게 교부하는 경우 丙으로부터 보험료를 수령할 권한이 있다.
② 甲은 乙이 작성한 보험증권을 丙에게 교부할 수 있는 권한이 있다.
③ 甲은 丙으로부터 청약, 고지, 통지, 해지, 취소 등 보험계약에 관한 의사표시를 수령할 수 있는 권한이 없다.
④ 甲은 丙에게 보험계약의 체결, 변경, 해지 등 보험계약에 관한 의사표시를 할 수 있는 권한이 없다.

03 보험대리상은 보험계약자로부터 보험료를 수령할 수 있는 권한을 갖는다. (   )
▶ 2022년 손해평가사 8회

04 보험대리상이 아니면서 특정한 보험자를 위하여 계속적으로 보험계약의 체결을 중개하는 자는 보험자가 작성한 보험증권을 보험계약자에게 교부할 수 있는 권한을 갖는다. (   )
▶ 2022년 손해평가사 8회

정답 01 ③ 02 ① 03 ○ 04 ○

확인문제

05 대리인에 의하여 보험계약을 체결한 경우 대리인이 안 사유는 그 본인이 안 것과 동일한 것으로 한다. (　) ▶ 2022년 손해평가사 8회

06 보험자는 보험대리상이 보험계약자로부터 청약, 고지, 통지 등 보험계약에 관한 의사표시를 수령할 수 있는 권한을 제한할 수 없다. (　) ▶ 2022년 손해평가사 8회

07 계속보험료가 연체된 경우 보험대리상이 아니면서 특정한 보험자를 위하여 계속적으로 보험계약의 체결을 중개하는 자는 보험계약자에 대해 해지의 의사표시를 할 수 있는 권한이 있다.
(　) ▶ 2022년 손해평가사 8회

08 보험대리상이 아니면서 특정한 보험자를 위하여 계속적으로 보험계약의 체결을 중개하는 자는 보험자가 작성한 영수증을 보험계약자에게 교부하는 경우에 한하여 보험료를 수령할 권한이 있다.
(　) ▶ 2022년 손해평가사 8회

09 보험대리상의 권한은 보험료수령권한(　), 고지수령권한(　), 보험계약해지권한(　), 보험금수령권한(　)이 있다.

10 보험자는 보험계약자로부터 보험료를 수령할 수 있는 보험대리상의 권한을 제한할 수 있다.
(　) ▶ 2021년 손해평가사 7회

정답　05 ○　06 ×　07 ×　08 ○　09 ○,○,○,×　10 ○

11 보험대리상이 아니면서 특정한 보험자를 위하여 계속적으로 보험계약의 체결을 중개 하는 자는 보험계약자로부터 보험계약에 관한 취소의 의사표시를 수령할 수 없다. ( )
▶ 2021년 손해평가사 7회

12 보험대리상이 아니면서 특정한 보험자를 위하여 계속적으로 보험계약의 체결을 중개하는 자의 권한을 모두 고른 것은?
▶ 2020년 손해평가사 6회

> ㉠ 보험자가 작성한 보험증권을 보험계약자에게 교부할 수 있는 권한
> ㉡ 보험자가 작성한 영수증 교부를 조건으로 보험계약자로부터 보험료를 수령할 수 있는 권한
> ㉢ 보험계약자로부터 보험계약의 취소의 의사표시를 수령할 수 있는 권한
> ㉣ 보험계약자에게 보험계약의 체결에 관한 의사표시를 할 수 있는 권한

① ㄱ, ㄴ
② ㄱ, ㄷ
③ ㄴ, ㄷ
④ ㄷ, ㄹ

13 보험계약자로부터 청약, 고지, 통지, 해지, 취소 등 보험계약에 관한 의사표시를 수령할 수 있는 보험대리상의 권한을 보험자가 제한한 경우 보험자는 그 제한을 이유로 선의의 보험 계약자에게 대항하지 못한다. ( )
▶ 2018년 손해평가사 4회

14 보험자는 보험계약자로부터 보험료를 수령할 수 있는 보험대리상의 권한을 제한할 수 없다. ( )
▶ 2018년 손해평가사 4회

정답 11 O 12 ① 13 O 14 ×

확인문제

15 보험대리상이 아니면서 특정한 보험자를 위하여 계속적으로 보험계약의 체결을 중개하는 자가 행사할 수 있는 권한으로 옳은 것은? ▶ 2016년 손해평가사 2회

① 보험자가 작성한 영수증을 보험계약자에게 교부하지 않고 보험계약자로부터 보험료를 수령할 수 있는 권한
② 보험계약자로부터 보험계약의 청약에 관한 의사표시를 수령할 수 있는 권한
③ 보험계약자에게 보험계약의 체결에 관한 의사표시를 할 수 있는 권한
④ 보험자가 작성한 보험증권을 보험계약자에게 교부할 수 있는 권한

16 보험대리상은 보험자로부터 보험금을 수령할 수 있는 권한이 있다. ( ) ▶ 2016년 손해평가사 2회

17 보험대리상 등의 권한에 관한 설명으로 옳은 것은? ▶ 2019년 손해평가사 5회

① 보험대리상은 보험계약자로부터 보험료를 수령할 권한이 없다.
② 보험대리상의 권한에 대한 일부 제한이 가능하고, 이 경우 보험자는 선의의 제3자에 대하여 대항할 수 있다.
③ 보험대리상은 보험계약자에게 보험계약의 체결, 변경, 해지 등 보험계약에 관한 의사표시를 할 수 있는 권한이 있다.
④ 보험대리상이 아니면서 특정한 보험자를 위하여 계속적으로 보험계약의 체결을 중개하는 자는 보험계약자로부터 고지를 수령할 수 있는 권한이 있다.

18 상법상 보험대리상 등에 관한 설명으로 옳지 않은 것은? ▶ 2025년 손해평가사 11회

① 보험대리상은 보험계약자로부터 청약 등의 보험계약에 관한 의사표시를 수령할 수 있는 권한이 있다.
② 보험자는 상법에 정해진 보험대리상의 권한을 제한할 수 없다.
③ 보험대리상이 아니면서 특정한 보험자를 위하여 계속적으로 보험계약의 체결을 중개하는 자는 보험자가 작성한 영수증을 보험계약자에게 교부하는 경우만 보험계약자로부터 보험료를 수령할 수 있는 권한이 있다.
④ 보험대리상은 피보험자가 보험계약에 관한 의사표시를 할 의무가 있는 경우 피보험자의 의사표시를 수령할 권한이 있다.

정답 15 ④ 16 ✕ 17 ③ 18 ②

04 보험의 목적

(1) 보험의 목적

보험의 목적은 보험계약에서 보호받거나 보상받고자 하는 대상이다. 즉, 보험사고가 발생할 경우 보험자가 보험금 지급 등의 책임을 지는 "객체"를 말한다.

손해보험에서는 보험의 목적이 보장하려는 재산이나 권리로, 예를 들어 건물, 자동차, 화물, 선박, 기계, 채권 등이 해당한다.

인보험에서는 보험의 목적이 사람의 생명이나 신체이며, 자연인에 한정된다.

(2) 보험의 목적은 구체적이고 확인 가능해야 한다. 집합보험(예 특정 기간 동안 수시로 바뀌는 물건의 집합)도 있다.

(3) 보험계약의 목적과 구별

구분	의미	예시
보험의 목적	보험사고 발생 시 보상 대상이 되는 피보험자의 재화(손해보험) 또는 생명·신체(인보험)	건물, 자동차, 선박, 기계 등 물건 / 사람의 생명 또는 신체
보험계약의 목적 (피보험이익)	보험계약에서 경제적 이해관계가 있는 이익, 즉 보험가입자가 보호받고자 하는 재산적 가치	자동차 소유자가 자동차 파손 시 보상받을 권리 / 건물 소유자의 재산권 보호 인보험 (해당없음)

- 보험의 목적은 보험계약의 대상이 되는 객체 (구체적 재화나 사람)이고,
- 보험계약의 목적은 그러한 대상에 대해 피보험자가 가지는 경제적 이해관계(피보험이익)를 뜻하는 개념이다.

05 보험사고

(1) 의의

보험사고란 보험계약에서 보험자가 보험금 지급 책임을 지는 우연한 사고를 말한다. 보험사고는 보험약관에 명시된 보장 대상이 되는 사고이며, 해당 사고가 발생하면 보험자는 약정에 따라 보험금을 지급해야 한다.

예를 들어, 생명보험에서는 피보험자의 사망, 상해, 입원 등이 보험사고가 될 수 있고, 손해보험에서는 화재, 도난, 교통사고 등 재산상의 손해 사건이 보험사고가 된다.

(2) 요건

우연성과 발생가능성 그리고 한정성을 갖춰야 한다.

① 우연성

보험사고는 우연히 발생하는 사고여야 하며, 사고 발생 여부, 시기, 형태 등을 보험계약 체결 당사자 모두가 미리 알 수 없어야 한다. 예컨데 화재보험에서 화재발생여부, 생명보험에서 사망시기 등이 확정되지 않아야 함을 의미한다.

그러므로 이런 우연성은 원칙적으로 객관적으로 판단하여야 할 것이므로 보험계약 당시에 보험사고가 이미 발생하였거나 발생할 수 없는 것인 때에는 원칙적으로 그 계약은 무효로 한다.(상법 제644조) 그러나 보험계약의 선의성에 비추어 보험자와 계약자 및 피보험자 모두가 그 사실을 알지 못한 때(주관적)에는 예외적으로 그 보험계약은 유효하다.(상법 644조 단서조항) 왜냐하면 보험계약의 쌍방이 모르는 선의의 경우 악용될 염려가 없고 소급보험(643조)을 인정할 근거가 되기도 한다.

> **제643조(소급보험)**
> 보험계약은 그 계약전의 어느 시기를 보험기간의 시기로 할 수 있다.
>
> **제644조(보험사고의 객관적 확정의 효과)**
> 보험계약당시에 보험사고가 이미 발생하였거나 또는 발생할 수 없는 것인 때에는 그 계약은 무효로 한다. 그러나 당사자 쌍방과 피보험자가 이를 알지 못한 때에는 그러하지 아니하다.

② 발생가능성

보험사고는 계약 체결 당시 발생할 수 있어야 한다. 이미 발생했거나 발생 불가능한 사고는 보험사고로 인정되지 않으며, 이 경우 보험계약은 무효가 된다.

③ 한정성

보험사고는 보험계약에서 정한 목적과 범위 내에서 특정되어야 하며, 보험자가 책임지는 사고의 종류와 범위가 명확히 한정되어야 한다. 예를 들어, 화재보험에서는 보험의 목적이 된 건물에 대한 '화재'에 한정된다.

06 보험료와 보험금액

(1) 보험료

① 의의

보험료는 보험계약에 있어서 보험자가 보험사고 발생 시 보험금 지급 책임을 지는 대가로서 보험계약자가 보험자에게 지급하는 금액이다.

보험료는 대수의 법칙에 따른 위험단체 내에서 보험사고의 발생확률에 따라 수지상등의 원칙을 적용하여 산출한다. 일반적으로 보험료는 영업보험료를 의미하는데 이는 순보험료(위험보험료)와 부가보험료(인건비, 사업비)로 구성된다.

> **보험료의 구성**
>
> 보험료 = 순보험료 + 부가보험료
> 가. 순보험료 : 위험보험료 (보험금지급 재원)
>   저축보험료(적립금) (만기환급금이나 해지환급금의 재원)
> 나. 부가보험료 : 사업 운영비, 설계사 수수료, 광고 등 관리에 필요한 비용

보험계약시 산정한 보험료는 보험기간 내 위험의 변동에 따라 보험료가 변동될 여지도 있다. 상법은 특별위험(예컨데 전쟁위험, 폭발위험 등) 소멸로 인한 감액을 청구할 수 있는 것(제647조)이 이에 해당하는데 계약 당사자가 특별위험을 예기하여 보험료를 정한 경우 그 위험이 소멸하면 그 후의 보험료 감액을 청구할 수 있다. 보험료는 위험을 평가하여 산정된 것이므로 보험기간 중 위험의 변동에 따라 보험료의 감액 또는 증액 등 변동될 수 있다는 점은 당연하다.

② **보험료의 종류**

보험료를 납입하는 방법은 보험전기간에 대하여 일시납(1회적 보험료)보험료와 매월 납입하는 형태로 분할 납입할 수도 있다.

보험료납입의 방법은 다음과 같이 분류할 수 있다.

㉮ 일시납 보험료 : 전보험기간에 대하여 1회에 전부 지급하는 보험료 (1회성보험료)

㉯ 분할보험료 : 보험기간을 여러 개의 보험료기간으로 분할하여 그 기간에 따라 계속적으로 지급하는 보험료(분할납보험료)를 말한다.

㉰ 최초보험료 : 최초로 지급되는 보험료 (최초보험료 지급이 없으면 보험자의 책임이 개시되지 않음)

㉱ 계속보험료 : 2회 이후 보험료

상법상 보험료 관련 조항

조문	주요 내용	보험료 관련 규정
제638조	보험계약의 의의	보험료 지급 및 보험금 지급의 약정
제640조	보험증권의 교부	보험료 미지급시 보험증권 교부의무 없음
제649조	사고발생 전 임의해지	계약자는 사고발생 전 임의해지 가능. 당사자간 별도 약정 없으면 미경과보험료 반환 청구
제650조	보험료 지급지체시 효과	최초보험료 지급지체시 효과 : 계약해제 계속보험료 지급지체시 : 계약 해지
제652조	위험변경·증가	통지의무, 보험료 증액청구 또는 계약 해지 가능
제656조	보험자의 책임개시	최초 보험료 지급 시 책임 발생

구분		내용
제662조	보험료청구권, 반환청구권 소멸시효	보험료청구건 2년, 보험료반환청구권 소멸시효 3년간 행사하지 않으면 소멸
제647조	특별위험 소멸	보험료 감액청구권

(2) 보험가액, 보험금액과 보험금

(가) 정의

구분	내용	예시
보험가액	보험자의 지급책임의 법률상 최고한도액 (보험의 객체인 건물이나 자동차 기계류의 시가 또는 현재평가액)	주택의 현재 시가 = 보험가액 보험가액 1억인 경우 (원칙적으로 보험금액 1억을 초과하여 가입 할 수 없음)
보험금액 = 보험가입금액	보험자가 지급하기로 약정한 최대 보험금 한도액	주택가액(보험가액) 1억, 보험금액 9천만원인 경우 (사고발생시 보험금액 9천만원 한도내에서 지급)
보험금	보험사고 발생 시 실제 지급되는 금액	집 가액(보험가액) 1억 원, 보험금액 9천만원 가입한 계약에서 화재로 8천만원 손해 발생시 보험금은 8천만원임

보험금액은 보험계약 당시에 약정하는 최대 보험금 한도이며, 보험가액을 초과할 수 없다.

보험금은 보험사고가 실제 발생했을 때, 보험자가 피보험자 또는 수익자에게 지급하는 금전이다. 보험금 지급에 있어 정액보험(주로 인보험) 의 경우 미리 보험금을 약정해 놓은 형태로 지급되며 손해보험은 실제 손해액을 보상한다.

07 보험기간 · 보험계약기간 · 보험료기간

보험기간 · 보험계약기간 · 보험료기간의 비교

구분	정의	기간 시작 시점	기간 종료 시점	특징 및 설명
보험기간	보험자가 보험금 지급 책임을 지는 기간 (책임기간, 위험기간)	일반적으로 최초 보험료 수령 시점 * 달리 약정할 수 도 있음	계약서에 명시된 보장 종료 시점	보장받는 기간, 보험사고 발생 시 보험자 책임 발생 기간
보험계약기간	보험계약이 성립하여 유지되는 기간	보험회사의 승낙(계약)시점	계약의 종료 시점	계약의 실질적 존속 기간, 보험기간과 보통 일치하지만 차이날 수도 있음
보험료기간	보험료 산정 및 납입의 기준이 되는 기간 (위험 측정기간)	보험료 산정을 위해 정해진 단위 기간 (주로 1년 단위)	단위 기간 종료 시점	보험료 계산을 위한 기간, 보장 기간과 다를 수 있음

(1) 보험기간

보험기간이란 보험사고가 발생한 때에 보험자의 책임이 발생하는 시기와 종기로 위험기간 또는 책임기간이라고도 한다. 상법656조는 "보험자의 책임은 다른 약정이 없으면 최초보험료를 지급 받은 때로 부터 개시한다."고 규정하고 있으며, 다른 약정으로 책임기간을 연장하거나 소급할 수 있도록 허용한다.

(2) 보험계약기간

보험계약기간이란 보험계약이 성립하여 종료될 때까지의 기간으로 보험계약이 유효하게 존속하는 기간을 말한다. 보험계약기간과 보험기간은 항상 일치하는 것은 아니다.

① 보험계약기간의 시기가 보험기간의 시기보다 먼저인 경우

암보험약관에서 암에 대한 책임개시일을 보험계약일로부터 그 날을 포함하여 90일이 지난날의 다음 날(암보장 책임개시일)로 정한 경우

② 보험기간의 시기가 보험계약기간의 시기보다 먼저인 경우

보험계약 체결 전의 어느 시기를 보험기간의 시기로 하는 소급보험(상법 제643조)의 경우

(3) 보험료기간

보험료산출을 위한 위험측정의 단위가 되는 기간을 보험료기간이라 하며, 위험측정기간이라고도 한다. 즉, 보험료를 산출하는 단위기간이 보험료기간이다. 이 또한 위의 사례처럼 보험기간과 불일치 하는 경우도 발생한다

(4) 보험료불가분의 원칙

보험료산출의 단위가 되는 보험료기간의 보험료는 하나의 단위로 인정하기 때문에 비록 보험자가 보험료기간의 일부에 대해서만 위험을 부담한 경우에도 해당 보험료기간에 해당하는 보험료 전액을 취득할 수 있다는 원칙이 보험료불가분의 원칙이다.

> **사례**
> 1년 단위 손해보험 계약 중도 해지 시 손해보험 등에서 보험료는 통상 1년을 기본 단위로 산출한다. 보험계약자가 1년 보험료를 납부한 후, 계약기간 중도(예 6개월 뒤)에 계약을 해지해도 이미 지불한 1년치 보험료를 환급받지 못하는 경우가 있다. 이는 보험료가 1년 전체 위험에 대한 대가를 평균적으로 산출했기 때문이다.

다만, 우리 상법은 이러한 원칙에 대한 명시적인 규정이 없다. 또한 불가분의 원칙은 보험의 기술적 성격에서 그 근거를 찾고 있지만, 보험계약에서 절대적인 것은 아니므로 당사자 간의 합의로 변경할 수 있다. 상법에서도 보험사고 발생 전에 보험계약이 임의로 해지된 경우 당사자 간에 다른 약정이 없으면 미경과보험료의 반환을 명문으로 인정하고 있다.

(5) 소급보험

① 의의

소급보험이란 보험계약 체결일 이전의 일정한 시점부터 보험자의 책임이 시작되는 보험을 말한다.(상법 제643조)

소급보험은 일반 보험처럼 미래의 불확실한 사고에 대비하는 것과 달리, 보험 체결 시점보다 과거에 이미 위험이 존재했던 기간까지 소급하여 보장하는 역할을 한다.

> 소급보험은 과거 통신시설이 발달하지 않았던 중세~근대대 유럽에서 해상보험 등에서 화물을 선적한 선박이 출항한 후에 보험계약을 체결하게 되고 이 때 조건이 보험계약의 체결시점을 기준이 아닌 선박이 출발한 시점으로 소급하여 책임을 개시하기로한 보험계약을 적용시킨 것에서 비롯되었다. 이 때 선박 출항에서 보험계약 체결시점 사이에 보험사고가 발생하지 않았거나 발생하였더라도 계약 당사자가 이를 알지 못한 경우는 소급보험은 유효한 것이 된다. 이는 보험특성상 당사자가 선의이고 불확정한 사고를 대상으로 보험계약을 체결하는 우연성에 근거 한 것이다.

② 소급보험의 성립요건

㉮ 보험기간의 소급약정 : 보험계약기간의 성립시기 이전으로 소급하여 정한다는 계약 당사자 간의 약정이 있어야 한다.

㉯ 보험사고 발생 여부의 주관적 불확정 : 보험계약을 체결할 당시에 보험계약자와 보험자 및 피보험자 모두가 보험사고의 발생 사실을 모르고 있어야 한다.

> **제643조(소급보험)**
> 보험계약은 그 계약전의 어느 시기를 보험기간의 시기로 할 수 있다.
>
> **제644조(보험사고의 객관적 확정의 효과)**
> 보험계약당시에 보험사고가 이미 발생하였거나 또는 발생할 수 없는 것인 때에는 그 계약은 무효로 한다. 그러나 당사자 쌍방과 피보험자가 이를 알지 못한 때에는 그러하지 아니하다.

확인문제

01 보험기간의 시기(始期)는 보험계약 체결시점과 같아야 한다. ( ) ▶ 2022년 손해평가사 8회

02 보험기간의 시기는 보험계약 이후로만 하여야 한다. ( ) ▶ 2021년 손해평가사 7회

03 보험계약당시에 보험사고가 이미 발생하였거나 또는 발생할 수 없는 것인 때에는 그 계약은 무효로 한다. ( ) ▶ 2024년 손해평가사 10회

04 보험계약당시에 보험사고가 발생할 수 없는 것이었지만 당사자 쌍방과 피보험자가 이를 알지 못한 때에는 그 계약은 유효하다. ( ) ▶ 2024년 손해평가사 10회

05 보험계약은 그 계약전의 어느 시기를 보험기간의 시기(始期)로 할 수 있다. ( ) ▶ 2023년 손해평가사 9회

06 보험계약 당시에 보험사고가 발생할 수 없음이 객관적으로 확정된 경우 당사자 쌍방과 피보험자가 이를 알았는지 여부에 관계없이 그 계약은 무효로 한다. ( ) ▶ 2023년 손해평가사 9회

정답 01 × 02 × 03 ○ 04 ○ 05 ○ 06 ×

확인문제

07 타인을 위한 손해보험계약(보험회사 A, 보험계약자 B, 타인 C)에서 보험사고의 객관적 확정이 있는 경우 그 보험계약의 효력에 관한 설명으로 옳지 않은 것은? ▶ 2022년 손해평가사 8회

① 보험계약 당시에 보험사고가 이미 발생하였음을 B가 알고서 보험계약을 체결하였다면 그 계약은 무효이다.
② 보험계약 당시에 보험사고가 이미 발생하였음을 A와 B가 알았을지라도 C가 알지 못했다면 그 계약은 유효하다.
③ 보험계약 당시에 보험사고가 발생할 수 없음을 A가 알면서도 보험계약을 체결하였다면 그 계약은 무효이다.
④ 보험계약 당시에 보험사고가 발생할 수 없음을 A, B, C가 알지 못한 때에는 그 계약은 유효하다.

08 보험계약당시에 보험사고가 이미 발생하였을 경우 당사자 쌍방과 피보험자가 이를 알지 못 하였어도 그 계약은 무효이다. (   ) ▶ 2021년 손해평가사 7회

09 보험계약당시에 보험사고가 이미 발생하였더라도 그 계약은 무효로 하지 않는다. (   ) ▶ 2020년 손해평가사 6회

10 보험계약당시에 보험사고가 발생할 수 없는 것이라도 그 계약은 무효로 하지 않는다. (   ) ▶ 2020년 손해평가사 6회

11 보험계약당시에 보험사고가 이미 발생하였지만 보험수익자가 이를 알지 못한 때에는 그 계약은 무효로 하지 않는다. (   ) ▶ 2020년 손해평가사 6회

정답 07 ② 08 × 09 × 10 × 11 ×

12 보험계약당시에 보험사고가 발생할 수 없는 것이었지만 당사자 쌍방과 피보험자가 그 사실을 몰랐다면 그 계약은 무효로 하지 않는다.　　　　　　　　　　(　　) ▶ 2020년 손해평가사 6회

13 건물에 대한 화재보험계약 체결시에 이미 건물이 화재로 전소하는 사고가 발생한 경우 당사자 쌍방과 피보험자가 이를 알지 못한 때에는 그 계약은 무효가 아니다.　(　　)
▶ 2017년 손해평가사 3회

14 상법상 보험사고에 관한 설명으로 옳은 것은?　　　　　▶ 2025년 손해평가사 11회
① 보험사고의 발생으로 보험자가 보험금액을 지급한 때에 보험금액이 감액되지 아니하는 보험의 경우에는 보험계약자가 그 사고발생 후에 보험계약을 해지할 수 없다.
② 보험계약 당시 보험사고가 이미 발생하였음을 보험계약자가 알고 있었다면 그 계약은 무효로 한다.
③ 보험계약 당시 보험사고가 객관적으로 발생할 수 없음을 보험계약자와 보험자가 알았다면, 피보험자가 이를 알았다 하더라도 그 계약은 무효로 볼 수 없다.
④ 계약 전에 어느 시기를 보험기간의 시기(始期)로 한 보험계약은 무효이다.

정답　12 ○　13 ○　14 ②

제5장 보험계약의 성립

01 보험계약의 성립

보험계약은 특별한 방식을 요구하지 않는 불요식의 낙성계약이므로 보험계약자의 청약에 대하여 보험자가 승낙한 때에 성립한다.

보험자는 보험계약자로부터 보험계약의 청약과 함께 보험료 상당액의 지급을 받았을 때는 다른 약정이 없으면 30일 내에 그 상대방에 대하여 낙부의 통지를 발송하여야 하며 만약 기간 내에 낙부의 통지를 해태한다면 승낙한 것으로 간주한다.

(1) 청약

① 보험계약의 청약이란 보험계약자가 보험자에 대해 일정한 보험계약을 체결할 것을 목적으로 하는 일방적 의사표시이다.
② 청약의 방법은 제한이 없으므로 구두, 서면, 전화도 가능하나 일반적으로 청약서를 이용한다.
③ 청약은 보험계약자의 대리인에 의해서도 가능하다.
④ 청약을 할 때 보험자의 책임이 개시되기 위해서 보험료의 전부나 일부를 지급하는 경우가 일반적이다.

(2) 청약의 철회

보험계약자는 청약을 한 날로부터 철회 가능 기간 안에는 아무런 불이익을 받지 않고 보험계약의 청약을 철회할 수 있다.

(3) 승낙

① **의의**
  ㉠ 보험자의 승낙이란 보험계약자의 특정한 청약에 대해 보험계약의 성립을 목적으로 하는 보험자의 의사표시이다.
  ㉡ 승낙의 방법에는 청약의 경우와 같이 제한이 없으나 보험자는 별도의 승낙의 의사표시를 행하지 않고 보험증권의 교부로 갈음하고 있다.

② **승낙 의제**
  보험자가 승낙 기간내(다른 약정이 없으면 30일 이내)에 낙부의 통지를 해태한 때에는 승낙한 것으로 본다.

> **의제(擬制)**
> 실제 사실과 다르지만, 법이나 규정에 의해 특정한 사실로 간주하는 것이라는 의미. 즉 간주한다, 본다 와 같은 의미

③ 보험자의 책임 개시

보험자가 승낙할 경우 보험자의 책임은 최초보험료가 지급된 때로 소급하여 개시된다.

④ 승낙 전 사고담보

㉠ 의의
  - 보험자가 청약을 승낙하기 전에 보험사고가 생긴 때에는 고지의무위반 등 해당 청약을 거절할 사유가 없는 한 보험자는 보험계약상의 책임을 진다.
  - 보험자로서는 청약일로부터 승낙일까지 실제로 위험을 인수하지 않으면서도 상당기간 동안 보험료를 받고 있는 셈이 되어 보험자의 승낙이 없었다는 이유로 이미 보험료를 수령한 보험자가 보험금 책임을 부담하지 않는 것이 불합리하다는 의미에서 규정한 법규이다.

㉡ 요건
  ㉮ 유효한 보험계약
  ㉯ 보험료 납부
  ㉰ 청약을 거절할 사유가 없어야
  ㉱ 인보험계약에서 진단계약의 경우 신체검사 받은 시점부터

㉢ 소급보험과의 구별

구분	소급보험	승낙 전 사고(승낙전 보호제도)
성립 요건	당사자 간 합의에 의하여 성립	법률 규정에 의한 강행 규정, 당사자 간 합의 불필요
보험계약 성립	보험자의 승낙이 있어야 계약 성립이 인정됨	계약 성립 여부와 무관
책임 개시 시점	약정한 소급 기간(청약 이전 시점 포함 가능)	청약일 이전으로 소급되지 않음
적용 범위	주로 해상보험, 운송보험 등에서 이용	모든 보험에서 적용

제638조의2(보험계약의 성립) ① 보험자가 보험계약자로부터 보험계약의 청약과 함께 보험료 상당액의 전부 또는 일부의 지급을 받은 때에는 다른 약정이 없으면 **30일내**에 그 상대방에 대하여 낙부의 통지를 발송하여야 한다. 그러나 인보험계약의 피보험자가 신체검사를 받아야 하는 경우에는 그 기간은 신체검사를 받은 날부터 기산한다.
② 보험자가 제1항의 규정에 의한 기간내에 낙부의 통지를 해태한 때에는 승낙한 것으로 본다.
③ 보험자가 보험계약자로부터 보험계약의 **청약과 함께 보험료 상당액의 전부 또는 일부를 받은 경우에 그 청약을 승낙하기 전에 보험계약에서 정한 보험사고가 생긴 때**에는 그 청약을 거절할 사유가 없는 한 보험자는 보험계약상의 책임을 진다. 그러나 인보험계약의 피보험자가 신체검사를 받아야 하는 경우에 그 검사를 받지 아니한 때에는 그러하지 아니하다.

확인문제

01 보험계약은 청약과 승낙에 의한 합의와 보험증권의 교부로 성립한다. ( )
▶ 2024년 손해평가사 10회

02 보험자가 보험계약자로부터 보험계약의 청약과 함께 보험료 상당액의 전부 또는 일부의 지급을 받은 때에는 계약이 성립한 것으로 본다. ( ) ▶ 2024년 손해평가사 10회

03 보험계약은 낙성계약이므로 보험자가 승낙하면 성립한다. ( ) ▶ 2023년 손해평가사 9회

04 보험자가 상법에서 정한 낙부통지 기간 내에 통지를 해태한 때에는 청약을 거절한 것으로 본다. ( ) ▶ 2020년 손해평가사 6회

05 보험계약은 보험자의 청약에 대하여 보험계약자가 승낙함으로써 이루어진다. ( ) ▶ 2018년 손해평가사 4회

06 보험계약은 청약과 승낙 뿐만 아니라 보험료 지급이 이루어진 때에 성립한다. ( ) ▶ 2017년 손해평가사 3회

07 다른 약정이 없으면 보험자는 30일내에 보험계약자에 대하여 낙부의 통지를 발송하여야 한다. ( ) ▶ 2023년 손해평가사 9회

정답 01 × 02 × 03 ○ 04 × 05 × 06 × 07 ○

확인문제

08 보험자가 상법이 정하는 낙부의 통지기간내에 그 통지를 해태한 때에는 승낙한 것으로 본다.
( ) ▶ 2023년 손해평가사 9회

09 승낙하기 전에 발생한 보험사고에 대해서 청약을 거절할 사유가 있더라도 보험자는 보험계약상의 책임을 진다.
( ) ▶ 2023년 손해평가사 9회

10 보험계약자로부터 청약을 받은 보험자는 보험료 지급여부와 상관없이 청약일로부터 30일 이내에 승낙의사 표시를 발송하여야 한다.
( ) ▶ 2020년 손해평가사 6회

11 보험자의 승낙의사표시는 반드시 서면으로 할 필요는 없다. ( ) ▶ 2020년 손해평가사 6회

12 보험자가 보험계약자로부터 보험계약의 청약과 함께 보험료 상당액의 전부 또는 일부를 받은 경우에 그 청약을 승낙하기 전에 보험계약에서 정한 보험사고가 생긴 때에는 그 청약을 거절할 사유가 없는 한 보험자는 보험계약상의 책임을 진다. ( ) ▶ 2020년 손해평가사 6회

13 손해보험계약의 보험자가 보험계약의 청약과 함께 보험료 상당액의 일부를 지급 받은 때 에 상법이 정한 기간내에 낙부의 통지를 해태한 때에는 승낙한 것으로 추정한다. ( )
▶ 2019년 손해평가사 5회

14 손해보험계약의 보험자가 보험계약의 청약과 함께 보험료 상당액의 전부를 지급 받은 때에 다른 약정이 없으면 상법이 정한 기간내에 낙부의 통지를 해태한 때에는 승낙한 것으로 본다.
( ) ▶ 2019년 손해평가사 5회

정답 08 O 09 × 10 × 11 O 12 O 13 × 14 O

02 보험약관교부설명의무

(1) 보험약관 교부·설명 의무

① **의의**

보험자는 보험계약을 체결할 때에 보험계약자에게 보험약관을 교부하고 그 약관의 중요한 내용을 설명하여야 한다.

② **취지**

보험약관은 당사자 간 합의를 통해 작성 된 것이 아니라, 보험자가 미리 작성한 내용을 그대로 따를 것인지 여부를 계약자가 선택하는 부합계약의 성질을 가진다.

따라서 약관을 작성한 보험자는 전문적 지식, 정보력, 협상력에서 상대적으로 불리한 위치에 있는 보험계약자가 불이익을 당하지 않도록, 약관의 중요한 사항에 대하여 충분히 설명할 의무가 있다

③ **이행시기**

계약을 체결할 때까지 이행해야 한다. 즉, 보험자가 청약에 대해 승낙할 때까지 설명의무를 이행하면 된다.

④ **보험약관 교부 및 설명 의무대상자**

보험약관의 교부 및 설명의 상대방은 보험계약자 또는 계약자의 대리인이다.

⑤ **설명해야 할 "중요한 사항"**

"중요한 사항이"라 함은 계약을 체결하는데 영향을 줄 수 있는 사항을 말한다. 즉, 객관적으로 보아 보험계약자가 그러한 사항을 알았더라면 보험자와 계약을 체결하지 아니하거나 그러한 사항을 배제하거나 변경한 계약을 체결하였으리라고 인정될 만한 사항을 말한다. [보험료와 지급방법, 보험금, 보험기간, 면책사유 등]

⑥ **설명하지 않아도 되는 사항**

㉠ 거래상 일반적·공통적인 내용이어서 충분히 예상할 수 있는 것

㉡ 보험계약자나 대리인이 이미 보험약관의 내용을 충분히 알고 있는 경우

㉢ 법령에 정해진 사항을 되풀이하거나 부연하는 정도

㉣ 이행 여부가 보험계약의 체결 여부에 영향을 미치지 않는 경우

⑦ **위반의 효과**

㉠ 계약내용으로 주장할 수 없음(약관규제법)

보험자가 약관의 설명의무를 위반하여 계약을 체결한 경우 그 약관의 내용은 계약의 내용으로 주장할 수 없다. (판례는 상법 및 약관규제법을 중첩 적용하는 입장)

ⓒ 취소권 발생 (상법)

보험자가 보험약관을 교부하지 않거나 그 약관의 중요한 내용을 설명하지 않는 경우 보험계약자는 보험계약이 성립한 날부터 3개월 이내에 그 계약을 취소할 수 있다. (보험계약을 취소한 경우 지급한 보험료를 반환 받을 수 있다)

ⓒ 즉, 설명의무 위반시 계약자가 3개월 이내 취소하지 않은 경우라도 약관규제법에 따라 보험자는 그 내용을 계약내용으로 주장 할 수 없다

> **제638조의3(보험약관의 교부·설명 의무)** ① 보험자는 보험계약을 체결할 때에 보험계약자에게 보험약관을 교부하고 그 약관의 중요한 내용을 설명하여야 한다.
> ② 보험자가 제1항을 위반한 경우 보험계약자는 보험계약이 성립한 날부터 3개월 이내에 그 계약을 취소할 수 있다.

(2) 보험약관의 구속력 및 근거

보통보험약관이 계약당사자에 대해 구속력을 가지는 이유가 해당 약관 자체가 법규범 성격을 가지기 때문이 아니라, 보험계약 당사자 사이에서 계약내용에 포함시키기로 합의하였기 때문이다.

보험계약서에 보통보험약관이 포함되어 계약이 체결된 경우, 계약자가 그 내용을 몰랐더라도 그 구속력을 부인할 수 없다는 것이 원칙이다.

(3) 약관해석의 원칙

① **평균적 고객의 이해가능성을 기준으로 객관적·획일적으로 해석**

약관은 여러 고객을 대상으로 반복 사용되는 정형 계약이므로, 개별 계약자의 주관적 의사보다는 평균적인 고객이 이해할 수 있는 의미를 기준으로 해석해야 한다.

② **개별약정우선의 원칙**

약관에 규정된 내용과 사업자와 고객 간에 개별적으로 합의한 내용이 서로 다를 경우, 개별적으로 합의한 약정이 약관에 우선한다는 원칙

③ **신의성실의 원칙에 따라 공정하게 해석**

약관은 신의성실의 원칙에 따라 공정하게 해석되어야 하고 고객에 따라 다르게 해석 되어서는 안 된다.

④ **제한적, 한정적 해석**

보험자의 면책 조항과 같은 약관 조항은 고객에게 불리하지 않게 엄격하고 제한적으로 해석해야 한다는 원칙이다.

⑤ **작성자 불이익의 원칙**

동일한 약관 조항이 여러 합리적 해석이 가능하고 어느 쪽도 명확하지 않을 때는 고객에게 유리한 해석을 적용한다. 이는 '작성자 불이익의 원칙'으로, 약관 작성자가 불이익을 감수해야 한다는 취지이다.

다만, 작성자불이익의 원칙은 약관해석의 모든 원칙을 적용하였음에도 여전히 불명확 하거나 특정 조항에 대해 다의적인 해석이 가능하고 그 각각의 해석이 합리성을 갖는 경우 보험계약자 측에 유리하게 해석하여야 한다는 원칙이다.

확인문제

01 보험자는 보험계약이 성립된 후 보험계약자에게 보험약관을 교부하고 그 약관의 중요 한 내용을 설명하여야 한다. ( ) ▶2024년 손해평가사 10회

02 甲보험회사의 화재보험 약관에는 보험계약자에게 설명해야 하는 중요한 내용을 포함하고 있으나 甲회사가 이를 설명하지 않고 보험계약을 체결하였다. 이에 관한 설명으로 옳지 않은 것은? (다툼이 있으면 판례에 따름) ▶2022년 손해평가사 8회
① 보험계약이 성립한 날로부터 1개월이 된 시점이라면 보험계약자는 보험계약을 취소할 수 있다.
② 甲보험회사는 화재보험약관을 보험계약자에게 교부해야 한다.
③ 보험계약이 성립한 날로부터 4개월이 된 시점이라면 보험계약자는 보험계약을 취소할 수 없다.
④ 보험계약자가 보험계약을 취소하지 않았다면 甲보험회사는 중요한 약관조항을 계약의 내용으로 주장할 수 있다.

03 고객이 약관의 내용을 충분히 잘 알고 있는 경우에는 보험자가 고객에게 그 약관의 내용을 따로 설명하지 않아도 되나, 그러한 따로 설명할 필요가 없는 특별한 사정은 이를 주장하는 보험자가 입증하여야 한다. ( ) ▶2018년 손해평가사 4회

04 약관에 정하여진 중요한 사항이라면 설사 거래상 일반적이고 공통된 것이어서 보험계약자가 별도의 설명 없이도 충분히 예상할 수 있었던 사항이라 할지라도 보험자는 설명의무를 부담한다. ( ) ▶2018년 손해평가사 4회

05 약관의 내용이 이미 법령에 의하여 정하여진 것을 되풀이 하는 것에 불과한 경우 에는 고객에게 이를 따로 설명하지 않아도 된다. ( ) ▶2018년 손해평가사 4회

정답 01 × 02 ④ 03 ○ 04 × 05 ○

06 상법에 따르면 약관에 없는 사항은 비록 보험계약상 중요한 내용일지라도 설명할 의무가 없다.
( ) ▶ 2017년 손해평가사 3회

07 보험자가 해당 보험계약 약관의 중요사항을 충분히 설명한 경우에도 해당 보험계약의 약관을 교부하여야 한다. ( ) ▶ 2017년 손해평가사 3회

08 보험자가 보험증권을 교부한 경우에는 따로 보험약관을 교부하지 않아도 된다. ( )
▶ 2017년 손해평가사 3회

09 보험자가 보험약관의 교부·설명의무를 위반한 경우 보험계약자는 보험계약이 성립한 날 부터 3개월 이내에 그 계약을 취소할 수 있다. ( ) ▶ 2017년 손해평가사 3회

10 상법상 보험약관의 교부·설명의무에 관한 내용으로 옳은 것은? (다툼이 있으면 판례 에 따름)
▶ 2019년 손해평가사 5회

① 보험약관이 계약당사자에 대하여 구속력을 갖는 것은 계약당사자 사이에서 계약내용에 포함시키기로 합의하였기 때문이다.
② 보험계약이 성립한 후 3월 이내에 보험계약자는 보험자의 보험약관 교부·설명의무 위반을 이유로 그 계약을 철회할 수 있다.
③ 보험자의 보험약관 교부·설명의무 위반시 보험계약자는 해당 계약을 소급해서 무효로 할 수 있는데, 그 권리의 행사시점은 보험사고 발생시부터이다.
④ 보험자는 보험계약을 체결한 후에 보험계약자에게 중요한 사항을 설명하여야 한다.

정답 06 ○ 07 ○ 08 × 09 ○ 10 ①

확인문제

11 보험약관의 중요한 내용에 대한 보험자의 설명의무가 발생하지 않는 경우를 모두 고른 것은? (다툼이 있으면 판례에 따름)
▶ 2016년 손해평가사 2회

> ㄱ. 설명의무의 이행 여부가 보험계약의 체결 여부에 영향을 미치지 않는 경우
> ㄴ. 보험약관에 정하여진 사항이 거래상 일반적이고 공통된 것이어서 보험 계약자가 별도의 설명 없이도 충분히 예상할 수 있었던 사항인 경우
> ㄷ. 보험계약자의 대리인이 그 약관의 내용을 충분히 잘 알고 있는 경우

① ㄷ
② ㄱ, ㄴ
③ ㄴ, ㄷ
④ ㄱ, ㄴ, ㄷ

12 보험약관에 기재되어 있는 보험료와 그 지급방법, 보험자의 면책사유는 보험자가 보험계약을 체결할 때 보험계약자에게 설명하여야 하는 중요한 내용에 해당한다. (　) ▶ 2016년 손해평가사 2회

13 보험자는 보험계약이 성립하면 지체없이 보험약관을 보험계약자에게 교부 하여야 하나, 그 보험계약자가 보험료의 전부나 최초 보험료를 지급하지 아니한 때에는 보험약관을 교부하지 않아도 된다.
(　) ▶ 2016년 손해평가사 2회

14 보험계약이 성립한 날로부터 2개월이 경과한 시점이라면 보험자가 상법상 보험약관의 교부·설명의무를 위반한 경우에도 그 계약을 취소할 수 없다. (　) ▶ 2016년 손해평가사 2회

정답　11 ④　12 ○　13 ×　14 ×

03 고지의무

> **사례예시**
>
> 민수는 본인을 계약자 및 피보험자로 하여 2015.1.1. A보험사에 OO건강보험 가입했다.
> [보장내역 : 암진단비 1000만원, 심장질환진단비 1000원, 뇌혈관질환 진단비 1000만원]

- 민수는 보험가입 전에 협심증으로 치료하고 있다는 사실을 청약 당시 깜빡 하고 보험회사에서 서면(청약서에)으로 질문한 사항에 알리지 않았다.
- 보험 가입 후 2016.5.7 민수는 위암을 진단받아 병원에 입원했다.
- 민수가 암 진단보험금을 청구하자 보험사는 심장병 사실을 숨겼기 때문에 고지의무 위반이라며 일방적으로 보험계약을 해지(통보)하였다.
- 민수는 협심증이 위암을 유발하거나 인과관계가 성립되지 않는다며 보험금 지급을 주장하자 보험사는 검토 후 위암 진단비 1000만원을 지급하고 보험금계약은 효력을 상실하여 종료 되었다.

(1) 의의

보험계약자 또는 피보험자는 청약시 중요한 사항에 대해 보험자에게 사실대로 알려야 하는데, 이를 고지의무라 한다.

(2) 법적 성질

고지의무위반이 있는 경우 보험자는 보험계약을 해지 할 수 있을 뿐 보험계약자에게 의무 이행을 강제하거나 손해배상을 청구할 수 없는 간접의무이다.

(3) 고지의무자

고지의무자란 보험계약법상 고지할 의무를 부담하는 보험계약자, 피보험자이다.(상법 제651조)

* 보험수익자는 고지의무가 부여되지 않는다

(4) 고지 사항

중요한 사항

㉠ 보험계약 체결에 있어서 중요한 사항으로 보험계약의 내용을 결정하기 위한 표준이 되는 사항으로 객관적으로 보아 고지사항을 보험자가 알았더라면 보험계약을 체결하지 않았거나 계약인수에 영향을 미칠 수 있는 사항을 말한다.

㉡ 서면으로 질문한 사항은 중요한 사항으로 추정한다.(상법 제651조의2)

(5) 고지의 시기 및 이행방법

① 고지의 시기
중요한 사항에 대한 고지는 청약 시점 뿐 아니라 보험계약의 성립 당시까지 이행해야 한다.

② 고지의 방법
㉠ 고지의 방법에는 제한이 없으나 통상 질문표를 사용한다.
㉡ 따라서 구두, 서면, 전화 등 어떠한 방법으로 고지하더라도 유효하다.

(6) 고지의무 위반

> 제651조(고지의무위반으로 인한 계약해지) 보험계약당시에 보험계약자 또는 피보험자가 고의 또는 중대한 과실로 인하여 중요한 사항을 고지하지 아니하거나 부실의 고지를 한 때에는 보험자는 그 사실을 안 날로부터 **1월내**에, 계약을 체결한 날로부터 **3년내**에 한하여 계약을 해지할 수 있다. 그러나 보험자가 계약당시에 그 사실을 알았거나 중대한 과실로 인하여 알지 못한 때에는 그러하지 아니하다.
> 제651조의2(서면에 의한 질문의 효력) 보험자가 **서면**으로 질문한 사항은 중요한 사항으로 추정한다.

고지의무 위반이 되기 위해서는 주관적 요건과 객관적 요건을 모두 갖추어야 한다.

① 주관적 요건
"고의 또는 중대한 과실"
㉠ 고의란 중요한 사항을 알면서 알리지 않은 것(불고지) 또는 사실과 다르게 말(부실고지)한 것을 의미한다.
㉡ 중대한 과실이란 고지해야 할 사실은 알고 있었지만 현저한 부주의로 인하여 그 사실의 중요성 판단을 잘못하거나 그 사실이 고지해야 할 중요한 사실이라는 것을 알지 못한 것을 말한다.

② 객관적 요건
'중요한 사항'에 관한 불고지 또는 부실고지가 있어야 한다.
중요한 사항이란 객관적으로 보험자가 그 사실을 안다면 계약을 체결하지 않든가 적어도 동일한 조건으로는 계약을 체결하지 않으리라고 생각되는 사항을 말한다.

(7) 고지의무 위반의 효과

① 해지권 발생
㉠ 보험계약 당시에 보험계약자 또는 피보험자가 고의 또는 중대한 과실로 인하여 중요한 사항을 고지하지 아니하거나 부실의 고지를 한 때에는 보험자는 그 사실을 안 날로부터 1월 내에 계약을 체결한 날로부터 3년내에 계약을 해지할 수 있다.

② 해지권 행사
㉠ 해지권은 형성권이므로 보험자는 보험계약자나 그 대리인에게 일방적 의사표시로 해지권을 행사하면 된다.
㉡ 보험계약의 당사자(계약자)가 아닌 피보험자나 보험수익자에게 해지 의사표시를 한 경우, 이는 해지로서의 효력이 발생하지 않는다.

(8) 계약해지시 보험금 지급여부

구분	해지효과 및 보험금 지급여부
보험사고와 인과관계 있는 경우 보험금 부지급	고지의무 위반이 보험사고 발생에 영향을 미쳤음이 증명되는 경우 보험사고 발생 후 보험계약을 해지하여도 해지의 효과가 보험사고 발생시로 소급하여 보험자는 ① 보험금 지급책임이 없으며 ② 이미 지급한 보험금이 있는 경우 반환 청구가 가능하다.
보험사고와 인과관계 없는 경우 보험금 지급	고지의무 위반이 보험사고 발생에 영향을 미치지 않았음이 증명되는 경우 보험자는 계약 해지는 할 수 있지만, 보험금은 지급할 책임이 있다.
인과관계입증책임	① 고지의무를 위반하였다는 점은 보험자에게 입증책임 있고 ② 고지의무 위반이 보험사고 발생에 영향을 미치지 않았음을 증명할 책임은 보험금 지급을 주장하는 보험계약자측에 있다

(9) 해지권 행사의 제한사유

① 보험자의 고의나 중과실
보험계약 당시에 보험자가 고지의무 위반사실을 알았거나 중대한 과실로 알지 못한 때에는 고지의무 위반을 이유로 해지하지 못한다.

② 제척기간의 경과
고지의무 위반 사실을 보험자가 그 사실을 안 날로부터 1월, 계약을 체결한 날로부터 3년이 경과한 경우에는 해지할 수 없다.

- 제척기간이란 특정권리가 존속하는 기간으로 이 기간 안에 권리행사를 하지 않으면 해당권리가 소멸된다.

제651조(고지의무위반으로 인한 계약해지) 보험계약당시에 **보험계약자 또는 피보험자**가 고의 또는 중대한 과실로 인하여 중요한 사항을 고지하지 아니하거나 부실의 고지를 한 때에는 보험자는 그 사실을 안 날로부터 **1월내**에, 계약을 체결한 날로부터 **3년내**에 한하여 계약을 해지할 수 있다. 그러나 **보험자**가 계약당시에 그 사실을 알았거나 중대한 과실로 인하여 알지 못한 때에는 그러하지 아니하다.

제651조의2(서면에 의한 질문의 효력) 보험자가 **서면**으로 질문한 사항은 **중요한 사항**으로 **추정**한다.

제655조(계약해지와 보험금청구권) 보험사고가 발생한 후라도 보험자가 제650조, 제651조, 제652조 및 제653조에 따라 계약을 해지하였을 때에는 **보험금을 지급할 책임이 없고 이미 지급한 보험금의 반환을 청구**할 수 있다. 다만, 고지의무(告知義務)를 위반한 사실 또는 위험이 현저하게 변경되거나 증가된 사실이 보험사고 발생에 영향을 미치지 아니하였음이 증명된 경우에는 보험금을 지급할 책임이 있다.

확인문제

01 보험수익자는 고지의무를 부담한다. ( ) ▶ 2023년 손해평가사 9회

02 보험계약당시에 고지의무와 관련 보험자가 서면으로 질문한 사항은 중요한 사항으로 의제한다.
( ) ▶ 2023년 손해평가사 9회

03 고지의무자의 고지의무 위반을 이유로 보험자가 계약을 해지한 경우 보험자는 이미 받은 보험료의 전부를 반환하여야 한다. ( ) ▶ 2023년 손해평가사 9회

04 고지의무자가 고지의무를 위반한 사실이 보험사고 발생에 영향을 미치지 아니하였음이 증명된 경우 보험자는 보험금을 지급할 책임이 있다. ( ) ▶ 2023년 손해평가사 9회

05 상법상 고지의무 위반으로 인한 계약해지에 관한 설명으로 옳지 않은 것은?
▶ 2025년 손해평가사 11회

① 보험자는 보험계약 당시 보험계약자의 고지의무 위반 사실을 중대한 과실로 알지 못했던 때에는 계약을 해지할 수 없다.
② 보험계약 당시 피보험자가 경과실로 인하여 중요한 사항에 대하여 부실의 고지를 한 경우 보험자는 계약을 해지할 수 있다.
③ 보험자는 보험계약 당시 피보험자의 고지의무 위반 사실을 알았던 경우에는 계약을 해지할 수 없다.
④ 보험계약 당시 보험계약자가 고의로 중요한 사항을 고지하지 아니한 경우 보험자는 계약을 해지할 수 있다.

06 보험자가 서면으로 질문한 사항은 중요한 사항으로 본다. ( ) ▶ 2022년 손해평가사 8회

정답 01 ✕ 02 ✕ 03 ✕ 04 ○ 05 ② 06 ✕

확인문제

07 고지의무자가 고의 또는 중과실로 중요한 사항을 불고지 또는 부실고지 한 사실을 보험자가 보험계약 체결직후 알게 된 경우, 보험자가 그 사실을 안 날로부터 1월이 경과하면 보험계약을 해지할 수 없다. ( ) ▶ 2022년 손해평가사 8회

08 고지의무자가 고의 또는 중과실로 중요한 사항을 불고지 또는 부실고지한 경우 보험자가 계약 당시에 그 사실을 알았을지라도 보험자는 보험계약을 해지할 수 있다. ( ) ▶ 2022년 손해평가사 8회

09 고지의무를 부담하는 자는 보험계약상의 보험계약자 또는 보험수익자이다. ( ) ▶ 2021년 손해평가사 7회

10 보험계약자가 고의로 중요한 사항을 고지하지 아니한 경우, 보험자는 계약 체결일로 부터 1월이 된 시점에는 계약을 해지할 수 있다. ( ) ▶ 2021년 손해평가사 7회

11 보험자가 계약당시에 보험계약자의 고지의무위반 사실을 알았을 때에는 계약을 해지 할 수 없다. ( ) ▶ 2021년 손해평가사 7회

12 보험계약자가 중대한 과실로 중요한 사항을 고지하지 아니한 경우, 보험자는 계약 체결일로부터 5년이 경과한 시점에는 계약을 해지할 수 없다. ( ) ▶ 2021년 손해평가사 7회

13 보험계약당시에 보험계약자 또는 피보험자가 고의 또는 중대한 과실로 인하여 중요한 사항을 부실의 고지를 한 때에는 보험자는 그 사실을 안 날로부터 3년내에 계약을 해지할 수 있다. ( ) ▶ 2018년 손해평가사 4회

정답 | 07 ○ 08 × 09 × 10 ○ 11 ○ 12 ○ 13 ×

14 고지의무 위반으로 인한 계약해지에 관한 내용으로 옳지 않은 것은? ▶2019년 손해평가사 5회

① 보험자가 보험계약당시에 보험계약자나 피보험자의 고지의무 위반 사실을 경미한 과실로 알지 못했던 때라도 계약을 해지할 수 없다.
② 보험계약당시에 피보험자가 중대한 과실로 부실의 고지를 한 경우에 보험자는 해지권을 행사할 수 있다.
③ 보험자가 보험계약당시에 보험계약자나 피보험자의 고지의무 위반 사실을 알았던 경우에는 계약을 해지할 수 없다.
④ 보험계약당시에 보험계약자가 고의로 중요한 사항을 고지하지 아니한 경우 보험자는 해지권을 행사할 수 있다.

15 상법상 보험계약자 또는 피보험자는 보험자가 서면으로 질문한 사항에 대하여만 답변하면 된다.
( ) ▶2019년 손해평가사 5회

16 고지의무에 관한 설명으로 옳은 것은? ▶2016년 손해평가사 2회

① 보험자는 보험대리상의 고지수령권을 제한할 수 없다.
② 보험자가 서면으로 질문한 사항은 중요한 고지사항으로 간주된다.
③ 보험계약자는 고지의무가 있다.
④ 보험자는 보험사고 발생 전에 한하여 고지의무 위반을 이유로 하여 해지할 수 있다.

정답 14 ① 15 × 16 ③

보험계약의 효과

> **보험계약의 효과**
>
> 보험계약은 보험자와 보험계약자 사이에 보험계약의 내용에 관한 합의가 이루어지면 보험계약이 성립하고 종료시까지 보험계약관계가 존속한다. 보험계약관계가 이루어진 후에는 보험계약의 직접 당사자인 보험자와 보험계약자뿐만 아니라 관계자인 피보험자, 보험수익자 등도 법률상 일정한 권리와 의무가 발생하게 된다.

01 보험자의 의무

보험자의 주요의무는 보험증권작성 교부의무, 보험금지급의무, 보험료반환의무 등이 있다

(1) 보험증권작성 · 교부

① **의의**
   ㉠ 보험증권이란 보험계약의 성립 및 그 내용에 관한 증거로서 보험자가 기명날인 또는 서명하여 보험계약자에게 교부하는 증거증권을 말한다.
   ㉡ 보험증서(보험증권)는 계약 성립한 후 보험계약 당사자간의 계약 내용을 나타낼 뿐 계약의 성립요건은 아니다. 또한 보험자만의 기명날인 또는 서명을 요구하므로 계약서도 아니다.

② **법적 성질**
   ㉠ 요식증권성
      보험증권에는 법정사항(상법 제666조)을 공통적으로 기재해야 한다는 점에서 요식증권의 성질을 가진다.(보험계약은 불요식 낙성계약임. 혼동하지 말 것!)
   ㉡ 증거증권성
      ⓐ 보험증권은 보험계약의 성립을 증명하기 위한 증거증권이다.
      ⓑ "증거증권"이란, 보험계약의 내용 또는 성립 사실에 관한 추정력을 가진 증거로서의 문서라는 뜻이다. 즉, 보험증권에 어떤 사항이 적혀 있으면, 일단 그 내용대로 계약이 체결된 것으로 추정하지만 '절대적인' 효력은 아니라는 것이다.
   ㉢ 면책증권성
      보험자는 보험증권을 제시한 자에게 보험금을 지급할 때 그 사람이 실제 계약상 권리자인지 엄격히 조사하지 않아도 되고, 만약 실제 권리자가 아니더라도 보험자가 악의 또는 중대한 과실 없이 보험증권 제시자에게 지급했다면 중복 지급할 책임을 지지 않는다

ⓔ 상환증권성
　　　보험자는 보험증권과 상환으로 보험금 등을 지급할 수 있어 상환증권성의 성질을 갖는다.

③ **보험증권의 작성과 교부**
　　㉠ 보험증권의 작성 및 교부
　　　ⓐ 보험자는 보험계약이 성립한 때에는 지체 없이 보험 증권을 작성하여 보험계약자에게 교부하여야 한다.
　　　ⓑ 다만, 이러한 의무는 보험료의 전부 또는 최초의 보험료를 지급한 때 부담하므로 보험료를 지급하지 아니한 때는 보험증권의 작성 및 교부의무가 없다.
　　㉡ 보험계약의 연장 및 변경의 경우
　　　보험자는 새로 보험증권을 작성하여 교부할 필요 없이 그 보험증권에 그 사실을 기재함으로써 보험증권의 교부에 갈음할 수 있다.
　　㉢ 보험증권이 멸실 또는 훼손된 경우
　　　보험증권을 멸실 또는 현저하게 훼손한 때에는 보험계약자는 보험자에 대하여 증권의 재교부를 청구할 수 있으며, 이 때 증권작성의 비용은 보험계약자의 부담으로 한다.

> **제640조(보험증권의 교부)** ① 보험자는 보험계약이 성립한 때에는 지체없이 보험증권을 작성하여 보험계약자에게 교부하여야 한다. 그러나 보험계약자가 보험료의 전부 또는 최초의 보험료를 지급하지 아니한 때에는 그러하지 아니하다.
> ② 기존의 보험계약을 연장하거나 변경한 경우에는 보험자는 그 보험증권에 그 사실을 기재함으로써 보험증권의 교부에 갈음할 수 있다.
> **제642조(증권의 재교부청구)** 보험증권을 멸실 또는 현저하게 훼손한 때에는 보험계약자는 보험자에 대하여 증권의 재교부를 청구할 수 있다. 그 증권작성의 비용은 보험계약자의 부담으로 한다.

④ **보험증권의 기재사항**
　　상법에는 손해보험증권의 법정 기재사항을 규정하고 있다. 기재사항을 기재하고 보험자만 기명날인 또는 서명하게끔 하고 있다.

손해보험증권의 기재사항

제666조(손해보험증권) 손해보험증권에는 다음의 사항을 기재하고 보험자가 기명날인 또는 서명하여야 한다.
1. 보험의 목적
2. 보험사고의 성질
3. 보험금액
4. 보험료와 그 지급방법
5. 보험기간을 정한 때에는 그 시기와 종기
6. 무효와 실권의 사유
7. 보험계약자의 주소와 성명 또는 상호
7의2. 피보험자의 주소, 성명 또는 상호
8. 보험계약의 연월일
9. 보험증권의 작성지와 그 작성년월일

화재보험증권의 기재사항

제685조(화재보험증권) 화재보험증권에는 제666조에 게기한 사항 외에 다음의 사항을 기재하여야 한다.
1. 건물을 보험의 목적으로 한 때에는 그 소재지, 구조와 용도
2. 동산을 보험의 목적으로 한 때에는 그 존치한 장소의 상태와 용도
3. 보험가액을 정한 때에는 그 가액

화재보험증권에는 손해보험증권에 기재하여야 하는 사항 이외에 3가지 사항이 추가된다.

⑤ **보험증권의 미교부의 효과**

보험증권의 발행은 보험계약의 성립 요건이 아니므로 보험자가 보험증권의 교부의무를 이행하지 않았다고 하여 보험계약의 성립이 부정되는 것은 아니다.

⑥ **보험증권에 대한 이의신청**

㉠ 보험증권은 증거증권으로서의 성질을 가질 뿐이므로 증권의 기재 내용이 사실과 다를 때에는 이를 정정할 수 있다.
㉡ 보험계약의 당사자는 보험증권의 교부가 있은 날로부터 일정한 기간내에 한하여 그 증권내용의 정부에 관한 이의를 할 수 있음을 약정할 수 있는데, 이 기간은 1월을 내리지 못한다.
㉢ 따라서 이의신청 기간을 1월 미만으로 약정한 경우에는 불이익변경금지원칙에 반하여 무효가 된다.

제641조(증권에 관한 이의약관의 효력) 보험계약의 당사자는 보험증권의 교부가 있은 날로부터 일정한 기간내에 한하여 그 증권내용의 정부에 관한 이의를 할 수 있음을 약정할 수 있다. 이 기간은 1월을 내리지 못한다.

확인문제

01 보험계약의 당사자는 보험증권의 교부가 있는 날로부터 일정한 기간내에 한하여 그 증권내용의 정부에 관한 이의를 할 수 있음을 약정할 수 있다. ( ) ▶2021년 손해평가사 7회

02 기존의 보험계약을 연장하거나 변경한 경우에는 보험자는 그 보험 증권에 그 사실을 기재함으로써 보험증권의 교부에 갈음할 수 있다. ( ) ▶2024년 손해평가사 10회

03 타인을 위한 보험계약이 성립된 경우에는 보험자는 그 타인에게 보험증권을 교부해야 한다.
( ) ▶2024년 손해평가사 10회

04 보험계약의 당사자는 보험증권의 교부가 있는 날로부터 일정한 기간내에 한하여 그 증권내용의 정부(正否)에 관한 이의를 할 수 있음을 약정할 수 있다. 이 기간은 1월을 내리지 못한다.
( ) ▶2024년 손해평가사 10회

05 보험증권을 멸실 또는 현저하게 훼손한 때에는 보험계약자는 보험자에 대하여 증권의 재교부를 청구할 수 있고, 그 증권작성의 비용은 보험계약자의 부담으로 한다. ( )
▶2024년 손해평가사 10회

06 보험자는 보험계약자의 청약이 있는 경우 보험료의 지급 여부와 상관없이 지체없이 보험증권을 작성하여 보험계약자에게 교부하여야 한다. ( ) ▶2023년 손해평가사 9회

정답 01 O 02 O 03 X 04 O 05 O 06 X

확인문제

07 보험계약의 당사자는 보험증권의 교부가 있은 날부터 14일내에 한하여 그 증권내용의 정부(正否)에 관한 이의를 할 수 있음을 약정할 수 있다. ( ) ▶ 2023년 손해평가사 9회

08 보험계약자가 보험증권을 멸실한 경우 보험계약자는 보험자에게 증권의 재교부를 청구할 수 있으며, 그 증권작성의 비용은 보험자의 부담으로 한다. ( ) ▶ 2023년 손해평가사 9회

09 보험계약자가 보험증권을 멸실한 경우에는 보험자에 대하여 증권의 재교부를 청구할 수 있으며, 그 증권 작성의 비용은 보험계약자가 부담한다. ( ) ▶ 2022년 손해평가사 8회

10 기존의 보험계약을 변경한 경우 보험자는 그 보험증권에 그 사실을 기재함으로써 보험증권의 교부에 갈음할 수 없다. ( ) ▶ 2022년 손해평가사 8회

11 보험계약자가 최초의 보험료를 지급하지 아니한 경우에도 보험계약이 성립한 때에는 보험자는 지체없이 보험증권을 작성하여 보험계약자에게 교부하여야 한다. ( ) ▶ 2022년 손해평가사 8회

12 보험증권에 관한 설명으로 옳지 않은 것은? ( ) ▶ 2016년 손해평가사 2회
① 보험계약자가 보험료의 전부 또는 최초의 보험료를 지급하지 아니한 때에는 보험자의 보험증권교부의무가 발생하지 않는다.
② 기존의 보험계약을 변경한 경우에는 보험자는 그 보험증권에 그 사실을 기재함으로써 보험증권의 교부에 갈음할 수 있다.
③ 보험계약의 당사자는 보험증권의 교부가 있은 날로부터 10일내에 한하여 그 증권내용의 정부에 관한 이의를 할 수 있음을 약정할 수 있다.
④ 보험계약자의 청구에 의하여 보험증권을 재교부하는 경우 그 증권작성의 비용은 보험계약자가 부담한다.

정답 07 × 08 × 09 ○ 10 × 11 × 12 ③

13 상법상 손해보험증권에 기재되어야 하는 사항으로 틀린 것은?

보험수익자의 주소, 성명 또는 상호	( )
무효의 사유	( )
보험사고의 성질	( )
보험금액	( )
피보험자의 주민번호	( )
보험계약자의 기명날인	( )
보험료산출방법	( )
보험자의 설립년월일	( )

14 화재보험증권에 관한 설명으로 옳은 것은? ▶ 2020년 손해평가사 6회

① 화재보험증권의 교부는 화재보험계약의 성립요건이다.
② 화재보험증권은 불요식증권의 성질을 가진다.
③ 화재보험계약에서 보험가액을 정했다면 이를 화재보험증권에 기재하여야 한다.
④ 건물을 화재보험의 목적으로 한 경우에는 건물의 소재지, 구조와 용도는 화재보험증권의 법정 기재사항이 아니다.

15 화재보험에 관한 설명으로 옳지 않은 것은? ▶ 2024년 손해평가사 10회

① 건물을 보험의 목적으로 한 때에는 그 소재지, 구조와 용도를 화재보험증권에 기재 하여야 한다.
② 동산을 보험의 목적으로 한 때에는 그 존치한 장소의 상태와 용도를 화재보험증권에 기재하여야 한다.
③ 건물을 보험의 목적으로 한 때 그 보험가액의 일부를 보험에 붙인 경우, 당사자간에 다른 약정이 없다면 보험자는 보험금액의 한도내에서 그 손해를 보상할 책임을 진다.
④ 동일한 건물에 대하여 소유권자와 저당권자는 각각 다른 피보험이익을 가지므로, 각자는 독립한 화재보험계약을 체결할 수 있다

정답 13 ×, ○, ○, ○, ×, ×, ×, × 14 ③ 15 ③

확인문제

16 화재보험에 관한 설명으로 옳지 않은 것은? ▶ 2019년 손해평가사 5회

① 건물을 보험의 목적으로 한 때에는 그 소재지, 구조와 용도를 화재보험증권에 기재하여야 한다.
② 동산을 보험의 목적으로 한 때에는 그 존치한 장소의 상태와 용도를 화재보험증권에 기재하여야 한다.
③ 보험가액을 정한 때에는 그 가액을 화재보험증권에 기재하여야 한다.
④ 보험계약자의 주소와 성명 또는 상호는 화재보험증권의 기재사항이 아니다.

17 화재보험증권에 기재하여야 할 사항으로 옳은 것을 모두 고른 것은? ▶ 2017년 손해평가사 3회

ㄱ. 보험의 목적
ㄴ. 보험계약체결 장소
ㄷ. 동산을 보험의 목적으로 한 때에는 그 존치한 장소의 상태와 용도
ㄹ. 피보험자의 주소, 성명 또는 상호
ㅁ. 보험계약자의 주민등록번호

① ㄱ, ㄴ, ㄷ
② ㄱ, ㄷ, ㄹ
③ ㄴ, ㄷ, ㅁ
④ ㄴ, ㄹ, ㅁ

18 상법상 보험증권에 관한 설명으로 옳은 것은? ▶ 2025년 손해평가사 11회

① 보험계약자가 최초의 보험료를 지급하지 아니한 때에도 보험자는 보험계약이 성립한 때에는 지체 없이 보험증권을 작성하여 보험계약자에게 교부하여야 한다.
② 기존의 보험계약을 변경한 경우 보험자는 그 보험증권에 그 사실을 기재함으로써 보험증권의 교부에 갈음할 수 있다.
③ 보험계약의 당사자는 보험증권의 교부가 있는 날부터 14일 기간 내에 한하여 그 증권 내용에 관하여 이의를 할 수 있음을 약정할 수 있다.
④ 보험계약자가 보험증권을 분실하였을 때 재교부를 청구한 경우 그 비용은 보험자가 부담하여야 한다.

정답 16 ④ 17 ② 18 ②

19 상법상 화재보험증권에 기재해야 할 사항으로 옳은 것을 모두 고른 것은?

▶ 2025년 손해평가사 11회

> ㄱ. 보험계약자의 주소와 성명 및 주민등록번호
> ㄴ. 보험기간을 정한 때에는 그 시작과 종료
> ㄷ. 건물을 보험의 목적으로 한 때에는 그 소재지, 구조와 용도
> ㄹ. 보험가액을 정한 때에는 그 가액
> ㅁ. 보험금액과 그 지급방법 및 시기

① ㄱ, ㄴ, ㄷ
② ㄱ, ㄷ, ㄹ
③ ㄴ, ㄷ, ㄹ
④ ㄱ, ㄴ, ㄷ, ㄹ, ㅁ

정답 19 ③

(2) 보험금 지급의무

① 의의
- ㉠ 보험금 지급의무란 보험자가 보험기간 중 약정된 보험사고가 발생하면 보험금청구권자(피보험자 또는 수익자)에게 보험금을 지급해야 하는 의무를 말한다.
- ㉡ 손해보험에서는 보험금이 실제 발생한 손해액 범위 내에서 지급되며, 인보험(생명·건강보험 등)에서는 보험계약에서 약정한 금액이 보험금으로 지급된다.

② 발생 요건
- ① 보험기간 중에 발생한 보험사고에 대해 보험금을 지급한다.
- ② 당사자 간에 다른 약정이 없다면 최초 보험료의 납부한 때부터 보험자의 책임이 개시된다.

③ 승낙 전 보험사고의 경우
보험자가 청약과 함께 보험료 상당액의 전부 또는 일부를 받은 경우 청약을 승낙하기 전에 사고가 발생하면 그 청약을 거절할 사유가 없는 한 보험계약상 책임을 진다.(상법 제638조 2항 3호)

- 발생요건
  - ㉮ 유효한 보험계약
  - ㉯ 보험료 납부
  - ㉰ 청약 거절할 사유가 없어야
  - ㉱ 인보험계약에서 진단계약에서 신체검사 받은 시점부터

④ 보험자의 면책 사유
보험사고가 발생하였음에도 불구하고 보험회사가 보험금을 지급하지 않아도 되는 사유를 말한다. 즉, 보험자의 지급의무가 면제되는 예외적인 경우를 뜻한다.

- ㉠ 법정면책사유
  - ⓐ 고의 또는 중과실에 의한 사고
    - 고의 또는 중과실에 의한 사고
      보험사고가 보험계약자 또는 피보험자나 보험수익자의 고의 또는 중대한 과실로 인하여 생긴 때에는 보험자는 보험금액을 지급할 책임이 없다.(상법 제659조)
    - 면책사유의 입증책임은 보험자에게 있으며 보험계약자나 피보험자 또는 보험수익자 중 어느 한 사람의 고의나 중과실이 있으면 성립한다.
  - ⓑ 전쟁, 기타변란에 의한사고
    전쟁 기타의 변란으로 인한 보험사고의 경우 당사자 간의 약정이 없다면 보험자는 보험금액을 지급할 책임을 면한다.(상법 제660조) 즉, 위험이 거대하고 통상의 사고가 아니므로 일반적인 보험료로 위험을 인수할 수 없기 때문에 상대적 면책사유로 두고 있다.

ⓒ 보험의 목적의 성질·하자 또는 자연소모로 인한 손해 (손해보험)
보험목적물의 본질적 특성, 고유한 결함이나 시간이 지나면서 자연스럽게 발생한 마모·손상 등에 대한 손해는 상법에서 면책사유로 인정된다.
즉, 손해보험에서는 보험의 목적의 성질, 하자 또는 자연소모로 인한 손해는 보험자가 이를 보상할 책임이 없다.(상법 제678조)
- 생선의 부패
- 습기로 인한 소금의 자연감소
- 포장이 제대로 되지 않아 물건이 파손된 경우
- 설계상의 하자로 인한 공사현장의 붕괴
- 기계류의 통상적인 사용으로 인한 자연소모 등

제659조(보험자의 면책사유) ① 보험사고가 **보험계약자 또는 피보험자나 보험수익자**의 고의 또는 중대한 과실로 인하여 생긴 때에는 <u>보험자는 보험금액을 지급할 책임이 없다.</u>

제660조(전쟁위험 등으로 인한 면책) 보험사고가 <u>전쟁 기타의 변란</u>으로 인하여 생긴 때에는 당사자간에 다른 약정이 없으면 보험자는 보험금액을 지급할 책임이 없다.

제678조(보험자의 면책사유) 보험의 목적의 <u>성질, 하자 또는 자연소모</u>로 인한 손해는 보험자가 이를 보상할 책임이 없다.

ⓒ 약관상의 면책사유
- 보험계약의 당사자간에 약정에 의해 면책사유를 합의할 수 있다.
- 면책약관은 불이익변경 금지의 원칙을 위반해서는 안 되고, 선량한 풍속이나 기타사회질서에 반하는 내용을 담아서는 안된다.
예시) 음주운전사고 면책, 고의사고 면책 등

⑤ 보험금 청구권자
손해보험의 경우 피보험자이고, 인보험의 경우 보험수익자이다.

⑥ 보험금 지급 방법
㉠ 보험금은 원칙적으로 금전으로 지급한다.
㉡ 다만, 당사자가 합의한 경우 현물 또는 기타의 급여로 지급할 수 있다.(제638조)

제638조(보험계약의 의의) 보험계약은 당사자 일방이 약정한 보험료를 지급하고 재산 또는 생명이나 신체에 불확정한 사고가 발생할 경우에 상대방이 일정한 보험금이나 그 밖의 급여를 지급할 것을 약정함으로써 효력이 생긴다.

⑦ 보험금 지급시기
  ㉠ 약정기간이 있는 경우에는 그 기간 내에 지급한다.
  ㉡ 다른 약정이 없는 경우에는 보험사고 발생의 통지를 받은 후 지체없이 지급할 보험금액을 정하고 그 정하여진 날부터 10일 내에 피보험자 또는 보험수익자에게 보험금액을 지급하여야 한다.

> **제658조(보험금액의 지급)** 보험자는 보험금액의 지급에 관하여 **약정기간이 있는 경우**에는 <u>그 기간 내</u>에 약정기간이 없는 경우에는 제657조제1항의 통지를 받은 후 **지체없이** 지급할 <u>보험금액을 정하고 그 정하여진 날부터</u> 10일 내에 피보험자 또는 보험수익자에게 보험금액을 지급하여야 한다.

⑧ 보험금 청구권의 소멸시효
  ㉠ 소멸시효란 권리자가 일정 기간 동안 권리를 행사하지 않으면 그 권리가 법적으로 소멸하는 제도이다. 즉, 권리를 행사할 수 있었음에도 불구하고 일정 시간 권리를 행사하지 않고 방치하면, 법률이 그 권리를 인정하지 않아 권리가 사라지게 된다. 소멸시효 제도는 '권리 위에 잠자는 자를 보호하지 않는다'는 취지와 시간이 지나면서 증거 확보가 어렵고 법률관계 안정성을 유지하기 위한 목적이 있다.
  ㉡ 보험금청구권은 3년간 행사하지 않으면 소멸시효가 완성된다.
    그 밖에 보험료와 적립금의 반환청구권도 3년의 소멸시효가 적용되지만, 보험료청구권은 2년의 소멸시효가 적용된다.

> **제662조(소멸시효)** <u>보험금청구권은 3년간, 보험료 또는 적립금의 반환청구권은 3년간, 보험료청구권은 2년간</u> 행사하지 아니하면 시효의 완성으로 소멸한다.

확인문제

01 손해보험에서 보험자의 보험금액 지급과 면책사유에 관한 설명으로 옳지 않은 것은?
▶ 2017년 손해평가사 3회

① 보험자는 보험금액의 지급에 관하여 약정기간이 있는 경우에는 그 기간 내에 피보험자에게 보험금액을 지급하여야 한다.
② 보험자는 보험금액의 지급에 관하여 약정기간이 없는 경우에는 보험사고발생의 통지를 받은 후 지체없이 지급할 보험금액을 정하고, 그 정하여진 날부터 10일 내에 피보험자에게 보험금액을 지급하여야 한다.
③ 보험사고가 보험계약자 또는 피보험자의 중대한 과실로 인하여 생긴 때에는 보험자는 언제나 보험금액을 지급할 책임이 있다.
④ 보험사고가 전쟁 기타의 변란으로 인하여 생긴 때에는 당사자간에 다른 약정이 없으면 보험자는 보험금액을 지급할 책임이 없다.

02 보험자는 보험금액의 지급에 관하여 약정기간이 없는 경우 지급할 보험금액이 정하여진 날로부터 5일 내에 지급하여야 한다.　　　　　　　　　　　　　　　　（　　） ▶ 2022년 손해평가사 8회

03 보험금액의 지급에 관하여 약정기간이 있는 경우, 보험자는 그 기간 내에 보험금액을 지급하여야 한다.　　　　　　　　　　　　　　　　　　　　　　　　　（　　） ▶ 2021년 손해평가사 7회

04 보험금액의 지급에 관하여 약정기간이 없는 경우, 보험자는 보험사고발생의 통지를 받은 후 지체없이 지급할 보험금액을 정하여야 한다.　　　　　　　　　　　（　　） ▶ 2021년 손해평가사 7회

05 보험금액의 지급에 관하여 약정기간이 없는 경우, 보험금액이 정하여진 날부터 1월 내에 보험수익자에게 보험금액을 지급하여야 한다.　　　　　　　　　　　　（　　） ▶ 2021년 손해평가사 7회

정답　01 ③　02 ×　03 ○　04 ○　05 ×

확인문제

06 상법상 손해보험계약에서 보험금액의 지급에 관한 설명으로 옳지 않은 것은?

▶ 2023년 손해평가사 9회

① 보험자는 보험금액의 지급에 관하여 약정기간이 있는 경우에는 그 기간 내에 지급할 보험금액을 정하여야 한다.
② 보험사고가 전쟁으로 인하여 생긴 때에도 당사자간에 다른 약정이 없으면 보험자는 보험금액을 지급할 책임이 있다.
③ 보험사고가 피보험자의 중대한 과실로 인하여 생긴 때에는 보험자는 보험금액을 지급 할 책임이 없다.
④ 보험자는 보험금액의 지급에 관하여 약정기간이 없는 경우에는 보험사고 발생의 통지를 받은 후 지체없이 지급할 보험금액을 정하고 그 정하여진 날부터 10일내에 피보험자에게 보험금액을 지급하여야 한다.

07 보험자는 보험금액의 지급에 관하여 약정기간이 없는 경우에는 보험사고 발생의 통지를 받은 후 지체없이 보험금액을 지급하여야 한다. ( ) ▶ 2019년 손해평가사 5회

08 손해보험에 있어서 보험사고와 보험금지급에 관한 설명으로 옳지 않은 것은?

▶ 2016년 손해평가사 2회

① 피보험자는 보험사고의 발생을 안 때에는 지체없이 보험자에게 그 통지를 발송하여야 한다.
② 보험자는 보험금액의 지급에 관하여 약정기간이 없는 경우는 보험사고 발생의 통지를 받은 날로부터 10일 내에 피보험자 또는 보험수익자에게 보험금액을 지급하여야 한다.
③ 보험사고가 보험계약자의 중대한 과실로 인하여 생긴 때에는 보험자는 보험금액을 지급할 책임이 없다.
④ 보험사고가 전쟁으로 인하여 생긴 때에는 당사자 간에 다른 약정이 없으면 보험자는 보험금액을 지급할 책임이 없다.

정답 06 ② 07 × 08 ②

09 보험의 목적의 성질, 하자 또는 자연소모로 인한 손해는 보험자가 이를 보상할 책임이 있다.
( ) ▶ 2024년 손해평가사 10회

10 상법상 손해보험에 있어 보험자의 면책 사유로 옳은 것을 모두 고른 것은?
▶ 2022년 손해평가사 8회

> ㉠ 보험의 목적의 성질로 인한 손해
> ㉡ 보험의 목적의 하자로 인한 손해
> ㉢ 보험의 목적의 자연소모로 인한 손해
> ㉣ 보험사고가 보험계약자의 고의 또는 중대한 과실로 인하여 생긴 경우

① ㄱ, ㄴ
② ㄴ, ㄷ
③ ㄷ, ㄹ
④ ㄱ, ㄴ, ㄷ, ㄹ

11 보험자의 보험금 지급과 면책사유에 관한 설명으로 옳은 것은?
▶ 2015년 손해평가사 1회

① 보험금은 당사자 간에 특약이 있는 경우라도 금전이외의 현물로 지급할 수 없다.
② 보험자의 보험금 지급은 보험사고발생의 통지를 받은 후 10일 이내에 지급할 보험금액을 정하고 10일 이후에 이를 지급하여야 한다.
③ 보험의 목적인 과일의 자연 부패로 인하여 발생한 손해에 대해서 보험자는 보험금을 지급하여야 한다.
④ 건물을 특약 없는 화재보험에 가입한 보험계약에서 홍수로 건물이 멸실된 경우 보험자는 보험금을 지급하지 않아도 된다.

12 보험수익자의 중과실로 인하여 보험사고가 생긴 때에는 보험자는 보험금액을 지급할 책임이 없다.
( ) ▶ 2024년 손해평가사 10회

13 보험계약자의 고의로 보험사고가 생긴 때에는 보험자는 보험금액을 지급 할 책임이 없다.
( ) ▶ 2024년 손해평가사 10회

정답 09 ×   10 ④   11 ④   12 ○   13 ○

확인문제

14 보험사고가 전쟁 기타의 변란으로 인하여 생긴 때에는 보험자의 보험금액 지급 책임에 대하여 당사자 간에 다른 약정을 할 수 없다. (　) ▶ 2018년 손해평가사 4회

15 상법상 보험계약 관련 소멸시효의 기간으로 옳은 것은? ▶ 2023년 손해평가사 9회

① 보험금청구권 : 2년　　　　　　② 보험료청구권 : 3년
③ 보험료의 반환청구권 : 2년　　　④ 적립금의 반환청구권 : 3년

16 상법상 보험계약 관련 소멸시효에 관한 설명이다. (　)에 들어갈 숫자를 모두 합한 것으로 옳은 것은? ▶ 2025년 손해평가사 11회

> 보험금청구권은 (　)년간, 보험료 또는 적립금의 반환청구권은 (　)년간, 보험료청구권은 (　)년간 행사하지 아니하면 시효의 완성으로 소멸한다.

① 6　　　　　　　　　　　　　② 7
③ 8　　　　　　　　　　　　　④ 9

정답　14 ✗　15 ④　16 ③

(3) 보험료 반환의무

① 의의

보험료 반환의무란 보험계약이 취소되거나 무효가 되거나 해지된 경우에, 보험자가 보험계약자에게 보험료를 반환해야 하는 의무를 말한다.

② 보험계약이 무효인 경우

계약자측이 선의이고 중대한 과실이 없을 때와 악의 또는 중대한 과실로 인한 경우가 다르다

- ㉠ 보험계약이 전부 또는 일부 무효인 경우에는, 보험계약자와 피보험자 또는 보험수익자가 선의이고 중대한 과실이 없을 때, 보험자는 보험료 전부 또는 일부를 반환할 의무가 있다(상법 제648조).
- ㉡ 반면, 보험계약자 등의 악의 또는 중대한 과실로 보험계약이 무효로 된 때에는 보험료 반환의무가 없다.

> **제648조(보험계약의 무효로 인한 보험료반환청구)** 보험계약의 전부 또는 일부가 무효인 경우에 보험계약자와 피보험자가 선의이며 중대한 과실이 없는 때에는 보험자에 대하여 보험료의 전부 또는 일부의 반환을 청구할 수 있다. 보험계약자와 보험수익자가 선의이며 중대한 과실이 없는 때에도 같다.

③ 보험계약이 취소된 경우

보험약관의 설명 의무 위반으로 보험계약자가 계약을 취소한 경우에도 보험료 반환의무가 인정된다(상법 제638조의3).

> **제638조의3(보험약관의 교부·설명 의무)** ① 보험자는 보험계약을 체결할 때에 보험계약자에게 보험약관을 교부하고 그 약관의 중요한 내용을 설명하여야 한다.
> ② 보험자가 제1항을 위반한 경우 보험계약자는 보험계약이 성립한 날부터 3개월 이내에 그 계약을 취소할 수 있다.

④ 보험사고 발생 전 보험계약이 해지된 경우

- ㉠ 보험계약자가 보험사고의 발생 전에 보험계약의 전부 또는 일부를 해지 할 수 있는데 이 경우 보험자는 다른 약정이 없으면 미경과보험료를 반환하여야 할 의무를 진다.(상법 제649조 제1항, 제3항)
- ㉡ 미경과보험료란 보험계약이 해지될 경우 아직 경과하지 않은 보험기간에 해당하는 보험료를 말한다.

⑤ 보험사고 발생 후 보험계약이 해지된 경우

원칙적으로 보험계약자는 원칙적으로 보험사고 발생 전에 계약 해지권을 갖지만 보험사고 발생 후에도 계약해지할 수 있는 경우가 있다. 보험사고 발생 후라도 보험금액이 감액되지 아니하는 보험(자동복원계약. 책임보험이나 상해보험)의 경우에 한하여 해지 할 수 있다.

보험금액이 감액되지 아니하는 보험(자동복원계약)의 사례

A씨는 보험금액 1억 원인 자동차보험에 가입했다.
어느 날 사고가 발생하여 보험자가 3천만 원의 보험금을 지급했다.
그런데 이 보험은 보험금 지급 후에도 보험금액이 그대로 유지되는 자동복원계약 형태여서, A씨의 보험금액은 여전히 1억원이다.

제649조(사고발생전의 임의해지) ① 보험사고가 발생하기 전에는 보험계약자는 **언제든지** 계약의 전부 또는 일부를 해지할 수 있다. 그러나 제639조의 보험계약의 경우에는 보험계약자는 그 **타인의 동의**를 얻지 아니하거나 보험증권을 소지하지 아니하면 그 계약을 해지하지 못한다.
② 보험사고의 발생으로 보험자가 보험금액을 지급한 때에도 보험금액이 감액되지 아니하는 보험의 경우에는 보험계약자는 그 사고발생후에도 보험계약을 해지할 수 있다.
③ 제1항의 경우에는 보험계약자는 당사자간에 다른 약정이 없으면 **미경과보험료의 반환을 청구**할 수 있다.

확인문제

01 보험사고의 발생으로 보험자가 보험금액을 지급한 때에도 보험 금액이 감액되지 아니 하는 보험의 경우에는 보험계약자는 그 사고발생후에도 보험계약을 해지할 수 있다. ( )
▶ 2024년 손해평가사 10회

02 보험사고가 발생하기 전에 보험계약을 해지한 보험계약자는 미경과보험료의 반환을 청구할 수 없다. ( ) ▶ 2024년 손해평가사 10회

03 자기를 위한 보험계약에서 보험사고가 발생하기 전에는 언제든지 보험계약자는 계약의 전부 또는 일부를 해지할 수 있다. ( ) ▶ 2024년 손해평가사 10회

04 보험계약자가 보험계약을 전부 해지했을 때에는 언제든지 미경과보험료의 반환을 청구할 수 있다.(다른 약정이 없는 경우에 한정) ( ) ▶ 2021년 손해평가사 7회

05 보험사고가 발생하기 전에 보험계약자가 계약을 해지한 경우 당사자간에 약정을 한 경우에 한해 보험계약자는 미경과보험료의 반환을 청구할 수 있다. ( ) ▶ 2023년 손해평가사 9회

06 타인을 위한 보험의 경우를 제외하고, 보험사고가 발생하기 전에는 보험계약자는 언제든지 보험계약의 전부를 해지할 수 있다. ( ) ▶ 2021년 손해평가사 7회

정답 01 ○ 02 × 03 ○ 04 × 05 × 06 ○

확인문제

07 보험금액이 지급된 때에도 보험금액이 감액되지 아니하는 보험의 경우에는 보험계약자는 그 사고발생 후에도 보험계약을 해지할 수 있다. ( ) ▶ 2021년 손해평가사 7회

08 보험계약자는 원칙적으로 보험사고가 발생하기 전에는 언제든지 계약의 전부 또는 일부를 해지할 수 있다. ( ) ▶ 2020년 손해평가사 6회

09 보험사고가 발생하기 전이라도 타인을 위한 보험의 경우에 보험계약자는 그 타인의 동의를 얻지 못하거나 보험증권을 소지하지 않은 경우에는 계약의 전부 또는 일부를 해지할 수 없다.
( ) ▶ 2020년 손해평가사 6회

10 보험사고의 발생으로 보험자가 보험금액을 지급한 때에도 보험금액이 감액되지 아니하는 보험의 경우에는 보험계약자는 그 사고발생후에도 보험계약을 해지할 수 없다. ( )
▶ 2020년 손해평가사 6회

11 보험사고 발생 전에 보험계약자가 계약을 해지하는 경우, 당사자 사이의 특약으로 미경과 보험료의 반환을 제한할 수 있다. ( ) ▶ 2020년 손해평가사 6회

12 자기를 위한 보험계약의 경우 보험사고가 발생하기 전 보험계약의 당사자는 언제든지 계약의 전부 또는 일부를 해지할 수 있다. ( ) ▶ 2017년 손해평가사 3회

정답 07 O 08 O 09 O 10 × 11 O 12 ×

13 상법상 보험료에 관한 설명으로 옳은 것은? ▶ 2025년 손해평가사 11회

① 보험계약의 일부가 무효인 경우에 보험계약자와 피보험자가 선의이며 중대한 과실이 없는 때에도 보험자에 대하여 보험료의 일부의 반환을 청구할 수 없다.
② 보험계약의 전부가 무효인 경우에 보험계약자와 보험수익자가 선의이며 중대한 과실이 없는 때에도 보험자에 대하여 보험료의 반환을 청구할 수 없다.
③ 보험계약의 당사자가 특별한 위험을 예기하여 보험료의 액을 정한 경우에 보험기간 중 그 예기한 위험이 소멸한 때에는 보험계약자는 그 후의 보험료의 감액을 청구할 수 있다.
④ 보험사고가 발생하기 전에 보험계약자가 보험계약의 전부를 해지한 경우에도 보험계약자는 당사자간에 다른 약정이 없으면 미경과보험료의 반환을 청구할 수 없다.

정답 13 ③

02 보험계약자 등(보험계약자, 피보험자, 보험수익자)의 의무

보험가입 후 보험계약자 등의 주요의무는 보험료지급의무, 위험변경증가시 통지의무, 위험유지의무, 보험사고발생시 통지의무 등이 있다

(1) 보험료 지급의무

① 의의
  ㉠ 보험계약이 성립되면 보험계약자는 보험자에게 보험료를 납부할 의무를 진다.(상법 제638조)
  ㉡ 보험료는 보험금에 대한 대가관계에 있는 것으로 보험료 지급은 보험자의 책임 발생의 전제가 된다 (상법 제656조 참조)

> 제656조(보험료의 지급과 보험자의 책임개시) 보험자의 책임은 당사자간에 다른 약정이 없으면 최초의 보험료의 지급을 받은 때로부터 개시한다.

기출문제

01 보험자의 책임은 당사자간에 다른 약정이 없으면 보험계약자가 보험계약의 체결을 청약한 때로부터 개시한다.   (   ) ▶ 2022년 손해평가사 8회

01 ×

② 보험료 지급 의무자
  ㉠ 보험료납입의무는 보험계약자의 가장 중요한 의무로 자기를 위한 계약이든 타인을 위한 계약이든 보험계약자가 보험료를 납입할 의무를 부담한다.
  ㉡ 타인을 위한 보험에서 보험계약자가 파산선고를 받거나 보험료의 지급을 지체한 때에는 타인이 권리를 포기하지 아니하는 한 그 타인도 보험료를 지급할 의무가 있다.

③ 보험료 납입 지체의 효과
  ㉠ 최초보험료 납입 지체 시
    - 제1회 보험료란 보험료 분할납입의 약정이 되어 있는 경우의 최초납입보험료를 의미한다.
    - 보험계약의 체결 후 보험계약자가 보험료의 전부 또는 제1회 보험료를 납입하여야 함에도 불구하고, 납입하지 아니하는 경우에 다른 약정이 없는 한 계약 성립 후 2월이 경과하면 그 계약은 해제된 것으로 본다.
    - 또한 보험료를 지급하지 않은 경우 보험자의 보험증권 교부의무도 발생하지 않는다.

ⓛ 계속 보험료 납입 지체 시
- 계속보험료가 약정되어 있는 시기에 납부되지 아니할 경우 보험자는 '상당한' 기간을 정하여 보험료 납입을 "최고"하고, 해당 기간내에 보험계약자가 보험료의 납입을 지체한 경우 계약을 해지할 수 있다.
  또한, 타인을 위한 보험은 보험계약자뿐만 아니라 타인에게도 보험료 납입최고 절차를 거쳐야 해제 또는 해지 할 수 있다.

> **제650조(보험료의 지급과 지체의 효과)** ① 보험계약자는 계약체결후 지체없이 보험료의 전부 또는 제1회 보험료를 지급하여야 하며, 보험계약자가 이를 지급하지 아니하는 경우에는 다른 약정이 없는 한 계약성립후 **2월이 경과**하면 그 계약은 해제된 것으로 본다.
> ② 계속보험료가 약정한 시기에 지급되지 아니한 때에는 보험자는 상당한 기간을 정하여 보험계약자에게 **최고**하고 그 기간내에 지급되지 아니한 때에는 그 계약을 해지할 수 있다.
> ③ **특정한 타인을 위한 보험**의 경우에 보험계약자가 보험료의 지급을 지체한 때에는 보험자는 그 **타인에게도** 상당한 기간을 정하여 보험료의 지급을 최고한 후가 아니면 그 계약을 해제 또는 해지하지 못한다.

④ **해지의 효과**
  ㉠ 납입최고가 보험계약자에게 도달된 때부터 상당한 최고 기간이 경과할 때까지 보험계약자가 보험료를 지급하지 않는 경우 보험자는 계약을 해지할 수 있다.
  ㉡ 이러한 해지의 의사표지는 보험계약자에게 도달한 때 효력이 발생한다.
  ㉢ 해지의 효과는 원칙적으로 장래를 향하여 효력 상실 한다.

확인문제

01 보험계약자는 계약체결 후 지체없이 보험료의 전부 또는 제1회 보험료를 지급하여야 하며, 이를 지급 하지 아니하는 경우에는 보험자는 다른 약정이 없는 한 계약 성립 후 2월이 경과하면 그 계약을 해제할 수 있다. ( ) ▶2024년 손해평가사 10회

02 계속보험료가 약정한 시기에 지급되지 아니한 때에는 보험자는 상당한 기간을 정하여 보험계약자에게 최고하고 그 기간 내에 지급되지 아니한 때에 는 그 계약은 해지된 것으로 본다. ( ) ▶2024년 손해평가사 10회

03 보험계약자가 계약체결후 제1회 보험료를 지급하지 아니하는 경우 다른 약정이 없는 한 보험자가 계약성립 후 2월 이내에 그 계약을 해제하지 않으면 그 계약은 존속한다. ( ) ▶2023년 손해평가사 9회

04 계속보험료가 약정한 시기에 지급되지 아니한 때에는 보험자는 보험계약자에 대하여 최고 없이 그 계약을 해지할 수 있다. ( ) ▶2023년 손해평가사 9회

05 특정한 타인을 위한 보험의 경우에 보험계약자가 보험료의 지급을 지체한 때에는 보험자는 그 타인에게 상당한 기간을 정하여 보험료의 지급을 최고한 후가 아니면 그 계약을 해제 또는 해지하지 못한다. ( ) ▶2023년 손해평가사 9회

06 보험계약 체결 후 보험계약자가 제1회 보험료를 지급하지 아니한 경우, 다른 약정이 없는 한 계약 성립 후 2월이 경과하면 보험계약은 해제된 것으로 본다. ( ) ▶2023년 손해평가사 9회

정답 01 × 02 × 03 × 04 × 05 ○ 06 ○

07 계속보험료가 연체된 경우 보험자는 즉시 그 계약을 해지할 수는 없다. ( )
▶ 2022년 손해평가사 8회

08 보험계약자는 계약체결후 지체없이 보험료의 전부 또는 제1회 보험료를 지급하여야 한다.
( ) ▶ 2021년 손해평가사 7회

09 특정한 타인을 위한 보험의 경우에 보험계약자가 보험료의 지급을 지체한 때에는 보험자는 그 계약을 해제 또는 해지할 수 있다. ( ) ▶ 2021년 손해평가사 7회

10 보험계약자가 최초보험료를 지급하지 아니한 경우에는 다른 약정이 없는 한 계약성립 후 1월이 경과하면 그 계약은 해제된 것으로 본다. ( ) ▶ 2021년 손해평가사 7회

11 상법상 보험료의 지급에 관한 설명으로 옳은 것은? ▶ 2025년 손해평가사 11회
① 보험계약자가 계약체결 후 지체 없이 제1회 보험료를 지급하지 아니하는 경우에는 다른 약정이 없는 한 계약성립 후 2월이 경과하면 그 계약은 해제된 것으로 본다.
② 계속보험료가 약정한 시기에 지급되지 아니한 때에는 보험자는 바로 그 계약을 해지할 수 있다.
③ 타인을 위한 보험의 경우에 보험계약자가 보험료의 지급을 지체한 때에 보험자가 계약을 해지하기 위해서 그 타인에게 보험료 지급을 최고할 필요는 없다.
④ 보험자의 책임은 당사자간에 다른 약정이 없으면 보험계약자의 보험료 지급 여부에 관계없이 계약이 성립한 때부터 개시한다.

정답 07 ○ 08 ○ 09 × 10 × 11 ①

확인문제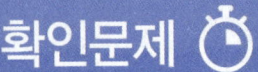

12 보험계약자 甲은 보험자 乙과 보험계약을 체결하면서 일정한 보험료를 매월 균등하게 10년간 지급하기로 약정하였다. 이에 관한 설명으로 옳지 않은 것은?

① 甲은 약정한 최초의 보험료를 계약체결 후 지체없이 납부하여야 한다.
② 甲이 계약이 성립한 후에 2월이 경과하도록 최초의 보험료를 지급하지 아니하면, 그 계약은 법률에 의거해 효력을 상실한다. 이에 관한 당사자 간의 특약은 계약의 효력에 영향을 미치지 않는다.
③ 甲이 계속보험료를 약정한 시기에 지급하지 아니하여 乙이 보험계약을 해지하려면 상당한 기간을 정하여 甲에게 최고하여야 한다.
④ 甲이 계속보험료를 지급하지 않아서 乙이 계약해지권을 적법하게 행사하였더라도 해지환급금이 지급되지 않았다면 甲은 일정한 기간 내에 연체보험료에 약정이자를 붙여 乙에게 지급하고 그 계약의 부활을 청구할 수 있다.

13 보험료의 지급과 지체에 관한 설명으로 옳지 않은 것은? ▶ 2016년 손해평가사 2회

① 보험료는 보험계약자만이 지급의무를 부담하므로 특정한 타인을 위한 보험의 경우에 보험계약자가 보험료의 지급을 지체한 때에는 보험자는 그 타인에 대한 최고 없이도 그 계약을 해지할 수 있다.
② 보험자의 책임은 당사자 간에 다른 약정이 없으면 최초의 보험료의 지급을 받은 때로부터 개시한다.
③ 보험계약자가 보험료를 지급하지 아니하는 경우에는 다른 약정이 없는 한 계약성립 후 2월이 경과하면 그 계약은 해제된 것으로 본다.
④ 계속보험료가 약정한 시기에 지급되지 아니한 때에는 보험자는 상당한 기간을 정하여 보험계약자에게 최고하고 그 기간 내에 지급되지 아니한 때에는 그 계약을 해지할 수 있다.

정답 12 ② 13 ①

(2) 보험료 감액 청구(권)

보험료는 위험을 평가하여 산정된 것이므로 보험기간 중 위험의 변동에 따라 보험료가 변동 (감액 또는 증액)될 수 있다.

① 예기한 특별위험이 있어 그에 대한 보험료를 지급하고 있다면, 그 특별위험이 소멸한 경우에는 보험계약자가 보험료 감액을 청구할 권리가 인정된다.

② 손해보험에서 보험금액이 보험계약의 목적의 가액을 현저하게 초과한 초과보험의 경우에도 보험계약자는 보험료의 감액을 청구할 수 있다.

③ 보험료감액청구권은 일종의 형성권이며, 보험료감액사유에 대한 증명책임은 감액을 주장하는 보험계약자에게 있다.

> **제647조(특별위험의 소멸로 인한 보험료의 감액청구)** 보험계약의 당사자가 특별한 위험을 예기하여 보험료의 액을 정한 경우에 보험기간 중 그 예기한 위험이 소멸한 때에는 보험계약자는 그 후의 보험료의 감액을 청구할 수 있다.

> **제669조(초과보험)** ① 보험금액이 보험계약의 목적의 가액을 현저하게 초과한 때에는 보험자 또는 보험계약자는 보험료와 보험금액의 감액을 청구할 수 있다. 그러나 보험료의 감액은 장래에 대하여서만 그 효력이 있다.

기출문제

01 보험계약의 당사자가 특별한 위험을 예기하여 보험료의 액을 정한 경우에 보험기간중 그 예기한 위험이 소멸한 때에는 보험계약자는 그 후의 보험료의 감액을 청구할 수 있다.
( ) ▶ 2024년 손해평가사 10회

02 보험계약자는 계약체결 시점으로 소급하여 보험료의 감액을 청구할 수 있다.
( ) ▶ 2024년 손해평가사 10회

01 O   02 ×

(3) 보험료 청구권의 소멸시효

보험료 반환 청구권은 3년간 행사하지 않으면 시효의 완성으로 소멸한다.(상법 제662조)

(4) 보험계약의 부활

① 의의
보험계약의 부활이란, 보험료를 연체하여 계약이 실효되거나 해지된 보험계약을 일정 기간 내에 미납 보험료와 연체이자를 납부하고, 보험자의 승낙을 받아 다시 유효한 상태로 회복시키는 절차를 말한다.

② 요건
㉠ 부활계약 청구시에도 보험계약자는 중요한 사항에 대하여 고지의무를 부담하여야 한다.

㉡ 보험계약자가 제2회 이후의 계속보험료를 납부하지 아니함으로써 보험계약이 해지된 경우로서 해지환급금이 지급되지 않았어야 한다.

㉢ 보험계약자는 부활이 가능한 일정 기간 내에 연체된 보험료에 약정이자를 붙여 보험자에게 납부하고 보험계약의 부활을 청구하여야 하며 보험자의 승낙이 있어야 한다.

㉣ 보험계약자의 부활청구로부터 보험자가 약정이자를 첨부한 연체보험료를 받은 후 30일이 지나도록 낙부 통지를 하지 않으면 보험자의 승낙이 의제되고 해당 보험계약은 부활한다.(상법 제650조의2 단서)

> ▶ 부활의 요건
> 1. 해지환급금의 미지급 (해지환급금 지급시 보험계약관계가 완전 종료되어 부활 요건(x))
> 2. 계속보험료 미납에 따른 계약해지의 경우
> 3. 보험계약자의 청구
> 4. 보험자의 승낙

③ 부활의 효과
㉠ 보험계약에서의 부활은 실효된 보험계약의 효력을 원래대로 복구시키는 것이므로 실효되기 이전의 보험계약과 동일한 내용의 보험계약을 계속 유지하게 된다.

㉡ 계약자가 약정이자를 포함한 연체보험료를 지급하고 보험계약 부활을 청구한 때부터 보험자가 승낙하기 전까지 사이에 보험사고 발생시 보험자가 거절할 사유가 없는 한 보상책임을 지게 된다.

> **제650조의2(보험계약의 부활)** 제650조제2항에 따라 보험계약이 해지되고 **해지환급금이 지급되지 아니한 경우**에 보험계약자는 일정한 기간내에 연체보험료에 약정이자를 붙여 보험자에게 지급하고 그 계약의 부활을 청구할 수 있다. 제638조의2의 규정은 이 경우에 준용한다.

> 부활 계약에도 최초계약과 동일하게 적용되는 것
> (1) 고지의무　　(2) 승낙의제　　(3) 승낙전 사고담보

확인문제

01 보험계약자가 계속보험료를 지급하지 않아 보험자가 계약을 해지한 경우 부활을 청구할 수 있다.
( ) ▶ 2023년 손해평가사 9회

02 피보험자의 고지의무 위반을 이유로 보험자가 계약을 해지한 경우 부활을 청구할 수 있다.
( ) ▶ 2023년 손해평가사 9회

03 위험이 현저하게 변경되어 보험자가 계약을 해지한 경우 부활을 청구할 수 있다.
( ) ▶ 2023년 손해평가사 9회

04 제1회 보험료의 지급이 이루어지지 않아 보험계약이 해제된 경우 보험계약자는 보험 계약의 부활을 청구할 수 있다.
( ) ▶ 2022년 손해평가사 8회

05 계속보험료의 연체로 인하여 보험계약이 해지되고 해지환급금이 지급되지 아니한 경우 보험계약자는 보험계약의 부활을 청구할 수 있다.
( ) ▶ 2022년 손해평가사 8회

06 계속보험료의 연체로 인하여 보험계약이 해지된 경우 보험계약자가 보험계약의 부활을 청구하려면 연체보험료에 약정이자를 붙여 보험자에게 지급해야 한다.
( ) ▶ 2022년 손해평가사 8회

07 보험계약자가 상법상의 요건을 갖추어 계약의 부활을 청구하는 경우 보험자는 30일 이내에 낙부통지를 발송해야 한다.
( ) ▶ 2022년 손해평가사 8회

정답 01 ○ 02 × 03 × 04 × 05 ○ 06 ○ 07 ○

확인문제

08 보험계약 부활에 관한 설명으로 옳은 것은? ▶ 2015년 손해평가사 1회

① 보험계약자의 고지의무위반으로 보험자가 보험계약을 해지하여야 한다.
② 보험계약자의 최초보험료 미지급으로 보험자가 보험계약을 해지하여야 한다.
③ 보험계약자가 연체보험료에 법정이자를 더하여 보험자에게 지급하여야 한다.
④ 보험자가 보험계약을 해지하고 해지환급금을 지급하지 않았어야 한다.

09 최초보험료 지급지체에 따라 보험계약이 해지된 경우 보험계약자는 그 계약의 부활을 청구할 수 있다. (　) ▶ 2019년 손해평가사 5회

10 상법상 보험계약 부활에 관한 설명으로 옳은 것은? ▶ 2019년 손해평가사 5회

① 보험계약의 해지 사유에 관계없이 보험계약자는 보험계약의 부활을 청구할 수 있다.
② 보험계약이 해지된 후 보험계약자가 해지환급금을 지급받은 뒤에도 해지환급금을 반환한다면 부활을 청구할 수 있다.
③ 보험계약자가 계약의 부활을 청구하는 경우 보험자는 이를 승낙하여야 한다.
④ 계속보험료의 연체로 인하여 보험계약이 해지되고 해지환급금이 지급되지 아니한 경우에 보험계약자는 일정한 기간 내에 연체보험료에 약정이자를 붙여 보험자에게 지급하고 그 계약의 부활을 청구할 수 있다.

정답　08 ④　09 ×　10 ④

(5) 위험의 현저한 변경 · 증가 통지의무

① 의의
- ㉠ 보험기간 중에 보험계약자 또는 피보험자가 사고발생의 위험이 현저하게 변경 또는 증가 된 사실을 안 때에는 지체 없이 이를 보험자에게 통지하여야 한다.(상법 제652조 제1항)
- ㉡ 여기서 '현저한 변경 또는 증가'란 보험계약 체결 당시 존재하지 않았거나, 해당 보험료로는 인수되지 않았을 위험이 새롭게 발생하거나 크게 증가하는 경우를 의미한다
- ㉢ 의무 이행자는 계약자 또는 피보험자이며 수익자는 포함되지 않는다

> **제652조(위험변경증가의 통지와 계약해지)** ① 보험기간 중에 **보험계약자 또는 피보험자**가 사고발생의 위험이 현저하게 변경 또는 증가된 사실을 안 때에는 **지체없이** 보험자에게 통지하여야 한다. 이를 해태한 때에는 보험자는 그 사실을 안 날로부터 **1월 내**에 한하여 계약을 해지할 수 있다.
> ② 보험자가 제1항의 위험변경증가의 통지를 받은 때에는 1월 내에 보험료의 증액을 청구하거나 계약을 해지할 수 있다.

② 의무 미이행(해태)의 효과 (☞ 계약 "해지" 뿐)
- ㉠ 보험자는 위험의 변경 또는 증가의 사실을 해태한 때에는 그 사실을 안 날로부터 1월 이내에 계약을 해지할 수 있다.
- ㉡ 계약 해지 후 발생한 보험사고에 대해서는 보험자는 보험금 지급 책임이 없다.
- ㉢ 다만, 의무위반과 보험사고 발생 사이에 인과관계가 없음을 보험계약자 측이 입증하면 보험금을 지급받을 수 있다.

③ 의무이행의 효과 (☞ "해지" 또는 "보험료 증액" 중 한 가지)

보험자는 위험의 변경 또는 증가의 통지를 받은 때에는 그 사실을 안 날로부터 1월 이내에 보험료의 증액을 청구하거나 계약을 해지할 수 있다.

(6) 보험계약자 등의 고의나 중과실로 인한 위험증가와 계약해지 (위험유지의무)

① 의의
- ㉠ 보험계약자, 피보험자 또는 보험수익자가 고의 또는 중대한 과실로 인해 사고발생 위험이 현저하게 변경되거나 증가시킨 경우를 말한다.
- ㉡ 위험변경·증가의 통지의무와 달리 보험수익자도 위험의 현저한 변경·증가 금지 의무를 부담한다.
- ㉢ 다만, 위험변경·증가의 통지의무와 달리 이들에 대해 별도의 통지의무를 부과하지 않는데 이것은 위험을 현저하게 변경 또는 증가시킨 자가 이러한 사실을 통지한다는 것을 기대하기 어렵기 때문이다.

② 위반의 효과
  ㉠ 보험자는 그 사실을 안 날부터 1월 내에 보험료의 증액을 청구하거나 계약을 해지할 수 있다.
  ㉡ 의무위반과 보험사고 발생 사이에 인과관계가 없음을 보험계약자 측이 입증하면 보험금을 지급받을 수 있다.

> 제653조(보험계약자 등의 고의나 중과실로 인한 위험증가와 계약해지) 보험기간중에 **보험계약자, 피보험자 또는 보험수익자의 고의 또는 중대한 과실**로 인하여 사고발생의 위험이 현저하게 변경 또는 증가된 때에는 보험자는 그 사실을 안 날부터 1월 내에 보험료의 증액을 청구하거나 계약을 해지할 수 있다.

위험변경증가의 통지의무와 위험유지의무

구분 \ 의무	위험변경 · 증가의 통지의무	위험유지의무
위험발생	객관적 위험의 증가 (외부요인 등)	주관적 위험의 증가 (보험자, 피보험자 또는 보험수익자의 행위)
통지의무자/행위자	보험계약자 또는 피보험자	보험계약자, 피보험자 또는 보험수익자
의무위반	위험증가사실을 알고도 지체 없이 통지하지 아니한 때	위험을 고의 또는 중과실로 현저히 증가시킨 때
해지 조건	☞ 통지 해태시 : 위반 사실을 안 날로 부터 1월 이내 "해지" ☞ 통지한 때 : "해지" 또는 "보험료증액"	☞ 보험자가 위반사실을 안 날로부터 1월 이내 "해지" 또는 "보험료증액" ☞ 통지의무 사항 관련 규정은 없음
입증책임	위험의 현저한 변경이나 증가된 사실과 보험사고 발생과의 사이에 인과관계가 부존재 한다는 점에 관한 주장•입증책임은 보험금 청구권자(계약자,피보험자)측에 있다.	

확인문제

01 보험수익자의 고의로 인하여 사고 발생의 위험이 현저하게 증가된 때에는 보험자는 그 사실을 안 날 로부터 1월 내에 보험계약을 해지할 수 있을 뿐이고, 보험료의 증액을 청구할 수는 없다.
( ) ▶ 2024년 손해평가사 10회

02 보험계약자가 지체없이 위험변경증가의 통지를 한 때에는 보험자는 1월 내에 보험료 증액을 청구할 수 있을 뿐이고 보험계약을 해지할 수는 없다. ( ) ▶ 2024년 손해평가사 10회

03 보험계약자가 위험변경증가의 통지를 해태한 때에는 보험자는 그 사실을 안 날로부터 1월내에 한하여 계약을 해지할 수 있다. ( ) ▶ 2024년 손해평가사 10회

04 타인을 위한 손해보험의 타인이 사고발생 위험이 현저하게 변경 또는 증가된 사실을 알게 된 경우 이를 보험자에게 통지할 의무는 없다. ( ) ▶ 2024년 손해평가사 10회

05 위험이 현저하게 변경 또는 증가된 사실이 보험사고 발생에 영향을 미친 경우, 보험자가 위험변경 증가의 통지를 못 받았음을 이유로 유효하게 계약을 해지하면 보험금을 지급할 책임이 없다.
( ) ▶ 2024년 손해평가사 10회

06 보험수익자가 사고발생의 위험이 현저하게 변경된 사실을 안 때에는 지체없이 보험자에게 통지하여야 한다. ( ) ▶ 2023년 손해평가사 9회

07 통지의무자가 사고발생의 위험이 현저하게 증가된 사실의 통지를 해태한 때에는 보험자는 그 사실을 안 날부터 3월 내에 한하여 계약을 해지할 수 있다. ( ) ▶ 2023년 손해평가사 9회

정답   01 ×   02 ×   03 ○   04 ×   05 ○   06 ×   07 ×

확인문제

08 보험수익자의 중대한 과실로 인하여 사고발생의 위험이 현저하게 증가된 때에는 보험자는 그 사실을 안 날부터 2월 내에 계약을 해지할 수 있다. (   ) ▶ 2023년 손해평가사 9회

09 보험자가 사고발생의 위험변경증가의 통지를 받은 때에는 1월 내에 보험료의 증액을 청구할 수 있다. (   ) ▶ 2023년 손해평가사 9회

10 보험자가 보험기간 중에 사고발생의 위험이 현저하게 증가하여 보험계약을 해지한 경우 이미 지급한 보험금의 반환을 청구할 수 없다. (   ) ▶ 2022년 손해평가사 8회

11 보험자가 보험기간 중 사고발생의 위험이 현저하게 변경되었음을 이유로 계약을 해지 하려는 경우 그 사실을 입증하여야 한다. (   ) ▶ 2022년 손해평가사 8회

12 보험수익자의 중과실로 인하여 사고발생의 위험이 현저하게 변경되거나 증가 된 사실이 보험사고 발생에 영향을 미치지 아니하였음이 증명된 경우에는 보험자는 보험금을 지급할 책임이 있다. (   ) ▶ 2021년 손해평가사 7회

13 보험계약체결 직전에 보험계약자가 사고발생의 위험이 변경 또는 증가된 사실을 안 때에는 지체없이 보험자에게 통지하여야 한다. (   ) ▶ 2021년 손해평가사 7회

14 위험변경증가의 통지를 해태한 때에는 보험자는 그 사실을 안 날부터 1월 내에 보험료의 증액을 청구하거나 계약을 해지할 수 있다. (   ) ▶ 2020년 손해평가사 6회

정답 08 × 09 ○ 10 × 11 ○ 12 ○ 13 × 14 ×

15 보험사고가 발생한 후라도 보험사가 위험변경증가에 따라 계약을 해지하였을 때 에는 보험금을 지급할 책임이 없고 이미 지급한 보험금의 반환을 청구할 수 있다. 다만, 위험이 현저하게 변경되거나 증가된 사실이 보험사고 발생에 영향을 미치지 아니하였음이 증명된 경우에는 보험금을 지급할 책임이 있다. ( ) ▶ 2020년 손해평가사 6회

16 위험변경증가의 통지의무에 관한 설명으로 옳지 않은 것은? ▶ 2016년 손해평가사 2회

① 보험자는 보험계약자 또는 피보험자가 위험변경증가의 통지의무를 고의 또는 중과실로 해태한 경우에만 그 통지의무 위반을 이유로 계약을 해지할 수 있다.
② 보험기간 중에 보험계약자는 사고발생의 위험의 현저한 증가 사실을 안 때에는 지체없이 보험자에게 통지하여야 한다.
③ 보험기간 중에 피보험자는 사고발생의 위험의 현저한 변경 사실을 안 때에는 지체없이 보험자에게 통지하여야 한다.
④ 보험자가 피보험자로부터 위험변경증가의 통지를 받은 때에는 1월내에 보험료의 증액을 청구하거나 계약을 해지할 수 있다.

17 보험기간 중 사고발생위험이 현저하게 증가된 경우에 관한 설명으로 옳은 것은? ▶ 2022년 손해평가사 8회

> ㉠ 보험수익자가 이 사실을 안 때에는 지체없이 보험자에게 통지하여야 한다.
> ㉡ 보험자가 보험계약자로부터 위험변경의 통지를 받은 때로부터 2월이 경과하면 계약을 해지할 수 없다.
> ㉢ 보험수익자의 고의로 인하여 위험이 현저하게 변경된 때에는 보험자는 보험료의 증액을 청구할 수 있다.
> ㉣ 피보험자의 중대한 과실로 인하여 위험이 현저하게 변경된 때에는 보험자는 계약을 해지할 수 없다.

① ㄱ, ㄴ
② ㄴ, ㄷ
③ ㄷ, ㄹ
④ ㄱ, ㄴ, ㄷ, ㄹ

정답 15 ○ 16 ① 17 ②

확인문제

18 보험기간 중에 보험계약자의 중대한 과실로 인하여 사고발생의 위험이 현저하게 증가 된 때에는 보험자는 그 사실을 안 날부터 1월 내에 보험료의 증액을 청구할 수 있다. ( )
▶ 2021년 손해평가사 7회

19 위험의 현저한 변경이나 증가된 사실과 보험사고 발생과의 사이에 인과관계가 부존재 한다는 점에 관한 주장·입증책임은 보험자 측에 있다. ( ) ▶ 2021년 손해평가사 7회

20 보험기간 중에 피보험자의 고의로 인하여 사고발생의 위험이 현저하게 증가된 때에는 보험자는 그 사실을 안 날부터 1월 내에 계약을 해지할 수 있다. ( ) ▶ 2021년 손해평가사 7회

21 사고 발생의 위험이 현저하게 변경 또는 증가된 사실이라 함은 그 변경 또는 증가된 위험이 보험계약의 체결 당시에 존재하고 있었다면 보험자가 보험계약을 체결하지 않았거나 적어도 그 보험료로는 보험을 인수하지 않았을 것으로 인정되는 정도의 것을 말한다. ( )
▶ 2021년 손해평가사 7회

22 상법에 따르면 보험기간중에 보험계약자 등의 고의로 인하여 사고발생의 위험이 현저하게 증가된 때에는 보험자는 계약체결일로부터 3년 이내에 한하여 계약을 해지할 수 있다.
( ) ▶ 2019년 손해평가사 5회

23 상법상 위험변경·증가에 관한 설명으로 옳지 않은 것은? ▶ 2025년 손해평가사 11회
① 보험계약자가 사고발생의 위험이 현저하게 변경·증가된 사실을 안 때에는 지체 없이 보험자에게 통지하여야 한다.
② 보험자가 위험변경·증가의 통지를 받은 때에는 1월 내에 보험료의 증액을 청구할 수 있다.
③ 보험계약자의 고의로 인한 사고발생의 위험이 현저하게 변경된 때에는 보험자는 그 사실을 안 날부터 1월 내에 보험료의 증액을 청구할 수 있다.
④ 피보험자의 중대한 과실로 인하여 사고발생의 위험이 현저하게 증가된 때에는 보험자는 그 사실을 안 날부터 3월 내에 계약을 해지할 수 있다.

정답 18 ○ 19 × 20 ○ 21 ○ 22 × 23 ④

(7) 보험사고 발생 통지의무

① **의의**

보험계약자 또는 피보험자나 보험수익자는 계약에서 정한 보험사고의 발생을 안 때에는 지체없이 이를 보험자에게 통지해야 한다.(상법 제657조 제1항)

② **통지의 목적 및 통지의무자**

㉠ 보험자가 사고 발생 사실을 신속히 인지하여 신속하고 정확한 사고 조사 및 보험금 지급 판단을 할 수 있도록 함이 목적이다

㉡ 보험사고 통지의무자는 보험계약자, 피보험자(손해보험), 보험수익자(인보험)이며 이 때 보험계약자와 피보험자 또는 보험수익자 중 어느 1인이 통지하면 된다.

㉢ 통지의 상대방은 보험자와 그 대리인이다.

③ **위반의 효과**

보험자는 보험사고 통지 해태로 인해 손해가 증가된 때에는 그 증가된 손해를 보상할 책임이 없다. 예를 들어 화재로 인하여 총 손해액 : 화재에 따른 손해액1억 + 통지 해태로 증가된 손해 2천만원 = 1억2천만원인 경우, 지급할 보험금은 2천만원을 제외한 1억이다

> **제657조(보험사고발생의 통지의무)** ① 보험계약자 또는 피보험자나 보험수익자는 보험사고의 발생을 안 때에는 지체없이 보험자에게 그 통지를 발송하여야 한다.
> ② 보험계약자 또는 피보험자나 보험수익자가 제1항의 통지의무를 해태함으로 인하여 손해가 증가된 때에는 보험자는 그 증가된 손해를 보상할 책임이 없다.

(8) 주요의무 비교

의무	의무자/행위자	위반시효과	제척기간	보험금지급
고지 의무	계약자, 피보험자	해지	안 날로부터 1월내 계약일부터 3년내	보험사고와 위반사실과 인과관계 없는 경우
위험변경 증가	계약자, 피보험자	- 통지불이행 : 해지 - 통지이행 : 해지 또는 보험료 증액	안 날로부터 1월내	보험사고와 위반사실과 인과관계 없는 경우
유험유지	계약자, 피보험자, 수익자	해지 또는 보험료 증액	안 날로부터 1월내	보험사고와 위반사실과 인과관계 없는 경우
사고발생 통지	계약자, 피보험자, 수익자	증가된 위험 보상하지 않음(해지 x)	—	발생 보험금은 지급 단, 증가된 손해만 부지급

확인문제

01 보험수익자가 보험사고의 발생을 안 때에는 지체없이 보험자에게 그 통지를 발송하여야 한다.
( ) ▶ 2024년 손해평가사 10회

02 보험계약자가 보험사고의 발생을 알았음에도 지체없이 보험자에게 그 통지를 발송하지 않은 경우 보험자는 계약을 해지할 수 있다. ( ) ▶ 2024년 손해평가사 10회

03 보험금액의 지급에 관하여 약정기간이 없는 경우에는 보험자는 보험사고 발생의 통지를 받은 후 지체없이 지급할 보험금액을 정해야 한다. ( ) ▶ 2024년 손해평가사 10회

04 피보험자는 보험사고의 발생을 안 때에는 지체없이 보험자에게 그 통지를 발송하여야 한다.
( ) ▶ 2023년 손해평가사 9회

05 보험수익자는 보험사고의 발생을 안 때에는 지체없이 보험계약자에게 그 통지를 발송 하여야 한다.
( ) ▶ 2023년 손해평가사 9회

06 보험계약자가 사고발생의 통지의무를 해태함으로 인하여 손해가 증가된 때에는 보험자는 그 증가된 손해를 보상할 책임이 없다. ( ) ▶ 2023년 손해평가사 9회

07 상법은 보험사고발생의 통지의무위반 시 보험자의 계약해지권을 규정하고 있다.
( ) ▶ 2022년 손해평가사 8회

정답 01 ○ 02 × 03 ○ 04 ○ 05 × 06 ○ 07 ×

08 보험계약자는 보험사고의 발생을 안 때에는 상당한 기간 내에 보험자에게 그 통지를 발송하여야 한다. ( ) ▶ 2021년 손해평가사 7회

09 피보험자가 보험사고발생의 통지의무를 해태함으로 인하여 손해가 증가된 때에는 보험자는 그 증가된 손해를 보상할 책임이 없다. ( ) ▶ 2021년 손해평가사 7회

10 보험수익자는 보험사고발생의 통지의무자에 포함되지 않는다. ( ) ▶ 2021년 손해평가사 7회

11 상법상 보험사고 발생의 통지의무에 관한 설명으로 옳지 않은 것은? ▶ 2025년 손해평가사 11회
① 보험계약자가 통지의무를 위반할 경우 보험자는 보험금 전액의 지급책임을 면한다.
② 피보험자는 보험사고의 발생을 안 때에는 지체 없이 보험자에게 그 통지를 발송하여야 한다.
③ 보험수익자는 보험사고의 발생을 안 때에는 지체 없이 보험자에게 그 통지를 발송하여야 한다.
④ 보험계약자가 통지의무를 해태함으로 인하여 손해가 증가된 때에는 보험자는 그 증가된 손해를 보상할 책임이 없다.

정답 08 × 09 ○ 10 × 11 ①

제7장 보험계약의 변동·소멸

01 보험계약의 당연한 변경·소멸

(1) 보험기간의 만료

보험계약에서 정한 보험사고가 발생하지 않고 보험기간이 끝난 경우, 보험기간의 만료로 보험계약은 소멸한다.

(2) 최초보험료 부지급으로 인한 보험계약 해제

보험계약자가 아무런 약정 없이 계약 성립 후 2월이 지나도록 그 보험료를 지급하지 아니한 때에는 보험계약은 해제된 것으로 본다(상법 제650조 1항). 다만, 타인을 위한 보험의 경우 상당한 기간을 정하여 그 타인에게도 최고한 후가 아니면 계약을 해제하지 못한다.(제650조 3항)

(3) 보험목적의 소멸로 위험이 소멸된 경우

보험목적이 보험사고 이외의 원인으로 멸실하면 보험계약은 소멸한다. 예컨데 화재보험의 목적인 건물이 홍수로 인해 멸실된 경우이다.

(4) 보험자의 파산 후 3월을 경과한 때

보험자가 파산선고를 받으면, 보험계약자는 계약을 해지할 수 있다.

만약 보험계약자가 해지하지 않으면, 파산선고 후 3개월이 경과하면 계약은 자동으로 효력을 잃는다.(상법 제654조)

> 제654조(보험자의 파산선고와 계약해지) ① 보험자가 파산의 선고를 받은 때에는 보험계약자는 계약을 해지할 수 있다.
> ② 제1항의 규정에 의하여 해지하지 아니한 보험계약은 파산선고 후 3월을 경과한 때에는 그 효력을 잃는다.

(5) 보험사고의 발생

보험사고 발생으로 보험금 전부를 지급한 경우 보험계약은 그 목적이 달성되어 종료된다. 하지만 화재보험과 같은 손해보험에서 일부 손해에 대해 보험금 일부만 지급한 때에는 보험기간 내에 나머지 보험금 한도 내에서 보험계약관계가 계속 유지 되기도 한다.

> **기출문제**
>
> 01 보험자가 파산선고를 받았으나 보험계약자가 계약을 해지하지 않은 채 3월이 경과한 후에 보험사고가 발생하여도 보험자는 보험금액 지급 책임이 있다.　　　　　　(　　)
> ▶ 2024년 손해평가사 10회
>
> 02 보험자가 파산의 선고를 받은 때에는 보험계약자는 계약을 해지할 수 있다.
> 　　　　　　　　　　　　　　　　　　　　　　　　　　(　　) ▶ 2023년 손해평가사 9회
>
> 03 보험자의 파산선고에도 불구하고 보험계약자가 해지하지 아니한 보험계약은 파산선고 후 3월을 경과한 때에는 그 효력을 잃는다.　　　　　　　(　　) ▶ 2023년 손해평가사 9회
>
> 01 ✕　02 ○　03 ○

02　당사자의 의사에 따른 보험계약의 변경·종료

(1) 보험계약자에 의한 보험계약의 해지

① **보험계약자의 임의해지**

㉮ 보험사고 발생하기 전에는 언제든지 계약의 전부 또는 일부 해지 가능하다.(다만, 타인을 위한 보험의 경우 그 타인의 동의를 얻지 않거나, 보험증권을 소지하지 않으면 해지 불가함)

㉯ 보험사고 발생으로 보험금액 지급한 때에도 보험금액이 감액되지 아니하는 보험(이를 자동복원계약이라고도 함)의 경우에는 보험사고 발생 후에도 해지 가능하다.

> **제649조(사고발생전의 임의해지)** ① 보험사고가 발생하기 전에는 보험계약자는 언제든지 계약의 전부 또는 일부를 해지할 수 있다. 그러나 제639조의 보험계약의 경우에는 보험계약자는 그 타인의 동의를 얻지 아니하거나 보험증권을 소지하지 아니하면 그 계약을 해지하지 못한다.
> ② 보험사고의 발생으로 보험자가 보험금액을 지급한 때에도 보험금액이 감액되지 아니하는 보험의 경우에는 보험계약자는 그 사고발생후에도 보험계약을 해지할 수 있다.
> ③ 제1항의 경우에는 보험계약자는 당사자간에 다른 약정이 없으면 미경과보험료의 반환을 청구할 수 있다.

② 보험자의 파산으로 인한 해지

보험자가 파산선고를 받은 때에는 보험계약자는 그 계약을 해지할 수 있다.

(2) 보험자에 의한 보험계약의 해지

① **계속보험료 부지급으로 인한 해지**

계속보험료가 약정한 시기에 지급되지 아니한 때에는 보험자는 상당한 기간을 정하여 보험계약자에게 최고하고, 그 기간 내에 지급되지 아니한 때에는 그 계약을 해지할 수 있다.(상법 제650조2항)

② **고지의무위반, 통지의무위반, 위험유지의무위반으로 인한 해지**

㉮ 보험계약 당시에 보험계약자 또는 피보험자가 고의 또는 중대한 과실로 인하여 중요한 사항을 고지하지 아니하거나 부실의 고지를 한 때에는 보험자는 그 사실을 안 날로부터 1월 내에, 계약을 체결한 날로부터 3년 내에 한하여 계약을 해지할 수 있다. 그러나 보험자가 계약당시에 그 사실을 알았거나 중대한 과실로 인하여 알지 못한 때에는 그러하지 아니하다.(상법 제651조)

㉯ 보험기간 중에 보험계약자 또는 피보험자가 사고발생의 위험이 현저하게 변경 또는 증가된 사실을 안 때에는 지체 없이 보험자에게 통지하여야 한다. 이를 해태한 때에는 보험자는 그 사실을 안 날로부터 1월 내에 한하여 계약을 해지할 수 있다.(상법 제652조)

㉰ 보험기간 중에 보험계약자, 피보험자 또는 보험수익자의 고의 또는 중대한 과실로 인하여 사고발생의 위험이 현저하게 변경 또는 증가된 때에는 보험자는 그 사실을 안 날부터 1월 내에 보험료의 증액을 청구하거나 계약을 해지할 수 있다.(상법 제653조)

㉱ 계약해지와 보험금청구권(상법 제655조)

보험사고가 발생한 후라도 보험자가 제650조, 제651조, 제652조 및 제653조에 따라 계약을 해지하였을 때에는 보험금을 지급할 책임이 없고 이미 지급한 보험금의 반환을 청구할 수 있다. 다만, 고지의무를 위반한 사실 또는 위험이 현저하게 변경되거나 증가된 사실이 보험사고 발생에 영향을 미치지 아니하였음이 증명된 경우에는 보험금을 지급할 책임이 있다.

제8장 타인을 위한 계약

(1) 의미

타인을 위한 보험이란 보험계약을 체결하는 자와 보험사고로 인하여 보험금을 지급받는 자가 서로 다른 보험을 의미한다. 즉, 손해보험에서는 보험계약자와 피보험자가 다른 보험을 의미하고 인보험에서는 보험계약자와 보험수익자가 다른 보험을 의미한다.

즉, 타인을 위한 보험계약이란 보험계약자가 아닌 타인이 보험금 청구권자가 되는 보험계약을 말한다.

> **타인을 위한 보험의 사례**
> - 임차인이 건물주를 위해 건물 화재보험에 가입하는 경우
> - 운송인이 운송화물 소유자를 피보험자로 하여 운송보험을 체결하는 경우
> - 자동차를 임차한 사람이 자동차 소유자를 위해 자동차보험을 드는 경우
> - 시설 관리자가 이용자를 위해 상해보험을 드는 경우

(2) 법적 성질

① 보험계약자의 당사자가 아닌 제3자에게 이익을 귀속시킨다는 점에서 민법 제539조의 "제3자를 위한 계약"의 일종으로 본다.

② 다만, 민법상 제3자를 위한 계약에서는 제3자의 권리가 발생하기 전에 제3자의 수익의 의사표시가 필요하지만, 타인을 위한 보험계약의 경우 제3자의 수익의 의사표시가 없이 당연히 보험계약상의 이익을 받는다는 점에서 차이가 있다.

(3) 타인의 특정

① 타인의 존재
타인은 보험계약 시점에는 특정되지 않아도 되지만, 적어도 보험사고가 확정될 때까지는 특정되어야 한다.

② 타인의 위임의 여부
㉠ 타인의 위임이 없어도 보험계약자는 타인을 위한 보험계약을 체결할 수 있으므로 타인의 위임은 타인을 위한 보험계약의 성립 요건은 아니다.

㉡ 타인의 위임이 없는 때
- 손해보험계약의 경우에 그 타인의 위임이 없는 때에는 보험계약자는 이를 보험자에게 고지하여야 한다.(상법 제639조 제1항)
- 고지의무를 부과한 것은 타인의 위임없이 보험계약을 체결한다는 사실을 고지함으로써 보험자의

주의를 환기시키고, 손해보험의 피보험자에게 부과된 고지의무나 각종 통지의무, 손해방지의무를 이행할 수 있도록 하기 위함이다.

ⓒ 타인의 위임이 없음에도 위임 없음을 고지하지 아니한 때
- 그 고지가 없는 때에는 타인이 그 보험계약이 체결된 사실을 알지 못하였다는 사유로 보험자에게 대항하지 못한다.(상법 제639조 제1항)
  - 예 보험가입 사실을 몰랐던 피보험자(타인)가 고지의무 또는 통지의무를 어쩔 수 없이 위반하였더라도, 보험자는 계약을 해지 할 수 있고 계약자 측에서는 이에 대항할 수 없다.

(4) 타인을 위한 보험계약의 효과

(가) 보험계약자의 지위

① 계약자로서의 지위에 기인한 권리와 의무

- ⊙ 타인을 위한 보험계약의 보험계약자는 자기명의로 보험계약을 체결하는 자로서 보험수익자나 피보험자의 대리인이 아니다.
- ⓒ 보험계약자는 보험자를 상대로 보험계약자로서 보험증권교부 청구권, 보험료감액 및 반환 청구권, 보험계약해지권 등을 행사할 수 있다.
- ⓒ 반면 보험계약자는 보험자에 대하여 보험료 지급의무 뿐만 아니라 고지의무, 위험변경·증가통지의무, 위험의 현저한 변경·증가금지의무, 보험사고 발생의 통지의무, 손해방지경감의무 등을 부담한다.

② 해지권 행사시 제한 조건

- ⊙ 타인을 위한 보험계약에서 보험계약자는 해지권을 행사할 수 있다.
- ⓒ 다만, 보험계약자가 해지권을 행사하기 위해서는 타인(보험수익자 또는 피보험자)의 동의를 얻거나 보험증권을 소지하여야 한다.(상법 제649조 1항)
- ⓒ 이는 타인의 권리를 보호하기 위한 것으로 보험계약자가 임의로 계약을 해지하여 타인의 권리를 상실시키는 것을 막기 위함이다.

> 제649조(사고발생전의 임의해지) ① 보험사고가 발생하기 전에는 보험계약자는 **언제든지** 계약의 전부 또는 일부를 해지할 수 있다. 그러나 제639조의 보험계약의 경우에는 보험계약자는 **그 타인의 동의를** 얻지 아니하거나 **보험증권을 소지하지 아니하면** 그 계약을 해지하지 못한다.

③ (예외적으로 인정되는) 보험금청구권

- ⊙ 원칙적으로 보험계약자는 보험금을 청구권이 없다.
- ⓒ 타인을 위한 보험계약이 성립하면 보험금 청구권은 타인(보험수익자 또는 피보험자)에게 귀속된다.
- ⓒ 그럼에도, 타인을 위한 손해보험계약에서 보험계약자가 그 타인에게 보험사고의 발생으로 생긴 손해의 배상을 한 때에는 보험계약자는 그 타인의 권리를 해하지 아니하는 범위안에서 보험자에게 보험금액의 지급을 청구할 수 있다.(상법 제639조 제2항)

> **사례예시**
>
> 임차인(계약자)이 자신의 과실로 화재를 일으켜 건물주(피보험자)에게 손해를 입혔고, 피보험자가 보험금을 청구하기 전에 계약자가 먼저 그 손해를 배상했다면, 계약자는 피보험자의 권리를 침해하지 않는 한도 내에서 자신도 보험자에게 보험금 지급을 청구할 수 있다.

(나) 타인(피보험자 및 보험수익자)의 지위

① 타인의 권리
- ㉠ 타인을 위한 보험계약이 성립하면 타인으로서 계약상 발생하는 이익을 당연히 취득한다.
- ㉡ 보험사고 발생 시 타인은 보험계약자의 동의나 수익의 의사표시를 별도로 하지 않고 피보험자 권리인 보험금청구권을 행사할 수 있다.
- ㉢ 다만, 보험자가 보험계약자에게 대항할 수 있는 사유가 있는 경우 이를 타인(피보험자 및 보험수익자)에게 대항할 수 있다.(고지의무 위반, 통지의무 위반, 면책 사유 등)

② 타인의 2차적 보험료지급 의무
- ㉠ 타인을 위한 보험계약에서 타인은 보험계약의 당사자가 아니므로 보험료 지급의무는 없다.
- ㉡ 그러나 보험계약자가 파산선고를 받거나 보험료의 지급을 지체한 때에는 그 타인이 그 권리를 포기하지 아니하는 한 그 타인도 보험료를 지급할 의무가 있다.(상법 제639조 3항)
- ㉢ 따라서 보험자는 그 타인에게도 상당한 기간을 정하여 보험료의 지급을 최고한 후가 아니면 그 계약을 해제 또는 해지하지 못한다.(상법 제650조 3항)
- ㉣ 보험계약자와 마찬가지로 위험변경·증가통지의무, 위험유지의무, 보험사고 발생의 통지의무를 부담한다.

> 제639조(타인을 위한 보험) ① 보험계약자는 **위임을 받거나 위임을 받지 아니하고** 특정 또는 불특정의 타인을 위하여 보험계약을 체결할 수 있다. 그러나 **손해보험계약**의 경우에 그 타인의 위임이 없는 때에는 보험계약자는 이를 보험자에게 고지하여야 하고, 그 고지가 없는 때에는 타인이 그 보험계약이 체결된 사실을 알지 못하였다는 사유로 보험자에게 대항하지 못한다.
> ② 제1항의 경우에는 그 타인은 당연히 그 계약의 이익을 받는다. 그러나 **손해보험계약**의 경우에 보험계약자가 그 타인에게 보험사고의 발생으로 생긴 손해의 배상을 한 때에는 보험계약자는 그 타인의 권리를 해하지 아니하는 범위안에서 보험자에게 보험금액의 지급을 청구할 수 있다.
> ③ 제1항의 경우에는 보험계약자는 보험자에 대하여 보험료를 지급할 의무가 있다. 그러나 보험계약자가 파산선고를 받거나 보험료의 지급을 지체한 때에는 그 타인이 그 권리를 포기하지 아니하는 한 그 타인도 보험료를 지급할 의무가 있다.

> **요약**
>
> 계약자는 타인의 위임없이도 계약 체결이 가능한데, 손해보험계약은 타인의 위임없는 경우 보험자에게 고지 해야 하고 고지하지 않으면 대항 못한다
> - 계약자는 ① 타인의 대리인이 아니라 계약자로서의 지위를 갖는다
>   ② 계약자 임에도 보험금을 청구하는 경우도 있다 (계약자가 타인에게 손해배상을 한때)
> - 타인은   ① 피보험자로서 (수익의 의사표시 없이, 계약자의 동의를 구하지 않고) 당연히 계약상 이익 (보험금 청구권)을 받는다
>   ② 피보험자 임에도 보험료를 지급해야 하는 경우도 있다 (계약자가 파산 또는 보험료 미납 시 타인이 권리포기를 하지 않으면)
>
> 계속보험료납입 지체로 인한 계약 해지시, 계약자에게 "최고" 하여야 하는데 타인을 위한 계약은 반드시 타인에게도 "최고"해야 해지 할 수 있다

확인문제

01 보험계약자는 보험자에 대하여 보험료를 지급할 의무가 있다. ( ) ▶ 2023년 손해평가사 9회

02 보험계약자는 위임을 받지 아니하고 타인을 위하여 보험계약을 체결할 수 있다. ( )
▶ 2023년 손해평가사 9회

03 타인은 계약 성립 시 특정되어야 한다. ( ) ▶ 2023년 손해평가사 9회

04 보험계약자가 파산선고를 받은 때에는 그 타인이 그 권리를 포기하지 아니하는 한 그 타인도 보험료를 지급할 의무가 있다. ( ) ▶ 2023년 손해평가사 9회

05 상법상 특정한 타인(이하 "A"라고 함)을 위한 손해보험계약에 관한 설명으로 옳은 것은?
▶ 2022년 손해평가사 8회

① 보험계약자는 A의 동의를 얻지 아니하거나 보험증권을 소지하지 아니하면 그 계약을 해지하지 못한다.
② A가 보험계약에 따른 이익을 받기 위해서는 이익을 받겠다는 의사표시를 하여야 한다.
③ 보험계약자가 계속보험료의 지급을 지체한 때에는 보험자는 A에게 보험료 지급을 최고하지 않아도 보험계약을 해지할 수 있다.
④ 보험계약자가 A를 위해 보험계약을 체결하려면 A의 위임을 받아야 한다.

06 보험계약자는 위임을 받지 아니하면 특정의 타인을 위하여 보험계약을 체결할 수 없다.
( ) ▶ 2021년 손해평가사 7회

정답 01 ○ 02 ○ 03 × 04 ○ 05 ① 06 ×

확인문제

07 타인을 위한 보험계약의 경우에 그 타인은 수익의 의사표시를 하여야 그 계약의 이익을 받을 수 있다. (   ) ▶ 2021년 손해평가사 7회

08 보험계약자가 불특정의 타인을 위한 보험을 그 타인의 위임 없이 체결할 경우에는 이를 보험자에게 고지할 필요가 없다. (   ) ▶ 2021년 손해평가사 7회

09 타인을 위한 보험계약의 경우 보험계약자가 보험료의 지급을 지체한 때에는 그 타인이 그 권리를 포기하지 아니하는 한 그 타인도 보험료를 지급할 의무가 있다. (   ) ▶ 2021년 손해평가사 7회

10 보험계약자는 위임을 받아야만 특정한 타인을 위하여 보험계약을 체결할 수 있다. (   )
▶ 2020년 손해평가사 6회

11 타인을 위한 손해보험계약의 경우에 보험계약자는 그 타인의 서면위임을 받아야만 보험자와 계약을 체결할 수 있다. (   ) ▶ 2020년 손해평가사 6회

12 타인을 위한 손해보험계약의 경우에 보험계약자가 그 타인에게 보험사고의 발생으로 생긴 손해의 배상을 한 때에는 타인의 권리를 해하지 않는 범위 내에서 보험자에게 보험금액의 지급을 청구할 수 있다. (   ) ▶ 2020년 손해평가사 6회

13 타인을 위해서 보험계약을 체결한 보험계약자는 보험자에게 보험료를 지급할 의무가 없다. (   ) ▶ 2020년 손해평가사 6회

정답 07 ✕ 08 ✕ 09 ◯ 10 ✕ 11 ✕ 12 ◯ 13 ✕

14 B는 A의 위임을 받아 A를 위하여 자신의 명의로 보험자 C 와 손해보험계약을 체결 하였다. (단, B는 C에게 A를 위한 계약임을 명시하였고, A에게는 피보험이익이 존재함) 다음 설명으로 옳지 않은 것은? (다툼이 있으면 판례에 따름) ▶2018년 손해평가사 4회

① A는 당연히 보험계약의 이익을 받는 자이므로, 특별한 사정이 없는 한 B의 동의 없이 보험금 지급청구권을 행사할 수 있다.
② B가 파산선고를 받은 경우 A가 그 권리를 포기하지 아니하는 한 A도 보험료를 지급할 의무가 있다.
③ 만일 A의 위임이 없었다면 B는 이를 C에게 고지하여야 한다.
④ A는 위험변경증가의 통지의무를 부담하지 않는다.

15 타인을 위한 보험계약의 타인은 따로 수익의 의사표시를 하지 않은 경우에도 그 이익을 받는다. (   ) ▶2017년 손해평가사 3회

16 타인을 위한 보험계약의 보험계약자가 피보험자의 동의를 얻어야 할 수 있는 것은? ▶2015년 손해평가사 1회

① 보험증권교부청구권
② 보험사고 발생 전 보험계약해지권
③ 특별위험 소멸에 따른 보험료감액청구권
④ 보험계약 무효에 따른 보험료반환청구권

17 상법상 타인을 위한 보험에 관한 설명으로 옳지 않은 것을 모두 고른 것은? ▶2025년 손해평가사 11회

ㄱ. 보험계약자는 위임을 받지 아니하고 타인을 위하여 보험계약을 체결할 수 없다.
ㄴ. 타인을 위한 손해보험계약의 보험계약자가 그 타인에게 보험사고의 발생으로 생긴 손해의 배상을 한 때에는 보험계약자는 그 타인의 권리를 해하지 아니하는 범위 안에서 보험자에게 보험금액의 지급을 청구할 수 있다.
ㄷ. 보험계약자는 보험자에 대하여 보험료를 지급할 의무가 있다.
ㄹ. 보험계약자가 파산선고를 받은 경우에, 그 타인은 자신의 보험상 권리의 포기 여부에 관계없이 보험료를 지급할 의무가 있다.

① ㄱ, ㄴ
② ㄱ, ㄹ
③ ㄴ, ㄷ
④ ㄷ, ㄹ

정답 14 ④ 15 ○ 16 ② 17 ②

확인문제

18 甲이 乙 소유의 농장에 대해 乙의 허락 없이 乙을 피보험자로 하여 A보험회사와 화재보험계약을 체결한 경우, 그 법률관계에 관한 설명으로 옳지 않은 것은? ▶ 2024년 손해평가사 10회

① 보험계약 체결시 A보험회사가 서면으로 질문한 사항은 중요한 사항으로 추정한다.
② 보험사고가 발생하기 전에는 甲은 언제든지 계약의 전부 또는 일부를 해지할 수 있다.
③ 甲이 乙의 위임이 없음을 A보험회사에게 고지하지 않은 때에는 乙이 그 보험계약이 체결된 사실을 알지 못하였다는 사유로 A보험회사에게 대항하지 못한다.
④ 보험계약당시에 甲 또는 乙이 고의 또는 중대한 과실로 인하여 중요한 사항을 고지하지 아니하거나 부실의 고지를 한 때에는 A보험회사는 그 사실을 안 날로부터 1월 내에, 계약을 체결한 날로부터 3년 내에 한하여 계약을 해지 할 수 있다.

정답 18 ②

memo.

이패스 손해평가사 1차 기본서

제2편

손해보험

제1장 손해보험 총론
제2장 손해보험 각론

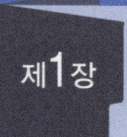

제1장 손해보험 총론

01 손해보험의 의의

(1) 손해보험이란
우연한 사건으로 발생하는 피보험자의 재산상의 손해를 보상해주는 보험으로 사람의 생명이나 신체를 보장하는 위험과 다르다.

(2) 손해보험의 원칙(실손보상의 원칙 또는 이득금지의 원칙)
① 손해보험계약은 재산상의 손해에 대해 보험금액의 한도 내에서 실제로 발생한 손해만을 보상하는데, 이를 손해보상(실손보상)이라고 한다.
② 보험계약자나 피보험자가 보험사고로 인해 자신의 실제 손해 이상의 이익을 얻는 것을 금지하는 것으로 강행법규적 성격을 가진다.(이득금지의 원칙)

> **제665조(손해보험자의 책임)** 손해보험계약의 보험자는 보험사고로 인하여 생길 피보험자의 재산상의 손해를 보상할 책임이 있다.

기출문제

01 손해보험계약에 관한 설명으로 옳지 않은 것은? ▶ 2017년 손해평가사 3회
① 손해보험은 정액보험으로만 운영된다.
② 손해보험계약은 피보험자의 손해의 발생을 요소로 한다.
③ 손해보험계약의 보험자는 보험사고로 인하여 생길 피보험자의재산상의 손해를 보상할 책임이 있다.
④ 보험사고의 성질은 손해보험증권의 필수적 기재사항이다

01 ①

(3) 손해보험의 종류

현행 상법에는 손해보험 종류로 화재보험, 운송보험, 해상보험, 책임보험, 자동차보험, 보증보험 6가지에 대해서 규정하고 있다.

02 보험계약의 목적 (피보험이익)

(1) 의의

① 보험의 목적은 보험계약의 대상이 되는 객체 (구체적 재화나 사람)이고, 보험계약의 목적은 그러한 대상에 대해 피보험자가 가지는 경제적 이해관계(피보험이익)를 뜻하는 개념이다.

구분	의미	예시
보험의 목적	보험사고 발생 시 보상 대상이 되는 피보험자의 재화(손해보험) 또는 생명·신체(인보험)	* 손해보험: 건물, 자동차, 선박, 기계 등 물건 * 인보험 : 사람의 생명 또는 신체
보험계약의 목적 (피보험이익)	* 보험의 목적에 대하여 경제적 이해관계가 있는 이익, 즉 보험가입자가 보호 받고자 하는 재산적 가치 * 피보험이익에 손해가 발생하면 보상책임 발생	* 손해보험 : 자동차 소유자가 자동차 파손시 보상받을 권리, 건물 소유자의 재산권 보호 * 인보험 (해당없음)

② 보험의 대상 또는 객체(예 건물, 자동차, 재화 등)를 보험의 목적 이라 하고 피보험이익을 보험계약의 목적이라 하므로 이를 구별하여야 한다

③ 손해보험계약은 피보험이익이 있어야만 유효하다. 건물 소유자가 자신의 건물에 화재보험을 가입하면 화재로 인한 경제적 손실을 보전 받을 수 있으므로 피보험이익이 존재한다. 그러나 건물과 아무런 경제적 이해관계가 없는 제3자가 가입한 화재보험은 피보험이익이 없어 무효이다.

> **제668조(보험계약의 목적)** 보험계약은 금전으로 산정할 수 있는 이익에 한하여 보험계약의 목적으로 할 수 있다.

피보험이익이 다르면 동일한 보험의 목적에 대하여 수 개의 보험계약이 체결될 수 도 있다

동일한 보험의 목적에 서로 다른 피보험이익의 예시

구분	사례	보험가입목적	B 피보험이익
소유권	피보험자 A상가 건물주 A상가에 화재보험을 가입.	상가 소유자로서의 경제적 손실을 방지.	건물복구비용
저당권	피보험자 B은행 B 은행이 A상가에 대해 담보대출을 제공하면서 해당 상가에 화재보험을 가입.	대출금을 회수할 수 있는 저당권자의 권익.	대출금 회수 손실
임차권	피보험자 C 임차인 C가 A상가를 임차하여 운영하면서 화재보험을 가입.	임차인으로서 화재 시 시설 복구나 운영 손실을 방지할 경제적 권익.	임차시설 복구 및 운영손실

(상가건물)에 보험계약이 체결되는 경우

- 위 사례의 경우 A(상가건물)를 보험의 목적이라 하고, B를 보험계약의 목적(피보험이익)이라 한다.
- A라는 하나의 보험의 목적에 경제상의 이해관계가 있는 자(임차인, 건물주, 은행)들은 서로 다른 보험계약의 목적(피보험이익)이 있기에 각각의 보험계약을 체결할 수 있다. 또한 이 경우 3개의 계약이 존재하지만 피보험이익이 다르기 때문에 중복보험이 성립하지도 않는다.

(2) 요건

① **금전으로 산정할 수 있는 경제적 이익 이어야 한다.**

객관적으로 산정할 수 없는 정신적·감정적 이익은 피보험이익이 인정될 수 없다.

② **객관적 확정할 수 있는 이익 이어야 한다.**

보험계약 당시에는 현존하거나 확정되지 않더라도 적어도 보험사고가 발생할 때까지는 확정될 수 있어야 한다.

③ **적법한 이익 이어야 한다.**

법으로 보호받을 수 있는 이익이어야 하므로 도박, 밀수와 같은 선량한 풍속이나 사회질서에 반하는 행위에 의해 얻을 수 있는 이익은 피보험이익이 될 수 없다.

(3) 손해보험에서의 피보험이익의 역할

① 손해보험에서 피보험이익이 없으면 그 보험계약은 무효가 된다.
② 피보험이익의 존재로 보험자의 책임의 범위를 확정하게 되어 보험계약의 도박화를 방지할 수 있다.
③ 피보험이익의 가액(보험가액)은 초과보험이나 중복보험의 판단 기준으로서의 기능을 하고 초과·중복보험 등을 방지하여 보험계약의 사행성을 방지하는 기능을 한다.

- 초과보험 : 보험금액이 보험계약의 목적의 가액을 현저하게 초과하는 보험
- 중복보험 : 동일한 보험계약의 목적과 동일한 사고에 관하여 수 개의 보험계약이 동시에 또는 순차로 체결된 보험

④ 보험계약의 동일성을 구별하는 기준이 된다. 보험계약의 동일성이란, 여러 보험계약이 동일한 내용의 보험을 대상으로 하는지 판단할 때 기준이 되는 요소를 말한다. [위 표에서의 사례와 같이 피보험이익(건물 소유이익 vs 임차인의 사용이익)이 다르기 때문에 각각의 보험계약은 별개의 것으로 간주된다.]

⑤ 우리 상법은 인보험계약의 경우 피보험이익이 인정되지 않는다.

(4) 상법상 보험계약의 목적(피보험이익)과 관련된 조문

① 보험계약은 금전으로 산정할 수 있는 이익에 한하여 보험계약의 목적으로 할 수 있다.(보험계약의 목적)

② 보험금액이 보험계약의 목적의 가액을 현저하게 초과한 때에는 보험자 또는 보험계약자는 보험료와 보험금액의 감액을 청구할 수 있다.(초과보험)

③ 동일한 보험계약의 목적과 동일한 사고에 관하여 수 개의 보험계약이 동시에 또는 순차로 체결 된 경우에 그 보험금액의 총액이 보험가액을 초과한 때에는 보험자는 각자의 보험금액의 한도에서 연대책임을 진다.(중복보험)

④ 동일한 보험계약의 목적과 동일한 사고에 관하여 수 개의 보험계약을 체결하는 경우에는 보험계약자는 각 보험자에 대하여 각 보험계약의 내용을 통지하여야 한다.(중복보험)

확인문제

01 보험계약은 금전으로 산정할 수 있는 이익에 한하여 보험계약의 목적으로 할 수 있다.
(　　) ▶ 2023년 손해평가사 9회

02 피보험이익에 관한 설명으로 옳지 않은 것은? ▶ 2019년 손해평가사 5회
① 우리 상법은 손해보험뿐만 아니라 인보험에서도 피보험이익이 있을 것을 요구한다.
② 상법은 피보험이익을 보험계약의 목적이라고 표현하며 보험의 목적과는 다르다.
③ 밀수선이 압류되어 입을 경제적 손실은 피보험이익이 될 수 없다.
④ 보험계약의 동일성을 판단하는 표준이 된다.

03 동일한 건물에 대하여 소유권자와 저당권자는 각각 다른 피보험이익을 가지므로, 각자는 독립한 화재보험계약을 체결할 수 있다. (　　) ▶ 2024년 손해평가사 10회

04 보험가액이란 피보험이익을 금전적으로 산정 또는 평가한 액수이다. (　　)
▶ 2023년 손해평가사 9회

05 동일한 건물에 관한 화재보험계약일 경우 그 소유자와 담보권자가 갖는 피보험이익은 같다.
(　　) ▶ 2023년 손해평가사 9회

06 보험자의 보험금지급의무는 보험기간 내에 보험사고가 발생하고 그 보험사고의 발생으로 인하여 피보험자의 피보험이익에 손해가 생기면 성립된다. (　　) ▶ 2022년 손해평가사 8회

정답 01 ○　02 ①　03 ○　04 ○　05 ×　06 ○

07 손해란 피보험이익의 전부 또는 일부가 멸실됐거나 감손된 것을 말한다.　　　(　)
▶ 2023년 손해평가사 9회

08 피보험이익은 보험의 목적을 의미한다.　　　(　) ▶ 2016년 손해평가사 2회

09 손해보험계약에서의 피보험이익에 관한 설명으로 옳지 않은 것은? ▶ 2015년 손해평가사 1회
① 피보험이익은 보험의 도박화를 방지하는 기능이 있다.
② 피보험이익은 적법한 것이어야 한다.
③ 피보험이익은 보험자의 책임범위를 정하는 표준이 된다.
④ 동일한 건물에 대하여 소유권자와 저당권자는 각자 독립한 보험계약을 체결할 수 없다.

10 피보험이익은 적어도 사고발생시까지 확정할 수 있는 것이어야 한다.　　　(　)
▶ 2015년 손해평가사 1회

11 손해보험에서 경제적 가치를 평가할 수 있는 이익은 피보험이익이 된다.　　　(　)
▶ 2015년 손해평가사 1회

12 보험계약의 목적은 상법 보험편 손해보험 장에서 규정하고 있으나 인보험 장에서는 그러 하지 아니하다.
(　) ▶ 2020년 손해평가사 6회

정답　07 ○　08 ×　09 ④　10 ○　11 ○　12 ○

03 보험가액(= 피보험이익의 가액)

(1) 보험가액

보험가액은 "시가" 즉 '내 재산의 실제 가치'이다. 예를 들어, 만약 집이 시가 1억 원짜리라면 그 집의 보험가액은 1억다. 1억 주고 산 자동차의 현재 가치가 5천만원이면 자동차의 보험가액은 5천만원 이다. 이 금액은 집이나 자동차에 문제가 생겼을 때 받을 수 있는 최대 보상 금액의 기준이 된다.

① 보험가액이란 보험자가 보상하게 되는 법률상의 최고한도액으로 피보험이익을 금전으로 평가한 금액을 말한다. (1억 원에 구입한 자동차가 있면 이 자동차에 손해보험을 가입하면, 보험가액은 자동차의 시가 (1억 원)이다. A가 자신이 소유한 집의 현재 시가가 3억 원이라면, 이 집에 대한 보험가액은 3억 원이다. 자동차나 집이 전손 사고가 발생하면 보험가액을 기준으로 보상이 이루어 진다)

② 보험계약을 체결할 때에 약정하는 보험금액은 보험가액을 원칙적으로 초과할 수 없다.

③ 보험가액은 피보험이익의 가액을 의미하므로 손해보험에서만 존재한다.

④ 물보험에서의 보험의 목적은 감가상각, 물가변동 등에 의해 변동 되므로 보험가액은 고정되지 않고 수시로 변동된다.

(2) 보험가액 평가

보험가액은 보험사고 발생 시 지급 받을 수 있는 손해보상금의 최고 한도가 된다. 이 가액은 시간이 지남에 따라 변동할 수 있으므로 보험가액이 정확히 평가되어야 손해 발생 시 실제로 입은 손해만큼 보상을 받을 수 있다

보험가액 평가는 크게 두 가지로 나뉜다. 첫째, 당사자가 계약 시 미리 보험가액을 합의하여 정하는 '기평가보험'이 있고, 둘째, 합의하지 않고 보험사고 발생 시점의 가치를 평가하는 '미평가보험'이 있다.

(3) 기평가보험

① 기평가보험이란 보험계약을 체결할 때 당사자 간에 보험가액을 미리 합의한 보험을 말한다.(협정보험가 액이라고도 함)

② 기평가보험은 당사자의 약정으로 보험사고가 발생했을 때 보험가액에 대한 분쟁을 막고, 보험가액의 증명을 쉽게 하기 위하여 당사자 사이의 약정에 의해 미리 보험가액을 정해두는 것이다.(주로 해상보험과 운송보험)

③ 기평가보험으로 인정되기 위해서는 당사자가 간에 보험가액에 대한 협의가 명시적으로 이루어져야 하고, 그렇게 정해진 보험가액은 보험증권에 기재해야 한다.

※ 보험가액을 기재한 보험증권을 기평가보험증권, 기재하지 않은 증권을 미평가보험증권이라 한다.

> **사례**
> 1) **건물 화재보험 사례**
>   갑이 소유한 건물에 대해 보험계약서에 보험가액을 5억 원으로 명시하고, 이 금액을 기준으로 보험료를 책정 (화재 발생 시 보험금 지급은 명시된 5억 원을 기준으로 보상)
> 2) **공장 설비 보험**
>   제조업체가 새로 구입한 공장 설비(기계)를 구매 시점 가격인 5억 원으로 평가해 보험 가입.(기계의 가치 변동과 관계없이 사고 시 5억 원을 기준으로 보상)

④ 효과
  ㉠ 당사자 간에 보험가액을 정한 때에는 그 가액은 사고발생시의 가액으로 정한 것으로 추정 한다.
  ㉡ 그러나 그 가액이 사고발생시의 가액을 현저하게 초과할 때에는 사고발생시의 가액을 보험 가액으로 한다.(손해보상의 원칙 실현을 위함)

> **제670조(기평가보험)** 당사자 간에 보험가액을 정한 때에는 그 가액은 사고발생시의 가액으로 정한 것으로 추정한다. 그러나 그 가액이 사고발생시의 가액을 현저하게 초과할 때에는 사고발생시의 가액을 보험가액으로 한다.

(4) 미평가보험

① 미평가보험이란 보험계약을 체결할 때 당사자 간에 보험가액에 대해 합의하지 아니한 보험을 말한다. 즉, 보험가액이 보험사고 발생 시점에서 실제 가치에 따라 결정되는 보험이다.

> **제671조(미평가보험)** 당사자간에 보험가액을 정하지 아니한 때에는 사고발생시의 가액을 보험가액으로 한다.

② 효과
  상법에서는 당사자 간에 보험가액을 정하지 않은 경우, "보험사고가 발생한 시점의 가액을 보험가액으로 한다"라고 규정하고 있다.
  보험가액은 시시각각 변할 수 있어, 보험금 산정 시 피보험이익 평가 시기와 장소, 평가 기준 등에 대해서 분쟁이 생기기 쉽다. 그래서 상법은 미평가보험의 경우 보험사고 당시 가액을 보험가액으로 정하는 일반 원칙을 두고 있다.

> **사례**
> 1) 주택 화재보험에서 개인이 소유한 주택에 대해 보험 가입 시, 보험가액을 명시하지 않고 사고 발생 시점의 주택 감정가로 손해를 평가.(사고 당시 주택 시장 가치를 반영하여 보상)
> 2) 농작물 재해보험에서 농부가 과수원에 대해 보험 가입 시 수확물의 가치(수확량 및 시장 가격)를 사고 후 평가.(수확기 가격 변동에 따라 보상 금액이 달라질 수 있음)

③ 손해보험은 기본적으로 사고 시점의 가치를 기준으로 보험가액이 정해지는 미평가보험 형태를 따르며, 당사자 간에 사전에 보험가액을 미리 정하는 기평가보험은 예외적인 경우에 적용된다.

확인문제

01 보험계약 당사자간에 보험가액을 정하지 아니한 때에는 사고발생시의 가액을 보험가액으로 한다.
( ) ▶ 2024년 손해평가사 10회

02 보험계약의 당사자간에 보험가액을 정한 경우 그 가액이 사고발생시의 가액을 현저하게 초과할 경우 보험계약은 무효이다. ( ) ▶ 2024년 손해평가사 10회

03 보험계약의 당사자간에 보험가액을 정한 경우 그 가액은 사고발생시의 가액으로 정한 것으로 추정한다.
( ) ▶ 2024년 손해평가사 10회

04 당사자간에 보험가액을 정한 때에는 그 가액은 사고발생시의 가액으로 정한 것으로 본다.
( ) ▶ 2023년 손해평가사 9회

05 기평가보험에서 당사자간에 정한 보험가액이 사고발생시의 가액을 현저하게 초과할 때에는 사고발생시의 가액을 보험가액으로 한다. ( ) ▶ 2023년 손해평가사 9회

06 당사자간에 정한 보험가액이 사고발생시의 가액을 현저하게 초과할 때에는 그 원인에 따라 당사자간에 정한 보험가액과 사고발생시의 가액 중 협의하여 보험가액을 정한다. ( )
▶ 2020년 손해평가사 6회

정답 01 ○ 02 × 03 ○ 04 × 05 ○ 06 ×

확인문제

07 상법상 기평가보험과 미평가보험에 관한 설명으로 옳은 것은? ▶ 2025년 손해평가사 11회

① 당사자간에 보험가액을 정한 때에는 그 가액은 사고발생시의 가액으로 정한 것으로 간주한다.
② 협정보험가액이 사고발생시의 가액을 현저히 초과할 때에는 협정보험가액을 보험가액으로 한다.
③ 당사자간에 보험가액을 정하지 아니한 때에는 사고발생시의 가액을 보험가액으로 한다.
④ 보험가액을 정하지 않은 경우 그 보험계약은 무효로 한다.

08 미평가보험이란 보험사고의 발생 이전에는 보험가액을 산정하지 않고, 그 이후에 산정하는 보험을 말한다. ( ) ▶ 2018년 손해평가사 4회

09 미평가보험은 보험계약체결 당시의 가액을 보험가액으로 한다. ( ) ▶ 2018년 손해평가사 4회

10 보험가액에 관한 설명으로 옳은 것은? ▶ 2017년 손해평가사 3회

① 당사자간에 보험가액을 정한 때에는 그 가액은 보험기간 개시시의 가액으로 정한 것으로 추정한다.
② 미평가보험의 경우 사고발생시의 가액을 보험가액으로 한다.
③ 보험가액은 변동되지 않는다.
④ 기평가보험에서 보험가액이 사고발생시의 가액을 현저하게 초과할 때에는 보험기간 개시 시의 가액을 보험가액으로 한다.

11 기평가보험의 경우 협정보험가액이 사고발생시의 가액을 현저하게 초과할 때에는 협정 보험가액을 보험가액으로 한다. ( ) ▶ 2015년 손해평가사 1회

정답 07 ③ 08 ○ 09 × 10 ② 11 ×

04 보험가액과 보험금액 [초과, 일부, 중복보험]

(1) 의의

보험가액은 '내 재산의 실제 가치'이고, 보험금액은 '내가 보험에 가입한 금액'으로 이해할 수 있다.

보험가액은 보험계약의 목적이 되는 피보험이익을 금전으로 평가한 금액이다. 즉, 보험사고가 발생한 경우 피보험자가 입는 경제적 손해의 가치를 금액으로 환산한 것이다.

반면, 보험금액은 보험계약서에 약정된 보험자가 보험사고 시 지급할 보험금의 최대 한도액을 의미한다. 따라서, 보험가액은 법률상 손해보상의 최고한도이고, 보험금액은 계약상 보험금 지급의 최고한도 이다.

보험가액과 보험금액 비교

구분	보험가액	보험금액
정의	보험계약의 목적이 되는 피보험이익을 금전으로 평가한 가액(보험계약의 목적의 가액 = 피보험이익의 가액)	보험계약에서 약정된 보험자가 지급할 보험금의 최고한도액
성격	피보험이익의 실제 경제적 가치	보험자가 보상할 손해에 대한 계약상의 최대 지급 한도
변동성	경제 상황 등 변동에 따라 수시로 변할 수 있음	보험계약 시점에 약정되어 변동하지 않음
법적 위치	보험계약 목적의 가액(상법 제669조) 법률상 최대 보상한도액	계약상의 보상 한도, 보험금 지급의 최고 한도
보상 기준	보험사고 발생 시 평가된 피보험이익 가치 내에서 보상	보험가액 내에서 보험금액 한도까지 보상 가능

(2) 보험금액과 보험가액의 관계

① **의의**

손해보험에서 보상하는 손해액은 보험가액에 의해 정해지고, 보험금액으로 그 범위가 제한된다.

② **보험가액과 금액과의 관계**

㉠ 전부보험 : 보험금액과 보험가액이 동일한 보험 (보험금액=보험가액)

㉡ 일부보험 : 보험금액이 보험가액에 미달한 보험 (보험금액〈보험가액)

㉢ 초과보험 : 보험금액이 보험가액을 현저하게 초과하는 보험 (보험금액〉보험가액)

③ 보험가액과 금액과의 관계에 따른 유형 및 보상방법

구분	정의	가입사례	보상 사례 (화재사고)
전부보험	보험금액 = 보험가액. 실제가치와 보험금액이 동일한 계약	상가건물 보험가액 5억 보험금액 5억	1) 손해액 2억이면 보상액 2억. 2) 전손(손해액 5억)시 보상액 5억원
초과보험	보험금액 〉보험가액 보험가액보다 현저하게 높게 설정한 계약	상가건물 보험가액 1억 보험금액 1억5천	1) 전손 시 손해액 1억 한도내에서 보상 2) 사기로 인한 계약인 경우 무효
일부보험	보험금액 〈 보험가액. 보험금액이 실제 가치보다 낮아 손해액 일부를 보상	상가건물 보험가액10억 보험금액 5억	1) 손해액 4억이면 보상액 2억 가입비율(50%)에 따라지급 2) 전손 (손해액 10억)시 보상액 5억 (보험금액 한도)

중복보험	보험가액 〈 보험금액의 합 동일한 피보험이익에 대해 여러 보험사와 계약 보상방법은 연대책임 및 비례 분담.	상가건물 보험가액 2억
		보험금액 A보험사 2억
		B보험사 2억
			1) 손해액 2억 발생시,
			2) 총 손해액 2억을 A나 B 한 회사에 청구 가능 (연대책임)
			3) 보험사간 비례보상
			  A보험사 1억
			  B보험사 1억씩 비례보상.
			4) 사기로 인한 계약인 경우 무효.

④ 초과보험

　㉠ 의의

　　초과보험은 손해보험에서 보험금액이 보험가액을 현저히 초과하는 경우를 말한다.
　　초과보험의 발생 유형은,
　　　- 단순초과보험 : 계약자가 시세를 잘못 알거나, 보험기간 중 경기 변동 등으로 보험가액이 줄어 보험금액이 더 커지는 경우
　　　- 사기적 초과보험 : 계약자가 고의로 보험금액을 실제 가치보다 높게 설정한 경우가 있다

　㉡ 초과여부의 판단 시점
　　　- 초과보험의 해당 여부는 원칙적으로 보험계약 당시의 보험가액을 기준으로 한다.(상법 제669조 2항)
　　　- 이후 경기 변동으로 보험가액이 현저하게 감소한 경우에도 포함된다.

　㉢ 요건
　　　- 초과보험이 되기 위해서는 보험금액이 보험가액을 현저하게 초과해야 한다.
　　　- 현저하다는 것은 사회통념상으로 정상가액을 크게 초과하는지를 보고 판단한다.

　㉣ 효과
　　　- 단순 초과보험(=보험계약자가 선의로 체결한 경우)
　　　　당사자가 선의로 초과보험을 체결한 경우에는 유효한 초과보험 계약이 된다.
　　　　이 경우 보험자는 보험금액의 감액청구건이, 보험계약자는 보험료의 감액 청구권이 있다.(상법 제669조 1항)

이 때 보험료의 감액은 장래에 대해서만 그 효력이 있다.
- 사기 초과보험(=보험계약자가 사기로 체결한 경우)

사기로 체결된 초과보험은 상법 제669조 제4항에 따라 계약 전체가 무효가 된다. 이때 초과부분만 무효가 되는 것이 아니라, 보험사고가 발생하더라도 보험자는 보험금 지급 책임이 없다. 다만, 보험자는 계약이 무효임을 안 때까지의 보험료를 청구할 수 있다. 일반적으로 보험계약이 무효인 경우 계약자나 피보험자가 선의이고 중대한 과실이 없다면 보험료를 반환해야 하지만, 사기와 같이 고의적 불법행위가 있는 경우에는 보험료 반환 의무도 없다.

> **제669조(초과보험)** ① **보험금액이 보험계약의 목적의 가액을 현저하게 초과한 때**에는 보험자 또는 보험계약자는 보험료와 보험금액의 감액을 청구할 수 있다. 그러나 보험료의 감액은 장래에 대하여서만 그 효력이 있다.
> ② 제1항의 가액은 계약당시의 가액에 의하여 정한다.
> ③ 보험가액이 보험기간 중에 현저하게 감소된 때에도 제1항과 같다.
> ④ 제1항의 경우에 계약이 보험계약자의 **사기로 인하여 체결된 때**에는 그 계약은 **무효**로 한다. 그러나 보험자는 그 사실을 안 때까지의 보험료를 청구할 수 있다.

확인문제

01 보험계약자의 사기에 의하여 보험금액이 보험가액을 현저하게 초과하는 보험계약이 체결된 경우 보험기간 중에 보험사고가 발생하면 보험자는 보험가액의 한도 내에서 보험금 지급의무가 있다.
( ) ▶ 2024년 손해평가사 10회

02 보험계약 체결 이후 보험기간 중에 보험가액이 보험금액에 비해 현저하게 감소된 때에는 보험자 또는 보험계약자는 보험료와 보험금액의 감액을 청구할 수 있다. ( )
▶ 2024년 손해평가사 10회

03 보험계약 체결 이후 보험기간 중에 보험가액이 보험금액에 비해 현저하게 감소된 때에는 보험자 또는 보험계약자는 보험계약을 취소할 수 있다. ( )
▶ 2024년 손해평가사 10회

04 보험계약자의 사기에 의하여 보험금액이 보험가액을 현저하게 초과하는 계약이 체결된 경우 보험자는 그 사실을 안 때까지의 보험료를 청구할 수 있다. ( ) ▶ 2024년 손해평가사 10회

05 상법상 초과보험에 관한 설명으로 옳은 것은? ▶ 2023년 손해평가사 9회
① 보험자 또는 보험계약자는 보험료와 보험금액의 감액을 청구할 수 있다.
② 보험계약자가 청구한 보험료의 감액은 계약체결일부터 소급하여 그 효력이 있다.
③ 보험가액이 보험기간 중에 현저하게 감소된 때에도 보험계약자는 보험료의 감액을 청구할 수 없다.
④ 보험계약자의 사기로 인하여 체결된 초과보험의 경우 보험자는 그 계약을 체결한 날부터 1월 내에 계약을 해지할 수 있다.

06 초과보험에 있어서 보험계약의 목적의 가액은 사고 발생시의 가액에 의하여 정한다.
( ) ▶ 2022년 손해평가사 8회

정답 01 × 02 ○ 03 × 04 ○ 05 ① 06 ×

07 보험금액이 보험계약의 목적의 가액을 현저하게 초과한 때에는 보험계약자는 소급하여 보험료의 감액을 청구할 수 있다. ( ) ▶2022년 손해평가사 8회

08 보험가액이 보험계약 당시가 아닌 보험기간 중에 현저하게 감소된 때에는 보험자는 보험료와 보험금액의 감액을 청구할 수 없다. ( ) ▶2022년 손해평가사 8회

09 초과보험이 보험계약자의 사기로 인하여 체결된 때에는 그 계약은 무효이며 보험자는 그 사실을 안 때까지의 보험료를 청구할 수 있다. ( ) ▶2022년 손해평가사 8회

10 보험가액이 보험기간 중 현저하게 감소된 때에도 초과보험에 관한 규정이 적용된다. ( ) ▶2020년 손해평가사 6회

11 계약이 보험계약자의 사기로 인하여 체결된 때에는 보험자는 그 사실을 안 날로부터 1월 내에 계약을 해지할 수 있다. ( ) ▶2020년 손해평가사 6회

12 보험료의 감액은 보험계약체결시에 소급하여 그 효력이 있으나 보험금액의 감액은 장래에 대하여만 그 효력이 있다. ( ) ▶2019년 손해평가사 5회

13 보험금액이 보험계약의 목적의 가액을 현저하게 초과한 때에 보험자는 보험금액의 감액을 청구할 수 있지만, 보험계약자는 보험료의 감액을 청구할 수 없다. ( ) ▶2016년 손해평가사 2회

정답 07 × 08 × 09 ○ 10 ○ 11 × 12 × 13 ×

확인문제

14 상법상 초과보험에 관한 설명으로 옳지 않은 것은? ▶ 2025년 손해평가사 11회

① 보험가액이 보험금액을 현저히 초과한 때에는 보험자 또는 보험계약자는 보험료와 보험금액의 감액을 청구할 수 있다.
② 보험가액이 보험기간 중에 현저히 감소한 때에는 보험자 또는 보험계약자는 보험료와 보험금액의 감액을 청구할 수 있다.
③ 보험계약자의 고의로 인하여 초과보험 계약이 체결된 때에는 그 계약은 무효가 된다.
④ 사고로 인한 초과보험 계약이 체결되어 무효가 된 경우 보험자는 그 사실을 안 때까지의 보험료를 청구할 수 있다.

정답 14 ①

⑤ 중복보험

　㉠ 의의

　　중복보험이란 동일한 보험계약의 목적과 동일한 사고에 관하여 수개의 보험계약이 동시에 또는 순차로 체결된 경우에 그 보험금액의 총액이 보험가액을 초과하는 보험을 말한다.(상법 제672조)

　㉡ 판단 시기

　　- 수개의 보험계약이 동시에 체결된 중복보험의 경우에는 계약체결 당시의 보험가액을 기준으로 중복보험 여부를 판단한다.
　　- 계약 체결 당시에는 중복보험이 아니었으나 경기 변동 등으로 보험가액이 감소하여 중복보험이 된 경우에는 사고발생시를 기준으로 중복보험 여부를 판단한다.

　㉢ 요건

　　- 보험의 목적, 피보험자(계약자는 동일인 아니어도 됨), 피보험이익, 보험사고가 동일하여야 한다.
　　- 보험기간이 동일하거나 중복되어야 하는데, 보험기간이 서로 다른 경우에도 중복되는 기간이 있으면 중복보험으로 본다.
　　- 보험금액의 총액이 보험가액을 초과하여야 한다.(현저히 초과할 필요는 없음)
　　- 수개의 보험계약을 두 개 이상의 보험자와 체결하여야 한다.

　㉣ 효과

　　- 동시중복보험이든 이시중복보험이든 중복보험을 체결한 보험계약자는 각 보험자에 대하여 각 보험계약의 내용을 통지하여야 한다.(상법 제672조 2항)
　　- 보험자 1인에 대한 권리포기
　　　중복보험을 체결한 경우에 보험자 1인에 대한 권리의 포기는 다른 보험자의 권리의무에 영향을 미치지 아니한다.(상법 제673조)
　　　만일 보험자가 권리포기 사실을 모르고 타 보험자의 보험금까지 지급하였다면 그 보험사에 구상권을 행사할 수 있다.

> 제673조(중복보험과 보험자 1인에 대한 권리포기) 제672조의 규정에 의한 수개의 보험계약을 체결한 경우에 보험자 1인에 대한 권리의 포기는 다른 보험자의 권리의무에 영향을 미치지 아니한다.

　　- 단순 중복보험(=보험계약자가 선의로 체결한 경우)
　　　동시중복보험이든 이시중복보험이든 보험자는 각자의 보험금액의 한도에서 연대책임을 진다. (상법 제672조 1항)
　　　그리고 보험자 간의 책임 분담은 각자의 보험금액 비율에 따라 비례책임을 지도록 규정되어 있다. 즉, 피보험자와 보험자 사이에는 연대책임이 성립하지만, 보험자들 사이에는 각자의 보험금액 비율에 따라 책임이 나누어지는 비례책임주의가 적용된다.

　　　비례보상방법: 보상액 = 손해액 × 해당 보험자의 보험금액 /모든 보험자의 보험금액 합계

– 보험기간 중에 경기변동으로 보험금액의 총액이 보험가액을 현저히 초과된 경우에도 감액청구권을 행사할 수 있다.

보상예시

■ **보험가액 1억인 건물에 화재보험 가입**

보험(가입)금액 : A회사1억원, B회사6천만원, C회사4천만원
화재로 인한 전손사고로 1억 손해액 발생하였을 때 보상방법

1) 보험사는 각자의 보험금액 한도내에서 연대책임을 진다.
사고로 손해액 1억 원이 발생하면, 각 보험사는 자신이 약정한 보험금액 한도 내에서 연대책임을 져서 피해자(피보험자)에게 전액 보상을 해야 한다.
피보험자는 하나의 보험사에 손해액 전액(1억) 원을 청구할 수 있고 보험사는 다른 보험사와 내부적으로 책임 분담(비례책임)을 한다.

2) 비례보상
- A회사보상액 : 1억(손해액) × 1억(A회사보험금액)/2억(A+B+C회사 보험금액) = 5천만원
- B회사보상액 : 1억(손해액) × 6천(B회사보험금액)/2억(A+B+C회사 보험금액) = 3천만원
- C회사보상액 : 1억(손해액) × 4천(C회사보험금액)/2억(A+B+C회사 보험금액) = 2천만원

연대책임이란

보험사가 여러 개 있을 때, 만약에 보험사들 중 한 군데에서 보험금을 다 지급하지 않아도, 피해자인 甲(피보험자)이 원하는 보험사 한 곳에 손해액 전부를 청구할 수 있다는 뜻이다.
즉, 甲이 여러 보험사 중 한 곳을 골라서 전체 보험금(손해액 전부)을 청구 할 수 있다는 뜻이다.

■ **예시로 이해하기**
- 甲이 집을 보험가액 1억 원으로 A, B 두 보험사에 보험합계 1억 5천만 원으로 계약했다.
- A 보험 :1억 원 보험금액, B 보험 : 5천만 원 보험금액
- 화재가 발생해 1억 원이 전부 타 버린 경우.
- 甲은 A 보험사에 1억 원 전액을 청구할 수 있다.
- A 보험사는 손해액 1억 원(A사 보험금액 한도) 전액을 지급해야 한다.

하지만 A 보험사는 B 보험사에게 "너도 5천만 원 부담해야 하니까" 5천만 원 지급할 요청할 수 있다. 보험사 간에 내부적으로는 "비례책임"이라는 규칙에 따라 부담을 나눈다.

■ **요약**

피보험자 입장에선 "어느 보험사에 가서든 손해액 전부를 청구 할 수 있다"가 핵심이다.
청구받은 회사는 자신의 보험금액 한도내에서 연대책임을 진다
보험사끼리는 "내가 얼마큼 부담할지"를 따로 조정한다.
이게 바로 중복보험에서 "연대책임"과 "비례책임"의 개념이다
중복보험에서 피보험자가 보험금 받기 편하도록 법이 보호해 주는 취지이다.

- 사기 중복보험(=보험계약자가 사기로 체결한 경우)

　사기 중복보험의 경우에는 사기 초과보험의 규정을 준용하고 있다.(상법 제672조 3항, 제669조 4항)따라서 동시중복보험이든 이시중복보험이든 보험계약자가 기망의 의사로 종중복보험계약을 체결한 경우 보험계약은 전부 무효가 되며, 보험자는 그 사실을 안 때까지의 보험료를 보험계약자에게 청구할 수 있다.

　또한 보험계약이 전부 무효이므로 보험사고가 발생하더라도 보험금 지급을 청구할 수 없다.

　상법에는 중복보험의 통지의무 위반시 효과에 대하여는 언급이 없다.

제672조(중복보험) ① 동일한 보험계약의 목적과 동일한 사고에 관하여 수개의 보험계약이 동시에 또는 순차로 체결된 경우에 **그 보험금액의 총액이 보험가액을 초과한 때**에는 보험자는 각자의 보험금액의 한도에서 연대책임을 진다. 이 경우에는 각 보험자의 보상책임은 각자의 보험금액의 비율에 따른다.
② 동일한 보험계약의 목적과 동일한 사고에 관하여 수개의 보험계약을 체결하는 경우에는 **보험계약자**는 각 보험자에 대하여 각 보험계약의 내용을 통지하여야 한다.
③ 제669조제4항의 규정은 제1항의 보험계약에 준용한다.

확인문제

01 보험계약자의 사기로 인하여 중복보험 계약이 체결된 경우 보험자는 그 사실을 안 때까지의 보험료를 청구할 수 없다. ( ) ▶ 2024년 손해평가사 10회

02 상법상 손해보험에서 중복보험에 관한 설명으로 옳지 않은 것은? ▶ 2023년 손해평가사 9회
① 중복보험은 동일한 보험계약의 목적과 동일한 사고에 관하여 수개의 보험계약이 동시에 또는 순차로 체결되는 방식으로 성립할 수 있다.
② 중복보험에서 그 보험금액의 총액이 보험가액을 초과한 때에는 보험자는 각자의 보험 금액의 한도에서 연대책임을 지며 이 경우 각 보험자의 보상책임은 각자의 보험금액의 비율에 따른다.
③ 보험계약자의 사기로 인하여 중복보험 계약이 체결된 경우 보험자는 그 사실을 안 때 까지의 보험료를 청구할 수 없다.
④ 보험자 1인에 대한 권리의 포기는 다른 보험자의 권리의무에 영향을 미치지 아니한다.

03 보험계약자가 중복보험의 체결사실을 보험자에게 통지하지 아니한 경우 보험자는 보험계약을 취소할 수 있다. ( ) ▶ 2022년 손해평가사 8회

04 중복보험을 체결한 경우 보험계약자는 각 보험자에 대하여 각 보험계약의 내용을 통지하여야 한다. ( ) ▶ 2022년 손해평가사 8회

05 중복보험은 하나의 보험계약을 수인의 보험자와 체결한 공동보험과 구별된다. ( ) ▶ 2022년 손해평가사 8회

06 중복보험계약이 동시에 체결된 경우든 다른 때에 체결된 경우든 각 보험자는 각자의 보험금액의 한도에서 연대책임을 진다. ( ) ▶ 2015년 손해평가사 1회

정답 01 × 02 ③ 03 × 04 ○ 05 ○ 06 ○

07 동일한 보험계약의 목적과 동일한 사고에 관하여 수개의 보험계약이 동시에 또는 순차로 체결된 경우에 그 보험금액의 총액이 보험가액을 현저히 초과한 경우에만 상법상 중복보험에 해당한다. (   ) ▶ 2019년 손해평가사 5회

08 보험자는 보험가액의 한도에서 연대책임을 진다. (   ) ▶ 2019년 손해평가사 5회

09 동일한 보험계약의 목적과 동일한 사고에 관하여 수개의 보험계약이 동시에 또는 순차로 체결된 경우에 그 보험가액의 총액이 보험금액을 초과한 때에는 보험자는 각자의 보험금액의 한도에서 연대책임을 진다. (   ) ▶ 2018년 손해평가사 4회

10 사기에 의한 중복보험계약은 무효이나 보험자는 그 사실을 안 때까지의 보험료를 청구할 수 있다. (   ) ▶ 2018년 손해평가사 4회

11 다음은 중복보험에 관한 설명이다. (   )에 들어갈 용어로 옳은 것은? ▶ 2020년 손해평가사 6회

> 동일한 보험계약의 목적과 동일한 사고에 관하여 수개의 보험계약이 동시에 또는 순차로 체결된 경우에 그 (ㄱ)의 총액이 (ㄴ)을 초과한 때에는 보험자는 각자의 (ㄷ)의 한도에서 연대책임을 진다.

12 피보험이익이 다를 경우에도 중복보험이 성립할 수 있다. (   ) ▶ 2017년 손해평가사 3회

정답 07 × 08 × 09 × 10 ○ 11 ㄱ. 보험금액, ㄴ. 보험가액, ㄷ. 보험금액 12 ×

확인문제

13 중복보험이 성립하기 위해서는 보험계약자가 동일하여야 한다. ( ) ▶2017년 손해평가사 3회

14 다음 사례에 관한 설명으로 옳은 것은? (단, 다른 약정이 없고, 보험사고 당시 보험가액은 보험계약 당시와 동일한 것으로 전제함) ▶2022년 손해평가사 8회

> [사례1] 甲은 보험가액이 3억원인 자신의 아파트를 보험목적으로 하여 A보험사 및 B보험사와 보험금액을 3억으로 하는 화재보험계약을 각각 체결하였다.
> [사례2] 乙은 보험가액이 10억원인 자신의 아파트를 보험목적으로 하여 C보험사와 보험금액을 5억으로 하는 화재보험계약을 각각 체결하였다.

① 화재로 인하여 甲의 아파트가 전부 소실된 경우 甲은 A와 B로부터 각각 3억 원의 보험금을 수령할 수 있다.
② 화재로 인하여 甲의 아파트가 전부 소실된 경우 甲이 A에 대한 보험금 청구를 포기 하였다면 甲에게 보험금 3억원을 지급한 B는 A에 대해 구상금을 청구할 수 없다.
③ 화재로 인하여 乙의 건물에 5억원의 손해가 발생한 경우 C는 乙에게 5억원을 보험금 으로 지급하여야 한다.
④ 화재로 인하여 甲의 아파트가 전부 소실된 경우 A는 甲에 대하여 3억원의 한도에서 B와 연대책임을 부담한다.

15 甲이 가액이 10억원인 자기 소유의 재산에 대해 A, B 보험회사와 보험기간이 동일하고, 보험금액 10억원인 화재보험계약을 순차적으로 각각 체결한 경우 그 법률관계에 관한 설명으로 옳지 않은 것은?(甲의 사기는 없었음) ▶2024년 손해평가사 10회

① 만약 甲이 사기에 의하여 두 개의 화재보험계약을 체결하였다면 보험계약은 무효이다.
② 보험기간 중 화재가 발생하여 甲의 재산이 전소되어 10억원의 손해를 입은 경우 甲은 A, B보험회사에게 각각 5억원까지 보험금청구권을 행사할 수 있다.
③ 甲은 B보험회사와 화재보험계약을 체결할 때 A보험회사와의 화재보험계약의 내용을 통지할 의무가 있다.
④ 甲이 A보험회사에 대한 권리를 포기하더라도 B보험회사의 권리의무에 영향을 미치지 않는다.

정답 13 × 14 ④ 15 ②

16. 甲은 자신이 소유한 건물(보험가액 20억 원)에 대하여 A보험자와 15억 원의 화재보험계약을 체결하고, B보험자와 10억 원의 화재보험계약을 체결하였다. 해당 건물이 화재로 전부 멸실하였을 경우의 법률관계에 관한 설명으로 옳은 것은? (단, 보험기간은 동일하고, 보험자의 면책사유는 없으며, 甲의 사기도 없었다고 가정함) ▶ 2025년 손해평가사 11회

① A보험자는 甲에게 보험금으로 8억 원을 지급할 책임이 있다.
② B보험자는 甲에게 보험금으로 6억 원을 지급할 책임이 있다.
③ B보험자가 보험금을 지급하지 않은 경우 A보험자는 甲에게 보험금으로 12억 원을 지급하여야 한다.
④ B보험자가 보험금을 지급하지 않을 경우 자신이 지급해야 할 몫의 보험금을 지급한 A보험자는 B보험자를 상대로 3억 원의 구상권을 행사할 수 있다.

정답 16 ④

⑥ **일부보험**

ⓐ 의의
- 일부보험이란 보험금액이 보험가액에 미달하는 보험을 말한다.(상법 제 674조)
- 보험료를 절약하거나 피보험자의 주의를 환기하기 위해서 보험가액의 일부를 보험금액으로 계약을 체결한다.
- 계약 체결 후 물가가 상승하여 보험가액이 인상되거나 목적물의 가치가 하락하여서도 일부보험이 생길 수 있다.

ⓑ 판단 시기
- 처음부터 일부보험을 체결할 의도로 체결하는 경우 일부보험 인지의 여부는 계약 체결 당시의 보험가액을 기준으로 판단한다.
- 다만, 보험사고 이후에 손해보상 산정 과정에서 일부보험이 문제된 경우에는 손해보상을 할 당시의 보험가액이 기준이 된다.

ⓒ 효과
- 보험가액의 일부를 보험에 붙인 경우에는 보험자는 보험금액의 보험가액에 대한 비율에 따라 보상할 책임을 진다.(상법 제674조)

$$보상액 = 손해액 \times (보험금액/보험가액)$$

ⓓ 예외

당사자간에 다른 약정이 있는 때에는 보험자는 보험금액의 한도내에서 그 손해를 보상할 책임을 진다.(상법 제674조 단서) (이를 실손보상특약, 1차 위험보험 특약이라고도 한다.)

제674조(일부보험) 보험가액의 일부를 보험에 붙인 경우에는 보험자는 보험금액의 보험가액에 대한 비율에 따라 보상할 책임을 진다. 그러나 **당사자간에 다른 약정이 있는** 때에는 보험자는 보험금액의 한도 내에서 그 손해를 보상할 책임을 진다.

> **예시**
> 시가(보험가액) 10억 건물에 보험금액 5억으로 하는 화재보험 가입
> 1) 화재로 인하여 2억의 손해발생시 : 2억 × 5/10 = 1억 보험금 지급
> 2) 건물이 전부소실된 경우 : (10억이 아니라) 5억 보험금 지급
> 3) 화재로 인하여 2억의 손해발시 실손보상특약에 가입하였다면, 2억 보험금 지급

확인문제

01 일부보험이란 보험가액이 보험금액에 미달되는 경우를 말한다. (   ) ▶2023년 손해평가사 9회

02 당사자간에 다른 약정이 없는 한 보험자는 보험가액의 보험금액에 대한 비율에 따라 보상할 책임을 진다. (   ) ▶2023년 손해평가사 9회

03 보험자는 보험금액의 한도내에서 그 손해를 전부 보상할 책임을 지는 내용의 약정을 할 수 있다. (   ) ▶2023년 손해평가사 9회

04 전부보험계약 체결후 물가등귀로 인하여 보험가액이 현저히 인상되더라도 일부보험은 발생하지 아니한다. (   ) ▶2023년 손해평가사 9회

05 甲은 보험가액이 2억원인 건물에 대하여 보험금액을 1억원으로 하는 손해보험에 가입하였다. 이에 관한 설명으로 옳지 않은 것은? (단, 다른 약정이 없음을 전제로 함) ▶2021년 손해평가사 7회
  ① 일부보험에 해당한다.
  ② 전손(全損)인 경우에는 보험자는 1억원을 지급한다.
  ③ 1억원의 손해가 발생한 경우에는 보험자는 1억원을 지급한다.
  ④ 8천만원의 손해가 발생한 경우에는 보험자는 4천만원을 지급한다.

정답 01 × 02 × 03 ○ 04 × 05 ③

확인문제

06 일부보험에 관한 설명으로 옳은 것은? ▶ 2021년 손해평가사 7회
① 계약체결의 시점에 의도적으로 보험가액보다 낮게 보험금액을 약정하는 것은 허용되지 않는다.
② 일부보험에 관한 상법의 규정은 강행규정이다.
③ 일부보험의 경우에는 잔존물 대위가 인정되지 않는다.
④ 일부보험에 있어서 일부손해가 발생하여 비례보상원칙을 적용하면 손해액은 보상액보다 크다.

07 일부보험에 관한 설명으로 옳지 않은 것은? ▶ 2020년 손해평가사 6회
① 일부보험은 보험금액이 보험가액에 미달하는 보험이다.
② 특약이 없을 경우, 일부보험에서 보험자는 보험금액의 보험가액에 대한 비율에 따라 보상할 책임을 진다.
③ 일부보험에 관하여 당사자간에 다른 약정이 있는 때에는 보험자는 실제 발생한 손해 전부를 보상할 책임을 진다.
④ 일부보험은 당사자의 의사와 상관없이 발생할 수 있다.

08 일부보험은 계약체결 당시부터 의식적으로 약정하는 경우도 있고, 계약 성립 후 물가의 인상으로 인하여 자연적으로 발생하는 경우도 있다. (　) ▶ 2018년 손해평가사 4회

09 일부보험에서는 보험자의 보상책임에 관하여 당사자간에 다른 약정을 할 수 없다.
(　) ▶ 2018년 손해평가사 4회

10 의식적 일부보험의 여부는 계약체결시의 보험가액을 기준으로 판단한다.
(　) ▶ 2018년 손해평가사 4회

정답　06 ④　07 ③　08 ○　09 ×　10 ○

11 일부보험에 관한 상법의 규정은 강행규정으로 당사자간 다른 약정으로 손해보상액을 보험 금액의 한도로 변경할 수 없다. ( ) ▶2017년 손해평가사 3회

12 일부보험의 경우에 보험계약의 당사자들은 보험자가 보험금액의 보험가액에 대한 비율과 상관없이 보험금액의 한도 내에서 그 손해를 보상할 책임이 있다는 약정을 할 수 있다.
( ) ▶2016년 손해평가사 2회

13 일부보험에 있어서 일부손해가 발생하여 비례보상원칙을 적용한 결과에 관한 설명으로 옳지 않은 것은? ▶2016년 손해평가사 2회

① 손해액은 보험가액보다 적다.
② 보험가액은 보상액보다 크다.
③ 보상액은 손해액보다 적다.
④ 보험금액은 보험가액보다 크다.

14 일부보험에 관한 설명으로 옳지 않은 것은? ▶2015년 손해평가사 1회

① 보험금액이 보험가액보다 작아야 한다.
② 다른 약정이 없으면 보험자는 보험금액의 보험가액에 대한 비율에 따라 보상책임을 진다.
③ 특약이 없는 경우 보험기간 중에 물가 상승으로 보험가액이 증가한 때에는 일부보험으로 판단하지 않는다.
④ 다른 약정이 없으면 손해방지비용에 대해서도 비례보상주의를 따른다.

15 상법상 일부보험에 관한 설명으로 옳지 않은 것은? ▶2025년 손해평가사 11회

① 보험금액이 보험가액에 미달하는 보험을 말한다.
② 보험가액의 일부를 보험에 붙인 경우에 발생한다.
③ 보험금액의 보험가액에 대한 비율에 관하여 당사자 사이에 다르게 약정하면 보험자는 보험금액의 한도 내에서 책임을 지게 된다.
④ 일부보험의 보험가액 산정기준은 언제나 계약 체결 시로 한다.

정답 11 × 12 ○ 13 ④ 14 ③ 15 ④

05 보험자의 손해보상(보험금 지급) 의무

(1) 의의
① 손해보험계약의 보험자는 보험사고로 인하여 생길 피보험자의 재산상의 손해를 보상할 책임이 있다.(상법 제665조)
② 다른 약정이 없는 한 보험자의 책임은 최초보험료를 지급받은 때부터 개시된다.(상법 제656조)

> **제665조(손해보험자의 책임)** 손해보험계약의 보험자는 보험사고로 인하여 생길 피보험자의 재산상의 손해를 보상할 책임이 있다.

(2) 손해보상의무의 요건
손해보상의 요건은 보험사고가 발생하여야 하고 그로 인해 재산상의 손해가 발생하고, 손해와 보험사고와 인과관계가 있어야 한다.

① **보험사고의 발생**
  ㉠ 보험기간 내에 보험계약에서 정한 보험사고가 발생하여야 한다.
  ㉡ 보험사고가 보험기간 내에 발생한 이상 손해의 발생이 보험기간 이후라도 보상 대상이 된다.
  ㉢ 또한 보험자가 보험계약자로부터 보험계약의 청약과 함께 보험료 상당액의 전부 또는 일부를 받은 경우에 그 청약을 승낙하기 전에 보험계약에서 정한 보험사고가 생긴 때에는 그 청약을 거절할 사유가 없는 한 보험자는 보험계약상의 책임을 진다.(상법 제638조의2)

② **재산상의 손해 발생**
  ㉠ 보험사고로 인해 피보험자가 재산상의 손해를 입어야 한다.
  ㉡ 여기서 손해란 피보험이익에 대한 재산상 손해를 말하고, 정신적 손해는 포함되지 않는다.

③ **보험사고와 손해 사이의 인과관계**
  ㉠ 보험사고와 그로 인해 발생한 손해 사이에 상당인과관계가 있어야 한다.
  ㉡ 보험사고로 인해 보험자가 부담해야 할 손해가 발생한 경우에는 그 후 보험자가 부담하지 아니하는 사유로 보험의 목적이 멸실된 경우라도 이미 생긴 손해에 대해 보험자는 보상하여야 한다.(상법 제675)

> **예시**
> 보험가액 10억건물에 전부보험으로 화재보험에 가입한 경우
> 1차 보험사고 (보상하는 화재사고로) 5억의 손해액이 발생
> 2차 보상하지 않는 사고(홍수)로 전부 멸실된 경우
> 1차 사고로 인한 손해액 5억은 보험금 지급책임이 있다.

이는 보험사고로 인과관계가 있는 손해가 있다면, 그 후에 보험목적물이 완전히 없어져도(보험자가 책임지지 않는 사고로), 보험사는 이미 발생한 손해에 대한 보험금 지급 책임은 사라지지 않는다는 의미다.

> **제675조(사고발생 후의 목적멸실과 보상책임)** 보험의 목적에 관하여 보험자가 부담할 손해가 생긴 경우에는 <u>그 후 그 목적이 보험자가 부담하지 아니하는 보험사고의 발생으로 인하여 멸실된 때에도 보험자는 이미 생긴 손해를 보상할 책임을 면하지 못한다.</u>

(3) 손해의 산정과 보상방법

① 손해액 산정의 원칙
  ㉠ 보험자가 보상할 손해액은 그 손해가 발생한 때와 곳의 가액에 의하여 산정한다.(상법 제676조 1항)
  ㉡ 손해보상을 할 때 금전보상이 원칙이고, 당사자의 약정에 의해 현물급여나 수선 등의 기타 급여로 보상할 수 있다.
  ㉢ 손해액의 산정비용은 보험자가 부담한다.

② 손해액 산정의 예외
  ㉠ 보험자가 보상할 손해액은 그 손해가 발생한 때와 곳의 가액에 의하여 산정함이 원칙이다. 그러나 당사자간에 약정으로 신품가액에 의하여 손해액을 산정할 수 있다.(상법 제676조 1항)
  ㉡ 기평가보험에 대해서는 당사자간에 보험가액을 정한 때에는 그 가액은 사고발생시의 가액으로 정한 것으로 추정한다.(상법 제670조)

기본적으로 손해액의 산정은 사고 발생 당시의 보험목적물 가치(보험가액)를 기준으로 손해액을 산정하지만, 미리 신품가액 등으로 약정하여 보상 할수도 있다.

> **제676조(손해액의 산정기준)** ① 보험자가 보상할 손해액은 그 손해가 발생한 때와 곳의 가액에 의하여 산정한다. 그러나 **당사자간에 다른 약정이 있는 때**에는 그 신품가액에 의하여 손해액을 산정할 수 있다.
> **제670조(기평가보험)** **당사자간에 보험가액을 정한 때**에는 그 가액은 사고발생시의 가액으로 정한 것으로 추정한다. 그러나 그 **가액이 사고발생시의 가액을 현저하게 초과할 때**에는 사고발생시의 가액을 보험가액으로 한다.

(4) 손해보상의 범위

① 원칙
  ㉠ 손해보험계약에서는 보험계약의 범위 내에서 피보험자가 실제로 입은 손해에 대해 보상한다.
  ㉡ 보상한도는 보험증권에 명시된 보험금액 한도 내에서 이루어 진다.
  ㉢ 보상 범위에는 직접 손해(예 화재로 인한 건물이나 물품의 손상)뿐만 아니라, 계약과 법률에서 정한

손해방지 비용도 포함된다

다만, 보험사고로 인하여 상실된 피보험자가 얻을 이익이나 보수는 당사자간에 다른 약정이 없으면 보험자가 보상할 손해액에 산입하지 아니한다.(상법 제667조)

> **예** 화재보험을 가입한 건물이 화재로 타버리면 그 건물(실체)와 물품의 실제 피해(직접손실)에 대해서만 보상이 이루어지고, 임대료나 영업이익 같은 부수적인 이익 손실(간접손실)은 특약이 없다면 보험금 산정에서 제외된다.

제667조(상실이익 등의 불산입) 보험사고로 인하여 상실된 피보험자가 얻을 이익이나 보수는 당사자간에 다른 약정이 없으면 보험자가 보상할 손해액에 산입하지 아니한다.

☞ 손해보상의 범위는 실제 손해를 보상하며, 손해방지비용은 포함하고 상실이익은 (다른 약정이 없으면) 보상하지 않는다

② **예외**

㉠ 손해방지 및 경감 비용의 경우 보험금액을 초과하더라도 보험자는 필요 또는 유익하였던 비용을 지급해야 한다.(상법 제680조 1항)

제680조(손해방지의무) ① 보험계약자와 피보험자는 손해의 방지와 경감을 위하여 노력하여야 한다. 그러나 이를 위하여 필요 또는 유익하였던 비용과 보상액이 보험금액을 초과한 경우라도 보험자가 이를 부담한다.

㉡ 보험계약자가 보험료를 체납한 경우 그 지급기일이 도래하지 아니한 때라도 보상할 금액에서 이를 공제할 수 있다.(상법 제677조)

제677조(보험료체납과 보상액의 공제) 보험자가 손해를 보상할 경우에 보험료의 지급을 받지 아니한 잔액이 있으면 그 지급기일이 도래하지 아니한 때라도 보상할 금액에서 이를 공제할 수 있다.

이는 다음과 같이 두 가지로 설명할 수 있다

- 보험료 지급기일이 도래하였음에도 보험료를 납입하지 않는 경우 (제때 내야 할 보험료를 납입하지 않은 경우로서 당연히 보상액에서 공제가능함)
  > **예** 매월 보험료 20만 원을 납입하기로 한 보험계약에서 3월분, 4월분 보험료 납입하지 않은 상태에서 5월 29일 사고가 발생 (손해액 200만원)한 경우, 보상액은 160만원임

  - 보험료 지급기일이 도래하지 않았음에도 공제할 수 있음
    > **예** 1년에 100만원 보험료를 납입하기로 하고 1월에 50만원, 6월에 50만원을 분할하여 납입하기로 약정한 자동차 보험계약에서 5월 1일에 사고가 발생해 손해액이 300만원이라면, 1월분 보험료 50만원은 이미 납입했으므로 해당 금액은 공제하지 않고, 6월분 50만원은 아직 납입기일이 도래하지 않았음에도 상법 제677조에 따라 보험사는 보험금에서 이 50만원을 공제하여 250만원을 지급할 수 있음.

③ 전부보험 (보험금액 = 보험가액)
   ㉠ 전부멸실(전손)된 경우 : 약정보험금액 전액을 보상한다.
   ㉡ 일부멸실(분손)된 경우 : 실제 손해액을 보상한다.

   > **보상사례**
   >
   > 전부멸실 : 1억 원짜리 집을 전부 태워버린 화재사고일 때, 약정 보험금 1억 원 전액을 보상
   > 일부멸실 : 집이 30% 손상되어, 실제 손해액 3천만 원인 경우 3천만원 보상

④ 일부보험 (보험금액 〈 보험가액)
   ㉠ 전부멸실(전손)된 경우 : 보험가입금액 전액을 보상한다.
   ㉡ 일부멸실(분손)된 경우 : 실제 손해액을 보험금액의 보험가액에 대한 비율에 따라 곱하여 산출되는 금액으로 보상한다. 다만, 당사자간에 다른 약정이 있는 때에는 보험자는 보험금액의 한도내에서 그 손해를 보상할 책임을 진다.

   > **보상사례**
   >
   > 전부멸실 : 2억 원짜리 건물에 대해 1억 원만 보험 가입했는데 전부 멸실된 경우, 약정 보험금 1억 원 전액을 보상
   > 일부멸실: 건물일부만 손상 (손해액 5천만원)인 경우, 2500만원을 보상함 (가입금액 비율 50%). 단 당사자 간 약정(실손보상,1차위험보상특약 가입)이 있는 경우 5천만원 보상

⑤ 초과보험 (보험금액 〉 보험가액)
   ㉠ 전부멸실(전손)된 경우 : 보험가액을 한도로 실제 손해액을 보상한다.
   ㉡ 일부멸실(분손)된 경우 : 실제 손해액을 보상한다.

   > **보상사례**
   >
   > 전부멸실 : 보험금액이 3억 원, 보험가액이 2억 원인 경우 집이 전부 소실되었을 때는 보험가액 2억 원 한도로 실제 손해액을 보상.
   > 일부멸실 : 집 일부가 5천만 원 손상됐을 때 실제 손해액 5천만 원을 보상.
   > 사기계약인 경우 계약전체 무효, 보험금 부지급

⑥ 중복보험
   ㉠ 보험자는 각자의 보험금액의 한도에서 연대책임을 진다.
   ㉡ 이 경우에는 각 보험자의 보상책임은 각자의 보험금액의 비율에 따른다.

> **보상사례**
> 각 보험사는 약정 보험금액 한도 내에서 연대책임을 진다(모두가 연대하여 함께 책임).
> 각 보험사 보상책임은 보험금액 비율에 따라 나눈다. 예를 들어 A사 60%, B사 40%라면 손해액에 따라 각각 그 비율로 부담한다.

⑦ **상법상 면책 사유**
  ㉠ 보험사고가 보험계약자 또는 피보험자나 보험수익자의 고의 또는 중대한 과실로 인하여 생긴 때에는 보험자는 보험금액을 지급할 책임이 없다.(상법 제659조)
  ㉡ 보험사고가 전쟁 기타의 변란으로 인하여 생긴 때에는 당사자간에 다른 약정이 없으면 보험자는 보험금액을 지급할 책임이 없다.(상법 제660조)
  ㉢ 보험의 목적의 성질, 하자 또는 자연소모로 인한 손해는 보험자가 이를 보상할 책임이 없다.(상법 제678조)

(5) 손해보상의무의 이행시기(보험금 지급시기)

① 보험금액의 지급에 관하여 약정기간이 있는 경우에는 그 기간 내에 지급한다.
② 약정기간이 없는 경우에는 보험사고 발생의 통지를 받은 후 지체없이 지급할 보험금액을 정하고 그 정하여진 날부터 10일 내에 피보험자에게 보험금액을 지급하여야 한다.(상법 제658조)

> **제658조(보험금액의 지급)** 보험자는 보험금액의 지급에 관하여 약정기간이 있는 경우에는 <u>그 기간 내에</u> 약정기간이 없는 경우에는 제657조제1항의 통지를 받은 후 <u>지체없이</u> 지급할 <u>보험금액을 정하고 그 정하여진 날부터 10일 내에</u> 피보험자 또는 보험수익자에게 <u>보험금액을 지급하여야</u> 한다.

확인문제

01 상법상 보험금액의 지급 및 면책사유에 관한 설명으로 옳은 것은? ▶ 2024년 손해평가사 10회

① 보험자가 지급할 보험금액을 정하면 그 정하여진 날부터 1개월 내에 보험금액을 지급하여야 한다.
② 손해보험계약에서 보험사고가 보험계약자의 경과실로 인하여 생긴 때에는 보험자는 보험금액을 지급할 책임이 없다.
③ 손해보험계약에서 보험사고가 피보험자의 중과실로 인하여 생긴 때에는 보험자는 보험금액을 지급할 책임이 없다.
④ 손해보험계약에서 보험사고가 보험수익자의 경과실로 인하여 생긴 때에는 보험자는 보험금액을 지급할 책임이 없다.

02 손해액의 산정에 관한 설명으로 옳지 않은 것은? ▶ 2020년 손해평가사 6회

① 보험자가 보상할 손해액은 그 손해가 발생한 때와 곳의 가액에 의하여 산정하는 것이 원칙이다.
② 손해액 산정에 관하여 당사자간에 다른 약정이 있는 때에는 신품가액에 의하여 산정할 수 있다.
③ 특약이 없는 한 보험자가 보상할 손해액에는 보험사고로 인하여 상실된 피보험자가 얻을 이익이나 보수를 산입하지 않는다.
④ 손해액 산정에 필요한 비용은 보험자와 보험계약자가 공동으로 부담한다.

03 손해보험에 관한 설명으로 옳지 않은 것은? ▶ 2021년 손해평가사 7회

① 보험자가 손해를 보상할 경우에 보험료의 지급을 받지 아니한 잔액이 있으면 그 지급 기일이 도래하지 아니한 때라도 보상할 금액에서 이를 공제할 수 있다.
② 보험계약자가 손해의 방지와 경감을 위하여 필요 또는 유익하였던 비용과 보상액이 보험금액을 초과한 경우에는 보험자는 보험금액의 한도 내에서 이를 부담한다.
③ 보험의 목적에 관하여 보험자가 부담할 손해가 생긴 경우에는 그 후 그 목적이 보험자가 부담하지 아니하는 보험사고의 발생으로 인하여 멸실된 때에도 보험자는 이미 생긴 손해를 보상할 책임을 면하지 못한다.
④ 보험의 목적의 자연소모로 인한 손해는 보험자가 이를 보상할 책임이 없다

정답 01 ③ 02 ④ 03 ②

확인문제

04 보험사고로 인하여 상실된 피보험자가 얻을 이익이나 보수는 보험자가 보상할 손해액에 산입한다. (　) ▶ 2023년 손해평가사 9회

05 당사자는 약정에 의하여 보험사고로 인하여 상실된 피보험자가 얻을 보수를 보험자가 보상할 손해액에 산입할 수 있다. (　) ▶ 2022년 손해평가사 8회

06 화재보험계약의 목적을 건물의 소유권으로 한 경우 보험사고로 인하여 피보험자가 얻을 임대료수입은 특약이 없는 한 보험자가 보상할 손해액에 산입하지 않는다. (　)
▶ 2015년 손해평가사 1회

07 보험의 목적에 관하여 보험자가 부담할 손해가 생긴 경우에는 그 후 그 목적이 보험자가 부담하지 아니하는 보험사고의 발생으로 인하여 멸실된 때에는 보험자는 이미 생긴 손해를 보상할 책임을 면한다. (　) ▶ 2022년 손해평가사 8회

08 보험의 목적에 보험자의 담보 위험으로 인한 손해가 발생한 후 그 목적이 보험자의 비담보위험으로 멸실된 경우 보험자의 보상책임은? ▶ 2015년 손해평가사 1회
① 보험자는 모든 책임에서 면책된다.
② 보험자의 담보 위험으로 인한 손해만 보상한다.
③ 보험자의 비담보 위험으로 인한 손해만 보상한다.
④ 보험자는 멸실된 손해 전체를 보상한다.

09 상법상 보험사고의 발생에 따른 보험자의 책임에 관한 설명으로 옳은 것은?
▶ 2022년 손해평가사 8회
① 보험수익자가 보험사고의 발생을 안 때에는 보험자에게 그 통지를 할 의무가 없다.
② 보험사고가 보험계약자의 고의로 인하여 생긴 때에는 보험자는 보험금액을 지급할 책임이 없다.
③ 보험자는 보험금액의 지급에 관하여 약정기간이 없는 경우 지급할 보험금액이 정하여진 날로부터 5일 내에 지급하여야 한다.
④ 보험자의 책임은 당사자 간에 다른 약정이 없으면 보험계약자가 보험계약의 체결을 청약한 때로부터 개시한다

정답　04 ×　05 ○　06 ○　07 ×　08 ②　09 ②

06 손해방지 · 경감의무

(1) 의의

① 보험계약자와 피보험자는 보험사고 발생 후 손해의 방지와 경감을 위하여 노력해야 할 의무가 있다.(상법 제680조)

② 손해의 방지와 경감을 위하여 필요 또는 유익하였던 비용과 보상액이 보험금액을 초과한 경우라도 보험자가 이를 부담한다.

> 제680조(손해방지의무) ① 보험계약자와 피보험자는 손해의 방지와 경감을 위하여 노력하여야 한다. 그러나 이를 위하여 필요 또는 유익하였던 비용과 보상액이 보험금액을 초과한 경우라도 보험자가 이를 부담한다.

(2) 인정이유 및 법적성질

① **인정이유**

보험사고 발생시 손해의 발생과 확대를 막는 것이 신의성실 원칙에 부합하고 국민경제적인 면에서 유익하다는 공익 측면에서 강조된 것이다

② **법적성질**

보험자는 이 의무를 직접 강제할 권한이 없지만, 의무 위반으로 보험자가 손해를 입은 경우에는 보험자가 보험계약자 등에게 손해배상을 청구하거나, 이미 지급한 보험금에서 해당 손해액을 공제할 수 있다. 따라서 손해방지의무는 단순한 권고사항이나 임의의 약속이 아니라, 법이 정한 실질적이고 강제력이 있는 진정한 의무이다.

(3) 의무의 발생 시기

① 손해방지·경감의무는 보험사고가 발생한 때부터 발생한다.

② 보험사고가 발생한 경우 보험사고로 인한 손해의 발생을 방지하거나 손해의 확대를 방지하고, 손해의 경감을 목적으로 인정되는 의무이다.

③ 고지의무는 계약 성립 전에, 위험변경·증가 통지의무와 위험유지의무는 보험기간 중 보험사고 통지의무, 손해방지 경감의무는 보험사고 발생시에 인정된다는 것을 구별해야 한다.

(4) 의무의 내용

① **손해방지 · 경감의무자**

보험계약자와 피보험자이다.

② **의무의 범위**
  ㉠ 보험자가 보상하는 손해의 발생을 방지하거나 손해의 확대를 방지하는 행위도 포함 한다. 한편 그 행위의 (유익한)결과가 반드시 나타나야 하는 것은 아니다.
  ㉡ 보험자가 보상책임을 부담하지 않는 사고로 인해 보험의 목적에 생길 손해를 방지하는데 소요된 비용은 보험자의 비용상환 의무에 포함되지 않는다.
  ㉢ 손해방지·경감 의무는 화재보험에 가입한 건물에 화재가 발생한 경우 보험가입자는 화재손해의 확산을 막기 위해 소화의 화재진압이나 구조활동과 같은 직접적인 것뿐만 아니라 목격자 확보나 증거 확보와 같은 간접적인 것도 포함된다.

③ **의무이행의 정도**
  ㉠ 보험계약자 등이 신의성실의 원칙에 따라 자신의 일을 처리하는 정도면 충분하고, 타인에게 시킬 수도 있다.
  ㉡ 보험사고로 인해 발생하는 손해의 확대를 방지하거나 경감하는 것을 목적으로 하는 것이지 보험사고 발생자체를 방지하는 것이 목적이 아니다. (보험사고 예방을 위해 소화기 배치, 위험물 제거 활동 등은 손해방지 의무가 아니라는 것이다)
  ㉢ 손해방지와 경감을 위해 노력을 하여 반드시 그 효과가 나타나야 하는 것은 아니므로 행위의 효과는 묻지 않는다.

④ **의무위반의 효과**
  ㉠ 손해를 방지 및 경감에 대한 의무위반의 효과에 대해서는 별도의 규정이 없다.
  ㉡ 통설은 상당 인과관계 있는 손해에 대하여 보험자는 그 배상을 청구하거나 지급할 보험금에서 공제할 수 있다고 본다.

⑤ **비용의 상환**
  ㉠ 보험사고로 인한 손해방지·경감을 위하여 필요 또는 유익하였던 비용과 보상액이 보험금액을 초과한 경우라도 보험자가 이를 부담한다.(상법 제680조 1항)
  ㉡ 면책사유 등으로 인해 보험자가 보상책임을 지지 않는 사고에 대해서는 보험자가 손해방지비용을 지급하지 않는다.

⑥ **비용상환의무 배제 특약의 효과**
  손해방지·경감 비용을 보험자가 부담하지 않는 특약을 약관에서 정한 경우 이에 대한 효과에 대하여 통설은 상법 제663조 불이익변경금지 원칙이라는 강행규정 위반으로 보아 무효라고 본다.

확인문제

01 상법상 손해방지의무에 관한 설명으로 옳은 것은?(다툼이 있으면 판례에 따름)
▶ 2024년 손해평가사 10회

① 손해방지의무는 보험계약자는 부담하지 않고 피보험자만 부담하는 의무이다.
② 손해방지의무의 이행을 위하여 필요 또는 유익하였던 비용과 보상액이 보험금액을 초과한 경우라도 보험자가 이를 부담한다.
③ 손해방지의무는 보험사고가 발생하기 이전에 부담하는 의무이다.
④ 손해방지의무의 이행을 위하여 필요 또는 유익하였던 비용은 실제로 손해의 방지와 경감에 유효하게 영향을 준 경우에만 보험자가 이를 부담한다.

02 다음 사례와 관련하여 손해방지의무 등에 관한 설명으로 옳지 않은 것은?
▶ 2023년 손해평가사 9회

> 甲은 乙이 소유한 창구(시가 1억)에 대하여 A보험사와 화재보험계약(보험금액1억)을 체결하였다. 이후 보험기간 중 해당 창고에 화재가 발생하였는데 화재사고 당시 甲은 창고의 연소로 인한 손해방지를 위한 비용 1천만원 지출 하였고 乙은 창고의 연소로 인한 손해의 경감을 위하여 비용을 3천만원 지출 하였다.

① 甲과 乙 모두 손해의 방지와 경감을 위하여 노력하여야 한다.
② 甲이 지출한 1천만원이 손해방지를 위하여 필요하였던 비용일 경우 A보험회사는 甲이 지출한 1천만원의 비용을 부담한다.
③ 乙이 지출한 3천만원이 손해경감을 위하여 유익하였던 비용일 경우 A보험회사는 乙이 지출한 3천만원의 비용을 부담한다.
④ 위 사고로 인하여 乙에 대한 보상액이 8천만원으로 책정될 경우 A보험회사는 甲 및乙이 지출한 비용과 보상액을 합쳐서 1억원의 한도에서 부담한다.

03 손해방지의무의 주체는 보험계약자와 피보험자이다. (   ) ▶ 2022년 손해평가사 8회

04 손해방지를 위하여 필요 또는 유익하였던 비용은 보험자가 부담한다. (   )
▶ 2022년 손해평가사 8회

> 정답 01 ② 02 ④ 03 O 04 O

확인문제

05 손해방지를 위하여 필요 또는 유익하였던 비용과 보상액이 보험금액을 초과한 경우에는 보험금액의 한도에서만 보험자가 이를 부담한다. ( ) ▶ 2022년 손해평가사 8회

06 피보험자가 손해방지의무를 고의 또는 중과실로 위반한 경우 보험자는 손해방지의무 위반과 상당인과관계가 있는 손해에 대하여 배상을 청구할 수 있다. ( ) ▶ 2022년 손해평가사 8회

07 손해방지비용과 보상액의 합계액이 보험금액을 초과한 때에는 보험자의 지시에 의한 경우 에만 보험자가 이를 부담한다. ( ) ▶ 2019년 손해평가사 5회

08 상법은 피보험자는 보험자에 대하여 손해방지비용의 선급을 청구할 수 있다고 규정한다. ( ) ▶ 2019년 손해평가사 5회

09 손해의 방지와 경감을 위하여 유익하였던 비용은 보험자가 이를 부담하지 않는다. ( ) ▶ 2019년 손해평가사 5회

10 상법상 손해방지의무에 관한 설명으로 옳지 않은 것은? ▶ 2025년 손해평가사 11회
① 보험계약자는 손해방지를 위해 노력해야 한다.
② 피보험자는 보험사고가 발생한 경우 손해의 경감을 위해 노력해야 한다.
③ 보험계약자가 손해방지의무의 이행에 필요했던 비용과 보상액이 보험금액을 초과한 경우 그 초과 부분은 보험계약자가 부담한다.
④ 손해방지의무의 주체는 보험계약자와 피보험자이다.

정답 05 × 06 ○ 07 × 08 × 09 × 10 ③

07 손해보험계약의 변경과 소멸(보험목적의 양도)

1. 손해보험계약 특유의 변경과 소멸 사유

손해보험계약 특유의 변경과 소멸 사유로는 대표적으로 ① 피보험이익의 소멸 ② 보험목적의 양도가 있다.

2. 피보험이익의 소멸

손해보험계약은 피보험이익을 전제로 하므로 피보험이익이 소멸하면 손해보험계약은 당연 소멸사유가 된다. 화재보험에서 보험의 목적이 되는 건물이 홍수나 화재 등으로 완전히 멸실되어 더 이상 경제적 이해관계가 없을 때(피보험이익 소멸) 보험계약도 소멸한다

3. 보험목적의 양도

(1) 의의

보험목적의 양도란 피보험자가 보험의 대상인 목적물을 개별적으로 타인에게 양도하는 것이다 예를 들어, 화재보험에 가입한 집을 다른 사람에게 매도하는 경우 인데 이 때 양수인은 보험계약상의 권리의무를 승계한 것으로 추정한다. (상법 679조1항)

(2) 인정이유

보험목적이 양도되면, 기존 보험계약의 피보험이익은 양도인이 상실하게 되므로 원칙적으로 보험계약은 종료된다. 이 경우, 양수인은 반드시 새로 보험에 가입해야 하며, 이 과정에서 기존 양도인이 낸 보험료가 무의미해지고, 양수인이 일정 기간 보험 보호를 받지 못하는 공백상태가 발생할 수 있다.

따라서 상법은 보험목적이 양도된 경우 양수인이 기존 보험계약상의 권리와 의무를 승계한 것으로 추정함으로써(상법 제679조), 기존 보험료가 헛되지 않게 하고, 보험목적이 양도된 후에도 양수인이 사고 발생 시 즉시 보험에서 보호받을 수 있도록 한다.

즉, "보험목적 양도" 규정은 무보험 상태로 인한 공백을 방지하고, 양수인이 새로운 계약 체결을 하지 않아도 일정한 보험 보호를 받을 수 있게 하여 당사자의 불편과 위험을 줄이기 위한 제도적 장치이다.

> **제679조(보험목적의 양도)** ① **피보험자가** 보험의 목적을 양도한 때에는 양수인은 보험계약상의 권리와 의무를 승계한 것으로 추정한다.
> ② 제1항의 경우에 보험의 목적 **양도인 또는 양수인은** 보험자에 대하여 지체없이 그 사실을 통지하여야 한다.

(3) 권리 · 의무 승계 추정의 요건

① 유효한 보험계약 관계의 존재

보험의 목적물이 양도될 당시 양도인가 보험자 사이에 유효한 보험계약 관계가 존재하고 있어야 한다.

② 보험의 목적이 물건일 것
  ㉠ 보험의 목적은 특정되거나 개별화된 물건이어야 하는데, 여기에는 동산이나 부동산, 채권 등도 포함된다.
  ㉡ 물건이라도 특정되지 않은 집합물을 일괄하여 보험에 붙인 집합보험에서 그 물건을 일부 양도하는 경우에는 그에 관한 보험계약상의 권리와 의무는 이전되지 않는다.
  ㉢ 보험목적물의 물권적 이전(소유권 이전)
  보험목적의 양도는 유상이든 무상이든 불문하지만 특정승계를 통한 보험목적물의 소유권 이전(인도나 등기)과 같이 물권적 이전이어야 한다. (계약상의 지위 이전이나 명의 변경만 하는 경우 등은 해당없다.)

(4) 보험의 목적의 양도의 효과

① 보험계약상의 지위의 이전
  ㉠ 피보험자가 보험의 목적을 양도한 때에는 양수인은 보험계약상의 권리와 의무를 승계한 것으로 추정한다.(상법 제679조 1항)
  ㉡ 피보험자의 지위가 양수인에게 이전하여 피보험자가 교체된다는 의미로 그 결과 양수인은 피보험자로서의 권리와 의무를 부담하게 된다.
  ㉢ 따라서 보험사고 발생 시 보험금청구권을 양수인이 갖는 것과 동시에 기존의 피보험자 부담하던 통지의무, 위험유지의무, 보험사고발생통지의무, 손해방지의무 등 피보험자의 권리의무를 양수인이 부담하게 된다.

② 보험목적 양도시 통지의무
  ㉠ 보험목적의 양도시 통지 의무
    - 보험목적의 양도가 있는 경우 보험의 목적의 양도인 또는 양수인은 보험자에 대하여 지체없이 그 사실을 통지하여야 한다.(상법 제679조 2항)
    - 통지의무자는 양도인 또는 양수인이므로, 양도인이나 양수인 중 1인이 통지하면 된다.
  ㉡ 통지의무 위반의 효과
    - 상법은 이 통지의무 위반한 경우의 효과에 대하여 아무런 규정을 두고 있지 않다.
    - 이에 대해 보험목적의 양도로 인하여 현저한 위험의 변경 또는 증가가 있는지를 따져 그 유무에 따라 보험자에게 보험계약의 해지권 인정 여부를 결정해야 한다고 판시하였다.

확인문제

01 피보험자가 보험의 목적을 양도한 때에는 양수인은 보험계약상의 권리와 의무를 승계한 것으로 본다. ( ) ▶2024년 손해평가사 10회

02 甲이 자기 소유 건물에 대하여 A보험회사와 화재보험을 체결한 경우에 관한 설명으로 옳지 않은 것은? ▶2023년 손해평가사 9회

① A보험회사가 甲으로부터 보험료의 지급을 받지 아니한 잔액이 있더라도 그 지급기일이 아직 도래하지 아니한 때에는, A보험회사는 甲에게 손해를 보상할 경우에 보상할 금액 에서 그 잔액을 공제하여서는 아니된다.
② A보험회사는 보험사고로 인하여 부담할 책임에 대하여 다른 보험자와 재보험계약을 체결할 수 있다.
③ 甲이 보험의 목적인 건물을 乙에게 양도한 때에는 乙은 보험계약상의 권리와 의무를 승계한 것으로 추정한다.
④ 甲이 보험의 목적인 건물을 乙에게 양도한 경우 甲 또는 乙은 A보험회사에 대하여 지체없이 그 사실을 통지하여야 한다.

03 피보험자가 보험의 목적을 양도한 때에는 양수인은 보험계약상의 권리와 의무를 승계한 것으로 간주한다. ( ) ▶2020년 손해평가사 6회

04 보험의 목적이 양도된 경우 보험의 목적의 양도인 또는 양수인은 보험자에 대하여 30일 이내에 그 사실을 통지하여야 한다. ( )

05 상법 제679조(보험목적의 양도) ( ) 안에 맞는 말은? ▶2019년 손해평가사 5회

> ① 피보험자가 보험의 목적을 양도한 때에는 양수인은 보험계약상의 권리와 의무를 승계한 것으로 추정한다.
> ② 제1항의 경우에 보험의 목적의 ( )은 보험자에 대하여 지체없이 그 사실을 통지하여야 한다.

① 양도인
② 양수인
③ 양도인과 양수인
④ 양도인 또는 양수인

정답 01 ✕ 02 ① 03 ✕ 04 ✕ 05 ④

확인문제

06 상법상 보험목적의 양도에 관한 설명으로 옳은 것은?   ▶ 2025년 손해평가사 11회

① 보험의 목적의 양도인 또는 양수인은 보험자에 대하여 지체 없이 그 사실을 통지하여야 한다.
② 피보험자가 보험의 목적을 양도한 때에는 양수인은 보험계약상의 권리만을 승계한다.
③ 피보험자가 보험의 목적을 양도한 때에는 양도인과 양수인이 공동으로 보험자에게 통지하여야 한다.
④ 피보험자가 보험의 목적을 양도한 때에는 양수인은 보험계약상의 의무를 승계한 것으로 간주한다.

정답 06 ①

08 보험자 대위

(1) 의의와 법적 성질

① 의의

"대위(代位)"란 누군가가 대신 권리를 행사하는 것을 말한다.

> **물건(잔존물) 대위**
> 자동차 전손사고(차량가액 5천만원)으로 보험금 5천만원 지급하였고, 일부 잔존물(폐차된차량 고철 값 5백만원) 존재한다면, 자동차 전손 사고 후 폐차된 차량(잔존물)은 보험사가 피보험자를 대위하여 가져가는 것이 잔존물 대위이다
>
> **사람(가해자)대위 = 청구권대위**
> 제3자(사람)의 행위로 손해가 발생하여 보험금을 지급한 경우, 보험자가 제3자에 대한 손해배상청구권을 피보험자를 대신하여 행사하는 것이 청구권대위이다.

㉠ 보험자대위란 보험자가 보험사고로 인한 피보험자의 손실에 대해 피보험자에게 보험금을 지급한 경우 피보험자나 보험계약자가 보험의 목적 또는 제3자에 대하여 가지는 법률상의 권리를 취득하는 것을 말한다.

㉡ 보험자대위는 인보험에서는 인정되지 않고 손해보험에서만 인정되지만, 상해보험의 경우 당사자의 약정이 있는 경우 일정한 범위에서 청구권대위가 인정된다.

㉢ 이 제도의 취지는 보험금 지급으로 피보험자는 사고로 인한 손해를 이미 모두 보상받았으므로, 피보험자가 잔존물이나 제3자에 대해 추가로 이익을 얻어 중복해서 보상받는 것을 방지하는 것이 이 제도의 목적이다(이득금지원칙).

㉣ 보험약관상 보험자가 면책되는 사고임에도 보험자가 보험금을 지급한 경우는 대위권 행사를 할 수 없다.

② 종류

보험의 목적에 대한 권리를 취득하는 잔존물대위(상법 제681조)와 제3자에 대한 권리를 취득하는 청구권대위(상법 제682조)가 있다.

③ 법적 성질

보험자대위는 대위의 요건을 충족하면 법률에 의해 당연히 권리가 이전되는 것이므로 권리 이전을 위해서 별도의 양도 의사표시가 필요없다.

(2) 보험목적에 대한 보험대위(잔존물대위)

① 의의

보험목적에 대한 보험대위(잔존물대위)란 보험의 목적이 전부 멸실된 경우에 보험금액 전부를 지급한 보험자가 그 목적에 대한 피보험자의 권리를 법률상 당연히 취득하는 제도를 말한다. (상법 제681조) 이는 보험사고로 보험의 목적이 전부 멸실된 후에 남아 있는 잔존물에 대한 권리를 보험자가 취득하는 제도이다.

* 자동차 사고로 차량이 전부 파손되어 보험금 전액이 지급된 경우 남은 차체 일부나 엔진 부품, 화재보험에서는 타지 않고 남은 철근이나 콘크리트 잔해, 해상보험의 난파선이나 선박 부속품 등이 잔존물에 해당한다.

② 요건

㉠ 보험의 목적이 보험사고로 전부 멸실(전손)되어야 한다.
㉡ 보험자가 보험금액 전부(손해액산정 및 방지비용포함)를 피보험자에게 지급해야 한다.
㉢ 보험금의 일부만 지급한 경우에는 잔존물대위권을 취득할 수 없다.
㉣ 일부보험의 경우에는 보험금액이 보험가액에 대한 비율에 따라 잔존물에 대한 권리의 범위가 한정된다.

> 자동차 보험금액이 4,000만원이고 보험가액은 5,000만원인 경우(일부보험)
> 전손 사고로 보험자가 4,000만원 전액을 피보험자에게 지급한 경우,
> 만일 잔존물가치가 500만원이라면 보험자는 4/5(80%) = 400만원, 피보험자는 1/5(20%) = 100만원의 비율로 잔존물에 대한 권리를 각각 취득하게 된다.

③ 효과

㉠ 보험자는 피보험자가 보험의 목적에 대하여 가지는 피보험이익에 관한 모든 권리를 법률상 당연히 취득한다.(인도·등기와 같은 물권변동 절차는 필요 없다.)
㉡ 권리이전 시기는 보험금을 전액 지급할 때이다.
㉢ 피보험자는 보험금을 받기 전에 잔존물을 임의로 처분할 수 있으나, 보험자는 잔존물 처분 가액을 공제한 보험금을 지급하면 된다.
㉣ 그러나 피보험자가 보험금을 수령한 뒤 잔존물을 임의로 처분하면 위법한 처분으로서 손해배상책임을 부담하게 된다.
㉤ 보험자 입장에서는 대위권의 행사로 오히려 불이익을 받을 수 있다. 이 경우 상법상 규정은 없지만 당사자 간에 약정으로 보험자 대위권을 포기할 수 있다.

> **제681조(보험목적에 관한 보험대위)** 보험의 목적의 **전부가 멸실**한 경우에 **보험금액의 전부를 지급한** 보험자는 그 목적에 대한 피보험자의 권리를 취득한다. 그러나 **보험가액의 일부를 보험에 붙인 경우에** 는 보험자가 취득할 권리는 보험금액의 보험가액에 대한 비율에 따라 이를 정한다.

(3) 청구권대위(제3자에 대한 보험대위)

① 의의

피보험자 대신 보험자가 사고 원인 제공자인 제3자에게 손해배상을 청구할 수 있다는 의미이다.

보험금 청구권 대위란, 손해가 제3자의 행위로 발생했을 때 보험자가 피보험자에게 보험금을 지급한 후, 그 지급한 보험금의 한도 내에서 피보험자가 제3자에 대해 가진 손해배상 청구권 같은 권리를 보험자가 대신 취득하여 행사하는 제도이다.(상법 제682조)

> **예** 제3자의 행위로 피보험자의 건물에 화재가 발생(손해액이 1억)한 경우, 보험자가 피보험자에게 1억 원을 지급하였다면, 보험자는 피보험자를 대신하여 1억 원 한도 내에서 제3자에게 손해배상을 청구할 수 있다.

② 요건(제3자의 범위)

㉠ 제3자의 행위에 의해 보험사고가 발생해야 하는데, 여기서 제3자는 피보험자를 제외한 자를 말한다.

㉡ 제3자가 아닌 경우

보험계약자나 피보험자의 생계를 같이 하는 가족은 원칙적으로 제3자 범위에서 제외되어 보험자가 대위권을 행사할 수 없다. 다만, 가족이 고의로 손해를 발생시킨 경우는 제3자로 보아 대위권을 행사 할 수 있다.

▶ 가족은 피보험자와 밀접한 생활관계를 공유하고 있어, 보험자가 가족에게 대위권을 행사하면 사실상 피보험자나 보험계약자로부터 보험의 이익을 박탈하는 결과가 되기 때문이다.

㉢ 제3자의 행위는 고의, 경과실, 중과실 불문한다.

㉣ 손해는 전부손해, 일부손해를 불문한다

㉤ 청구권대위는 보험자가 지급한 보험금의 한도 내에서만 취득하고, 보험금을 일부 지급한 경우에는 피보험자의 권리를 침해하지 않는 범위에서만 인정된다.

③ 효과

㉠ 보험자는 피보험자에게 지급한 보험금액의 한도 내에서 보험계약자 또는 피보험자가 제3자에게 가지는 권리를 법률상 당연히 취득한다.

㉡ 권리이전 시기는 일부라도 보험금을 지급한 때이다

㉢ 피보험자가 보험금을 수령하기 전에는 자유로이 제3자로부터 손해배상을 받을 수 있으며, 그 경우 보험자는 그 한도 내에서 면책된다.

㉣ 피보험자가 보험금을 수령하였다면 청구권은 보험자에게 이전된 것이므로 피보험자가 그러한 권리를 함부로 처분할 수 없다.

제682조(제3자에 대한 보험대위) ① 손해가 제3자의 행위로 인하여 발생한 경우에 보험금을 지급한 보험자는 그 지급한 금액의 한도에서 그 제3자에 대한 보험계약자 또는 피보험자의 권리를 취득한다. 다만, 보험자가 보상할 보험금의 일부를 지급한 경우에는 피보험자의 권리를 침해하지 아니하는 범위에서 그 권리를 행사할 수 있다.
② 보험계약자나 피보험자의 제1항에 따른 권리가 그와 생계를 같이 하는 가족에 대한 것인 경우 보험자는 그 권리를 취득하지 못한다. 다만, 손해가 그 가족의 고의로 인하여 발생한 경우에는 그러하지 아니하다.

보험목적에 관한 보험 대위와 제3자에 대한 보험대위

구분	잔존물 대위	청구권 대위
요건	전부멸실 + 보험금 전부 지급	전부 또는 일부 손해 + 보험금 일부라도 지급
권리취득 시점	보험금 전액 지급과 동시에	보험금(일부라도) 지급과 동시에
권리취득 대상	목적에 대한 피보험자의 권리(잔존물, 소유권)	제3자에 대한 피보험자 또는 보험계약자의 청구권
권리이전 방식	법률상 당연히 보험자에게 이전	법률상 당연히 보험자에게 이전
일부보험의 경우	보험금액/보험가액 비율만큼 권리 취득	규정 없음
가족(제3자)	해당없음	가족은 제3자에 포함되지 않음(단, 생계를 같이하지 않거나, 가족의 고의는 제3자에 포함)

확인문제

01 보험목적에 관한 보험대위(잔존물대위)의 설명으로 옳지 않은 것은? ▶ 2024년 손해평가사 10회

① 보험의 목적의 전부가 멸실한 경우에 보험대위가 인정된다.
② 피보험자가 보험자로부터 보험금액의 전부를 지급받은 후에는 잔존물을 임의로 처분할 수 없다.
③ 일부보험의 경우에는 잔존물대위가 인정되지 않는다.
④ 보험자가 보험금액의 전부를 지급한 때 잔존물에 대한 권리는 물권변동절차 없이 보험자에게 이전된다.

02 다음 사례와 관련하여 보험자대위에 관한 설명으로 옳은 것은? ▶ 2023년 손해평가사 9회

> 보리 농사를 대규모로 영위하는 甲은 금년에 수확하여 팔고남은 보리를 자신의 창고에 보관하면서 해당 보리 재고를 보험목적으로 하고 자신을 피보험자로 하는 화재보험계약을 A보험사와 체결하였다. 그런데 甲의 창고를 방문한 乙이 화재를 일으켰고 그 결과 위 보리 재고가 전소되었다. 이에 A보험회사는 甲에게 보험금을 전액 지급하였다.

① 중과실로 화재를 일으킨 乙이 甲의 이웃집 친구일 경우, A보험회사는 乙에게 보험금 지급사실의 통지를 발송하는 시점에 乙에 대한 甲의 권리를 취득한다.
② 경과실로 화재를 일으킨 乙이 甲의 거래처 지인일 경우, A보험회사는 그 지급한 금액의 한도에서 乙에 대한 甲의 권리를 취득한다.
③ 중과실로 화재를 일으킨 乙이 甲과 생계를 달리 하는 자녀일 경우, A보험회사는 乙에 대한 甲의 권리를 취득하지 못한다.
④ 고의로 방화한 乙이 甲과 생계를 같이 하는 배우자일 경우, A보험회사는 乙에 대한甲의 권리를 취득하지 못한다.

정답 01 ③ 02 ②

확인문제

03 보험목적에 관한 보험대위에 관한 설명이다. ( )에 들어갈 내용으로 옳은 것은?

▶ 2022년 손해평가사 8회

> 보험의 목적의 전부가 멸실한 경우에 (ㄱ)의 (ㄴ)를 지급한 보험자는 그 목적에 대한 (ㄷ)의 권리를 취득한다. 그러나 (ㄹ)의 일부를 보험에 붙인 경우에는 보험자가 취득할 권리는 보험금액의 보험가액에 대한 일부 비율에 따라 이를 정한다.

① ㄱ: 보험금액, ㄴ: 전부, ㄷ: 피보험자, ㄹ: 보험가액
② ㄱ: 보험금액, ㄴ: 일부, ㄷ: 보험계약자, ㄹ: 보험금액
③ ㄱ: 보험가액, ㄴ: 일부, ㄷ: 피보험자, ㄹ: 보험가액
④ ㄱ: 보험가액, ㄴ: 전부, ㄷ: 피보험자, ㄹ: 보험가액

04 제3자에 대한 보험대위에 관한 설명으로 옳지 않은 것은?(다툼이 있으면 판례에 따름)

▶ 2022년 손해평가사 8회

① 제3자에 대한 보험대위의 취지는 이득금지 원칙의 실현과 부당한 면책의 방지에 있다.
② 보험자는 피보험자와 생계를 같이 하는 가족에 대한 피보험자의 권리는 취득하지 못하는 것이 원칙이다.
③ 보험금을 지급한 보험자는 그 지급한 금액의 한도에서 그 제3자에 대한 피보험자의 권리를 취득한다.
④ 보험약관상 보험자가 면책되는 사고임에도 불구하고 보험자가 보험금을 지급한 경우 피보험자의 제3자에 대한 권리를 대위취득할 수 있다.

05 보험대위에 관한 설명으로 옳은 것은?(다툼이 있으면 판례에 따름)

▶ 2021년 손해평가사 7회

① 손해가 제3자의 행위로 인하여 발생한 경우에 보험금을 지급하기 전이라도 보험자는 그 제3자에 대한 보험계약자의 권리를 취득한다.
② 잔존물대위가 성립하기 위해서는 보험목적의 전부가 멸실하여야 한다.
③ 잔존물에 대한 권리가 보험자에게 이전되는 시점은 보험자가 보험금액을 전부 지급하고, 물권변동 절차를 마무리한 때이다.
④ 재보험에 대하여는 제3자에 대한 보험자대위가 적용되지 않는다.

정답 03 ①   04 ④   05 ②

06 보험목적에 관한 보험대위(잔존물대위)의 설명으로 옳지 않은 것은? ▶ 2020년 손해평가사 6회

① 일부보험에서도 보험금액의 보험가액에 대한 비율에 따라 잔존물대위권을 취득할 수 있다.
② 잔존물대위가 성립하기 위해서는 보험목적의 전부가 멸실하여야 한다.
③ 피보험자는 보험자로부터 보험금을 지급받기 전에는 잔존물을 임의로 처분할 수 있다.
④ 잔존물에 대한 권리가 보험자에게 이전되는 시점은 보험자가 보험금액을 전부 지급하고, 물권변동 절차를 마무리한 때이다.

07 제3자에 대한 보험자대위에 관한 설명으로 옳지 않은 것은? ▶ 2019년 손해평가사 5회

① 손해가 제3자의 행위로 인하여 발생한 경우에 보험금을 지급한 보험자는 그 지급한 금액의 한도에서 그 제3자에 대한 보험계약자 또는 피보험자의 권리를 취득한다.
② 보험자가 보상할 보험금의 일부를 지급한 경우에는 피보험자의 권리를 침해하지 아니하는 범위에서 그 권리를 행사할 수 있다.
③ 보험계약자나 피보험자의 제3자에 대한 권리가 그와 생계를 같이 하는 가족에 대한 것인 경우 보험자는 그 권리를 취득하지 못한다. 다만, 손해가 그 가족의 과실로 인하여 발생한 경우에는 그러하지 아니하다.
④ 보험계약에서 담보하지 아니하는 손해에 해당하여 보험금지급의무가 없음에도 보험자가 피보험자에게 보험금을 지급한 경우라면, 보험자대위가 인정되지 않는다.

08 보험목적에 관한 보험대위에 관한 설명으로 옳지 않은 것은? ▶ 2018년 손해평가사 4회

① 약관에 보험자의 대위권 포기를 정할 수 있다.
② 보험금액의 일부를 지급한 보험자도 그 목적에 대한 피보험자의 권리를 취득한다.
③ 보험가액의 일부를 보험에 붙인 경우에는 보험자가 취득할 권리는 보험금액의 보험가액에 대한 비율에 따라 이를 정한다.
④ 사고를 당한 보험목적에 대하여 피보험자가 가지고 있던 권리는 법률 규정에 의하여 보험자에게 이전되는 것으로 물권변동의 절차를 요하지 않는다.

정답 06 ④ 07 ③ 08 ②

확인문제

09 보험자대위에 관한 설명으로 옳지 않은 것은? ▶ 2017년 손해평가사 3회

① 실손보상의 원칙을 구현하기 위한 제도이다.
② 일부보험의 경우에도 잔존물대위가 인정된다.
③ 잔존물대위는 보험의 목적의 일부가 멸실한 경우에도 성립한다.
④ 보험금을 일부 지급한 경우 피보험자의 권리를 해하지 않는 범위 내에서 청구권대위가 인정된다.

10 잔존물 대위에 관한 설명으로 옳은 것은? ▶ 2015년 손해평가사 1회

① 보험의 목적 일부가 멸실한 경우 발생한다.
② 보험금액의 전부를 지급하여야 보험자가 잔존물 대위권을 취득할 수 있다.
③ 일부보험의 경우에는 잔존물 대위가 인정되지 않는다.
④ 보험자는 잔존물에 대한 물권변동의 절차를 밟아야 대위권을 취득할 수 있다.

11 상법상 보험대위(잔존물대위)에 관한 설명으로 옳은 것은? ▶ 2025년 손해평가사 11회

① 보험목적의 전부가 멸실한 경우에 보험금액 전부를 지급한 보험자는 그 목적에 대한 피보험자의 권리를 취득한다.
② 보험자가 전체 보험금의 일부를 지급한 경우에도 그 지급에 비례하여 보험대위가 성립한다.
③ 잔존하는 보험목적에 관한 피보험자의 권리가 보험자에게 이전하는 시점은 보험금 청구권을 행사한 때이다.
④ 일부보험에서는 잔존물대위가 성립할 여지가 없다.

12 상법상 손해보험에서 제3자에 대한 보험대위에 관한 설명으로 옳지 않은 것은? ▶ 2025년 손해평가사 11회

① 손해가 제3자의 행위로 인하여 발생한 경우에 보험금을 지급한 보험자는 그 지급한 금액의 한도에서 제3자에 대한 보험계약자 또는 피보험자의 권리를 취득하는 것으로 추정한다.
② 보험자가 보상할 보험금의 일부를 지급한 경우에 보험자는 피보험자의 권리를 침해하지 아니하는 범위에서 그 권리를 행사할 수 있다.
③ 손해가 보험계약자와 생계를 같이 하는 가족의 고의로 인하여 발생한 경우 보험금을 지급한 보험자는 그 지급한 금액의 한도에서 그 권리를 취득한다.
④ 제3자에 대한 보험대위의 취지는 이득금지 원칙의 실현과 부당한 면책의 방지에 있다.

정답 09 ③ 10 ② 11 ① 12 ①

제2장 손해보험 각론

01 화재보험

1. 화재보험의 의의와 요소

(1) 화재보험의 의의
화재보험이란 화재로 인해 생길 손해를 보상하기로 하는 보험계약을 말한다.(상법 제683조)

(2) 화재보험계약의 요소
화재보험계약은 손해보험계약에 속하므로, 보험계약 당사자, 보험사고로서의 화재, 보험의 목적, 피보험이익 등 손해보험계약의 기본적인 요소로 구성된다.

① 보험사고
  ㉠ 화재보험에 있어서 보험사고는 화재이다.
  ㉡ 화재보험에서 '화재'란 보통의 용도에 의한 불이 아니라, 독립적인 연소력을 가진 불의 연소 작용, 즉 스스로 확산되고 성장하는 연소 작용이 있어야 한다는 뜻이다.
  즉, 단순히 평상시 필요한 불 사용이 아닌, 독립적으로 연소가 이루어지는 불의 작용이 화재보험의 보험사고로 인정된다.

  > **보상대상**
  > 화재사고로 발생한 연기에 노출되어 못쓰게 된 옷, 화재로 발생한 연기에 그을린 물건 등에 대해서는 보상한다.
  >
  > **보상제외**
  > 난로불의 복사열로 인한 가구 손상, 다리미에 의한 옷의 초손(누렇게 누름으로서 생긴 손해)은 자력으로 확대된 불에 의한 손해가 아니기 때문에 보상하지 아니한다.

  ㉢ 보험사고 인정되기 위해서는 피보험자의 재산에 대한 실질적인 발화가 있어야 한다.

② 보험의 목적
상법 제685조에서는 화재보험의 대상으로 건물과 동산을 예시하고 있으나, 이는 제한적이 아니며, 동산과 부동산을 포함하여 교량, 삼림, 의류 등 집합적인 물건도 보험의 목적에 포함되며, 미등기 건물도 포함된다고 해석된다.

> **제683조(화재보험자의 책임)** 화재보험계약의 보험자는 화재로 인하여 생길 손해를 보상할 책임이 있다.
>
> **제685조(화재보험증권)** 화재보험증권에는 제666조에 게기한 사항외에 다음의 사항을 기재하여야 한다.
>   1. 건물을 보험의 목적으로 한 때에는 그 소재지, 구조와 용도
>   2. 동산을 보험의 목적으로 한 때에는 그 존치한 장소의 상태와 용도
>   3. 보험가액을 정한 때에는 그 가액

(3) 화재보험증권

① 화재보험증권 작성 및 교부

보험자는 보험계약이 성립한 때에는 지체없이 보험증권을 작성하여 보험계약자에게 교부하여야 한다.(상법 제640조 1항)

② 보험증권의 기재사항 (상법 제685조)
  ㉠ 건물을 보험의 목적으로 한 때에는 그 소재지, 구조와 용도
  ㉡ 동산을 보험의 목적으로 한 때에는 그 존치한 장소의 상태와 용도
  ㉢ 보험가액을 정한 때에는 그 가액
  ㉣ 그 밖의 손해보험증권에 기재해야 하는 사항을 기재해야 한다.

> **제666조(손해보험증권)** 손해보험증권에는 다음의 사항을 기재하고 보험자가 기명날인 또는 서명하여야 한다.
>   1. 보험의 목적
>   2. 보험사고의 성질
>   3. 보험금액
>   4. 보험료와 그 지급방법
>   5. 보험기간을 정한 때에는 그 시기와 종기
>   6. 무효와 실권의 사유
>   7. 보험계약자의 주소와 성명 또는 상호
>   7의2. 피보험자의 주소, 성명 또는 상호
>   8. 보험계약의 연월일
>   9. 보험증권의 작성지와 그 작성년월일

(4) 보험자의 보상책임

① 위험 보편의 원칙

위험 보편의 원칙이란, 화재로 인해 보험목적물에 손해가 발생한 경우 그 화재의 원인을 불문하고 피보험자의 모든 손해를 보상해야 한다는 뜻이다. (이는 특정 원인에 의한 화재에만 보상하는 개별위험의 원칙과 대비된다.) 예를 들어, 자연발화, 폭발, 지진으로 인한 화재 모두 그로 인한 손해를 보상한다.

다만, 이 원칙은 일반적 기준으로, 실제 보험자의 책임은 법률이나 약관 등에 특별한 규정이 있을 경우 이에 따른다.

② 보험자의 보상 범위
　㉠ 화재와 손해 사이에 상당인과관계가 있는 모든 손해를 보상하여야 한다.
　　단, 화재로 인하여 대피시킨 물건의 도난이나 분실은 면책(입증불가)
　㉡ 소방 등의 조치로 인한 손해
　　화재로 인한 직접적인 손해 뿐만 아니라 화재의 소방이나 손해 감소를 위한 조치로 인해 발생한 간접적인 손해도 포함된다.(상법 제684조)
　㉢ 예를 들어, 소방호스 사용으로 인한 손해는 직접손해로 인정되며, 소방활동에 들어간 비용 역시 손해의 범위에 포함된다. 이에는 소방대원이나 기타 인원이 조치함으로써 발생한 손해도 포함된다.

　제684조(소방 등의 조치로 인한 손해의 보상) 보험자는 화재의 소방 또는 손해의 감소에 필요한 조치로 인하여 생긴 손해를 보상할 책임이 있다.

(5) 보험자의 면책사유

㉠ 법정 면책사유
　상법4편의 통칙상의 면책 사유와 같다. 피보험자 등의 고의 또는 중대한 과실로 인하여 보험사고가 생긴 때(상법 제659조), 전쟁 기타의 변란으로 인하여 생긴 때(상법 제660조), 목적물의 성질, 하자, 또는 자연소모(상법 제678조)로 인한 경우에는 보험자가 면책된다.

㉡ 약정 면책사유
　위와 같은 법정 면책사유 이외에도 화재보험표준약관에서는 여러 가지 면책사유를 규정하고 있다.

(6) 집합보험과 총괄보험

① 집합보험
　㉠ 의미와 종류
　　- 집합보험은 경제적으로 보아 독립된 수개의 물건을 마치 하나의 물건(집합물)처럼 취급하여 보험목적으로 한 것이다.
　　- 예를 들면, 창고에 보관된 물건을 일괄하여 가입한 화재보험이나 운송 중인 화물을 모두 일괄하여 가입한 운송보험 등이 있다.
　㉡ 집합보험의 종류
　　집합보험에는 보험의 목적이 미리 특정되어 있고 항상 일정한 대상인 경우를 담보하는 '특정보험'이 있다. 예를 들면, 운송 중의 화물 전체 또는 집안의 가재도구 전체와 같이 보험의 목적이 분명하게 정해진 경우이다.
　　반대로, 보험의 목적이 명확하게 특정되지 않고, 수시로 변동(교체)될 것을 예상하여 전부를 포괄적으로 담보하는 '총괄보험'이 있다. 예를 들어, 옷가게 내 의류 전체, 공장이나 창고 내 보관물품 전체처럼 그 내용이 수시로 교체될 수 있는 경우이다.

ⓒ 집합보험의 목적의 범위(타인을 위한 보험의 성격)
- 집합된 물건을 일괄하여 보험의 목적으로 한 때에는 피보험자의 가족과 사용인의 물건도 보험의 목적에 포함된 것으로 한다.(상법 제686조)
- 이 경우에는 그 보험은 그 가족 또는 사용인을 위하여서도 체결한 것으로 본다.
- 가족이나 사용인이라는 제3자를 위한 보험계약으로 보아 당연히 보험계약상의 이익을 받는다. (상법 제639조 1항)

ⓔ 집합보험의 목적에 일부 고지의무. 통지의무 위반시 효력
집합보험에서 보험계약자나 피보험자가 보험목적의 일부에 대해 고지의무 또는 위험변동·증가에 대한 통지의무를 위반한 경우, 보험자는 계약 전체를 해지할 수 있는 것이 아니라, 그 의무위반이 있는 보험목적의 일부에 한해 해지할 수 있다.

> 제686조(집합보험의 목적) 집합된 물건을 일괄하여 보험의 목적으로 한 때에는 **피보험자의 가족과 사용인의 물건도 보험의 목적에 포함**된 것으로 한다. 이 경우에는 그 보험은 그 가족 또는 사용인을 위하여서도 체결한 것으로 본다.

② 총괄보험
ⓐ 집합된 물건을 일괄하여 보험의 목적으로 한 때에는 그 목적에 속한 물건이 보험기간중에 수시로 교체된 경우에도 보험사고의 발생 시에 현존한 물건은 보험의 목적에 포함된 것으로 한다.(상법 제687조)
ⓑ 이 때 보험사고 발생 시점에 현존하는 물건이 보험의 목적에 포함되는 것이므로, 보험계약을 체결할 때 현존한 물건이 보험의 목적이 되는 것이 아님을 유의해야 한다.

> 제687조(동전) 집합된 물건을 일괄하여 보험의 목적으로 한 때에는 그 목적에 속한 물건이 보험기간중에 수시로 교체된 경우에도 **보험사고의 발생 시에 현존한 물건**은 보험의 목적에 포함된 것으로 한다.

확인문제

01 화재보험자가 보상할 손해에 관한 설명으로 옳은 것을 모두 고른 것은? ▶2024년 손해평가사 10회

> ㄱ. 화재가 발생한 건물의 철거비와 폐기물처리비
> ㄴ. 화재의 소방 또는 손해의 감소에 필요한 조치로 인하여 생긴 손해
> ㄷ. 화재로 인하여 다른 곳에 옮겨놓은 물건의 도난으로 인한 손해

① ㄱ, ㄴ ② ㄱ, ㄷ
③ ㄴ, ㄷ ④ ㄱ, ㄴ, ㄷ

02 화재보험에 관한 설명으로 옳은 것은? (다툼이 있으면 판례에 따름) ▶2021년 손해평가사 7회

① 화재가 발생한 건물을 수리하면서 지출한 철거비와 폐기물처리비는 화재와 상당인과 관계가 있는 건물수리비에는 포함되지 않는다.
② 피보험자가 화재 진화를 위해 살포한 물로 보험목적이 훼손된 손해는 보상하지 않는다.
③ 불에 탈 수 있는 목조교량은 화재보험의 목적이 될 수 없다.
④ 보험자가 손해를 보상함에 있어서 화재와 손해 간에 상당인과관계가 필요하다.

03 화재보험에서는 일반적으로 위험개별의 원칙이 적용된다. ( ) ▶2020년 손해평가사 6회

04 화재가 발생한 건물의 철거비와 폐기물처리비는 화재와 상당인과관계가 있는 건물수리비에 포함된다. ( ) ▶2020년 손해평가사 6회

05 화재보험계약의 보험자는 화재로 인하여 생긴 손해를 보상할 책임이 있다. ( ) ▶2020년 손해평가사 6회

06 보험자는 화재와 상당인과관계에 있는 손해를 보상하여야 한다. ( ) ▶2023년 손해평가사 9회

| 정답 | 01 ① | 02 ④ | 03 × | 04 ○ | 05 ○ | 06 ○ |

확인문제

07 보험자는 화재의 소방 또는 손해의 감소에 필요한 조치로 인하여 생긴 손해를 보상할 책임이 있다.
( ) ▶ 2023년 손해평가사 9회

08 연소 작용이 아닌 열의 작용으로 발생한 손해는 보험자가 보상하지 아니한다.
( ) ▶ 2023년 손해평가사 9회

09 화재보험계약에 관한 설명으로 옳지 않은 것은? ▶ 2017년 손해평가사 3회
① 보험자가 손해를 보상함에 있어서 화재와 손해 간에 상당인과관계는 필요하지 않다.
② 보험자는 화재의 소방에 필요한 조치로 인하여 생긴 손해를 보상할 책임이 있다.
③ 보험자는 화재발생시 손해의 감소에 필요한 조치로 인하여 생긴 손해를 보상할 책임이 있다.
④ 화재보험계약은 화재로 인하여 생긴 손해를 보상할 것을 목적으로 하는 손해보험계약이다.

10 화재보험에 관한 설명으로 옳지 않은 것은? ▶ 2015년 손해평가사 1회
① 보험자는 화재로 인한 손해의 감소에 필요한 조치로 인하여 생긴 손해를 보상할 책임이 있다.
② 연소 작용에 의하지 아니한 열의 작용으로 인한 손해는 보험자의 보상 책임이 없다.
③ 화재로 인한 손해는 상당인과관계가 있어야 한다.
④ 화재 진화를 위해 살포한 물로 보험목적이 훼손된 손해는 보상하지 않는다.

정답 07 ○ 08 ○ 09 ① 10 ④

11 집합보험에 관한 설명으로 옳지 않은 것은?　　　　　　　　　　　▶ 2024년 손해평가사 10회
　① 집합보험은 집합된 물건을 일괄하여 보험의 목적으로 한다.
　② 보험의 목적에 속한 물건이 보험기간중에 수시로 교체된 경우에도 보험계약의 체결 시에 현존한 물건은 보험의 목적에 포함된 것으로 한다.
　③ 피보험자의 가족과 사용인의 물건도 보험의 목적에 포함된 것으로 한다.
　④ 보험의 목적에 피보험자의 가족의 물건이 포함된 경우, 그 보험은 피보험자의 가족을 위하여서도 체결한 것으로 본다.

12 피보험자의 가족의 물건은 보험의 목적에 포함되지 않는 것으로 한다.　　　(　　)
　　　　　　　　　　　　　　　　　　　　　　　　　　　▶ 2021년 손해평가사 7회

13 피보험자의 사용인의 물건은 보험의 목적에 포함되지 않는 것으로 한다.　　　(　　)
　　　　　　　　　　　　　　　　　　　　　　　　　　　▶ 2021년 손해평가사 7회

14 보험의 목적에 속한 물건이 보험기간중에 수시로 교체된 경우에는 보험사고의 발생 시에 현존한 물건이라도 보험의 목적에 포함되지 않는 것으로 한다.　　(　　) ▶ 2021년 손해평가사 7회

15 집합보험이란 경제적으로 독립한 여러 물건의 집합물을 보험의 목적으로 한 보험을 말한다.
　　　　　　　　　　　　　　　　　　　　　　　　(　　) ▶ 2021년 손해평가사 7회

16 집합보험에서는 피보험자의 가족과 사용인의 물건도 보험의 목적에 포함된다.　(　　)
　　　　　　　　　　　　　　　　　　　　　　　　　　　▶ 2020년 손해평가사 6회

정답　11 ②　12 ×　13 ×　14 ×　15 ○　16 ○

확인문제

17 집합보험 중에서 보험의 목적이 특정되어 있는 것을 담보하는 보험을 총괄보험이라고 하며, 보험목적의 일부 또는 전부가 수시로 교체될 것을 예정하고 있는 보험을 특정보험이라 한다.
( ) ▶ 2020년 손해평가사 6회

18 집합된 물건을 일괄하여 보험의 목적으로 한 때에는 그 목적에 속한 물건이 보험기간 중에 수시로 교체된 경우에 보험사고의 발생 시에 현존한 물건에 대해서는 보험의 목적에서 제외된 것으로 한다.
( ) ▶ 2020년 손해평가사 6회

19 집합보험에서 보험목적의 일부에 대해서 고지의무 위반이 있는 경우, 보험자는 원칙적으로 계약 전체를 해지할 수 있다.
( ) ▶ 2020년 손해평가사 6회

20 집합된 물건을 일괄하여 보험의 목적으로 한 때에는 그 목적에 속한 물건이 보험기간중에 수시로 교체된 경우에도 보험계약의 체결시에 현존한 물건은 보험의 목적에 포함된 것으로 한다.
( ) ▶ 2019년 손해평가사 5회

21 화재보험에 관한 설명으로 옳지 않은 것은? ▶ 2018년 손해평가사 4회
① 집합된 물건을 일괄하여 화재보험의 목적으로 하여도 피보험자의 가족의 물건은 화재보험의 목적에 포함되지 않는다.
② 집합된 물건을 일괄하여 화재보험의 목적으로 한 때에는 그 목적에 속한 물건이 보험기간중에 수시로 교체된 경우에도 보험사고의 발생 시에 현존하는 물건은 화재보험의 목적에 포함된 것으로 한다.
③ 건물을 화재보험의 목적으로 한 때에는 그 소재지, 구조와 용도는 화재보험증권의 기재 사항이다.
④ 유가증권은 화재보험증권에 기재하여 화재보험의 목적으로 할 수 있다.

정답 17 × 18 × 19 × 20 × 21 ①

22 손해보험에 관한 설명으로 옳은 것은?　　▶ 2016년 손해평가사 2회

① 집합된 물건을 일괄하여 보험의 목적으로 한 때에는 그 목적에 속한 물건이 보험기간 중 수시로 교체된 경우에도 보험사고의 발생 시에 현존하는 물건은 보험의 목적에 포함된 것으로 한다.
② 보험계약자는 불특정의 타인을 위하여는 보험계약을 체결할 수 없다.
③ 손해가 피보험자와 생계를 같이 하는 가족의 고의로 인하여 발생한 경우에 보험금의 전부를 지급한 보험자는 그 지급한 금액의 한도에서 그 가족에 대한 피보험자의 권리를 취득하지 못한다.
④ 타인을 위한 보험에서 보험계약자가 보험료의 지급을 지체한 때에는 그 타인이 그 권리를 포기하여도 그 타인은 보험료를 지급하여야 한다.

23 상법상 집합보험에 관한 설명으로 옳지 않은 것은?　　▶ 2025년 손해평가사 11회

① 집합보험은 경제적으로 보아 독립된 수개의 물건을 마치 하나의 물건(집합물)처럼 취급하여 보험목적으로 한 것이다.
② 집합된 물건을 일괄하여 보험의 목적으로 한 때에는 피보험자의 가족의 물건도 보험목적에 포함되는 것으로 한다.
③ 집합된 물건을 일괄하여 보험의 목적으로 한 때에는 피보험자에게 고용된 사용자의 물건은 보험목적에 포함되지 않는다.
④ 집합된 물건을 일괄하여 보험의 목적으로 한 때에는 그 목적에 속한 물건이 보험기간 중에 수시로 교체된 경우에도 보험사고의 발생 시 현존한 물건은 보험의 목적에 포함된 것으로 한다.

정답　22 ①　23 ③

02 재보험

1. 재보험의 의의와 기능

(1) 재보험의 의의와 목적

재보험이란 보험자가 자신이 인수한 위험을 다른 보험자에게 일부 또는 전부 넘겨 분산시키는 계약을 말한다. 이는 보험자가 부담하기 어려운 큰 위험을 단독으로 부담하지 않도록 하여 위험 분산과 보험금 지급능력 강화를 목적으로 한다.

> 제661조(재보험) 보험자는 보험사고로 인하여 부담할 책임에 대하여 <u>다른 보험자와 재보험계약을 체결</u>할 수 있다. 이 재보험계약은 원보험계약의 효력에 영향을 미치지 아니한다.

(2) 법적 성질

원보험이 손해보험이든 인보험이든 관계없이 재보험은 손해보험의 성질을 가지며, 원보험자의 보험계약에 따른 급여책임을 보장하는 책임보험의 일종으로서 상법 제726조에 따라 책임보험에 관한 규정이 준용된다. (재보험은 기업보험으로 제663조 보험계약자 등의 불이익변경금지원칙이 적용되지 않는다)

(3) 재보험의 기능

① 원보험자는 재보험에 의하여 위험을 분산시킴으로써 보험경영의 합리화를 기할 수 있다.
② 여러 보험자가 위험을 인수함으로써 보험사고에 지불할 수 있는 최대 금액을 증가시켜 대형위험을 인수할 수 있다.

2. 재보험계약의 법률 관계

(1) 재보험자와 원보험자의 관계

① 재보험계약은 원보험계약의 효력에 영향을 미치지 않는다. 즉 별개의 독립계약이다.
② 원보험자의 권리와 의무
  ㉠ 원보험자는 책임보험의 보험계약자와 피보험자로서의 권리와 의무가 있다.
  ㉡ 원보험자는 재보험료지급의무, 고지의무, 통지의무, 손해방지의무를 가지고, 신의칙에 따라 독립한 의사결정으로 원보험사무를 처리해야 할 의무와 정보제공의무 등이 있다.
  ㉢ 재보험료의 지급은 원보험자의 가장 중요한 의무인데, 원보험자는 원보험료의 지급이 없음을 이유로 재보험료의 지급을 거절할 수는 없다.
  ㉣ 또한 원보험자는 재보험자의 재보험금 미지급을 이유로 원보험의 피보험자에 대한 보험금 지급을 거절할 수 없다.
③ 재보험자의 권리와 의무
  ㉠ 재보험자는 손해보상의무나 보험자 대위권과 같은 권리와 의무를 가진다.
  ㉡ 재보험은 원보험과는 독립한 계약이므로 재보험자는 원보험자의 재보험료 부지급을 이유로 원보

험의 계약자에게 보험료 지급을 청구할 수 없다.
ⓒ 원보험자의 제3자에 대한 대위권
- 손해가 제3자의 행위로 인하여 생긴 경우 재보험자가 원보험자에게 보험금을 지급한 때에는 재보험금의 한도에서 원보험자가 가지는 제3자에 대한 보험계약자 또는 피보험자의 권리를 대위한다.(상법 제682조)

(2) 재보험자와 원보험계약의 보험계약자와의 관계
㉠ 재보험자와 원보험의 보험계약자는 직접적인 법률관계가 없다.
㉡ 따라서 재보험자는 원보험의 보험계약자에게 재보험료의 지급을 청구할 수 없고, 원보험의 보험계약자는 재보험자에게 재보험료를 지급할 의무는 없다.

확인문제

01 보험자는 보험사고로 인하여 부담할 책임에 대하여 다른 보험자와 재보험계약을 체결할 수 있다.
( ) ▶ 2017년 손해평가사 3회

02 재보험은 원보험자가 인수한 위험의 전부 또는 일부를 분산시키는 기능을 한다.
( ) ▶ 2017년 손해평가사 3회

03 재보험계약의 전제가 되는 최초로 체결된 보험계약을 원보험계약 또는 원수보험계약이라 한다.
( ) ▶ 2017년 손해평가사 3회

04 재보험계약은 원보험계약의 효력에 영향을 미친다. ( ) ▶ 2017년 손해평가사 3회

05 甲은 자기 소유의 건물에 대해 A보험회사와 화재보험계약을 체결하였고, A보험 회사는 이 화재보험계약으로 인하여 부담할 책임에 대하여 B보험회사와 재보험계약을 체결한 경우 그 법률관계에 관한 설명으로 옳은 것은?
▶ 2024년 손해평가사 10회

① 화재보험계약의 보험기간 개시 전에 화재가 발생한 경우 B보험회사는 A보험회사에게 보험금 지급의무가 없다.
② 甲의 고의로 화재보험계약의 보험기간 중에 화재가 발생한 경우 B보험회사는 A보험 회사에게 보험금 지급의무가 있다.
③ A보험회사의 B보험회사에 대한 보험금청구권은 1년간 행사하지 아니하면 시효의 완성으로 소멸한다.
④ B보험회사의 A보험회사에 대한 보험료청구권은 6개월간 행사하지 아니하면 시효의 완성으로 소멸한다.

정답 01 ○ 02 ○ 03 ○ 04 × 05 ①

memo.

이패스 손해평가사 1차 기본서

제3편

상법(보험편)

제1장 통칙

제638조(보험계약의 의의) 보험계약은 당사자 일방이 약정한 보험료를 지급하고 재산 또는 생명이나 신체에 불확정한 사고가 발생할 경우에 상대방이 일정한 보험금이나 그 밖의 급여를 지급할 것을 **약정**함으로써 효력이 생긴다.

제638조의2(보험계약의 성립) ① 보험자가 보험계약자로부터 보험계약의 청약과 함께 보험료 상당액의 전부 또는 일부의 지급을 받은 때에는 다른 약정이 없으면 **30일내에** 그 상대방에 대하여 낙부의 통지를 발송하여야 한다. 그러나 인보험계약의 피보험자가 신체검사를 받아야 하는 경우에는 그 기간은 신체검사를 받은 날부터 기산한다.
② 보험자가 제1항의 규정에 의한 기간내에 낙부의 통지를 해태한 때에는 승낙한 것으로 본다.
③ 보험자가 보험계약자로부터 보험계약의 **청약과** 함께 보험료 상당액의 전부 또는 일부를 받은 경우에 그 **청약을 승낙하기 전에** 보험계약에서 정한 보험사고가 생긴 때에는 그 청약을 거절할 사유가 없는 한 보험자는 보험계약상의 책임을 진다. 그러나 인보험계약의 피보험자가 신체검사를 받아야 하는 경우에 그 검사를 받지 아니한 때에는 그러하지 아니하다.

제638조의3(보험약관의 교부·설명 의무) ① 보험자는 **보험계약을 체결할 때에** 보험계약자에게 보험약관을 교부하고 그 약관의 중요한 내용을 설명하여야 한다.
② 보험자가 제1항을 위반한 경우 보험계약자는 보험계약이 성립한 날부터 **3개월 이내**에 그 계약을 **취소**할 수 있다.

제639조(타인을 위한 보험) ① 보험계약자는 위임을 받거나 위임을 받지 아니하고 특정 또는 불특정의 타인을 위하여 보험계약을 체결할 수 있다. 그러나 **손해보험계약**의 경우에 그 타인의 위임이 없는 때에는 보험계약자는 이를 보험자에게 고지하여야 하고, 그 고지가 없는 때에는 타인이 그 보험계약이 체결된 사실을 알지 못하였다는 사유로 보험자에게 대항하지 못한다.
② 제1항의 경우에는 그 타인은 당연히 그 계약의 이익을 받는다. 그러나 손해보험계약의 경우에 보험계약자가 그 타인에게 보험사고의 발생으로 생긴 손해의 배상을 한 때에는 보험계약자는 그 타인의 권리를 해하지 아니하는 범위 안에서 보험자에게 보험금액의 지급을 청구할 수 있다.
③ 제1항의 경우에는 보험계약자는 보험자에 대하여 보험료를 지급할 의무가 있다. 그러나 보험계약자가 파산선고를 받거나 보험료의 지급을 지체한 때에는 그 타인이 그 권리를 포기하지 아니하는 한 그 타인도 보험료를 지급할 의무가 있다.

제640조(보험증권의 교부) ① 보험자는 **보험계약이 성립한 때에는 지체없이** 보험증권을 작성하여 보험계약자에게 교부하여야 한다. 그러나 보험계약자가 보험료의 전부 또는 최초의 보험료를 지급하지 아니한 때에는 그러하지 아니하다.
② 기존의 보험계약을 연장하거나 변경한 경우에는 보험자는 그 보험증권에 그 사실을 기재함으로써 보험증권의 교부에 갈음할 수 있다.

제641조(증권에 관한 이의약관의 효력) 보험계약의 당사자는 보험증권의 교부가 있는 날로부터 일정한 기간내에 한하여 그 증권내용의 정부에 관한 이의를 할 수 있음을 약정할 수 있다. 이 기간은 **1월**을 내리지 못한다. (1월 이상을 약정하라는 의미!!)

제642조(증권의 재교부청구) 보험증권을 **멸실 또는 현저하게 훼손**한 때에는 보험계약자는 보험자에 대하여 증권의 재교부를 청구할 수 있다. 그 증권작성의 비용은 **보험계약자의 부담**으로 한다.

제643조(소급보험) 보험계약은 그 계약전의 어느 시기를 보험기간의 시기로 할 수 있다.

제644조(보험사고의 객관적 확정의 효과) 보험계약당시에 보험사고가 이미 발생하였거나 또는 발생할 수 없는 것인 때에는 그 계약은 **무효**로 한다. 그러나 당사자 쌍방과 피보험자가 이를 알지 못한 때에는 그러하지 아니하다.

제645조 삭제 〈1991. 12. 31.〉

제646조(대리인이 안 것의 효과) 대리인에 의하여 보험계약을 체결한 경우에 **대리인이 안 사유는 그 본인이 안 것과 동일한 것**으로 한다.

제646조의2(보험대리상 등의 권한) ① 보험대리상은 다음 각 호의 권한이 있다.
 1. 보험계약자로부터 보험료를 수령할 수 있는 권한
 2. 보험자가 작성한 보험증권을 보험계약자에게 교부할 수 있는 권한
 3. 보험계약자로부터 청약, 고지, 통지, 해지, 취소 등 보험계약에 관한 의사표시를 수령할 수 있는 권한
 4. 보험계약자에게 보험계약의 체결, 변경, 해지 등 보험계약에 관한 의사표시를 할 수 있는 권한
② 제1항에도 불구하고 보험자는 보험대리상의 제1항 각 호의 권한 중 일부를 제한할 수 있다. 다만, 보험자는 그러한 권한 제한을 이유로 선의의 보험계약자에게 대항하지 못한다.
③ 보험대리상이 아니면서 특정한 보험자를 위하여 계속적으로 보험계약의 체결을 중개하는 자는 제1항제1호(보험자가 작성한 영수증을 보험계약자에게 교부하는 경우만 해당한다) 및 제2호의 권한이 있다.
④ 피보험자나 보험수익자가 보험료를 지급하거나 보험계약에 관한 의사표시를 할 의무가 있는 경우에는 제1항부터 제3항까지의 규정을 그 피보험자나 보험수익자에게도 적용한다.

제647조(특별위험의 소멸로 인한 보험료의 감액청구) 보험계약의 당사자가 특별한 위험을 예기하여 보험료의 액을 정한 경우에 **보험기간중** 그 예기한 위험이 소멸한 때에는 보험계약자는 그 후의 보험료의 감액을 청구할 수 있다.

제648조(보험계약의 무효로 인한 보험료반환청구) 보험계약의 전부 또는 일부가 **무효**인 경우에 **보험계약자와 피보험자**가 선의이며 중대한 과실이 없는 때에는 보험자에 대하여 보험료의 전부 또는 일부의 반환을 청구할 수 있다. 보험계약자와 보험수익자가 선의이며 중대한 과실이 없는 때에도 같다.

제649조(사고발생전의 임의해지) ① 보험사고가 발생하기 전에는 보험계약자는 **언제든지** 계약의 전부 또는 일부를 해지할 수 있다. 그러나 제639조의 보험계약의 경우에는 보험계약자는 **그 타인의 동의**를 얻지 아니하거나 **보험증권을 소지하지 아니하면** 그 계약을 해지하지 못한다.
② 보험사고의 발생으로 보험자가 보험금액을 지급한 때에도 **보험금액이 감액되지 아니하는 보험**의 경우에는 보험계약자는 그 사고발생후에도 보험계약을 해지할 수 있다.
③ 제1항의 경우에는 보험계약자는 당사자간에 다른 약정이 없으면 **미경과보험료의 반환을 청구**할 수 있다.

제650조(보험료의 지급과 지체의 효과) ① 보험계약자는 계약체결후 지체없이 보험료의 전부 또는 제1회 보험료를 지급하여야 하며, 보험계약자가 이를 지급하지 아니하는 경우에는 다른 약정이 없는 한 계약성립후 2월이 경과하면

그 계약은 해제된 것으로 본다.
② 계속보험료가 약정한 시기에 지급되지 아니한 때에는 보험자는 상당한 기간을 정하여 보험계약자에게 **최고**하고 그 기간내에 지급되지 아니한 때에는 그 계약을 해지할 수 있다.
③ **특정한 타인을 위한 보험**의 경우에 보험계약자가 보험료의 지급을 지체한 때에는 보험자는 그 타인에게도 상당한 기간을 정하여 보험료의 지급을 최고한 후가 아니면 그 계약을 해제 또는 해지하지 못한다.

제650조의2(보험계약의 부활) 제650조제2항에 따라 보험계약이 해지되고 **해지환급금이 지급되지 아니한 경우**에 보험계약자는 일정한 기간내에 연체보험료에 약정이자를 붙여 보험자에게 지급하고 그 계약의 부활을 청구할 수 있다. 제638조의2의 규정은 이 경우에 준용한다.

제651조(고지의무위반으로 인한 계약해지) 보험계약당시에 **보험계약자 또는 피보험자**가 고의 또는 중대한 과실로 인하여 중요한 사항을 고지하지 아니하거나 부실의 고지를 한 때에는 보험자는 그 사실을 안 날로부터 **1월내**에, 계약을 체결한 날로부터 **3년내**에 한하여 계약을 해지할 수 있다. 그러나 **보험자**가 계약당시에 그 사실을 알았거나 중대한 과실로 인하여 알지 못한 때에는 그러하지 아니하다.

제651조의2(서면에 의한 질문의 효력) 보험자가 서면으로 질문한 사항은 **중요한 사항**으로 **추정**한다.

제652조(위험변경증가의 통지와 계약해지) ① 보험기간 중에 **보험계약자 또는 피보험자**가 사고발생의 위험이 현저하게 변경 또는 증가된 사실을 안 때에는 **지체없이** 보험자에게 통지하여야 한다. 이를 해태한 때에는 보험자는 그 사실을 안 날로부터 **1월내**에 한하여 계약을 해지할 수 있다.
② 보험자가 제1항의 위험변경증가의 통지를 받은 때에는 1월내에 보험료의 증액을 청구하거나 계약을 해지할 수 있다.

제653조(보험계약자 등의 고의나 중과실로 인한 위험증가와 계약해지) 보험기간중에 **보험계약자, 피보험자 또는 보험수익자**의 고의 또는 중대한 과실로 인하여 사고발생의 위험이 현저하게 변경 또는 증가된 때에는 보험자는 그 사실을 안 날부터 **1월내에 보험료의 증액을 청구하거나 계약을 해지**할 수 있다.

제654조(보험자의 파산선고와 계약해지) ① 보험자가 파산의 선고를 받은 때에는 보험계약자는 계약을 해지할 수 있다.
② 제1항의 규정에 의하여 해지하지 아니한 보험계약은 **파산선고 후 3월을 경과한 때**에는 그 효력을 잃는다.

제655조(계약해지와 보험금청구권) 보험사고가 발생한 후라도 보험자가 제650조, 제651조, 제652조 및 제653조에 따라 계약을 해지1)하였을 때에는 **보험금을 지급할 책임이 없고 이미 지급한 보험금의 반환을 청구**할 수 있다. 다만, 고지의무(告知義務)를 위반한 사실 또는 위험이 현저하게 변경되거나 증가된 사실이 보험사고 발생에 영향을 미치지 아니하였음이 증명된 경우에는 보험금을 지급할 책임이 있다.

제656조(보험료의 지급과 보험자의 책임개시) 보험자의 **책임**은 당사자간에 다른 약정이 없으면 최초의 보험료의 지급을 받은 때로부터 개시한다.

제657조(보험사고발생의 통지의무) ① **보험계약자 또는 피보험자나 보험수익자**는 보험사고의 발생을 안 때에는 지체없이 보험자에게 그 통지를 발송하여야 한다.
② 보험계약자 또는 피보험자나 보험수익자가 제1항의 통지의무를 해태함으로 인하여 손해가 증가된 때에는 보험자

---

1) 편저 주 - 제650조 (보험료의 지급과 지체의 효과), 제651조 (고지의무위반으로 인한 계약해지), 제652조 (위험변경증가의 통지와 계약해지), 제653조 (보험계약자등의 고의나 중과실로 인한 위험증가와 계약해지)

는 그 증가된 손해를 보상할 책임이 없다.

제658조(보험금액의 지급) 보험자는 보험금액의 지급에 관하여 **약정기간이 있는 경우에는** 그 기간내에 약정기간이 **없는 경우에는** 제657조제1항의 통지를 받은 후 **지체없이** 지급할 보험금액을 정하고 그 정하여진 날부터 10일내에 피보험자 또는 보험수익자에게 보험금액을 지급하여야 한다.

제659조(보험자의 면책사유) ① 보험사고가 **보험계약자 또는 피보험자나 보험수익자의 고의 또는 중대한 과실로** 인하여 생긴 때에는 보험자는 보험금액을 지급할 책임이 없다.
② 삭제 〈1991. 12. 31.〉

제660조(전쟁위험 등으로 인한 면책) 보험사고가 전쟁 기타의 변란으로 인하여 생긴 때에는 **당사자간에 다른 약정이 없으면** 보험자는 보험금액을 지급할 책임이 없다.

제661조(재보험) 보험자는 보험사고로 인하여 부담할 책임에 대하여 다른 보험자와 재보험계약을 체결할 수 있다. 이 재보험계약은 원보험계약의 효력에 영향을 미치지 아니한다.

제662조(소멸시효) 보험금청구권은 3년간, 보험료 또는 적립금의 반환청구권은 3년간, 보험료청구권은 2년간 행사하지 아니하면 시효의 완성으로 소멸한다.

제663조(보험계약자 등의 불이익변경금지) 이 편의 규정은 당사자간의 특약으로 보험계약자 또는 피보험자나 보험수익자의 불이익으로 변경하지 못한다. 그러나 **재보험 및 해상보험** 기타 이와 유사한 보험의 경우에는 그러하지 아니하다.

제664조(상호보험, 공제 등에의 준용) 이 편(編)의 규정은 그 성질에 반하지 아니하는 범위에서 상호보험(相互保險), 공제(共濟), 그 밖에 이에 준하는 계약에 준용한다.

제2장 손해보험

제1절 통칙

제665조(손해보험자의 책임) 손해보험계약의 보험자는 보험사고로 인하여 생길 피보험자의 재산상의 손해를 보상할 책임이 있다.

제666조(손해보험증권) 손해보험증권에는 다음의 사항을 기재하고 보험자가 기명날인 또는 서명하여야 한다.
1. 보험의 목적
2. 보험사고의 성질
3. 보험금액
4. 보험료와 그 지급방법
5. 보험기간을 정한 때에는 그 시기와 종기
6. 무효와 실권의 사유
7. 보험계약자의 주소와 성명 또는 상호
7의2. 피보험자의 주소, 성명 또는 상호
8. 보험계약의 연월일
9. 보험증권의 작성지와 그 작성년월일

제667조(상실이익 등의 불산입) 보험사고로 인하여 상실된 피보험자가 얻을 이익이나 보수는 당사자간에 다른 약정이 없으면 보험자가 보상할 손해액에 산입하지 아니한다.

제668조(보험계약의 목적) 보험계약은 금전으로 산정할 수 있는 이익에 한하여 보험계약의 목적으로 할 수 있다.

제669조(초과보험) ① 보험금액이 보험계약의 목적의 가액을 현저하게 초과한 때에는 보험자 또는 보험계약자는 보험료와 보험금액의 감액을 청구할 수 있다. 그러나 보험료의 감액은 장래에 대하여서만 그 효력이 있다.
② 제1항의 가액은 계약당시의 가액에 의하여 정한다.
③ 보험가액이 보험기간 중에 현저하게 감소된 때에도 제1항과 같다.
④ 제1항의 경우에 계약이 보험계약자의 사기로 인하여 체결된 때에는 그 계약은 무효로 한다. 그러나 보험자는 그 사실을 안 때까지의 보험료를 청구할 수 있다.

제670조(기평가보험) 당사자간에 보험가액을 정한 때에는 그 가액은 사고발생시의 가액으로 정한 것으로 추정한다. 그러나 그 가액이 사고발생시의 가액을 현저하게 초과할 때에는 사고발생시의 가액을 보험가액으로 한다.

제671조(미평가보험) 당사자간에 보험가액을 정하지 아니한 때에는 사고발생시의 가액을 보험가액으로 한다.

제672조(중복보험) ① 동일한 보험계약의 목적과 동일한 사고에 관하여 수개의 보험계약이 동시에 또는 순차로 체결된 경우에 그 보험금액의 총액이 보험가액을 초과한 때에는 보험자는 각자의 보험금액의 한도에서 연대책임을 진다. 이 경우에는 각 보험자의 보상책임은 각자의 보험금액의 비율에 따른다.
② 동일한 보험계약의 목적과 동일한 사고에 관하여 수개의 보험계약을 체결하는 경우에는 보험계약자는 각 보험자에 대하여 각 보험계약의 내용을 통지하여야 한다.
③ 제669조제4항의 규정은 제1항의 보험계약에 준용한다.

제673조(중복보험과 보험자 1인에 대한 권리포기) 제672조의 규정에 의한 수개의 보험계약을 체결한 경우에 보험자 1인에 대한 권리의 포기는 다른 보험자의 권리의무에 영향을 미치지 아니한다.

제674조(일부보험) 보험가액의 일부를 보험에 붙인 경우에는 보험자는 보험금액의 보험가액에 대한 비율에 따라 보상할 책임을 진다. 그러나 당사자간에 다른 약정이 있는 때에는 보험자는 보험금액의 한도내에서 그 손해를 보상할 책임을 진다.

제675조(사고발생 후의 목적멸실과 보상책임) 보험의 목적에 관하여 보험자가 부담할 손해가 생긴 경우에는 그 후 그 목적이 보험자가 부담하지 아니하는 보험사고의 발생으로 인하여 멸실된 때에도 보험자는 이미 생긴 손해를 보상할 책임을 면하지 못한다.

제676조(손해액의 산정기준) ① 보험자가 보상할 손해액은 그 손해가 발생한 때와 곳의 가액에 의하여 산정한다. 그러나 당사자간에 다른 약정이 있는 때에는 그 신품가액에 의하여 손해액을 산정할 수 있다.
② 제1항의 손해액의 산정에 관한 비용은 보험자의 부담으로 한다.

제677조(보험료체납과 보상액의 공제) 보험자가 손해를 보상할 경우에 보험료의 지급을 받지 아니한 잔액이 있으면 그 지급기일이 도래하지 아니한 때라도 보상할 금액에서 이를 공제할 수 있다.

제678조(보험자의 면책사유) 보험의 목적의 성질, 하자 또는 자연소모로 인한 손해는 보험자가 이를 보상할 책임이 없다.

제679조(보험목적의 양도) ① 피보험자가 보험의 목적을 양도한 때에는 양수인은 보험계약상의 권리와 의무를 승계한 것으로 추정한다.

② 제1항의 경우에 보험의 목적의 **양도인 또는 양수인**은 보험자에 대하여 지체없이 그 사실을 통지하여야 한다.

제680조(손해방지의무) ① **보험계약자와 피보험자**는 손해의 방지와 경감을 위하여 노력하여야 한다. 그러나 이를 위하여 필요 또는 유익하였던 비용과 보상액이 보험금액을 초과한 경우라도 보험자가 이를 부담한다.
② 삭제 〈1991. 12. 31.〉

제681조(보험목적에 관한 보험대위) 보험의 목적의 **전부가 멸실**한 경우에 **보험금액의 전부를 지급한 보험자**는 그 목적에 대한 피보험자의 권리를 취득한다. 그러나 **보험가액의 일부를 보험에 붙인 경우**에는 보험자가 취득할 권리는 보험금액의 보험가액에 대한 비율에 따라 이를 정한다.

제682조(제3자에 대한 보험대위) ① 손해가 제3자의 행위로 인하여 발생한 경우에 보험금을 지급한 보험자는 그 지급한 금액의 한도에서 그 제3자에 대한 보험계약자 또는 피보험자의 권리를 취득한다. 다만, **보험자가 보상할 보험금의 일부를 지급한 경우**에는 피보험자의 권리를 침해하지 아니하는 범위에서 그 권리를 행사할 수 있다.
② 보험계약자나 피보험자의 제1항에 따른 권리가 그와 생계를 같이 하는 가족에 대한 것인 경우 보험자는 그 권리를 취득하지 못한다. 다만, 손해가 그 가족의 **고의**로 인하여 발생한 경우에는 그러하지 아니하다.

제2절 화재보험

제683조(화재보험자의 책임) 화재보험계약의 보험자는 화재로 인하여 생길 손해를 보상할 책임이 있다.

제684조(소방 등의 조치로 인한 손해의 보상) 보험자는 화재의 소방 또는 손해의 감소에 필요한 조치로 인하여 생긴 손해를 보상할 책임이 있다.

제685조(화재보험증권) 화재보험증권에는 제666조에 게기한 사항외에 다음의 사항을 기재하여야 한다.
1. 건물을 보험의 목적으로 한 때에는 그 소재지, 구조와 용도
2. 동산을 보험의 목적으로 한 때에는 그 존치한 장소의 상태와 용도
3. 보험가액을 정한 때에는 그 가액

제686조(집합보험의 목적) 집합된 물건을 일괄하여 보험의 목적으로 한 때에는 **피보험자의 가족과 사용인의 물건도 보험의 목적에 포함**된 것으로 한다. 이 경우에는 그 보험은 그 가족 또는 사용인을 위하여서도 체결한 것으로 본다.

제687조(동전) 집합된 물건을 일괄하여 보험의 목적으로 한 때에는 그 목적에 속한 물건이 보험기간중에 수시로 교체된 경우에도 **보험사고의 발생 시에 현존한 물건**은 보험의 목적에 포함된 것으로 한다.

이패스 손해평가사 1차 기본서

제4편

부록

제1장 부록

01 상법상의 명시된 기간 관련조항

■ 고지의무 해지

보험계약 당시에 보험계약자 또는 피보험자가 고의 또는 중대한 과실로 인하여 중요한 사항을 고지하지 아니하거나 부실의 고지를 한 때에는 보험자는 그 사실을 안 날로부터 (1월)내에, 계약을 체결한 날로부터 (3년)내에 한하여 계약을 해지할 수 있다.

■ 소멸시효

3년 - 보험금청구권은 (3년간), 보험료반환청구건, 적립금의 반환청구권은 (3년간)

2년 - 보험료청구권은 (2년)

■ 약관교부설명의무 위반

보험자는 보험계약을 체결할 때 보험계약자에게 보험약관을 교부하고 그 약관의 중요한 내용을 설명하여야 한다. 보험자가 약관의 교부설명의무를 위반한 경우 보험계약자는 보험계약이 성립한 날부터 (3개월) 이내에 그 계약을 취소할 수 있다.

■ 보험자의 파산시

보험자가 파산의 선고를 받은 때에는 보험계약자는 계약을 해지할 수 있다. 해지하지 아니한 보험계약은 파산선고 후 (3월)을 경과한 때에는 그 효력을 잃는다.

■ 1회보험료 부지급으로 인한 해제조건

보험계약자는 계약체결 후 지체 없이 보험료의 전부 또는 제1회 보험료를 지급하여야 하며, 보험계약자가 이를 지급하지 아니하는 경우에는 다른 약정이 없는 한 계약성립 후 (2월)이 경과하면 그 계약은 해제된 것으로 본다.

■ 고지·통지의무 위반시 해지사유 안 날로 부터

(1) 보험계약 당시에 보험계약자 또는 피보험자가 고의 또는 중대한 과실로 인하여 중요한 사항을 고지하지 아니하거나 부실의 고지를 한 때에는 보험자는 그 사실을 안 날로부터 (1월)내에, 계약을 체결한 날로부터 (3년) 내에 한하여 계약을 해지할 수 있다.

(2) 보험기간 중에 보험계약자 또는 피보험자가 사고발생의 위험이 현저하게 변경 또는 증가된 사실을 안 때에는 지체 없이 보험자에게 통지하여야 한다. 이를 해태한 때에는 보험자는 그 사실을 안 날로부터 (1월)내에 한하여 계약을 해지할 수 있다. 보험자가 위험변경증가의 통지를 받은 때에는 (1월)내에 보험료의 증액을 청구하거나 계약을 해지할 수 있다.

(3) 보험기간 중에 보험계약자, 피보험자 또는 보험수익자의 고의 또는 중대한 과실로 인하여 사고발생의 위험이 현저하게 변경 또는 증가된 때에는 보험자는 그 사실을 안 날부터 (1월)내에 보험료의 증액을 청구하거나 계약을 해지할 수 있다.

■ 증권에 관한 이의제기 – 이의신청 기간은 1월 "이상"으로 정하여야 한다.

보험계약의 당사자는 보험증권의 교부가 있는 날로부터 일정한 기간 내에 한하여 그 증권내용의 정부에 관한 이의를 할 수 있음을 약정할 수 있다. 이 기간은 (1월)을 내리지 못한다.

■ 낙부통지 기간

보험자가 보험계약자로부터 보험계약의 청약과 함께 보험료 상당액의 전부 또는 일부의 지급을 받은 때에는 다른 약정이 없으면 (30일)내에 그 상대방에 대하여 낙부의 통지를 발송하여야 한다. 그러나 인보험계약의 피보험자가 신체검사를 받아야 하는 경우에는 그 기간은 신체검사를 받은 날부터 기산한다. (보험계약의 성립)

■ 보험금 지급기일

보험자는 보험금액의 지급에 관하여 약정기간이 있는 경우에는 그 기간 내에 약정기간이 없는 경우에는 제657조제1항의 통지를 받은 후 지체 없이 지급할 보험금액을 정하고 그 정하여진 날부터 (10일)내에 피보험자 또는 보험수익자에게 보험금액을 지급하여야 한다.

02 상법상의 명시된 "다른 약정" 관련조항

1. 다른 약정이 없다면 (당사자간에 다른 약정으로 정할 수 있는 조항들)

제638조의2(보험계약의 성립)
① 보험자가 보험계약자로부터 보험계약의 청약과 함께 보험료 상당액의 전부 또는 일부의 지급을 받은 때에는 다른 약정이 없으면 30일내에 그 상대방에 대하여 낙부의 통지를 발송하여야 한다.
(→ 낙부통지기간을 달리 약정할 수 있다.)

제649조(사고발생전의 임의해지)
② 보험사고가 발생하기 전에는 보험계약자는 언제든지 계약의 전부 또는 일부를 해지할 수 있다. 보험계약자는 당사자 간에 다른 약정이 없으면 미경과보험료의 반환을 청구할 수 있다.
(→ 미경과보험료를 반환하지 않도록 약정할 수도 있다.)

제650조(보험료의 지급과 지체의 효과)
③ 보험계약자는 계약체결 후 지체 없이 보험료의 전부 또는 제1회 보험료를 지급하여야 하며, 보험계약자가 이를 지급하지 아니하는 경우에는 다른 약정이 없는 한 계약성립 후 2월이 경과하면 그 계약은 해제된 것으로 본다. (→ 2개월 경과되어도 해제되지 않는 약정도 가능하다.)

제656조(보험료의 지급과 보험자의 책임개시)
④ 보험자의 책임은 당사자 간에 다른 약정이 없으면 최초의 보험료의 지급을 받은 때로부터 개시한다.
(→ 암보험과 같이 최초보험료 지급 받고 90일 후 책임개시하도록 약정할 수 있다.)

제660조(전쟁위험 등으로 인한 면책)
⑤ 보험사고가 전쟁 기타의 변란으로 인하여 생긴 때에는 당사자 간에 다른 약정이 없으면 보험자는 보험금액을 지급할 책임이 없다.
(→ 전쟁변란도 보험금 지급가능하게 약정할 수 있다.)

제667조(상실이익 등의 불산입)
⑥ 보험사고로 인하여 상실된 피보험자가 얻을 이익이나 보수는 당사자 간에 다른 약정이 없으면 보험자가 보상할 손해액에 산입하지 아니한다.
(→ 급여, 보수, 영업손실 등도 보상하도록 약정가능하다.)

2. 다른 약정 - 있는 때

제674조(일부보험)
① 보험가액의 일부를 보험에 붙인 경우에는 보험자는 보험금액의 보험가액에 대한 비율에 따라 보상할 책임을 진다. 그러나 당사자 간에 다른 약정이 있는 때에는 보험자는 보험금액의 한도내에서 그 손해를 보상할 책임을 진다.

제676조(손해액의 산정기준)
② 보험자가 보상할 손해액은 그 손해가 발생한 때와 곳의 가액에 의하여 산정한다. 그러나 당사자 간에 다른 약정이 있는 때에는 그 신품가액에 의하여 손해액을 산정할 수 있다.

03 상법상 보험료 감액 및 반환청구사유

1. 감액사유

(1) 제647조(특별위험 소멸로 인한 보험료의 감액청구)

(2) 제669조(초과보험)에서 보험금액이 보험가액을 현저히 초과한 경우

2. 반환사유

(1) 보험계약이 취소 및 무효된 경우

① 취소
(상법 제638조의3) 보험약관의 교부·설명의무를 이행하지 않은 경우 3개월 이내에 계약을 취소

② 무효
보험계약의 전부 또는 일부가 무효인 경우에 보험계약자와 피보험자, 보험계약자와 보험수익자가 선의이며 중대한 과실이 없는 때에 한하여 보험자에게 보험료의 전부 또는 일부의 반환을 청구할 수 있다.

(2) 보험사고발생 전에 임의해지

③ 보험사고가 발생하기 전에 보험계약자는 언제든지 계약의 전부 또는 일부를 해지할 수 있다.(상법 제649조) 이 경우 보험계약자는 당사자 간에 다른 약정이 없으면 미경과보험료의 반환을 청구할 수 있다.

04 상법상 보험금액 감액 및 반환 청구사유

(1) 제669(초과보험) 보험금액이 보험가액을 현저히 초과한 경우 보험자 또는 계약자는 보험료와 보험금액의 감액을 청구할 수 있다.

(2) 제655조(계약해지와 보험금청구권) 제650조 계속보험료 미납으로 인한 계약 해지, 제651조 고지의무위반으로 인한 계약 해지, 제652조 위험변경·증가의 통지의무위반으로 인한 계약 해지, 제653조 보험계약자 등의 고의나 중과실로 인한 위험증가와 계약해지(위험유지의무위반)보험금을 지급할 책임이 없고 이미 지급한 금액이 있으면 보험금의 반환을 청구할 수 있다.

05 보험계약자·피보험자·보험수익자 의무

의무/의무이행자	계약자	피보험자	수익자
고지의무	O	O	×
위험변경·증가의 통지의무	O	O	×
위험유지의무	O	O	O
보험사고발생 통지의무	O	O	O
손해방지의무	O	O	×

06 상법상 "추정" 한다.

상법 제651조 (고지의무)

(1) 보험자가 서면으로 질문한 사항은 중요한 사항으로 추정한다.
  (본다(×), 간주한다(×), 의제한다(×))

제679조 (보험목적의 양도)

(2) 피보험자가 보험의 목적 양도시 양수인은 보험계약상 권리, 의무를 승계한 것으로 추정한다.
  (본다(×), 간주한다(×), 의제한다(×))

07 보험증권

1. 기재사항

보험종류	기재사항
손해보험증권 기재사항	1. 보험의 목적 2. 보험사고의 성질 3. 보험금액 4. 보험료와 그 지급방법 5. 보험기간을 정한 때에는 그 시기와 종기 6. 무효와 실권의 사유 7. 보험계약자의 주소와 성명 또는 상호 7의2. 피보험자의 주소, 성명 또는 상호 8. 보험계약의 연월일 9. 보험증권의 작성지와 그 작성년월일
화재보험증권 기재사항 (상기6개 +3개 추가)	1. 건물을 보험의 목적으로 한 때에는 그 소재지, 구조와 용도 2. 동산을 보험의 목적으로 한 때에는 그 존치한 장소의 상태와 용도 3. 보험가액을 정한 때에는 그 가액

2. 보험증권 관련사항

① 교부의무 : 계약 성립 후 그 증거로 교부하는 것, 최초보험료 지급 없으면 교부의무 없음. 요식행위

② 이의제기기간 : 교부한 날로 부터 1개월 이상의 기간설정

③ 재교부시 작성비용 : 멸실, 훼손시 보험계약자 부담(보험자 부담(×))

④ 타인을 위한 계약 임의 해지시 : 타인의 동의 또는 증권소지

⑤ 증권교부자 : 보험대리상 +보험설계사도 교부가능

08 상법상 의무위반시 효과

위반 유형	위반 효과
보험약관·교부·설명의무 위반	취소
고지의무위반	해지
(객관적) 위험변경·증가 통지의무 위반	통지하지 않은 때 : 해지 통지한 때 : 해지 또는 보험료 증액
(주관적) 위험변경·증가 의무위반 (당사자가 야기한) ※ 통지의무 규정 없음	계약 해지 또는 보험료 증액
최초보험료 납입의무 위반	해제 (다른 약정 없으면 2월 경과 시)
계속보험료 납입의무 위반	해지(최고 절차 후 해지가능)
손해방지의무 위반	법규정 없음 판례상 증가된 손해 보상(X)
보험사고발생 통지의무 위반	증가된 손해 보상(X)

www.epasskorea.com

과목 02

농어업재해보험법령

01 농어업재해보험법
02 농업재해보험 손해평가요령

이패스 손해평가사 1차 기본서

제1편

농어업재해보험법

제1장 총칙
제2장 재해보험사업
제3장 재보험사업 및 농어업재해재보험기금
제4장 보험사업의 관리
제5장 벌칙

제1장 총칙

01 목적 및 정의

1. 목적

(1) 농어업재해보험법

이 법은 **농어업재해**로 인하여 발생하는 **농작물, 임산물, 양식수산물, 가축과 농어업용 시설물의 피해에 따른 손해를 보상**하기 위한 농어업재해보험에 관한 사항을 규정함으로써 **농어업 경영의 안정과 생산성 향상**에 이바지하고 **국민경제의 균형 있는 발전**에 기여함을 목적으로 한다(법 제1조).

(2) 농어업재해보험법 시행령

이 영은 「농어업재해보험법」에서 위임된 사항과 그 시행에 필요한 사항을 규정함을 목적으로 한다(영 제1조).

2. 용어의 정의

이 법에서 사용하는 용어의 뜻은 다음과 같다(법 제2조).

1. 농어업재해	① 농업재해 농작물·임산물·가축 및 농업용 시설물에 발생하는 **자연재해·병충해·조수해(鳥獸害)·질병 또는 화재** ※ 농어촌 주민의 주택에 발생하는 화재(×) ② 어업재해 양식수산물 및 어업용 시설물에 발생하는 **자연재해·질병 또는 화재**
2. 농어업재해보험	농어업재해로 발생하는 **재산 피해**에 따른 손해를 보상하기 위한 보험 ※ 인명 및 재산 피해(×)
3. 보험가입금액	보험가입자의 재산 피해에 따른 손해가 발생한 경우 **보험에서 최대로 보상할 수 있는 한도액**으로서 보험가입자와 보험사업자 간에 **약정**한 금액
4. 보험료	보험가입자와 보험사업자 간의 약정에 따라 **보험가입자가 보험사업자에게 내야** 하는 금액

5. 보험금	보험가입자에게 재해로 인한 재산 피해에 따른 손해가 발생한 경우 보험가입자와 보험사업자 간의 약정에 따라 보험사업자가 보험가입자에게 지급하는 금액
6. 시범사업	농어업재해보험사업(이하 "재해보험사업"이라 한다)을 전국적으로 실시하기 전에 보험의 효용성 및 보험 실시 가능성 등을 검증하기 위하여 일정 기간 제한된 지역에서 실시하는 보험사업 ※ 보험대상 지역(×), 재해 지역(×)에서 실시

02 기본계획 및 시행계획

1. 재해보험 발전 기본계획의 수립·시행

(1) 기본계획의 수립·시행

농림축산식품부장관과 해양수산부장관은 농어업재해보험(이하 "재해보험"이라 한다)의 활성화를 위하여 농업재해보험심의회 또는 「수산업·어촌 발전 기본법」 제8조 제1항에 따른 중앙 수산업·어촌정책심의회의 심의를 거쳐 재해보험 발전 기본계획(이하 "기본계획"이라 한다)을 5년마다 수립·시행하여야 한다(법 제2조의2 제1항).

(2) 기본계획의 내용

기본계획에는 다음 각 호의 사항이 포함되어야 한다(법 제2조의2 제2항).

> 1. 재해보험사업의 발전 방향 및 목표
> 2. 재해보험의 종류별 가입률 제고 방안에 관한 사항
> 3. 재해보험의 대상 품목 및 대상 지역에 관한 사항
> 4. 재해보험사업에 대한 지원 및 평가에 관한 사항
> 5. 그 밖에 재해보험 활성화를 위하여 농림축산식품부장관 또는 해양수산부장관이 필요하다고 인정하는 사항

※ 손해평가인의 정기교육에 관한 사항(×)

2. 시행계획의 수립·시행

농림축산식품부장관과 해양수산부장관은 기본계획에 따라 매년 재해보험 발전 시행계획(이하 "시행계획"이라 한다)을 수립·시행하여야 한다(법 제2조의2 제3항).

3. 통계자료의 반영

농림축산식품부장관과 해양수산부장관은 기본계획 및 시행계획을 수립하고자 할 경우 제26조에 따른 통계자료(註: 지역별, 재해별 통계자료)를 반영하여야 한다(법 제2조의2 제4항).

4. 관련 자료 및 정보 제공의 요청

농림축산식품부장관 또는 해양수산부장관은 기본계획 및 시행계획의 수립·시행을 위하여 필요한 경우에는 **관계 중앙행정기관의 장, 지방자치단체의 장, 관련 기관단체의 장**에게 관련 자료 및 정보의 제공을 요청할 수 있다. 이 경우 자료 및 정보의 제공을 요청받은 자는 특별한 사유가 없으면 그 요청에 따라야 한다(법 제2조의2 제5항).

5. 하위 법령

그 밖에 기본계획 및 시행계획의 수립·시행에 필요한 사항은 대통령령으로 정한다(법 제2조의2 제6항).

03 재해보험 등의 심의

1. 개요

재해보험 및 농어업재해재보험(이하 "재보험"이라 한다)에 관한 다음 각 호의 사항은 농업재해보험심의회 또는 「수산업·어촌 발전 기본법」 제8조 제1항에 따른 중앙 수산업·어촌정책심의회의 심의를 거쳐야 한다(법 제2조의3).

> 1. 재해보험에서 보상하는 재해의 범위에 관한 사항
> 2. 재해보험사업에 대한 재정지원에 관한 사항
> 3. 손해평가의 방법과 절차에 관한 사항
> 4. 농어업재해재보험사업(이하 "재보험사업"이라 한다)에 대한 정부의 책임범위에 관한 사항
> 5. 재보험사업 관련 자금의 수입과 지출의 적정성에 관한 사항
> 6. 그 밖에 농업재해보험심의회의 위원장 또는 「수산업·어촌 발전 기본법」 제8조 제1항에 따른 중앙 수산업·어촌정책심의회의 위원장이 재해보험 및 재보험에 관하여 회의에 부치는 사항

2. 농업재해보험심의회의 설치 및 심의사항

농업재해보험 및 농업재해재보험에 관한 다음 각 호의 사항을 심의하기 위하여 농림축산식품부장관 소속으로 농업재해보험심의회(이하 이 조에서 "심의회"라 한다)를 둔다(법 제3조 제1항).

1. 제2조의3 각 호의 사항
   ① 재해보험에서 보상하는 재해의 범위에 관한 사항
   ② 재해보험사업에 대한 재정지원에 관한 사항
   ③ 손해평가의 방법과 절차에 관한 사항
   ④ 농어업재해재보험사업(이하 "재보험사업"이라 한다)에 대한 정부의 책임범위에 관한 사항
   ⑤ 재보험사업 관련 자금의 수입과 지출의 적정성에 관한 사항
   ⑥ 그 밖에 농업재해보험심의회의 위원장 또는 「수산업·어촌 발전 기본법」 제8조 제1항에 따른 중앙수산업·어촌정책심의회의 위원장이 재해보험 및 재보험에 관하여 회의에 부치는 사항
2. 재해보험 목적물의 선정에 관한 사항
3. 기본계획의 수립·시행에 관한 사항
4. 다른 법령에서 심의회의 심의사항으로 정하고 있는 사항

※ 재해보험 상품의 인가(×)

3. 심의회의 구성 및 운영

(1) 구성원 (법 제3조 제2항 ~ 제5항)

① 심의회는 위원장 및 부위원장 각 1명을 포함한 21명 이내의 위원으로 구성한다.
② 심의회의 위원장은 농림축산식품부차관으로 하고, 부위원장은 위원 중에서 호선(互選)한다.

  ※ 위원장은 농림축산식품부장관 및 해양수산부장관(×), 부위원장은 위원 중에서 농림축산식품부장관이 지명(×)

③ 심의회의 위원은 다음 각 호의 어느 하나에 해당하는 사람 중에서 농림축산식품부장관이 임명하거나 위촉하는 사람으로 한다. 이 경우 다음 각 호에 해당하는 사람이 각각 1명 이상 포함되어야 한다.

1. 농림축산식품부장관이 재해보험이나 농업에 관한 학식과 경험이 풍부하다고 인정하는 사람
2. 농림축산식품부의 재해보험을 담당하는 3급 공무원 또는 고위공무원단에 속하는 공무원
3. 자연재해 또는 보험 관련 업무를 담당하는 기획재정부·행정안전부·해양수산부·금융위원회·산림청의 3급 공무원 또는 고위공무원단에 속하는 공무원
4. 농림축산업인단체의 대표

④ 제4항 제1호의 위원(註: 농림축산식품부장관이 재해보험이나 농업에 관한 학식과 경험이 풍부하다고 인정하는 사람)의 임기는 3년으로 한다.

(2) 위원장과 부위원장의 직무 (영 제2조)

① 위원장은 심의회를 대표하며, 심의회의 업무를 총괄한다.
② 심의회의 부위원장은 위원장을 보좌하며, 위원장이 부득이한 사유로 직무를 수행할 수 없을 때에는 그 직무를 대행한다.

(3) 회의 (영 제3조)

① 위원장은 심의회의 회의를 소집하며, 그 의장이 된다.

② 심의회의 회의는 **재적위원 3분의 1 이상의 요구**가 있을 때 또는 **위원장**이 필요하다고 인정할 때에 소집한다.

  ※ 재적위원 과반수의 요구(×), 재적위원 5분의 1 이상의 요구(×)

③ 심의회의 회의는 **재적위원 과반수의 출석**으로 개의(開議)하고, **출석위원 과반수의 찬성**으로 의결한다.

  ※ 재적위원 3분의 1 이상의 출석으로 개의(×)

(4) 위원의 해촉 (영 제3조의2)

농림축산식품부장관은 법 제3조 제4항 제1호에 따른 위원(註: 농림축산식품부장관 또는 해양수산부장관이 재해보험이나 농어업에 관한 학식과 경험이 풍부하다고 인정하는 사람)이 다음 각 호의 어느 하나에 해당하는 경우에는 해당 위원을 해촉(解囑)할 수 있다.

> 1. **심신장애**로 인하여 직무를 수행할 수 없게 된 경우
> 2. **직무와 관련된 비위사실**이 있는 경우 ※ 직무와 관련 없는 비위사실(×)
> 3. **직무태만, 품위손상**이나 그 밖의 사유로 인하여 위원으로 적합하지 아니하다고 인정되는 경우
> 4. 위원 스스로 직무를 수행하는 것이 곤란하다고 **의사**를 밝히는 경우

(5) 분과위원회 (법 제3조 제6항, 영 제4조)

① 설치

  심의회는 그 심의 사항을 검토·조정하고, 심의회의 심의를 보조하게 하기 위하여 심의회에 분과위원회를 둔다.

② 종류

  ㉠ **농작물재해보험분과위원회**
  ㉡ **임산물재해보험분과위원회**
  ㉢ **가축재해보험분과위원회**
  ㉣ 그 밖에 대통령령으로 정하는 바에 따라 두는 분과위원회(註: **농업인안전분과위원회**)

③ 업무

  분과위원회는 다음의 구분에 따른 사항을 검토·조정하여 심의회에 보고한다.
  ㉠ 농작물재해보험분과위원회 : 재해보험 및 재보험에 관한 심의사항 중 농작물재해보험에 관한 사항
  ㉡ 임산물재해보험분과위원회 : 재해보험 및 재보험에 관한 심의사항 중 임산물재해보험에 관한 사항
  ㉢ 가축재해보험분과위원회 : 재해보험 및 재보험에 관한 심의사항 중 가축재해보험에 관한 사항
  ㉣ 농업인안전보험분과위원회 : 「농어업인의 안전보험 및 안전재해예방에 관한 법률」 제5조(보험사

업에 관한 심의)에 따른 심의사항 중 농업인안전보험에 관한 사항
④ 구성과 운영
　㉠ 분과위원회는 **분과위원장 1명을 포함한 9명 이내의 분과위원**으로 **성별을 고려**하여 구성한다.
　㉡ **분과위원장 및 분과위원**은 심의회의 위원 중에서 전문적인 지식과 경험 등을 고려하여 **위원장이 지명**한다.
　㉢ 분과위원회의 회의는 **위원장 또는 분과위원장**이 필요하다고 인정할 때에 소집한다.
　㉣ 위원장은 분과위원회를 대표하며, 분과위원회의 업무를 총괄한다.
　㉤ 위원장은 분과위원회의 회의를 소집하며, 그 의장이 된다.
　㉥ 회의는 재적위원 과반수의 출석으로 개의(開議)하고, 출석위원 과반수의 찬성으로 의결한다.

(6) 의견청취 (법 제3조 제7항)

심의회는 제1항 각 호의 사항을 심의하기 위하여 필요한 경우에는 농업재해보험에 관하여 전문지식이 있는 자, 농업인 또는 이해관계자의 의견을 들을 수 있다

(7) 수당 등 (영 제5조)

심의회 또는 분과위원회에 출석한 위원 또는 분과위원에게는 예산의 범위에서 수당, 여비 또는 그 밖에 필요한 경비를 지급할 수 있다. 다만, 공무원인 위원 또는 분과위원이 그 소관 업무와 직접 관련하여 심의회 또는 분과위원회에 출석한 경우에는 그러하지 아니하다.

(8) 운영세칙 (영 제6조)

영 제2조(위원장과 부위원장의 직무), 제3조(회의), 제3조의2(위원의 해촉), 제4조(분과위원회) 및 제5조(수당 등)에서 규정한 사항 외에 심의회 또는 분과위원회의 운영에 필요한 사항은 심의회의 의결을 거쳐 위원장이 정한다.

확인문제

01 다음 중 「농어업재해보험법」의 목적과 거리가 먼 것은?

① 농어업인의 안전재해 예방
② 농어업 경영의 안정
③ 농어업의 생산성 향상
④ 국민경제의 균형 있는 발전

> 농어업재해보험법 제1조(목적) 이 법은 농어업재해로 인하여 발생하는 농작물, 임산물, 양식수산물, 가축과 농어업용 시설물의 피해에 따른 손해를 보상하기 위한 농어업재해보험에 관한 사항을 규정함으로써 **농어업 경영의 안정과 생산성 향상**에 이바지하고 **국민경제의 균형 있는 발전**에 기여함을 목적으로 한다

02 농어업재해보험법상 농어업재해에 관한 설명이다. ( )에 들어갈 내용을 순서대로 옳게 나열한 것은? ▶ 2020년 손해평가사 6회

> "농어업재해"란 농작물·임산물·가축 및 농업용 시설물에 발생하는 자연재해·병충해·(ㄱ)·질병 또는 화재와 양식수산물 및 어업용 시설물에 발생하는 자연재해·질병 또는 (ㄴ)를 말한다.

① ㄱ: 지진, ㄴ: 조수해(鳥獸害)
② ㄱ: 조수해(鳥獸害), ㄴ: 풍수해
③ ㄱ: 조수해(鳥獸害), ㄴ: 화재
④ ㄱ: 지진, ㄴ: 풍수해

> 농어업재해보험법 제2조(정의) 이 법에서 사용하는 용어의 뜻은 다음과 같다
> 1. "농어업재해"란 농작물·임산물·가축 및 농업용 시설물에 발생하는 **자연재해·병충해·조수해(鳥獸害)·질병 또는 화재**(이하 "농업재해"라 한다)와 양식수산물 및 어업용 시설물에 발생하는 **자연재해·질병 또는 화재**(이하 "어업재해"라 한다)를 말한다.

03 농어업재해보험법상 용어의 정의로 옳지 않은 것은? ▶ 2023년 손해평가사 9회

① "농업재해"란 농작물·임산물·가축 및 농업용 시설물에 발생하는 자연재해·병충해·조수해(鳥獸害)·질병 또는 화재를 말한다.
② "농어업재해보험"이란 농어업재해로 발생하는 재산 피해에 따른 손해를 보상하기 위한 보험을 말한다.
③ "보험금"이란 보험가입자와 보험사업자 간의 약정에 따라 보험가입자가 보험사업자에게 내야 하는 금액을 말한다.
④ "보험가입금액"이란 보험가입자의 재산 피해에 따른 손해가 발생한 경우 보험에서 최대로 보상할 수 있는 한도액으로서 보험가입자와 보험사업자 간에 약정한 금액을 말한다.

정답 01 ① 02 ③ 03 ③

③ (×) **보험료**에 대한 설명이다. "보험금"은 보험가입자에게 재해로 인한 재산 피해에 따른 손해가 발생한 경우 보험가입자와 보험사업자 간의 약정에 따라 보험사업자가 보험가입자에게 지급하는 금액을 말한다.

04 농어업재해보험법령상 용어의 정의로 옳지 않은 것은? ▶ 2025년 손해평가사 11회

① "어업재해"란 양식수산물 및 어업용 시설물에 발생하는 자연재해·병충해·조수해(鳥獸害)를 말한다.
② "농어업재해보험"이란 농어업재해로 발생하는 재산 피해에 따른 손해를 보상하기 위한 보험을 말한다.
③ "보험가입금액"이란 보험가입자의 재산 피해에 따른 손해가 발생한 경우 보험에서 최대로 보상할 수 있는 한도액으로서 보험가입자와 보험사업자 간에 약정한 금액을 말한다.
④ "보험료"란 보험가입자와 보험사업자 간의 약정에 따라 보험가입자가 보험사업자에게 내야 하는 금액을 말한다.

 ① (×) "농어업재해"란 농작물·임산물·가축 및 농업용 시설물에 발생하는 자연재해·병충해·조수해(鳥獸害)·질병 또는 화재(이하 "농업재해"라 한다)와 양식수산물 및 어업용 시설물에 발생하는 **자연재해·질병 또는 화재**(이하 "**어업재해**"라 한다)를 말한다.

05 농어업재해보험법령상 용어의 정의에 따를 때 "보험가입자와 보험사업자 간의 약정에 따라 보험가입자가 보험사업자에게 내야 하는 금액"은? ▶ 2024 손해평가사 10회

① 보험금   ② 보험료
③ 보험가액   ④ 보험가입금액

 농어업재해보험법 제2조(정의) 이 법에서 사용하는 용어의 뜻은 다음과 같다.
3. "**보험가입금액**"이란 보험가입자의 재산 피해에 따른 손해가 발생한 경우 보험에서 최대로 보상할 수 있는 한도액으로서 보험가입자와 보험사업자 간에 약정한 금액을 말한다.
4. "**보험료**"란 보험가입자와 보험사업자 간의 약정에 따라 보험가입자가 보험사업자에게 내야 하는 금액을 말한다.
5. "**보험금**"이란 보험가입자에게 재해로 인한 재산 피해에 따른 손해가 발생한 경우 보험가입자와 보험사업자 간의 약정에 따라 보험사업자가 보험가입자에게 지급하는 금액을 말한다.

정답 04 ①   05 ②

확인문제

06 농어업재해보험법상 재해보험 발전 기본계획에 포함되어야 하는 사항으로 명시되지 않은 것은?

▶ 2022년 손해평가사 8회

① 재해보험의 종류별 가입률 제고 방안에 관한 사항
② 손해평가인의 정기교육에 관한 사항
③ 재해보험사업에 대한 지원 및 평가에 관한 사항
④ 재해보험의 대상 품목 및 대상 지역에 관한 사항

- 재해보험 발전 기본계획의 내용 (법 제2조의2 제2항)
  1. 재해보험사업의 발전 방향 및 목표
  2. 재해보험의 **종류별 가입률 제고 방안**에 관한 사항
  3. **재해보험의 대상 품목 및 대상 지역**에 관한 사항
  4. **재해보험사업에 대한 지원 및 평가**에 관한 사항
  5. 그 밖에 재해보험 활성화를 위하여 농림축산식품부장관 또는 해양수산부장관이 필요하다고 인정하는 사항

07 농어업재해보험법령상 재해보험 발전 기본계획 및 시행계획의 수립·시행에 관한 설명으로 옳은 것은?

▶ 2025년 손해평가사 11회

① 농림축산식품부장관과 해양수산부장관은 기본계획을 3년마다 수립·시행하여야 한다.
② 재해보험의 대상 품목에 관한 사항은 기본계획에 포함되지 않는다.
③ 농림축산식품부장관과 해양수산부장관은 기본계획에 따라 2년마다 시행계획을 수립·시행하여야 한다.
④ 농림축산식품부장관은 시행계획의 수립·시행을 위하여 필요한 경우에는 지방자치단체장에게 관련 정보의 제공을 요청할 수 있다.

① (×) 농림축산식품부장관과 해양수산부장관은 농어업재해보험(이하 "재해보험"이라 한다)의 활성화를 위하여 제3조에 따른 농업재해보험심의회 또는 「수산업·어촌 발전 기본법」 제8조 제1항에 따른 중앙수산업·어촌정책심의회의 심의를 거쳐 재해보험 발전 기본계획(이하 "기본계획"이라 한다)을 **5년마다** 수립·시행하여야 한다(법 제2조의2 제1항).
② (×) 앞의 문제 해설 참고
③ (×) 농림축산식품부장관과 해양수산부장관은 기본계획에 따라 **매년** 재해보험 발전 시행계획(이하 "시행계획"이라 한다)을 수립·시행하여야 한다(법 제2조의2 제3항).

정답 06 ② 07 ④

08 농어업재해보험법령상 농업재해보험심의회의 심의사항에 해당하는 것을 모두 고른 것은?

▶ 2019년 손해평가사 5회

> ㄱ. 재해보험목적물의 선정에 관한 사항
> ㄴ. 재해보험사업에 대한 재정지원에 관한 사항
> ㄷ. 손해평가의 방법과 절차에 관한 사항

① ㄱ, ㄴ
② ㄱ, ㄷ
③ ㄴ, ㄷ
④ ㄱ, ㄴ, ㄷ

- 농업재해보험심의회의 심의사항 (법 제3조 제1항).
  1. 제2조의3 각 호의 사항
     ① 재해보험에서 보상하는 **재해의 범위**에 관한 사항
     ② **재해보험사업에 대한 재정지원**에 관한 사항
     ③ **손해평가의 방법과 절차**에 관한 사항
     ④ 농어업재해재보험사업(이하 "재보험사업"이라 한다)에 대한 **정부의 책임범위**에 관한 사항
     ⑤ 재보험사업 관련 **자금의 수입과 지출의 적정성**에 관한 사항
     ⑥ 그 밖에 농업재해보험심의회의 위원장 또는 「수산업·어촌 발전 기본법」 제8조 제1항에 따른 중앙 수산업·어촌정책심의회의 위원장이 재해보험 및 재보험에 관하여 회의에 부치는 사항
  2. **재해보험 목적물의 선정**에 관한 사항
  3. 기본계획의 수립·시행에 관한 사항
  4. 다른 법령에서 심의회의 심의사항으로 정하고 있는 사항

09 농어업재해보험법상 농업재해보험심의회의 심의사항에 해당되는 것을 모두 고른 것은?

▶ 2022년 손해평가사 8회

> ㄱ. 재해보험에서 보상하는 재해의 범위에 관한 사항
> ㄴ. 손해평가의 방법과 절차에 관한 사항
> ㄷ. 농어업재해재보험사업에 대한 정부의 책임범위에 관한 사항
> ㄹ. 농어업재해재보험사업 관련 자금의 수입과 지출의 적정성에 관한 사항

① ㄱ, ㄴ
② ㄴ, ㄷ
③ ㄱ, ㄷ, ㄹ
④ ㄱ, ㄴ, ㄷ, ㄹ

모두 심의회의 심의 사항에 해당한다. ☞ 앞의 문제 해설 참고

정답 08 ④ 09 ④

확인문제

10 농어업재해보험법령상 심의회에 관한 설명으로 옳지 않은 것은? ▶ 2020년 손해평가사 6회 변형

① 심의회는 위원장 및 부위원장 각 1명을 포함한 21명 이내의 위원으로 구성한다.
② 심의회의 위원장은 농림축산식품부장관으로 하고, 부위원장은 위원 중에서 호선(互選)한다.
③ 심의회의 회의는 재적위원 3분의 1 이상의 요구가 있을 때 또는 위원장이 필요하다고 인정할 때에 소집한다.
④ 심의회의 회의는 재적위원 과반수의 출석으로 개의(開議)하고, 출석위원 과반수의 찬성으로 의결한다.

② (×) 농어업재해보험법 제3조(심의회) ③ 심의회의 위원장은 각각 **농림축산식품부차관**으로 하고, 부위원장은 위원 중에서 호선(互選)한다.

11 농어업재해보험법령상 농업재해보험심의회(이하 '심의회')에 관한 설명으로 옳지 않은 것은?
▶ 2024 손해평가사 10회

① 심의회의 위원장은 농림축산식품부차관으로 하고, 부위원장은 위원 중에서 농림축산식품부차관이 지명한다.
② 심의회의 회의는 재적위원 과반수의 출석으로 개의(開議)하고, 출석위원 과반수의 찬성으로 의결한다.
③ 심의회는 위원장 및 부위원장 각 1명을 포함한 21명 이내의 위원으로 구성한다.
④ 심의회의 회의는 재적위원 3분의 1 이상의 요구가 있을 때 또는 위원장이 필요하다고 인정할 때에 소집한다.

① (×) 농어업재해보험법 제3조(농업재해보험심의회) ① 심의회의 위원장은 농림축산식품부차관으로 하고, 부위원장은 위원 중에서 **호선(互選)**한다.

정답 10 ② 11 ①

12 농어업재해보험법령상 농업재해보험심의회 위원을 해촉할 수 있는 사유로 명시된 것이 아닌 것은?

▶ 2018년 손해평가사 4회

① 심신장애로 인하여 직무를 수행할 수 없게 된 경우
② 직무와 관련 없는 비위사실이 있는 경우
③ 품위손상으로 인하여 위원으로 적합하지 아니하다고 인정되는 경우
④ 위원 스스로 직무를 수행하는 것이 곤란하다고 의사를 밝히는 경우

- 위원의 해촉 사유 (영 제3조의2)
  1. **심신장애**로 인하여 직무를 수행할 수 없게 된 경우
  2. **직무와 관련된 비위사실**이 있는 경우
  3. **직무태만, 품위손상**이나 그 밖의 사유로 인하여 위원으로 적합하지 아니하다고 인정되는 경우
  4. 위원 스스로 직무를 수행하는 것이 곤란하다고 **의사**를 밝히는 경우

13 농어업재해보험법령상 농업재해보험심의회(이하 "심의회"라 한다) 및 분과위원회에 관한 설명으로 옳은 것은?

▶ 2025년 손해평가사 11회

① 심의회 위원장은 농림축산식품부장관으로 하고, 부위원장은 위원 중에서 호선(互選)한다.
② 심의회 회의는 재적위원 3분의 1의 출석으로 개의(開議)하고. 출석위원 과반수의 찬성으로 의결한다.
③ 심의회는 그 심의 사항을 검토·조정하고, 심의회의 심의를 보조하게 하기 위하여 심의회에 분과위원회를 둔다.
④ 분과위원회는 분과위원장 1명을 포함한 5명 이내의 분과위원으로 성별을 고려하여 구성한다.

① (×) 심의회의 위원장은 **농림축산식품부차관**으로 하고, 부위원장은 위원 중에서 호선(互選)한다(법 제3조 제3항).
② (×) 심의회의 회의는 **재적위원 과반수의 출석**으로 개의(開議)하고, **출석위원 과반수의 찬성으로 의결한다**(시행령 제3조 제3항).
③ (○) 심의회는 그 심의 사항을 검토·조정하고, 심의회의 심의를 보조하게 하기 위하여 심의회에 다음 각 호의 분과위원회를 **둔다**(법 제3조 제6항).
④ (×) 분과위원회는 분과위원장 **1명을 포함한 9명 이내**의 분과위원으로 **성별을 고려**하여 구성한다(시행령 제4조 제3항).

정답 12 ② 13 ③

제2장 재해보험사업

01 재해보험의 종류 등

1. 재해보험의 종류

재해보험의 종류는 **농작물재해보험, 임산물재해보험, 가축재해보험 및 양식수산물재해보험**으로 한다(법 제4조 1문).

※ 축산물재해보험(×), 농기계재해보험(×)

2. 관장

농작물재해보험, 임산물재해보험 및 가축재해보험과 관련된 사항은 **농림축산식품부장관**이, 양식수산물재해보험과 관련된 사항은 **해양수산부장관**이 각각 관장한다(법 제4조 2문).

※ 양식수산물재해보험과 관련된 사항은 농림축산식품부장관이 관장(×)

02 보험목적물

1. 보험목적물의 구분

보험목적물은 다음 각 호의 구분에 따르되, 그 구체적인 범위는 보험의 효용성 및 보험 실시 가능성 등을 종합적으로 고려하여 농업재해보험심의회 또는 「수산업·어촌 발전 기본법」 제8조 제1항에 따른 중앙 수산업·어촌정책심의회를 거쳐 **농림축산식품부장관 또는 해양수산부장관이 고시**한다(법 제5조 제1항).

※ 농업정책보험금융원장이 고시(×)

> 1. **농작물재해보험** : 농작물 및 농업용 시설물
> 1의2. **임산물재해보험** : 임산물 및 임업용 시설물
> 2. **가축재해보험** : 가축 및 축산시설물
> 3. **양식수산물재해보험** : 양식수산물 및 양식시설물

2. 보험목적물의 범위 (「농림축산식품부고시」)

「농어업재해보험법」 제5조에 따라 농업재해보험에서 보상하는 보험목적물의 범위는 다음 표와 같다.

재해보험의 종류	보험목적물
농작물 재해보험	사과, 배, 포도, 단감, 감귤, 복숭아, 참다래, 자두, 감자, 콩, 양파, 고추, 옥수수, 고구마, 마늘, 매실, 벼, 오디, 차, 느타리버섯, 양배추, 밀, 유자, 무화과, 메밀, 인삼, 브로콜리, 양송이버섯, 새송이버섯, 배추, 무, 파, 호박, 당근, 팥, 살구, 시금치, 보리, 귀리, 시설봄감자, 양상추, 시설(수박, 딸기, 토마토, 오이, 참외, 풋고추, 호박, 국화, 장미, 멜론, 파프리카, 부추, 시금치, 상추, 배추, 가지, 파, 무, 백합, 카네이션, 미나리, 쑥갓)
	위 농작물 재배시설(부대시설 포함)
임산물 재해보험	떫은감, 밤, 대추, 복분자, 표고버섯, 오미자, 호두
	위 임산물의 재배시설(부대시설 포함)
가축 재해보험	소, 말, 돼지, 닭, 오리, 꿩, 메추리, 칠면조, 사슴, 거위, 타조, 양, 벌, 토끼, 오소리, 관상조(觀賞鳥) ※ 개(×)
	위 가축의 축사(부대시설 포함)

※ 비고 : 재해보험사업자는 보험의 효용성 및 보험실시 가능성 등을 종합적으로 고려하여 위의 보험목적물의 범위에서 다양한 보험상품을 운용할 수 있다.

※ 재검토기한 : 농림축산식품부장관은 이 고시에 대하여 「훈령·예규 등의 발령 및 관리에 관한 규정」에 따라 2023년 7월 1일 기준으로 매 3년이 되는 시점(매 3년째의 6월 30일까지를 말한다)마다 그 타당성을 검토하여 개선 등의 조치를 하여야 한다.

3. 정부의 책무

정부는 **보험목적물의 범위를 확대**하기 위하여 노력하여야 한다(법 제5조 제2항).

03 보상의 범위 등

1. 보상의 범위

재해보험에서 보상하는 재해의 범위는 해당 재해의 **발생 빈도, 피해 정도** 및 **객관적인 손해평가방법** 등을 고려하여 재해보험의 종류별로 **대통령령**으로 정한다(법 제6조 제1항).

※ 주관적인 손해평가방법(×)

재해보험에서 보상하는 재해의 범위 (영 [별표 1])

재해보험의 종류	보상하는 재해의 범위
농작물·임산물 재해보험	자연재해, 조수해(鳥獸害), 화재 및 보험목적물별로 농림축산식품부장관이 정하여 고시하는 병충해
가축 재해보험	자연재해, 화재 및 보험목적물별로 농림축산식품부장관이 정하여 고시하는 질병
양식수산물 재해보험	자연재해, 화재 및 보험목적물별로 해양수산부장관이 정하여 고시하는 수산질병

※ 비고 : 재해보험사업자는 보험의 효용성 및 보험 실시 가능성 등을 종합적으로 고려하여 위의 대상 재해의 범위에서 다양한 보험상품을 운용할 수 있다.

2. 정부의 책무

정부는 재해보험에서 보상하는 **재해의 범위를 확대**하기 위하여 노력하여야 한다(법 제6조 제2항).

04 보험가입자

1. 보험가입자의 범위

재해보험에 가입할 수 있는 자는 **농림업, 축산업, 양식수산업**에 종사하는 **개인 또는 법인**으로 하고, 구체적인 보험가입자의 기준은 **대통령령**으로 정한다(법 제7조).

2. 보험가입자의 기준

법 제7조에 따른 보험가입자의 기준은 다음 각 호의 구분에 따른다(영 제9조).

1. 농작물재해보험 : 법 제5조(보험목적물)에 따라 농림축산식품부장관이 고시하는 농작물을 재배하는 자
1의2. 임산물재해보험 : 법 제5조(보험목적물)에 따라 농림축산식품부장관이 고시하는 임산물을 재배하는 자
2. 가축재해보험 : 법 제5조(보험목적물)에 따라 농림축산식품부장관이 고시하는 가축을 사육하는 자
3. 양식수산물재해보험 : 법 제5조(보험목적물)에 따라 해양수산부장관이 고시하는 양식수산물을 양식하는 자
  ※ 자연수산물을 채취하는 자(×)

3. 고유식별정보의 처리

재해보험사업자는 재해보험가입자 자격 확인에 관한 사무를 수행하기 위하여 불가피한 경우 「개인정보 보호법 시행령」 제19조 제1호에 따른 주민등록번호가 포함된 자료를 처리할 수 있다(영 제22조의3 제1항).

05 보험사업자

1. 재해보험사업자의 범위

재해보험사업을 할 수 있는 자는 다음과 같다(법 제8조 제1항).

1. 「수산업협동조합법」에 따른 수산업협동조합중앙회(이하 "수협중앙회"라 한다)
2. 「산림조합법」에 따른 산림조합중앙회
3. 「보험업법」에 따른 보험회사

※ 「농업협동조합법」에 따른 농업협동조합중앙회(×), 「새마을금고법」에 따른 새마을금고중앙회(×)

2. 재해보험사업의 약정 체결

(1) 약정 체결의 상대방

재해보험사업을 하려는 자는 **농림축산식품부장관 또는 해양수산부장관**과 재해보험사업의 약정을 체결하여야 한다(법 제8조 제2항).

※ 기획재정부장관(×)

(2) 제출 서류

약정을 체결하려는 자는 농림축산식품부장관 또는 해양수산부장관이 정하는 바에 따라 재해보험사업 약정체결신청서에 다음의 서류를 첨부하여 **농림축산식품부장관 또는 해양수산부장관**에게 제출하여야 한다(법 제8조 제3항, 영 제10조 제1항).

1. 사업방법서, 보험약관, 보험료 및 책임준비금산출방법서 ※ 보험료율의 산정자료(×)
2. 그 밖에 대통령령으로 정하는 서류 ☞ '정관'

약정은 매년 체결하는 것을 원칙으로 한다. 다만, 기 체결된 약정서 상에 자동연장 조항이 있고, 약정 내용이 변경되지 않는 경우에는 약정 체결을 생략할 수 있다(양식수산물재해보험사업의 운영 등에 관한 규정 제5조).

(3) 약정서 작성

농림축산식품부장관 또는 해양수산부장관은 재해보험사업을 하려는 자와 재해보험사업의 약정을 체결할 때에는 다음 각 호의 사항이 포함된 약정서를 작성하여야 한다(영 제10조 제2항).

1. 약정기간에 관한 사항
2. 재해보험사업의 약정을 체결한 자가 준수하여야 할 사항
3. 재해보험사업자에 대한 재정지원에 관한 사항 ※ 국가에 대한 재정지원(×)
4. 약정의 변경·해지 등에 관한 사항
5. 그 밖에 재해보험사업의 운영에 관한 사항

(4) 법인 등기사항증명서 확인

약정체결신청서 등을 제출받은 농림축산식품부장관 또는 해양수산부장관은 「전자정부법」 제36조 제1항에 따른 행정정보의 공동이용을 통하여 법인 등기사항증명서를 확인하여야 한다(영 제10조 제4항).

3. 고유식별정보의 처리

재해보험사업자(법 제8조 제1항 제3호에 따른 보험회사는 제외한다)는 「상법」 제639조에 따른 타인을 위한 보험계약의 체결, 유지관리, 보험금의 지급 등에 관한 사무를 수행하기 위하여 불가피한 경우 「개인정보 보호법 시행령」 제19조 제1호에 따른 주민등록번호가 포함된 자료를 처리할 수 있다(영 제22조의3 제2항).

06 보험료율의 산정

1. 산정권자 및 산정방법

농림축산식품부장관 또는 해양수산부장관과 **재해보험사업의 약정을 체결한 자**는 재해보험의 보험료율을 **객관적이고 합리적인 통계자료**를 기초로 하여 **보험목적물별** 또는 **보상방식별**로 산정한다(법 제9조 제1항 전단).

2. 산정단위

재해보험의 보험료율은 다음 각 호의 구분에 따른 단위로 산정하여야 한다(법 제9조 제1항 후단).

1. 행정구역 단위
   특별시·광역시·도·특별자치도 또는 시(특별자치시와 「제주특별자치도 설치 및 국제자유도시 조성을 위한 특별법」 제10조 제2항에 따라 설치된 행정시를 포함한다)·군·자치구. 다만, 「보험업법」 제129조에 따른 보험료율 산출의 원칙에 부합하는 경우에는 자치구가 아닌 구·읍·면·동 단위로도 보험료율을 산정할 수 있다.
   ※ 보험업법 제129조(보험요율 산출의 원칙) : ⅰ) 보험료율이 보험금과 그 밖의 급부(給付)에 비하여 지나치게 높지 아니할 것, ⅱ) 보험료율이 보험회사의 재무건전성을 크게 해칠 정도로 낮지 아니할 것, ⅲ) 보험요율이 보험계약자 간에 부당하게 차별적이지 아니할 것, ⅳ) 자동차보험의 보험요율인 경우 보험금과 그 밖의 급부와 비교할 때 공정하고 합리적인 수준일 것
2. 권역 단위
   농림축산식품부장관 또는 해양수산부장관이 행정구역 단위와는 따로 구분하여 고시하는 지역 단위

※ 대한민국 전체를 하나의 단위로 산정(×)

3. 변경사항의 공고

재해보험사업자는 보험약관안과 보험료율안에 대통령령으로 정하는 변경이 예정된 경우 이를 공고하고 필요한 경우 이해관계자의 의견을 수렴하여야 한다(법 제9조 제2항).

위에서 "대통령령으로 정하는 변경이 예정된 경우"란 다음 각 호의 어느 하나에 해당하는 경우를 말한다(영 제11조).

1. 보험가입자의 권리가 축소되거나 의무가 확대되는 내용으로 보험약관안의 변경이 예정된 경우
2. 보험상품을 폐지하는 내용으로 보험약관안의 변경이 예정된 경우
3. 보험상품의 변경으로 기존 보험료율안보다 높은 보험료율안으로의 변경이 예정된 경우

07 보험모집

1. 재해보험 모집 업무 종사자

재해보험을 모집할 수 있는 자는 다음 각 호와 같다(법 제10조 제1항).

1. 산림조합중앙회와 그 회원조합의 임직원, 수협중앙회와 그 회원조합 및 「수산업협동조합법」에 따라 설립된 수협은행의 임직원
2. 「수산업협동조합법」의 공제규약에 따른 공제모집인으로서 수협중앙회장 또는 그 회원조합장이 인정하는 자
2의2. 「산림조합법」의 공제규정에 따른 공제모집인으로서 산림조합중앙회장이나 그 회원조합장이 인정하는 자
   ※ 농림축산부장관이 인정하는 자(×)
3. 「보험업법」에 따라 보험을 모집할 수 있는 자

2. 보험업법 등의 준용

재해보험의 모집 업무에 종사하는 자가 사용하는 재해보험 안내자료 및 금지행위에 관하여는 「보험업법」 제95조(보험안내자료)·제97조(보험계약의 체결 또는 모집에 관한 금지행위), 제98조(특별이익의 제공 금지) 및 「금융소비자 보호에 관한 법률」 제21조(부당권유행위 금지)를 준용한다.

다만, 재해보험사업자가 수협중앙회, 산림조합중앙인 경우에는 「보험업법」 제95조 제1항 제5호(「예금자보호법」에 따른 예금자보호와 관련된 사항)를 준용하지 아니하며, 「농업협동조합법」, 「수산업협동조합법」, 「산림조합법」에 따른 조합이 그 **조합원에게 이 법에 따른 보험상품의 보험료 일부를 지원하는 경우**에는 「보험업법」 제98조에도 불구하고 해당 보험계약의 체결 또는 모집과 관련한 **특별이익의 제공으로 보지 아니한다**(법 제10조 제2항).

08 사고예방의무 등

보험가입자는 재해로 인한 사고의 예방을 위하여 노력하여야 한다(법 제10조의2 제1항).

재해보험사업자는 사고 예방을 위하여 보험가입자가 납입한 **보험료의 일부**를 되돌려줄 수 있다(제2항).

09 손해평가 등

1. 손해평가의 담당

재해보험사업자는 보험목적물에 관한 **지식과 경험을 갖춘 사람** 또는 그 밖의 **관계 전문가**를 손해평가인으로 위촉하여 손해평가를 담당하게 하거나 **손해평가사** 또는 「보험업법」 제186조에 따른 **손해사정사**에게 손해평가를 담당하게 할 수 있다(법 제11조 제1항).

※ 손해평가사나 손해사정사가 아닌 경우에는 손해평가인이 될 수 없다.(×)

2. 손해평가인의 자격요건

손해평가인으로 위촉될 수 있는 사람의 자격 요건은 대통령령으로 정한다(법 제11조 제7항).

손해평가인의 자격요건 (영 [별표 2])

재해보험의 종류	손해평가인의 자격요건
농작물 재해보험	1. 재해보험 대상 농작물을 5년 이상 경작한 경력이 있는 농업인 2. 공무원으로 농림축산식품부, 농촌진흥청, 통계청 또는 지방자치단체나 그 소속기관에서 농작물재배 분야에 관한 연구·지도, 농산물 품질관리 또는 농업 통계조사 업무를 3년 이상 담당한 경력이 있는 사람 3. 교원으로 고등학교에서 농작물재배 분야 관련 과목을 5년 이상 교육한 경력이 있는 사람 4. 조교수 이상으로 「고등교육법」 제2조에 따른 학교에서 농작물재배 관련학을 3년 이상 교육한 경력이 있는 사람 5. 「보험업법」에 따른 보험회사의 임직원이나 「농업협동조합법」에 따른 중앙회와 조합의 임직원으로 영농 지원 또는 보험·공제 관련 업무를 3년 이상 담당하였거나 손해평가 업무를 2년 이상 담당한 경력이 있는 사람 6. 「고등교육법」 제2조에 따른 학교에서 농작물재배 관련학을 전공하고 농업전문 연구기관 또는 연구소에서 5년 이상 근무한 학사학위 이상 소지자 7. 「고등교육법」 제2조에 따른 전문대학에서 보험 관련 학과를 졸업했거나 졸업예정인 사람 8. 「학점인정 등에 관한 법률」 제8조에 따라 전문대학의 보험 관련 학과 졸업자(졸업예정자를 포함)와 같은 수준 이상의 학력이 있다고 인정받은 사람이나 「고등교육법」 제2조에 따른 학교에서 80학점(보험 관련 과목 학점이 45학점 이상이어야 한다) 이상을 이수한 사람 등 제7호에 해당하는 사람과 같은 수준 이상의 학력이 있다고 인정되는 사람 9. 「농수산물 품질관리법」에 따른 농산물품질관리사 10. 재해보험 대상 농작물 분야에서 「국가기술자격법」에 따른 기사 이상의 자격을 소지한 사람

임산물 재해보험	1. 재해보험 대상 임산물을 5년 이상 경작한 경력이 있는 임업인 2. 공무원으로 농림축산식품부, 농촌진흥청, 산림청, 통계청 또는 지방자치단체나 그 소속기관에서 임산물재배 분야에 관한 연구·지도 또는 임업 통계조사 업무를 3년 이상 담당한 경력이 있는 사람 3. 교원으로 고등학교에서 임산물재배 분야 관련 과목을 5년 이상 교육한 경력이 있는 사람 4. 조교수 이상으로 「고등교육법」 제2조에 따른 학교에서 임산물재배 관련학을 3년 이상 교육한 경력이 있는 사람 5. 「보험업법」에 따른 보험회사의 임직원이나 「산림조합법」에 따른 중앙회와 조합의 임직원으로 산림경영 지원 또는 보험·공제 관련 업무를 3년 이상 담당하였거나 손해평가 업무를 2년 이상 담당한 경력이 있는 사람 6. 「고등교육법」 제2조에 따른 학교에서 임산물재배 관련학을 전공하고 임업전문 연구기관 또는 연구소에서 5년 이상 근무한 학사학위 이상 소지자 7. 「고등교육법」 제2조에 따른 **전문대학**에서 **보험 관련 학과를 졸업했거나 졸업예정**인 사람 ※ 전문대학에서 임산물재배 관련 학과를 졸업한 사람(×) 8. 「학점인정 등에 관한 법률」 제8조에 따라 전문대학의 보험 관련 학과 졸업자(졸업예정자를 포함)와 같은 수준 이상의 학력이 있다고 인정받은 사람이나 「고등교육법」 제2조에 따른 학교에서 80학점(보험 관련 과목 학점이 45학점 이상이어야 한다) 이상을 이수한 사람 등 제7호에 해당하는 사람과 같은 수준 이상의 학력이 있다고 인정되는 사람 9. 재해보험 대상 임산물 분야에서 「국가기술자격법」에 따른 기사 이상의 자격을 소지한 사람
가축 재해보험	1. 재해보험 대상 **가축을 5년 이상** 사육한 경력이 있는 농업인 2. 공무원으로 농림축산식품부, 농촌진흥청, 통계청 또는 지방자치단체나 그 소속기관에서 **가축사육 분야에 관한 연구·지도 또는 가축 통계조사 업무를 3년 이상** 담당한 경력이 있는 사람 3. 교원으로 고등학교에서 가축사육 분야 관련 과목을 5년 이상 교육한 경력이 있는 사람 4. 조교수 이상으로 「고등교육법」 제2조에 따른 학교에서 가축사육 관련학을 3년 이상 교육한 경력이 있는 사람 5. 「보험업법」에 따른 보험회사의 임직원이나 「농업협동조합법」에 따른 중앙회와 조합의 임직원으로 영농 지원 또는 보험·공제 관련 업무를 3년 이상 담당하였거나 손해평가 업무를 2년 이상 담당한 경력이 있는 사람 6. 「고등교육법」 제2조에 따른 학교에서 가축사육 관련학을 전공하고 축산전문 연구기관 또는 연구소에서 5년 이상 근무한 학사학위 이상 소지자 7. 「고등교육법」 제2조에 따른 **전문대학**에서 **보험 관련 학과를 졸업했거나 졸업예정**인 사람 8. 「학점인정 등에 관한 법률」 제8조에 따라 전문대학의 보험 관련 학과 졸업자(졸업예정자를 포함)와 같은 수준 이상의 학력이 있다고 인정받은 사람이나 「고등교육법」 제2조에 따른 학교에서 80학점(보험 관련 과목 학점이 45학점 이상이어야 한다) 이상을 이수한 사람 등 제7호에 해당하는 사람과 같은 수준 이상의 학력이 있다고 인정되는 사람 9. 「수의사법」에 따른 **수의사** 10. 「국가기술자격법」에 따른 축산기사 이상의 자격을 소지한 사람

양식 수산물 재해보험	1. 재해보험 대상 **양식수산물**을 **5년 이상** 양식한 경력이 있는 어업인 2. 공무원으로 해양수산부, 국립수산과학원, 국립수산물품질관리원 또는 지방자치단체에서 수산물양식 분야 또는 수산생명의학 분야에 관한 연구 또는 지도업무를 3년 이상 담당한 경력이 있는 사람 3. 교원으로 수산계 고등학교에서 수산물양식 분야 또는 수산생명의학 분야의 관련 과목을 5년 이상 교육한 경력이 있는 사람 4. **조교수 이상**으로「고등교육법」제2조에 따른 학교에서 **수산물양식 관련학 또는 수산생명의학 관련학**을 **3년 이상** 교육한 경력이 있는 사람 5. 「보험업법」에 따른 보험회사의 임직원이나「수산업협동조합법」에 따른 수산업협동조합중앙회, 수협은행 및 조합의 임직원으로 **수산업지원 또는 보험·공제 관련 업무**를 **3년 이상** 담당하였거나 손해평가 업무를 2년 이상 담당한 경력이 있는 사람 6. 「고등교육법」제2조에 따른 학교에서 수산물양식 관련학 또는 수산생명의학 관련학을 전공하고 수산전문 연구기관 또는 연구소에서 5년 이상 근무한 학사학위 소지자 7. 「고등교육법」제2조에 따른 **전문대학**에서 **보험 관련 학과**를 **졸업했거나 졸업예정**인 사람 8. 「학점인정 등에 관한 법률」제8조에 따라 전문대학의 보험 관련 학과 졸업자(졸업예정자를 포함)와 같은 수준 이상의 학력이 있다고 인정받은 사람이나「고등교육법」제2조에 따른 학교에서 80학점(보험 관련 과목 학점이 45학점 이상이어야 한다) 이상을 이수한 사람 등 제7호에 해당하는 사람과 같은 수준 이상의 학력이 있다고 인정되는 사람 9. 「수산생물질병 관리법」에 따른 **수산질병관리사** 10. 재해보험 대상 양식수산물 분야에서「국가기술자격법」에 따른 **기사 이상**의 자격을 소지한 사람 11. 「농수산물 품질관리법」에 따른 **수산물품질관리사**

※ 규제의 재검토 : 농림축산식품부장관 또는 해양수산부장관은 제12조 및 [별표 2]에 따른 손해평가인의 자격요건에 대하여 2018년 1월 1일을 기준으로 **3년마다**(매 3년이 되는 해의 1월 1일 전까지를 말한다) 그 타당성을 검토하여 개선 등의 조치를 하여야 한다(영 제22조의4 제1항).

3. 손해평가 요령

손해평가인과 손해평가사 및 손해사정사는 농림축산식품부장관 또는 해양수산부장관이 정하여 고시하는 손해평가 요령에 따라 손해평가를 하여야 한다. 이 경우 공정하고 객관적으로 손해평가를 하여야 하며, 고의로 진실을 숨기거나 거짓으로 손해평가를 하여서는 아니 된다(법 제11조 제2항).

농림축산식품부장관 또는 해양수산부장관은 손해평가 요령을 고시하려면 **미리 금융위원회와 협의**하여야 한다(제4항).

※ 금융위원회의 인가를 받아야 한다.(×)

4. 교차손해평가

재해보험사업자는 공정하고 객관적인 손해평가를 위하여 **동일 시·군·구**(자치구를 말한다) 내에서 교차손해평가(손해평가인 상호간에 담당지역을 교차하여 평가하는 것을 말한다)를 수행할 수 있다. 이 경우 교차손해평가의 절차·방법 등에 필요한 사항은 농림축산식품부장관 또는 해양수산부장관이 정한다(법 제11조 제3항).

5. 손해평가인의 교육

(1) 정기교육

농림축산식품부장관 또는 해양수산부장관은 **손해평가인**이 공정하고 객관적인 손해평가를 수행할 수 있도록 **연 1회 이상** 정기교육을 실시하여야 한다(법 제11조 제5항).

※ 손해평가사에게 연 1회 이상 정기교육을 실시하여야 한다.(×) 분기별 1회 이상(×)

정기교육에는 다음 각 호의 사항이 포함되어야 하며, 교육시간은 **4시간 이상**으로 한다(영 제12조 제3항).

1. 농어업재해보험에 관한 기초지식
2. 농어업재해보험의 종류별 약관
3. 손해평가의 절차 및 방법
4. 그 밖에 손해평가에 필요한 사항으로서 농림축산식품부장관 또는 해양수산부장관이 정하는 사항

위에서 규정한 사항 외에 정기교육의 운영에 필요한 사항은 농림축산식품부장관 또는 해양수산부장관이 정하여 고시한다(영 제12조 제4항). ☞ 「농업재해보험 손해평가요령」 제5조의2

(2) 실무교육

재해보험사업자는 손해평가인으로 위촉된 사람에 대하여 보험에 관한 기초지식, 보험약관 및 손해평가요령 등에 관한 실무교육을 하여야 한다(영 제12조 제2항).

6. 손해평가 기술·정보의 교환 지원

농림축산식품부장관 또는 해양수산부장관은 손해평가인 간의 손해평가에 관한 **기술정보의 교환을 지원**할 수 있다(법 제11조 제6항).

※ 기술정보의 교환을 금지(×)

7. 손해평가에 대한 불복

(1) 재평가 요청

손해평가 결과에 이의가 있는 보험가입자는 재해보험사업자에게 재평가를 요청할 수 있으며, 재해보험사업자는 특별한 사정이 없으면 재평가 요청에 따라야 한다(법 제11조의8 제1항).

(2) 이의신청

재평가를 수행하였음에도 이의가 해결되지 아니하는 경우 보험가입자는 농림축산식품부장관 또는 해양수산부장관이 정하는 기관(註: 농업정책보험금융원)에 이의신청을 할 수 있다(제2항).

(3) 하위 규정

신청요건, 절차, 방법 등 이의신청 처리에 관한 구체적인 사항은 농림축산식품부장관 또는 해양수산부

장관이 정하여 고시한다(제3항).

▶ 「손해평가 재평가 결과에 대한 이의신청 처리에 관한 지침」

10 손해평가사

1. 손해평가사 제도의 운영

농림축산식품부장관은 공정하고 객관적인 **손해평가**를 촉진하기 위하여 손해평가사 제도를 운영한다(법 제11조의2).

※ 농림축산식품부장관과 해양수산부장관이 손해평가사 제도를 운영(×)

2. 손해평가사의 업무

손해평가사는 **농작물재해보험** 및 **가축재해보험**에 관하여 다음 각 호의 업무를 수행한다(법 제11조의3).

> 1. 피해사실의 확인
> 2. 보험가액 및 손해액의 평가
> 3. 그 밖의 손해평가에 필요한 사항

※ 피해사실의 통지(×), 임산물재해보험에 관한 피해사실의 확인(×)

3. 손해평가사 자격시험

(1) 시험의 실시

손해평가사가 되려는 사람은 농림축산식품부장관이 실시하는 손해평가사 자격시험에 합격하여야 한다(법 제11조의4 제1항).

농림축산식품부장관은 손해평가사 자격시험의 실시 및 관리에 관한 업무를 「한국산업인력공단법」에 따른 **한국산업인력공단**에 위탁할 수 있다(법 제25조의2 제3항).

(2) 시험과목의 일부 면제

① 보험목적물 또는 관련 분야에 관한 전문 지식과 경험을 갖추었다고 인정되는 대통령령으로 정하는 기준에 해당하는 사람에게는 손해평가사 자격시험 과목의 **일부**를 면제할 수 있다(법 제11조의4 제2항).

※ 자격시험 과목의 전부를 면제(×)

② 위에서 "대통령령으로 정하는 기준에 해당하는 사람"이란 다음 각 호의 어느 하나에 해당하는 사람을 말한다(영 제12조의5 제1항). 다음 각 호의 어느 하나에 해당하는 사람에 대해서는 손해평가사 자격시험 중 **제1차 시험을 면제**한다(제2항).

1. 법 제11조 제1항에 따른 손해평가인으로 위촉된 기간이 3년 이상인 사람으로서 손해평가 업무를 수행한 경력이 있는 사람
2. 「보험업법」 제186조에 따른 손해사정사
3. 다음 각 목의 기관 또는 법인에서 손해사정 관련 업무에 3년 이상 종사한 경력이 있는 사람
   가. 「금융위원회의 설치 등에 관한 법률」에 따라 설립된 금융감독원
   나. 「농업협동조합법」에 따른 농업협동조합중앙회. 이 경우 법률 제10522호 농업협동조합법 일부개정법률 제134조의5의 개정규정에 따라 농협손해보험이 설립되기 전까지의 농업협동조합중앙회에 한정한다.
   다. 「보험업법」 제4조에 따른 허가를 받은 손해보험회사
   라. 「보험업법」 제175조에 따라 설립된 손해보험협회
   마. 「보험업법」 제187조 제2항에 따른 손해사정을 업(業)으로 하는 법인
   바. 「화재로 인한 재해보상과 보험가입에 관한 법률」 제11조에 따라 설립된 한국화재보험협회

③ 제1차 시험을 면제받으려는 사람은 농림축산식품부장관이 정하여 고시하는 면제신청서에 제1항 각 호의 어느 하나에 해당하는 사실을 증명하는 서류를 첨부하여 농림축산식품부장관에게 신청해야 한다(영 제12조의5 제3항).

④ 면제 신청을 받은 농림축산식품부장관은 「전자정부법」 제36조 제1항에 따른 행정정보의 공동이용을 통하여 신청인의 고용보험 피보험자격 이력내역서, 국민연금가입자가입증명 또는 건강보험 자격득실확인서를 확인해야 한다. 다만, 신청인이 확인에 동의하지 않는 경우에는 그 서류를 첨부하도록 해야 한다(제4항).

⑤ 제1차 시험에 합격한 사람에 대해서는 다음 회에 한정하여 제1차 시험을 면제한다(제5항).

(3) 시험의 정지 또는 무효

농림축산식품부장관은 다음 각 호의 어느 하나에 해당하는 사람에 대하여는 그 시험을 정지시키거나 무효로 하고 그 처분 사실을 지체 없이 알려야 한다(법 제11조의4 제3항).

1. 부정한 방법으로 시험에 응시한 사람
2. 시험에서 부정한 행위를 한 사람

(4) 응시 제한

다음 각 호에 해당하는 사람은 그 처분이 있은 날부터 2년이 지나지 아니한 경우 손해평가사 자격시험에 응시하지 못한다(법 제11조의4 제4항).

1. 법 제11조의4 제3항(註: 부정한 방법으로 시험에 응시하거나 시험에서 부정한 행위)에 따라 정지·무효 처분을 받은 사람
2. 제11조의5에 따라 손해평가사 자격이 취소된 사람

(5) 손해평가사 자격시험의 실시 등

① 실시 주기

손해평가사 자격시험은 **매년 1회** 실시한다. 다만, 농림축산식품부장관이 손해평가사의 **수급(需給) 상 필요하다고 인정하는 경우에는 2년마다** 실시할 수 있다(영 제12조의2 제1항).

※ 수급상 필요와 무관하게 매년 1회 실시(×)

② 시험 공고

농림축산식품부장관은 손해평가사 자격시험을 실시하려면 다음 각 호의 사항을 시험 실시 90일 전까지 인터넷 홈페이지 등에 공고해야 한다(제2항).

1. 시험의 일시 및 장소
2. 시험방법 및 시험과목
3. 응시원서의 제출방법 및 응시수수료
4. 합격자 발표의 일시 및 방법
5. 선발예정인원(농림축산식품부장관이 수급상 필요하다고 인정하여 선발예정인원을 정한 경우만 해당한다)
6. 그 밖에 시험의 실시에 필요한 사항

③ 응시원서 제출

손해평가사 자격시험에 응시하려는 사람은 농림축산식품부장관이 정하여 고시하는 응시원서를 농림축산식품부장관에게 제출하여야 한다(제3항).

④ 응시수수료

손해평가사 자격시험에 응시하려는 사람은 농림축산식품부장관이 정하여 고시하는 응시수수료를 내야 한다(제4항).

농림축산식품부장관은 다음 각 호의 어느 하나에 해당하는 경우에는 받은 수수료를 다음 각 호의 구분에 따라 반환하여야 한다(제5항).

1. 수수료를 과오납한 경우 : 과오납한 금액 전부
2. 시험일 20일 전까지 접수를 취소하는 경우 : 납부한 수수료 전부
3. 시험관리기관의 귀책사유로 시험에 응시하지 못하는 경우 : 납부한 수수료 전부
4. 시험일 10일 전까지 접수를 취소하는 경우 : 납부한 수수료의 100분의 60

(6) 손해평가사 자격시험의 방법

① 손해평가사 자격시험은 제1차 시험과 제2차 시험으로 구분하여 실시한다. 이 경우 제2차 시험은 제1차 시험에 합격한 사람과 제1차 시험을 면제받은 사람을 대상으로 시행한다(영 제12조의3 제1항).

② 제1차 시험은 **선택형**으로 출제하는 것을 원칙으로 하되, **단답형 또는 기입형을 병행**할 수 있다(제2항).

③ 제2차 시험은 서술형으로 출제하는 것을 원칙으로 하되, 단답형 또는 기입형을 병행할 수 있다(제3항).

(7) 손해평가사 자격시험의 과목

손해평가사 자격시험의 제1차 시험 과목 및 제2차 시험 과목은 영 [별표 2의2]와 같다(영 제12조의4).

손해평가사 자격시험의 과목 (영 [별표 2의2])

구분	과목
제1차 시험	가. 「상법」 보험편 나. 농어업재해보험법령(「농어업재해보험법」, 「농어업재해보험법 시행령」 및 농림축산식품부장관이 고시하는 손해평가 요령을 말한다) 다. 농학개론 중 재배학 및 원예작물학
제2차 시험	가. 농작물재해보험 및 가축재해보험의 이론과 실무 나. 농작물재해보험 및 가축재해보험 손해평가의 이론과 실무

(8) 손해평가사 자격시험의 합격기준 등

① 제1차 시험

손해평가사 자격시험의 제1차 시험 합격자를 결정할 때에는 매 과목 100점을 만점으로 하여 매 과목 40점 이상과 전 과목 평균 60점 이상을 득점한 사람을 합격자로 한다(영 제12조의6 제1항).

② 제2차 시험

㉠ 손해평가사 자격시험의 제2차 시험 합격자를 결정할 때에는 매 과목 100점을 만점으로 하여 매 과목 40점 이상과 전 과목 평균 60점 이상을 득점한 사람을 합격자로 한다(제2항).

㉡ 제2항에도 불구하고 농림축산식품부장관이 손해평가사의 수급상 필요하다고 인정하여 제12조의2 제2항 제5호에 따라 선발예정인원을 공고한 경우에는 매 과목 40점 이상을 득점한 사람 중에서 전(全) 과목 총득점이 높은 사람부터 차례로 선발예정인원에 달할 때까지에 해당하는 사람을 합격자로 한다(제3항).

㉢ 제3항에 따라 합격자를 결정할 때 동점자가 있어 선발예정인원을 초과하는 경우에는 해당 동점자 모두를 합격자로 한다. 이 경우 동점자의 점수는 소수점 이하 둘째자리(셋째자리 이하 버림)까지 계산한다(제4항).

③ 합격자 공고

농림축산식품부장관은 손해평가사 자격시험의 최종 합격자가 결정되었을 때에는 이를 인터넷 홈페이지에 공고하여야 한다(제5항).

(9) 손해평가사 자격증의 발급

농림축산식품부장관은 손해평가사 자격시험에 합격한 사람에게 농림축산식품부장관이 정하여 고시하는 바에 따라 손해평가사 자격증을 발급하여야 한다(영 제12조의7).

4. 손해평가 등의 교육

농림축산식품부장관은 손해평가사의 손해평가 능력 및 자질 향상을 위하여 교육을 **실시할 수 있다**(영 제12조의8).

5. 손해평가사의 명의와 자격증

손해평가사는 다른 사람에게 그 명의를 사용하게 하거나 다른 사람에게 그 자격증을 대여해서는 아니 된다(법 제11조의4 제6항).

누구든지 손해평가사의 자격을 취득하지 아니하고 그 명의를 사용하거나 자격증을 대여받아서는 아니 되며, 명의의 사용이나 자격증의 대여를 알선해서도 아니 된다(제7항).

6. 손해평가사의 자격 취소

(1) 자격 취소의 사유

농림축산식품부장관은 다음 각 호의 어느 하나에 해당하는 사람에 대하여 손해평가사 자격을 취소할 수 있다. 다만, **제1호 및 제5호**에 해당하는 경우에는 자격을 **취소하여야** 한다(법 제11조의5 제1항).

1. 손해평가사의 자격을 거짓 또는 부정한 방법으로 취득한 사람
2. 거짓으로 손해평가를 한 사람
3. 다른 사람에게 손해평가사의 명의를 사용하게 하거나 그 자격증을 대여한 사람
4. 손해평가사 명의의 사용이나 자격증의 대여를 알선한 사람
5. 업무정지 기간 중에 손해평가 업무를 수행한 사람

※ 심신장애로 인하여 직무를 수행할 수 없게 된 사람(×), 업무 수행와 관련하여 향응을 제공받은 사람(×), 손해평가 요령을 준수하지 않고 손해평가를 한 사람(×), 업무수행 능력과 자질이 부족한 사람 (×), 정당한 사유 없이 손해평가업무를 거부한 사람(×), 직무를 수행하면서 부적절한 행위를 하였다고 인정되는 사람(×)

※ 거짓으로 손해평가를 한 사람에 대하여 자격을 취소하여야 함(×)

(2) 청문 실시

농림축산식품부장관은 손해평가사의 자격취소 또는 업무정지에 해당하는 처분을 하려면 청문을 하여야 한다(법 제29조의2).

(3) 자격 취소 처분의 세부기준

자격 취소 처분의 세부기준은 대통령령으로 정한다(법 제11조의5 제2항).

손해평가사 자격 취소 처분의 세부기준 (영 [별표 2의3])

1. 일반기준
   가. 위반행위의 횟수에 따른 행정처분의 가중된 처분 기준은 최근 3년간 같은 위반행위로 행정처분을 받은 경우에 적용한다. 이 경우 기간의 계산은 위반행위에 대해 행정처분을 받은 날과 그 처분 후에 다시 같은 위반행위를 하여 적발된 날을 기준으로 한다.
   나. 가목에 따라 가중된 행정처분을 하는 경우 가중처분의 적용 차수는 그 위반행위 전 행정처분 차수(가목에 따른 기간 내에 행정처분이 둘 이상 있었던 경우에는 높은 차수를 말한다)의 다음 차수로 한다.
   다. 위반행위가 둘 이상인 경우로서 그에 해당하는 각각의 처분기준이 다른 경우에는 그 중 무거운 처분기준에 따른다.
2. 개별기준

위반행위	처분기준	
	1회 위반	2회 이상 위반
가. 손해평가사의 자격을 거짓 또는 부정한 방법으로 취득한 경우	자격 취소	
나. 거짓으로 손해평가를 한 경우	시정명령	자격 취소
다. 법 제11조의4 제6항을 위반하여 다른 사람에게 손해평가사의 명의를 사용하게 하거나 그 자격증을 대여한 경우	자격 취소	
라. 법 제11조의4 제7항을 위반하여 손해평가사 명의의 사용이나 자격증의 대여를 알선한 경우	자격 취소	
마. 업무정지 기간 중에 손해평가 업무를 수행한 경우	자격 취소	

※ 거짓으로 손해평가를 한 경우 1회 위반 시 자격 취소(×)

7. 손해평가사의 업무정지

(1) 업무정지의 사유

농림축산식품부장관은 손해평가사가 그 **직무를 게을리하거나 직무를 수행하면서 부적절한 행위를** 하였다고 인정하면 **1년 이내의** 기간을 정하여 업무의 정지를 명할 수 있다(법 제11조의6 제1항). ※ 1년 이상(×)

(2) 업무 정지 처분의 세부기준

업무 정지 처분의 세부기준은 대통령령으로 정한다(법 제11조의6 제2항).

손해평가사 업무 정지 처분의 세부기준 (영 [별표 2의4])

1. 일반기준

    가. 위반행위의 횟수에 따른 행정처분의 가중된 처분 기준은 최근 3년간 같은 위반행위로 행정처분을 받은 경우에 적용한다. 이 경우 기간의 계산은 위반행위에 대해 행정처분을 받은 날과 그 처분 후에 다시 같은 위반행위를 하여 적발된 날을 기준으로 한다.

    나. 가목에 따라 가중된 행정처분을 하는 경우 가중처분의 적용 차수는 그 위반행위 전 행정처분 차수(가목에 따른 기간 내에 행정처분이 둘 이상 있었던 경우에는 높은 차수를 말한다)의 다음 차수로 한다.

    다. 위반행위가 둘 이상인 경우로서 그에 해당하는 각각의 처분기준이 다른 경우에는 그 중 가장 무거운 처분기준에 따르고, 가장 무거운 처분기준의 2분의 1까지 그 기간을 늘릴 수 있다. 다만, 기간을 늘리는 경우에도 법 제11조의6 제1항에 따른 업무 정지 기간의 상한을 넘을 수 없다.

    라. 농림축산식품부장관은 다음의 어느 하나에 해당하는 경우에는 제2호에 따른 처분기준의 2분의 1의 범위에서 그 기간을 줄일 수 있다.
    1) 위반행위가 사소한 부주의나 오류로 인한 것으로 인정되는 경우
    2) 위반의 내용·정도가 경미하다고 인정되는 경우
    3) 위반행위자가 법 위반상태를 바로 정정하거나 시정하여 해소한 경우
    4) 그 밖에 위반행위의 내용, 정도, 동기 및 결과 등을 고려하여 업무 정지 처분의 기간을 줄일 필요가 있다고 인정되는 경우

2. 개별기준

위반행위	처분기준		
	1회 위반	2회 위반	3회 이상 위반
가. 업무 수행과 관련하여 「개인정보 보호법」, 「신용정보의 이용 및 보호에 관한 법률」 등 정보 보호와 관련된 법령을 위반한 경우	업무 정지 6개월	업무 정지 1년	업무 정지 1년
나. 업무 수행과 관련하여 보험계약자 또는 보험사업자로부터 금품 또는 향응을 제공받은 경우	업무 정지 6개월	업무 정지 1년	업무 정지 1년
다. 자기 또는 자기와 생계를 같이 하는 4촌 이내의 친족(이하 "이해관계자"라 한다)이 가입한 보험계약에 관한 손해평가를 한 경우	업무 정지 3개월	업무 정지 6개월	업무 정지 6개월
라. 자기 또는 이해관계자가 모집한 보험계약에 대해 손해평가를 한 경우	업무 정지 3개월	업무 정지 6개월	업무 정지 6개월
마. 법 제11조 제2항 전단에 따른 손해평가 요령을 준수하지 않고 손해평가를 한 경우	경고	업무 정지 1개월	업무 정지 3개월
바. 그 밖에 손해평가사가 그 직무를 게을리하거나 직무를 수행하면서 부적절한 행위를 했다고 인정되는 경우	경고	업무 정지 1개월	업무 정지 3개월

8. 고유식별정보의 처리

농림축산식품부장관(법 제25조의2 제2항 및 제3항에 따라 농림축산식품부장관의 업무를 위탁받은 자를 포함한다)은 다음 각 호의 사무를 수행하기 위하여 불가피한 경우 「개인정보 보호법 시행령」 제19조 제1호에 따른 주민등록번호가 포함된 자료를 처리할 수 있다(영 제22조3 제3항).

1. 법 제11조의4에 따른 손해평가사 자격시험에 관한 사무
2. 법 제11조의5에 따른 손해평가사의 자격 취소에 관한 사무
3. 법 제11조의6에 따른 손해평가사의 감독에 관한 사무
4. 법 제25조의2 제1항 제1호에 따른 재해보험사업의 관리·감독에 관한 사무

11 그 밖의 사항

1. 보험금수급전용계좌

(1) 개요

① 재해보험사업자는 **수급권자의 신청**이 있는 경우에는 보험금을 수급권자 명의의 지정된 계좌(이하 "**보험금수급전용계좌**"라 한다)로 입금하여야 한다. 다만, 정보통신장애나 그 밖에 대통령령으로 정하는 불가피한 사유(註: 보험금수급전용계좌가 개설된 금융기관의 폐업·업무 정지 등으로 정상영업이 불가능한 경우)로 보험금을 보험금수급계좌로 이체할 수 없을 때에는 **현금 지급 등** 대통령령으로 정하는 바에 따라 보험금을 지급할 수 있다(법 제11조의7 제1항).

※ 재해보험사업자는 불가피한 사유가 있을 때에는 수급권자의 신청이 없더라도 수급권자 명의의 계좌로 입금할 수 있다.(×)

② 보험금수급전용계좌의 해당 금융기관은 이 법에 따른 보험금만이 보험금수급전용계좌에 입금되도록 관리하여야 한다(제2항).

③ 제1항에 따른 신청의 방법·절차와 제2항에 따른 보험금수급전용계좌의 관리에 필요한 사항은 대통령령으로 정한다(제3항).

(2) 보험금수급전용계좌의 신청 방법·절차

① 보험금을 수급권자 명의의 지정된 계좌(이하 "보험금수급전용계좌"라 한다)로 받으려는 사람은 재해보험사업자가 정하는 보험금 지급청구서에 수급권자 명의의 보험금수급전용계좌를 기재하고, 통장의 사본(계좌번호가 기재된 면을 말한다)을 첨부하여 재해보험사업자에게 제출해야 한다. 보험금수급전용계좌를 변경하는 경우에도 또한 같다(영 제12조의11 제1항).

② 재해보험사업자는 법 제11조의7 제1항 단서에 따른 사유로 보험금을 이체할 수 없을 때에는 수급권자의 신청에 따라 다른 금융기관에 개설된 보험금수급전용계좌로 이체해야 한다. 다만, 다른 보험금수급전용계좌로도 이체할 수 없는 경우에는 수급권자 본인의 주민등록증(모바일 주민등록증을 포함)

등 신분증명서의 확인을 거쳐 보험금을 직접 현금으로 지급할 수 있다(제3항).

2. 수급권의 보호

(1) 보험금을 지급받을 권리의 압류 제한

재해보험의 보험금을 지급받을 권리는 **압류할 수 없다**. 다만, **보험목적물이 담보로 제공된 경우에는 그러하지 아니하다**(법 제12조 제1항).

※ 보험목적물이 담보로 제공된 경우에는 재해보험의 보험금을 지급받을 권리를 압류할 수 없다.(×)

(2) 보험금수급전용계좌의 압류 제한

법 제11조의7 제1항에 따라 지정된 보험금수급전용계좌의 예금 중 대통령령으로 정하는 액수 **이하의 금액에 관한 채권은 압류할 수 없다**(법 제12조 제2항).

위에서 "대통령령으로 정하는 액수"란 다음 각 호의 구분에 따른 보험금 액수를 말한다(영 제12조의12).

구분	보험금 액수
1. 농작물·임산물·가축 및 양식수산물의 재생산에 직접적으로 소요되는 비용의 보장을 목적으로 보험금수급전용계좌로 입금된 보험금	입금된 보험금 전액
2. 제1호 외의 목적으로 보험금수급전용계좌로 입금된 보험금	입금된 보험금의 2분의 1에 해당하는 액수

3. 보험목적물의 양도에 따른 권리 및 의무의 승계

재해보험가입자가 재해보험에 가입된 보험목적물을 양도하는 경우 그 양수인은 재해보험계약에 관한 양도인의 권리 및 의무를 **승계한 것으로 추정**한다(법 제13조).

※ 보험목적물의 양수인은 양도인의 권리 및 의무를 승계한다.(×)

4. 업무 위탁

재해보험사업자는 재해보험사업을 원활히 수행하기 위하여 필요한 경우에는 **보험모집 및 손해평가 등 재해보험 업무의 일부**를 대통령령으로 정하는 자에게 위탁할 수 있다(법 제14조).

위에서 "대통령령으로 정하는 자"란 다음 각 호의 자를 말한다(영 제13조).

1. 「농업협동조합법」에 따라 설립된 지역농업협동조합·지역축산업협동조합 및 품목별·업종별협동조합
1의2. 「산림조합법」에 따라 설립된 지역산림조합 및 품목별·업종별산림조합
2. 「수산업협동조합법」에 따라 설립된 지구별 수산업협동조합, 업종별 수산업협동조합, 수산물가공 수산업협동조합 및 수협은행

3. 「보험업법」 제187조에 따라 손해사정을 업으로 하는 자
4. 농어업재해보험 관련 업무를 수행할 목적으로 「민법」 제32조에 따라 농림축산식품부장관 또는 해양수산부장관의 허가를 받아 설립된 비영리법인 ※ 영리법인(×)

※ 「농업협동조합법」에 따라 설립된 농업협동조합중앙회(×), 「농업농촌 및 식품산업 기본법」에 따라 설립된 농업정책보험금융원(×), 「보험업법」에 따라 보험을 모집할 수 있는 자(×)

5. 회계 구분

재해보험사업자는 재해보험사업의 회계를 다른 회계와 구분하여 회계처리함으로써 손익관계를 명확히 하여야 한다(법 제15조).

6. 분쟁조정

재해보험과 관련된 분쟁의 조정(調停)은 「**금융소비자 보호에 관한 법률**」 제33조부터 제43조까지의 규정에 따른다(법 제17조).

「금융소비자 보호에 관한 법률」의 주요 관련 내용

제33조(분쟁조정기구) 「금융위원회의 설치 등에 관한 법률」 제38조 각 호의 기관(이하 "조정대상기관"이라 한다), 금융소비자 및 그 밖의 이해관계인 사이에 발생하는 금융 관련 분쟁의 조정에 관한 사항을 심의·의결하기 위하여 금융감독원에 금융분쟁조정위원회를 둔다.

제39조(조정의 효력) 양 당사자가 제36조 제5항에 따른 조정안을 수락한 경우 해당 조정안은 재판상 화해와 동일한 효력을 갖는다.

제41조(소송과의 관계) ① 조정이 신청된 사건에 대하여 신청 전 또는 신청 후 소가 제기되어 소송이 진행 중일 때에는 수소법원(受訴法院)은 조정이 있을 때까지 소송절차를 중지할 수 있다.
② 조정위원회는 제1항에 따라 소송절차가 중지되지 아니하는 경우에는 해당 사건의 조정절차를 중지하여야 한다.
③ 조정위원회는 조정이 신청된 사건과 동일한 원인으로 다수인이 관련되는 동종·유사 사건에 대한 소송이 진행 중인 경우에는 조정위원회의 결정으로 조정절차를 중지할 수 있다.

7. 「보험업법」 등의 적용

이 법에 따른 재해보험사업에 대하여는 「보험업법」 제104조부터 제107조까지, 제118조 제1항, 제119조, 제120조, 제124조, 제127조, 제128조, 제131조부터 제133조까지, 제134조 제1항, 제136조, 제162조, 제176조 및 제181조 제1항을 적용한다. 이 경우 "보험회사"는 "보험사업자"로 본다(법 제18조 제1항).

이 법에 따른 재해보험사업에 대해서는 「금융소비자 보호에 관한 법률」 제45조(금융상품직접판매업자의 손해배상책임)를 적용한다. 이 경우 "금융상품직접판매업자"는 "보험사업자"로 본다(제2항).

8. 재정지원

(1) 정부와 지방자치단체의 지원

① **정부**는 예산의 범위에서 재해보험가입자가 부담하는 **보험료의 일부**와 재해보험사업자의 **재해보험의 운영 및 관리에 필요한 비용**(이하 "운영비"라 한다)**의 전부 또는 일부를 지원**할 수 있다. 이 경우 **지방자치단체**는 예산의 범위에서 재해보험가입자가 부담하는 **보험료의 일부를 추가로 지원**할 수 있다(법 제19조 제1항).

※ 정부는 예산의 범위에서 재해보험가입자가 부담하는 보험료의 전부 또는 일부를 지원할 수 있다.(×) 보험금의 일부를 지원할 수 있다.(×) 지원하여야 한다(×)

② 농림축산식품부장관·해양수산부장관 및 지방자치단체의 장은 제1항에 따른 지원 금액을 재해보험사업자에게 지급하여야 한다(제2항).

※ 재해보험가입자에게 지급하여야 한다.(×)

③ 보험료와 운영비의 지원 방법 및 지원 절차 등에 필요한 사항은 **대통령령**으로 정한다(제4항).

(2) 중복지원 제한

「풍수해·지진재해보험법」에 따른 **풍수해·지진재해보험**에 가입한 자가 **동일한 보험목적물을 대상으로 재해보험에 가입할 경우**에는 제1항에도 불구하고 정부가 재정지원을 **하지 아니한다**(제3항).

(3) 운영비의 지원 방법 및 지원 절차

① 보험료 또는 운영비의 지원금액을 지급받으려는 재해보험사업자는 농림축산식품부장관 또는 해양수산부장관이 정하는 바에 따라 **재해보험 가입현황서나 운영비 사용계획서**를 농림축산식품부장관 또는 해양수산부장관에게 제출하여야 한다(영 제15조 제1항).

※ 보험료 사용계획서(×), 현지조사서(×)를 제출

② 재해보험 가입현황서나 운영비 사용계획서를 제출받은 농림축산식품부장관 또는 해양수산부장관은 보험가입자의 기준 및 재해보험사업자에 대한 재정지원에 관한 사항 등을 확인하여 보험료 또는 운영비의 지원금액을 결정·지급한다(제2항).

③ 지방자치단체의 장은 보험료의 일부를 추가 지원하려는 경우 재해보험 가입현황서와 보험가입자의 기준 등을 확인하여 보험료의 지원금액을 결정·지급한다(제3항).

확인문제

01 농어업재해보험법령상 재해보험의 종류 등에 관한 설명으로 옳지 않은 것은?

▶ 2024년 손해평가사 10회

① 재해보험의 종류는 농작물재해보험, 임산물재해보험, 가축재해보험 및 양식수산물재해보험으로 한다.
② 가축재해보험의 보험목적물은 가축 및 축산시설물이다.
③ 양식수산물재해보험과 관련된 사항은 농림축산식품부장관이 관장한다.
④ 정부는 보험목적물의 범위를 확대하기 위하여 노력하여야 한다.

③ (×) 농어업재해보험법 제4조(재해보험의 종류 등) 재해보험의 종류는 농작물재해보험, 임산물재해보험, 가축재해보험 및 양식수산물재해보험으로 한다. 이 중 농작물재해보험, 임산물재해보험 및 가축재해보험과 관련된 사항은 농림축산식품부장관이, 양식수산물재해보험과 관련된 사항은 해양수산부장관이 각각 관장한다.

02 농어업재해보험법령상 가축재해보험의 목적물이 아닌 것은?

▶ 2017년 손해평가사 3회

① 소   ② 오리   ③ 개   ④ 타조

가축재해보험의 목적물은 ① **소**, 말, 돼지, 닭, **오리**, 꿩, 메추리, 칠면조, 사슴, 거위, **타조**, 양, 벌, 토끼, 오소리, 관상조(觀賞鳥), ② 위 가축의 축사(부대시설 포함)이다(농림축산식품부고시, 「농업재해보험에서 보상하는 보험목적물의 범위」).

03 농어업재해보험법상 재해보험에 관한 설명으로 옳지 않은 것은?

▶ 2023년 손해평가사 9회

① 재해보험에서 보상하는 재해의 범위는 해당 재해의 발생 빈도, 피해 정도 및 객관적인 손해평가방법 등을 고려하여 재해보험의 종류별로 대통령령으로 정한다.
② 양식수산업에 종사하는 법인은 재해보험에 가입할 수 없다.
③ 「수산업협동조합법」에 따른 수산업협동조합중앙회는 재해보험사업을 할 수 있다.
④ 정부는 재해보험에서 보상하는 재해의 범위를 확대하기 위하여 노력하여야 한다.

② (×) 법 제5조(보험목적물)에 따라 해양수산부장관이 고시하는 양식수산물을 양식하는 자는 **양식수산물재해보험**에 가입할 수 있다.

정답 01 ③   02 ③   03 ②

확인문제

04 농어업재해보험법상 재해보험사업을 할 수 없는 자는? ▶ 2021년 손해평가사 7회

① 농업협동조합법에 따른 농업협동조합중앙회
② 수산업협동조합법에 따른 수산업협동조합중앙회
③ 보험업법에 따른 보험회사
④ 산림조합법에 따른 산림조합중앙회

- 재해보험사업자의 범위 (법 제8조 제1항)
  1. 「수산업협동조합법」에 따른 **수산업협동조합중앙회**
  2. 「산림조합법」에 따른 **산림조합중앙회**
  3. 「보험업법」에 따른 **보험회사**

05 농어업재해보험법령상 재해보험사업을 할 수 있는 자를 모두 고른 것은? ▶ 2024년 손해평가사 10회

ㄱ. 「수산업협동조합법」에 따른 수산업협동조합중앙회
ㄴ. 「산림조합법」에 따른 산림조합중앙회
ㄷ. 「보험업법」에 따른 보험회사
ㄹ. 「새마을금고법」에 따른 새마을금고중앙회

① ㄱ, ㄹ
② ㄱ, ㄴ, ㄷ
③ ㄴ, ㄷ, ㄹ
④ ㄱ, ㄴ, ㄷ, ㄹ

수산업협동조합중앙회, 산림조합중앙회, 보험회사가 재해보험사업을 할 수 있다.
앞의 4번 문제 해설 참고

06 농어업재해보험법령상 재해보험사업의 약정을 체결하려는 자가 농림축산식품부장관 또는 해양수산부장관에게 제출하여야 하는 서류에 해당하지 않는 것은? ▶ 2017년 손해평가사 3회

① 정관
② 사업방법서
③ 보험약관
④ 보험료율의 산정자료

- 재해보험사업 약정체결신청서 첨부 서류 (제8조 제3항, 영 제10조 제1항).
  1. **사업방법서, 보험약관, 보험료 및 책임준비금산출방법서**
  2. 그 밖에 대통령령으로 정하는 서류 ☞ **'정관'**

정답 04 ① 05 ② 06 ④

07 농어업재해보험법령상 농림축산식품부장관 또는 해양수산부장관이 재해보험사업을 하려는 자와 재해보험사업의 약정을 체결할 때에 포함되어야 하는 사항이 아닌 것은?
▶ 2020년 손해평가사 6회
▶ 2025년 손해평가사 11회

① 약정기간에 관한 사항
② 재해보험사업의 약정을 체결한 자가 준수하여야 할 사항
③ 국가에 대한 재정지원에 관한 사항
④ 약정의 변경·해지 등에 관한 사항

- 재해보험사업 약정서에 포함할 사항 (영 제10조 제2항)
  1. **약정기간**에 관한 사항
  2. 재해보험사업의 **약정을 체결한 자가 준수**하여야 할 사항
  3. **재해보험사업자에 대한 재정지원**에 관한 사항
  4. **약정의 변경·해지** 등에 관한 사항
  5. 그 밖에 재해보험사업의 운영에 관한 사항

08 농어업재해보험법상 보험료율의 산정에 관한 내용이다. (   )에 들어갈 용어는?
▶ 2023년 손해평가사 9회

농림축산식품부장관 또는 해양수산부장관과 재해보험사업의 약정을 체결한 자는 재해보험의 보험료율을 객관적이고 합리적인 통계자료를 기초로 하여 (ㄱ) 또는 (ㄴ)로 산정하되, 행정구역과 권역의 구분에 따른 단위로 산정하여야 한다.

① ㄱ: 보험목적물별, ㄴ: 보상방식별
② ㄱ: 보상방식별, ㄴ: 보험종류별
③ ㄱ: 보험종류별, ㄴ: 보험가입금액별
④ ㄱ: 보험가입금액별, ㄴ: 보험료별

농림축산식품부장관 또는 해양수산부장관과 재해보험사업의 약정을 체결한 자는 재해보험의 보험료율을 객관적이고 합리적인 통계자료를 기초로 하여 **보험목적물별** 또는 **보상방식별**로 산정한다(법 제9조 제1항 전단).

09 농어업재해보험법령상 보험료율의 산정에 있어서 기준이 되는 행정구역 단위가 아닌 것은?
▶ 2020년 손해평가사 6회

① 특별시   ② 광역시
③ 자치구   ④ 읍·면

정답 07 ③   08 ①   09 ④

확인문제

> 농어업재해보험법 제9조(보험료율의 산정) ① 제8조 제2항에 따라 농림축산식품부장관 또는 해양수산부장관과 재해보험사업의 약정을 체결한 자(이하 "재해보험사업자"라 한다)는 재해보험의 보험료율을 객관적이고 합리적인 통계자료를 기초로 하여 보험목적물별 또는 보상방식별로 산정하되, 다음 각 호의 구분에 따른 단위로 산정하여야 한다.
> 1. 행정구역 단위 : **특별시·광역시·도·특별자치도 또는 시**(특별자치시와 「제주특별자치도 설치 및 국제자유도시 조성을 위한 특별법」 제10조 제2항에 따라 설치된 행정시를 포함한다)·**군·자치구**. 다만, 「보험업법」 제129조에 따른 보험료율 산출의 원칙에 부합하는 경우에는 자치구가 아닌 구·읍·면·동 단위로도 보험료율을 산정할 수 있다.
> 2. 권역 단위 : 농림축산식품부장관 또는 해양수산부장관이 행정구역 단위와는 따로 구분하여 고시하는 지역 단위

10 농어업재해보험법상 재해보험을 모집할 수 있는 자에 해당하지 않는 것은?

▶ 2022년 손해평가사 8회

① 산림조합중앙회의 임직원
② 「수산업협동조합법」에 따라 설립된 수협은행의 임직원
③ 「산림조합법」 제48조의 공제규정에 따른 공제모집인으로서 농림축산식품부장관이 인정하는 자
④ 「보험업법」 제83조 제1항에 따라 보험을 모집할 수 있는 자

> ■ 재해보험 모집 업무 종사자 (법 제10조 제1항)
> 1. **산림조합중앙회와 그 회원조합의 임직원**, 수협중앙회와 그 회원조합 및 「수산업협동조합법」에 따라 설립된 **수협은행의 임직원**
> 2. 「수산업협동조합법」의 공제규약에 따른 **공제모집인**으로서 **수협중앙회장 또는 그 회원조합장이 인정하는 자**
> 2의2. 「산림조합법」의 공제규정에 따른 **공제모집인**으로서 **산림조합중앙회장이나 그 회원조합장**이 인정하는 자
> 3. 「보험업법」에 따라 **보험을 모집할 수 있는 자**

11 농어업재해보험법령상 농작물재해보험 손해평가인의 자격요건에 관한 내용의 일부이다. ( )에 들어갈 숫자는?

▶ 2023년 손해평가사 9회

> 「보험업법」에 따른 보험회사의 임직원이나 「농업협동조합법」에 따른 중앙회와 조합의 임직원으로 영농 지원 또는 보험·공제 관련 업무를 (ㄱ)년 이상 담당하였거나 손해평가 업무를 (ㄴ)년 이상 담당한 경력이 있는 사람

① ㄱ: 2, ㄴ: 1
② ㄱ: 1, ㄴ: 2
③ ㄱ: 3, ㄴ: 2
④ ㄱ: 2, ㄴ: 3

정답 10 ③ 11 ③

- 손해평가인의 자격요건 (영 [별표 2] '농작물재해보험')
  5. 「보험업법」에 따른 보험회사의 임직원이나 「농업협동조합법」에 따른 중앙회와 조합의 임직원으로 영농 지원 또는 보험·공제 관련 업무를 **3년** 이상 담당하였거나 손해평가 업무를 **2년** 이상 담당한 경력이 있는 사람(시행령 [별표 2])

12 농어업재해보험법령상 가축재해보험의 손해평가인으로 위촉될 수 있는 자격요건을 갖춘 자는?

▶ 2017년 손해평가사 3회

① 「수의사법」에 따른 수의사
② 농촌진흥청에서 가축사육분야에 관한 연구·지도 업무를 1년간 담당한 공무원
③ 「수산업협동조합법」에 따른 중앙회와 조합의 임직원으로 수산업지원 관련 업무를 3년간 담당한 경력이 있는 사람
④ 재해보험 대상 가축을 3년간 사육한 경력이 있는 농업인

② (×) 공무원으로 농림축산식품부, 농촌진흥청, 산림청, 통계청 또는 지방자치단체나 그 소속기관에서 임산물재배 분야에 관한 연구·지도 또는 임업 통계조사 업무를 **3년 이상** 담당한 경력이 있는 사람
③ (×) 지문은 **양식수산물재해보험** 손해평가인의 자격요건이다. 가축재해보험의 손해평가인의 자격은 '「산림조합법」에 따른 중앙회와 조합의 임직원으로 산림경영 지원 또는 보험·공제 관련 업무를 3년 이상 담당하였거나 손해평가 업무를 2년 이상 담당한 경력이 있는 사람'이다.
④ (×) 재해보험 대상 가축을 **5년간** 사육한 경력이 있는 농업인

13 농어업재해보험법령상 양식수산물재해보험의 손해평가인으로 위촉될 수 있는 자격요건을 갖추지 않은 자는?

▶ 2020년 손해평가사 6회

① 재해보험 대상 양식수산물을 3년 동안 양식한 경력이 있는 어업인
② 고등교육법 제2조에 따른 전문대학에서 보험 관련 학과를 졸업한 사람
③ 수산생물질병 관리법에 따른 수산질병관리사
④ 농수산물 품질관리법에 따른 수산물품질관리사

① (×) 재해보험 대상 양식수산물을 **3년** 동안 양식한 경력이 있는 어업인(손해평가인의 자격요건 (영 [별표 2] '양식수산물재해보험')

정답 12 ① 13 ①

확인문제

14 농어업재해보험법령상 농작물재해보험 손해평가인의 자격요건에 관한 규정의 일부이다. ( )에 들어갈 숫자는?
▶ 2025년 손해평가사 11회

> ○ 교원으로 고등학교에서 농작물재배 분야 관련 과목을 (ㄱ)년 이상 교육한 경력이 있는 사람
> ○ 조교수 이상으로「고등교육법」제2조에 따른 학교에서 농작물재배 관련학을 (ㄴ)년 이상 교육한 경력이 있는 사람

① ㄱ: 3, ㄴ: 2   ② ㄱ: 3, ㄴ: 3
③ ㄱ: 5, ㄴ: 3   ④ ㄱ: 5, ㄴ: 5

- 손해평가인의 자격요건 (영 [별표 2] '농작물재해보험')
  3. 교원으로 **고등학교**에서 농작물재배 분야 관련 과목을 **5년** 이상 교육한 경력이 있는 사람
  4. **조교수 이상**으로「고등교육법」제2조에 따른 학교에서 농작물재배 관련학을 **3년** 이상 교육한 경력이 있는 사람

15 농어업재해보험법령상 손해평가사의 정기교육에 관한 설명이다. ( )에 들어갈 숫자로 옳은 것은?
▶ 2024년 손해평가사 10회

> ○ 농림축산식품부장관 또는 해양수산부장관은 손해평가인이 공정하고 객관적인 손해평가를 수행할 수 있도록 연 (ㄱ)회 이상 정기교육을 실시하여야 한다.
> ○ 정기교육의 교육시간은 (ㄴ)시간 이상으로 한다.

① ㄱ: 1, ㄴ: 4   ② ㄱ: 1, ㄴ: 5
③ ㄱ: 2, ㄴ: 4   ④ ㄱ: 2, ㄴ: 6

농림축산식품부장관 또는 해양수산부장관은 제1항에 따른 손해평가인이 공정하고 객관적인 손해평가를 수행할 수 있도록 **연 1회 이상 정기교육**을 실시하여야 한다(농어업재해보험법 제11조 제5항).
법 제11조 제5항에 따른 정기교육에는 다음 각 호의 사항이 포함되어야 하며, **교육시간은 4시간 이상**으로 한다(영 제12조 제3항).

정답 14 ③ 15 ①

16 농어업재해보험법령상 손해평가사의 자격 취소 사유에 해당하는 위반행위를 한 경우, 1회 위반 시에는 자격 취소를 하지 않고 시정명령을 하는 경우는?   ▶2024년 손해평가사 10회

① 손해평가사의 자격을 거짓 또는 부정한 방법으로 취득한 경우
② 거짓으로 손해평가를 한 경우
③ 다른 사람에게 손해평가사의 명의를 사용하게 하거나 그 자격증을 대여한 경우
④ 업무정지 기간 중에 손해평가 업무를 수행한 경우

■ 손해평가사 자격 취소 처분의 세부기준 - 개별기준 (영 [별표 2의3])

위반행위	처분기준	
	1회 위반	2회 이상 위반
손해평가사의 자격을 거짓 또는 부정한 방법으로 취득한 경우	자격 취소	
거짓으로 손해평가를 한 경우	**시정명령**	자격 취소
법 제11조의4 제6항을 위반하여 다른 사람에게 손해평가사의 명의를 사용하게 하거나 그 자격증을 대여한 경우	자격 취소	
법 제11조의4 제7항을 위반하여 손해평가사 명의의 사용이나 자격증의 대여를 알선한 경우	자격 취소	
업무정지 기간 중에 손해평가 업무를 수행한 경우	자격 취소	

17 농어업재해보험법령상 손해평가에 관한 설명으로 옳은 것은?   ▶2021년 손해평가사 7회

① 재해보험사업자는 보험업법에 따른 손해평가인에게 손해평가를 담당하게 할 수 있다.
② 고등교육법에 따른 전문대학에서 임산물재배 관련 학과를 졸업한 사람은 손해평가인으로 위촉될 자격이 인정된다.
③ 농림축산식품부장관은 손해평가사가 공정하고 객관적인 손해평가를 수행할 수 있도록 연 1회 이상 정기교육을 실시하여야 한다.
④ 농림축산식품부장관 또는 해양수산부장관은 손해평가 요령을 고시하려면 미리 금융위원회와 협의하여야 한다.

① (×) 재해보험사업자는 보험목적물에 관한 지식과 경험을 갖춘 사람 또는 그 밖의 관계 전문가를 손해평가인으로 위촉하여 손해평가를 담당하게 하거나 손해평가사 또는 **「보험업법」 제186조에 따른 손해사정사**에게 손해평가를 담당하게 할 수 있다(법 제11조 제1항).
② (×) 「고등교육법」 제2조에 따른 전문대학에서 **보험 관련 학과**를 졸업한 사람(영 [별표 2])
③ (×) 농림축산식품부장관 또는 해양수산부장관은 **손해평가인**이 공정하고 객관적인 손해평가를 수행할 수 있도록 연 1회 이상 정기교육을 실시하여야 한다(법 제11조 제5항). 농림축산식품부장관은 **손해평가사**의 손해평가 능력 및 자질 향상을 위하여 교육을 실시할 수 있다(영 제12조의8).

정답 16 ② 17 ④

확인문제

18 농어업재해보험법상 손해평가 등에 관한 설명으로 옳은 것은? ▶ 2022년 손해평가사 8회

① 재해보험사업자는 동일 시·군·구내에서 교차손해평가를 수행할 수 없다.
② 농림축산식품부장관은 손해평가인이 공정하고 객관적인 손해평가를 수행할 수 있도록 연 1회 이상 정기교육을 실시하여야 한다.
③ 농림축산식품부장관이 손해평가 요령을 정한 뒤 이를 고시하려면 미리 금융위원회의 인가를 거쳐야 한다.
④ 농림축산식품부장관은 손해평가인 간의 손해평가에 관한 기술정보의 교환을 금지하여야 한다.

① (×) **재해보험사업자**는 공정하고 객관적인 손해평가를 위하여 동일 시·군·구(자치구를 말한다) 내에서 **교차손해평가**(손해평가인 상호간에 담당지역을 교차하여 평가하는 것을 말한다)를 수행할 수 있다(법 제11조 제3항 1문).
③ (×) 농림축산식품부장관 또는 해양수산부장관은 손해평가 요령을 고시하려면 미리 **금융위원회와 협의**하여야 한다(법 제11조 제4항).
④ (×) **농림축산식품부장관 또는 해양수산부장관**은 손해평가인 간의 손해평가에 관한 **기술·정보의 교환을 지원**할 수 있다(법 제11조 제6항).

19 농어업재해보험법상 농작물재해보험에 관한 손해평가사 업무로 옳지 않은 것은?

▶ 2017년 손해평가사 3회

① 손해액 평가
② 보험가액 평가
③ 피해사실 확인
④ 손해평가인증의 발급

손해평가사는 농작물재해보험 및 가축재해보험에 관하여 다음 각 호의 업무를 수행한다(법 제11조의3).
1. **피해사실의 확인**
2. **보험가액 및 손해액의 평가**
3. 그 밖의 손해평가에 필요한 사항

정답 18 ② 19 ④

20 농어업재해보험법령상 손해평가사에 관한 설명으로 옳지 않은 것은? ▶ 2019년 손해평가사 5회

① 농림축산식품부장관은 공정하고 객관적인 손해평가를 촉진하기 위하여 손해평가사 제도를 운영한다.
② 손해평가사 자격이 취소된 사람은 그 취소 처분이 있은 날부터 2년이 지나지 아니한 경우 손해평가사 자격시험에 응시하지 못한다.
③ 손해평가사 자격시험의 제1차 시험은 선택형으로 출제하는 것을 원칙으로 하되, 단답형 또는 기입형을 병행할 수 있다.
④ 보험목적물 또는 관련 분야에 관한 전문 지식과 경험을 갖추었다고 인정되는 대통령령으로 정하는 기준에 해당하는 사람에게는 손해평가사 자격시험 과목의 전부를 면제할 수 있다.

④ (×) 보험목적물 또는 관련 분야에 관한 전문 지식과 경험을 갖추었다고 인정되는 대통령령으로 정하는 기준에 해당하는 사람에게는 손해평가사 자격시험 과목의 **일부**를 면제할 수 있다(법 제11조의4 제2항).

21 농어업재해보험법령상 손해평가사의 시험 등에 관한 설명으로 옳은 것은? ▶ 2023년 손해평가사 9회

① 금융감독원에서 손해사정 관련 업무에 2년 종사한 경력이 있는 사람에게는 손해평가사 자격시험 과목의 일부를 면제할 수 있다.
② 농림축산식품부장관은 부정한 방법으로 시험에 응시한 사람에 대하여는 그 시험을 정지시키고 그 처분 사실을 14일 이내에 알려야 한다.
③ 농림축산식품부장관은 시험에서 부정한 행위를 한 사람에 대하여는 그 시험을 취소하고 그 처분 사실을 7일 이내에 알려야 한다.
④ 손해평가사는 다른 사람에게 그 명의를 사용하게 하거나 다른 사람에게 그 자격증을 대여해서는 아니 된다.

① (×) 금융감독원에서 손해사정 관련 업무에 **3년** 종사한 경력이 있는 사람(법 제11조의4 제2항)
② (×), ③ (×) 농림축산식품부장관은 다음 각 호(註: 부정한 방법으로 시험에 응시한 사람, 시험에서 부정한 행위를 한 사람)의 어느 하나에 해당하는 사람에 대하여는 그 시험을 정지시키거나 무효로 하고 그 처분 사실을 **지체 없이** 알려야 한다(법 제11조의4 제3항).

정답 20 ④ 21 ④

확인문제

22 농어업재해보험법령상 손해평가사의 자격취소 사유에 해당하지 않은 것은? ▶ 2023년 손해평가사 9회

① 심신장애로 인하여 직무를 수행할 수 없게 된 경우
② 거짓으로 손해평가를 한 경우
③ 업무정지 기간 중에 손해평가 업무를 수행한 경우
④ 손해평가사의 자격을 거짓 또는 부정한 방법으로 취득한 경우

> ■ 손해평가사의 자격 취소 사유 (법 제11조의5 제1항)
> 1. **손해평가사의 자격을 거짓 또는 부정한 방법으로 취득한 사람** ☞ 필요적 취소
> 2. **거짓으로 손해평가를 한 사람**
> 3. 다른 사람에게 손해평가사의 명의를 사용하게 하거나 그 자격증을 대여한 사람
> 4. 손해평가사 명의의 사용이나 자격증의 대여를 알선한 사람
> 5. **업무정지 기간 중에 손해평가 업무를 수행한 사람** ☞ 필요적 취소

23 농어업재해보험령상 손해평가사의 시험에 관란 설명으로 옳은 것은? ▶ 2025년 손해평가사 11회

① 손해평가인으로 위촉된 기간이 2년이 된 사람은 손해평가사 제1차 시험의 일부과목을 면제한다.
② 농림축산식품부장관은 거짓으로 손해평가를 한 사람에 대하여 손해평가사 자격을 취소하여야 한다.
③ 농림축산식품부장관은 손해평가사의 자격을 부정한 방법으로 취득한 사람에 대하여 손해평가사 자격을 취소하여야 한다.
④ 손해평가사 자격이 취소된 사람은 그 취소 처분이 있는 날로부터 3년이 지나지 아니한 경우 손해평가사 자격시험에 응시하지 못한다.

> ① (×) 법 제11조 제1항에 따른 손해평가인으로 위촉된 기간이 **3년 이상**인 사람으로서 손해평가 업무를 수행한 경력이 있는 사람(시행령 제12조의5 제1항 제1호)
> ② (×), ③ (○) 앞의 문제 해설 참고
> ④ (×) 다음 각 호에 해당하는 사람은 그 처분이 있은 날부터 **2년**이 지나지 아니한 경우 제1항에 따른 손해평가사 자격시험에 응시하지 못한다(법 제11조의4 제4항).
>   1. 제3항에 따라 정지·무효 처분을 받은 사람
>   2. 제11조의5에 따라 **손해평가사 자격이 취소된 사람**

정답 22 ① 23 ③

24 농어업재해보험법상 손해평가사의 감독에 관한 내용이다. ( )에 들어갈 숫자는?

▶ 2020년 손해평가사 6회

> 농림축산식품부장관은 손해평가사가 그 직무를 게을리하거나 직무를 수행하면서 부적절한 행위를 하였다고 인정하면 ( )년 이내의 기간을 정하여 업무의 정지를 명할 수 있다.

① 1 ② 2 ③ 3 ④ 5

농림축산식품부장관은 손해평가사가 그 직무를 게을리하거나 직무를 수행하면서 부적절한 행위를 하였다고 인정하면 **1년 이내**의 기간을 정하여 업무의 정지를 명할 수 있다(법 제11조의6 제1항).

25 농어업재해보험법령상 보험금 수급권에 관한 설명으로 옳은 것은?

▶ 2021년 손해평가사 7회

① 재해보험사업자는 보험금을 현금으로 지급하여야 하나, 불가피한 사유가 있을 때에는 수급권자의 신청이 없더라도 수급권자 명의의 계좌로 입금할 수 있다.
② 재해보험가입자가 재해보험에 가입된 보험목적물을 양도하는 경우 그 양수인은 재해보험계약에 관한 양도인의 권리 및 의무를 승계한다.
③ 재해보험의 보험목적물이 담보로 제공된 경우에는 보험금을 지급받을 권리를 압류할 수 있다.
④ 농작물의 재생산에 직접적으로 소요되는 비용의 보장을 목적으로 보험금수급전용계좌로 입금된 보험금의 경우 그 2분의 1에 해당하는 액수 이하의 금액에 관하여는 채권을 압류할 수 있다.

① (×) 재해보험사업자는 **수급권자의 신청**이 있는 경우에는 보험금을 수급권자 명의의 지정된 계좌(이하 "**보험금수급전용계좌**"라 한다)로 입금하여야 한다. 다만, 정보통신장애나 그 밖에 대통령령으로 정하는 불가피한 사유로 보험금을 보험금수급계좌로 이체할 수 없을 때에는 **현금 지급 등** 대통령령으로 정하는 바에 따라 보험금을 지급할 수 있다(법 제11조의7 제1항).
② (×) 재해보험가입자가 재해보험에 가입된 보험목적물을 양도하는 경우 그 양수인은 재해보험계약에 관한 양도인의 권리 및 의무를 **승계한 것으로 추정**한다(법 제13조).
③ (○) 재해보험의 보험금을 지급받을 권리는 **압류할 수 없다**. 다만, **보험목적물이 담보로 제공된 경우**에는 **그러하지 아니하다**(법 제12조 제1항).
④ (×) 입금된 보험금 '**전액**'에 관한 채권을 압류할 수 없다(영 제12조의12).

정답 24 ① 25 ③

확인문제

26 농어업재해보험법령상 보험금 수급권 등에 관한 설명으로 옳지 않은 것은?

▶ 2024년 손해평가사 10회

① 재해보험의 보험목적물이 담보로 제공된 경우 보험금을 지급받을 권리는 압류할 수 없다.
② 재해보험사업자는 정보통신장애로 보험금을 보험금수급계좌로 이체할 수 없을 때에는 현금지급 등 대통령령으로 정하는 바에 따라 보험금을 지급할 수 있다.
③ 보험금수급전용계좌의 해당 금융기관은 「농어업재해보험법」에 따른 보험금만이 보험금수급전용계좌에 입금되도록 관리하여야 한다.
④ 재해보험가입자가 재해보험에 가입된 보험목적물을 양도하는 경우 그 양수인은 재해보험계약에 관한 양도인의 권리 및 의무를 승계한 것으로 추정한다.

 ① (×) 재해보험의 보험금을 지급받을 권리는 압류할 수 없다. 다만, 보험목적물이 담보로 제공된 경우에는 그러하지 아니하다(농어업재해보험법 제12조 제1항).

27 농어업재해보험법상 재해보험사업에 관한 설명으로 옳은 것은?

▶ 2023년 손해평가사 9회

① 농림축산식품부장관은 손해평가사가 그 직무를 수행하면서 부적절한 행위를 하였다고 인정하면 1년 이상의 기간을 정하여 업무의 정지를 명할 수 있다.
② 재해보험사업자는 정보통신장애나 그 밖에 대통령령으로 정하는 불가피한 사유로 보험금을 보험금수급계좌로 이체할 수 없을 때에는 현금으로 보험금을 지급할 수 있다.
③ 보험목적물이 담보로 제공된 경우에는 이를 압류할 수 없다.
④ 재해보험가입자가 재해보험에 가입된 보험목적물을 양도하는 경우 재해보험계약에 관한 양도인의 의무는 그 양수인에게 승계되지 않는다.

 ① (×) 농림축산식품부장관은 손해평가사가 그 직무를 게을리하거나 직무를 수행하면서 부적절한 행위를 하였다고 인정하면 **1년 이내**의 기간을 정하여 업무의 정지를 명할 수 있다(법 제11조의6 제1항).
③ (×) 재해보험의 보험금을 지급받을 권리는 **압류할 수 없다**. 다만, **보험목적물이 담보로 제공된 경우**에는 **그러하지 아니하다**(법 제12조 제1항).
④ (×) 재해보험가입자가 재해보험에 가입된 보험목적물을 양도하는 경우 그 양수인은 재해보험계약에 관한 양도인의 권리 및 의무를 **승계한 것으로 추정**한다(법 제13조).

정답 26 ① 27 ②

28 농어업재해보험법령상 보험금의 압류 금지에 관한 조문의 일부이다. (   )에 들어갈 내용은?

▶ 2022년 손해평가사 8회

> 법 제12조 제2항에서 "대통령령으로 정하는 액수"란 다음 각 호의 구분에 따른 보험금 액수를 말한다.
> 1. 농작물·임산물·가축 및 양식수산물의 재생산에 직접적으로 소요되는 비용의 보장을 목적으로 법 제11조의7 제1항 본문에 따라 보험금수급전용계좌로 입금된 보험금: 입금된 (ㄱ)
> 2. 제1호 외의 목적으로 법 제11조의7 제1항 본문에 따라 보험금수급전용계좌로 입금된 보험금: 입금된 (ㄴ)에 해당하는 액수

① ㄱ: 보험금의 2분의 1, ㄴ: 보험금의 3분의 1
② ㄱ: 보험금의 2분의 1, ㄴ: 보험금의 3분의 2
③ ㄱ: 보험금 전액,   ㄴ: 보험금의 3분의 1
④ ㄱ: 보험금 전액,   ㄴ: 보험금의 2분의 1

보험금수급전용계좌의 예금 중 대통령령으로 정하는 액수 이하의 금액에 관한 **채권은 압류할 수 없다**(법 제12조 제2항). 여기에서 "대통령령으로 정하는 액수"란 시행령 제12조의12에 규정된 것으로서 ④의 내용이 타당하다.

29 농어업재해보험법령상 보험금 수급 및 보험목적물의 양도에 관한 설명으로 옳지 않은 것은?

▶ 2025년 손해평가사 11회

① 재해보험사업자는 정보통신장애로 보험금을 보험금수급계좌로 이체할 수 없을 때에는 현금으로 보험금을 지급할 수 있다.
② 농작물 재생산에 직접적으로 소요되는 비용의 보장을 목적으로 보험금수급전용계좌로 입금된 보험금의 경우 입금된 보험금 전액에 관한 채권을 압류 할 수 있다.
③ 보험금수급전용계좌의 해당 금융기관은 「농어업재해보험법」에 따른 보험금만이 보험금수급전용계좌에 입금되도록 관리하여야한다.
④ 재해보험가입자가 재해보험에 가입된 보험목적물을 양도하는 경우 그 양수인은 재해보험계약에 관한 양도인의 권리 및 의무를 승계한 것으로 추정된다.

② (×) 농작물·임산물·가축 및 양식수산물의 **재생산**에 직접적으로 소요되는 비용의 보장을 목적으로 법 제11조의7 제1항 본문에 따라 보험금수급전용계좌로 입금된 보험금 ⇒ 입금된 **보험금 전액**을 압류할 수 **없다**(시행령 제12조의12).

정답 28 ④ 29 ②

확인문제

30 농어업재해보험법령상 재해보험사업자가 보험모집 및 손해평가 등 재해보험 업무의 일부를 위탁할 수 있는 자에 해당하지 않는 것은?
▶ 2022년 손해평가사 8회

① 「농업협동조합법」에 따라 설립된 지역농업협동조합
② 「수산업협동조합법」에 따라 설립된 지구별 수산업협동조합
③ 「보험업법」 제187조에 따라 손해사정을 업으로 하는 자
④ 농어업재해보험 관련 업무를 수행할 목적으로 「민법」에 따라 설립된 영리법인

> 재해보험사업자는 재해보험사업을 원활히 수행하기 위하여 필요한 경우에는 보험모집 및 손해평가 등 재해보험 업무의 일부를 대통령령으로 정하는 자에게 위탁할 수 있다(법 제14조). "대통령령으로 정하는 자"란 다음 각 호의 자를 말한다(영 제13조).
> 1. 「농업협동조합법」에 따라 설립된 **지역농업협동조합**·지역축산업협동조합 및 품목별·업종별협동조합
> 1의2. 「산림조합법」에 따라 설립된 **지역산림조합** 및 **품목별·업종별산림조합**
> 2. 「수산업협동조합법」에 따라 설립된 **지구별 수산업협동조합**, 업종별 수산업협동조합, 수산물가공 수산업협동조합 및 수협은행
> 3. 「보험업법」 제187조에 따른 **손해사정을 업으로 하는 자**
> 4. 농어업재해보험 관련 업무를 수행할 목적으로 「민법」 제32조에 따라 농림축산식품부장관 또는 해양수산부장관의 허가를 받아 설립된 **비영리법인**

31 농어업재해보험법령상 재해보험사업자가 재해보험 업무의 일부를 위탁할 수 있는 자에 해당하지 않는 자는?
▶ 2024년 손해평가사 10회

① 「수산업협동조합법」에 따라 설립된 수산물가공 수산업협동조합
② 「농업협동조합법」에 따라 설립된 품목별·업종별협동조합
③ 「산림조합법」에 따라 설립된 지역산림조합
④ 「보험업법」 제83조 제1항에 따라 보험을 모집할 수 있는 자

> 손해사정을 업으로 하는 자는 해당하나, 보험을 모집할 수 있는 자는 해당되지 않는다.
> 앞의 30번 문제 해설 참고

정답 30 ④ 31 ④

32 농어업재해보험법상 회계구분에 관한 내용이다. (   )에 들어갈 용어는?

▶ 2017년 손해평가사 3회

> (   )은(는) 재해보험사업의 회계를 다른 회계와 구분하여 회계처리함으로써 손익관계를 명확히 하여야 한다.

① 손해평가사
② 농림축산식품부장관
③ 재해보험사업자
④ 지방자치단체의 장

재해보험사업자는 재해보험사업의 회계를 다른 회계와 구분하여 회계처리함으로써 손익관계를 명확히 하여야 한다(법 제15조).

33 농어업재해보험법상 분쟁조정에 관한 내용이다. (   )에 들어갈 법률로 옳은 것은?

▶ 2020년 손해평가사 6회 변형

> 재해보험과 관련된 분쟁의 조정(調停)은 (   ) 제33조부터 제43조까지의 규정에 따른다.

① 보험업법
② 풍수해보험법
③ 금융소비자 보호에 관한 법률
④ 화재로 인한 재해보상과 보험가입에 관한 법률

재해보험과 관련된 분쟁의 조정(調停)은 「**금융소비자 보호에 관한 법률**」 제33조부터 제43조까지의 규정에 따른다(법 제17조).

정답 32 ③   33 ③

확인문제

34 농어업재해보험법상 재정지원에 관한 설명으로 옳은 것은? ▶ 2021년 손해평가사 7회

① 정부는 예산의 범위에서 재해보험가입자가 부담하는 보험료의 전부 또는 일부를 지원할 수 있다.
② 지방자치단체는 예산의 범위에서 재해보험사업자의 재해보험의 운영 및 관리에 필요한 비용의 전부 또는 일부를 지원할 수 있다.
③ 농림축산식품부장관은 정부의 보험료 지원금액을 재해보험가입자에게 지급하여야 한다.
④ 풍수해보험법에 따른 풍수해보험에 가입한 자가 동일한 보험목적물을 대상으로 재해보험에 가입할 경우에는 정부가 재정지원을 하지 아니한다.

① (×), ② (×) **정부**는 예산의 범위에서 재해보험가입자가 부담하는 **보험료의 일부**와 재해보험사업자의 **재해보험의 운영 및 관리에 필요한 비용**(이하 "운영비"라 한다)**의 전부 또는 일부를 지원할 수 있다.** 이 경우 **지방자치단체**는 예산의 범위에서 재해보험가입자가 부담하는 **보험료의 일부를 추가로 지원**할 수 있다(법 제19조 제1항).
③ (×) 농림축산식품부장관·해양수산부장관 및 지방자치단체의 장은 제1항에 따른 지원 금액을 **재해보험사업자**에게 지급하여야 한다(법 제19조 제2항).

35 농어업재해보험법령상 재정지원에 관한 설명으로 옳지 않은 것은? ▶ 2022년 손해평가사 8회
▶ 2025년 손해평가사 11회

① 정부는 예산의 범위에서 재해보험사업자의 재해보험의 운영 및 관리에 필요한 비용의 전부 또는 일부를 지원할 수 있다.
② 지방자치단체는 재해보험가입자가 부담하는 보험료를 지원할 수 없다.
③ 정부는 예산의 범위에서 재해보험가입자가 부담하는 보험료의 일부를 지원할 수 있다.
④ 「풍수해지진재해보험법」에 따른 풍수해지진재해보험법에 가입한 자가 동일한 보험목적물 대상으로 재해보험에 가입할 경우에는 정부가 재정지원을 하지 아니한다.

① (○), ② (×), ③ (○) 정부는 예산의 범위에서 재해보험가입자가 부담하는 보험료의 일부와 재해보험사업자의 재해보험의 운영 및 관리에 필요한 비용(이하 "운영비"라 한다)의 전부 또는 일부를 지원할 수 있다. 이 경우 **지방자치단체**는 예산의 범위에서 재해보험가입자가 부담하는 **보험료의 일부**를 추가로 **지원할 수 있다**(법 제19조 제1항).

정답 34 ④ 35 ②

36 농어업재해보험법령상 재정지원에 관한 설명으로 옳은 것은? ▶ 2024년 손해평가사 10회

① 정부는 예산의 범위에서 재해보험가입자가 부담하는 보험료의 전부를 지원할 수 있다.
② 지방자치단체는 정부의 재정지원 외에 예산의 범위에서 재해보험사업자의 재해보험의 운영 및 관리에 필요한 비용 일부를 추가로 지원할 수 있다.
③ 지방자치단체의 장은 정부의 재정지원 외에 보험료의 일부를 추가 지원하려는 경우 재해보험 가입현황서와 보험가입자의 기준 등을 확인하여 보험료의 지원금액을 결정·지급한다.
④ 「풍수해·지진재해보험법」에 따른 풍수해·지진재해보험에 가입한 자가 동일한 보험목적물을 대상으로 재해보험에 가입할 경우에는 정부가 재정지원을 할 수 있다.

> ① (×), ② (×) **정부**는 예산의 범위에서 재해보험가입자가 부담하는 **보험료의 일부**와 재해보험사업자의 **재해보험의 운영 및 관리에 필요한 비용**(이하 "운영비"라 한다)**의 전부 또는 일부를 지원**할 수 있다. 이 경우 **지방자치단체**는 예산의 범위에서 재해보험가입자가 부담하는 **보험료의 일부를 추가로 지원**할 수 있다(농어업재해보험법 제19조 제1항).
> ④ (×) 풍수해·지진재해보험법」에 따른 **풍수해·지진재해보험**에 가입한 자가 **동일한 보험목적물을 대상으로 재해보험에 가입할 경우**에는 제1항에도 불구하고 정부가 재정지원을 **하지 아니한다**(농어업재해보험법 제19조 제3항).

정답 36 ③

제3장 재보험사업 및 농어업재해재보험기금

01 재보험사업

1. 재보험사업의 주체

정부는 재해보험에 관한 재보험사업을 할 수 있다(법 제20조 제1항).

2. 재보험 약정의 체결

농림축산식품부장관 또는 해양수산부장관은 재보험에 가입하려는 **재해보험사업자**와 다음 각 호의 사항이 포함된 재보험 약정을 체결하여야 한다(법 제20조 제2항).

1. 재해보험사업자가 **정부에 내야 할 보험료**(이하 "재보험료"라 한다)에 관한 사항
2. **정부가 지급하여야 할 보험금**(이하 "재보험금"이라 한다)에 관한 사항
3. 그 밖에 재보험수수료 등 재보험 약정에 관한 것으로서 **대통령령**으로 정하는 다음의 사항 ※ 농림축산부령으로 정하는 사항(×)
   ① 재보험수수료에 관한 사항
   ② 재보험 약정기간에 관한 사항
   ③ 재보험 책임범위에 관한 사항
   ④ 재보험 약정의 변경·해지 등에 관한 사항
   ⑤ 재보험금 지급 및 분쟁에 관한 사항
   ⑥ 그 밖에 재보험의 운영·관리에 관한 사항

※ 농어업재해재보험기금의 운용수익금에 관한 사항(×)

3. 업무의 위탁

농림축산식품부장관은 해양수산부장관과 **협의**를 거쳐 재보험사업에 관한 업무의 **일부를**「농업·농촌 및 식품산업 기본법」 제63조의2 제1항에 따라 설립된 **'농업정책보험금융원'에 위탁**할 수 있다(법 제20조 제3항).

※ 보험회사에 위탁할 수 있다.(×)

농업정책보험금융원 (「농업·농촌 및 식품산업 기본법」 제63조의2)

제63조의2(농업정책보험금융원의 설립) ① 농림축산식품부장관은 제63조 제2항에 따른 농업인 등에게 지원하는 융자금·보조금 등 농업 정책자금의 운용·관리 및 감독업무 등을 효율적으로 추진하기 위하여 농업정책보험금융원(이하 "농금원"이라 한다)을 설립한다.
② 농금원은 법인으로 한다.
③ 농금원은 주된 사무소가 있는 곳에서 설립등기를 함으로써 성립한다.
④ 농금원은 다음 각 호의 사업을 한다.
 1. 제63조 제2항에 따른 농업 정책자금의 운용·관리 및 감독업무 등
 2. 농어촌구조개선 특별회계 융자금의 운용·관리 업무
 3. 농어업재해재보험기금 및 재보험사업의 관리
 4. 농업재해보험사업의 관리 및 손해평가사 제도의 운영
 5. 농림수산식품투자모태조합 투자관리전문기관의 업무
 6. 제2호부터 제5호까지의 사업과 관련하여 관계 법령에서 정하는 바에 따라 위탁받은 업무
 7. 그 밖에 농림축산식품부장관이 고시로 정하는 사업
⑥ 정부는 예산의 범위에서 농금원의 설립·운영 등에 필요한 경비의 전부 또는 일부를 출연하거나 보조할 수 있다.
⑦ 농금원에 관하여 이 법 또는 「공공기관의 운영에 관한 법률」에서 정한 사항 외에는 「민법」 중 재단법인에 관한 규정을 준용한다.

02 재보험기금

1. 기금의 설치

농림축산식품부장관은 해양수산부장관과 협의하여 공동으로 재보험사업에 필요한 재원에 충당하기 위하여 농어업재해재보험기금을 설치한다(법 제21조).

농림축산식품부장관은 해양수산부장관과 협의하여 농어업재해재보험기금(이하 "기금"이라 한다)의 수입과 지출을 명확히 하기 위하여 한국은행에 기금계정을 설치하여야 한다(영 제17조).

※ 농업정책보험금융원에 기금계정을 설치(×), 대통령령으로 정하는 시중은행에 기금계정을 설치(×)

2. 기금의 조성

(1) 재원

기금은 다음 각 호의 재원으로 조성한다(법 제22조 제1항).

 1. 법 제20조 제2항 제1호(註: 재해보험사업자가 정부에 내야 할 보험료)에 따라 받은 재보험료
 2. 정부, 정부 외의 자 및 다른 기금으로부터 받은 출연금
 3. 재보험금의 회수 자금

4. 기금의 **운용수익금**과 그 밖의 수입금
5. 제2항에 따른 **차입금**(註: 금융기관, 다른 기금 또는 다른 회계로부터의 차입금)
6. 「농어촌구조개선 특별회계법」 제5조 제2항 제7호에 따라 농어촌구조개선 특별회계의 **농어촌특별세 사업계정으로부터 받은 전입금**

※ 재해보험가입자가 재해보험사업자에게 내야 할 보험료의 회수 자금(×)

(2) 차입금

농림축산식품부장관은 기금의 운용에 필요하다고 인정되는 경우에는 **해양수산부장관과 협의**하여 기금의 부담으로 금융기관, 다른 기금 또는 다른 회계로부터 **자금을 차입**할 수 있다(제2항).

3. 기금의 용도

기금은 다음 각 호에 해당하는 용도에 사용한다(법 제23조).

1. 제20조 제2항 제2호에 따른 **재보험금의 지급**
2. 제22조 제2항에 따른 **차입금의 원리금 상환**
3. 기금의 관리·운용에 필요한 **경비(위탁경비를 포함한다)의 지출**
4. 그 밖에 농림축산식품부장관이 해양수산부장관과 협의하여 재보험사업을 유지·개선하는 데에 필요하다고 인정하는 경비의 지출

※ 재해보험가입자가 부담하는 보험료의 일부 지원(×)

4. 기금의 관리·운용

(1) 관리·운용의 주체

기금은 **농림축산식품부장관**이 **해양수산부장관과 협의**하여 **관리·운용**한다(법 제24조 제1항).

(2) 사무의 위탁

① 개요

농림축산식품부장관은 **해양수산부장관과 협의**를 거쳐 기금의 관리·운용에 관한 사무의 **일부**를 **농업정책보험금융원에 위탁**할 수 있다(법 제24조 제2항).

※ 농업정책보험금융원과 협의를 거쳐 해양수산부장관에 위탁(×)

② 위탁사무

농림축산식품부장관은 **해양수산부장관과 협의**하여 기금의 관리·운용에 관한 다음 각 호의 사무를 「농업·농촌 및 식품산업 기본법」 제63조의2에 따라 설립된 농업정책보험금융원에 위탁한다(영 제18조 제1항).

1. 기금의 관리·운용에 관한 회계업무
2. 법 제20조 제2항 제1호(註: 재해보험사업자가 정부에 내야 할 보험료)에 따른 재보험료를 납입받는 업무
3. 법 제20조 제2항 제2호(註: 정부가 지급하여야 할 보험금에 관한 사항)에 따른 재보험금을 지급하는 업무
4. 제20조에 따른 여유자금의 운용업무
5. 그 밖에 기금의 관리·운용에 관하여 농림축산식품부장관이 해양수산부장관과 협의를 거쳐 지정하여 고시하는 업무

③ 회계의 구분

기금의 관리·운용을 위탁받은 농업정책보험금융원(이하 "기금수탁관리자"라 한다)은 기금의 관리 및 운용을 명확히 하기 위하여 기금을 다른 회계와 구분하여 회계처리하여야 한다(영 제18조 제2항).

④ 경비 부담

위탁하는 사무의 처리에 드는 경비는 기금의 부담으로 한다(영 제18조 제3항).

(3) 여유자금의 운용

농림축산식품부장관은 **해양수산부장관과 협의**하여 기금의 여유자금을 다음 각 호의 방법으로 운용할 수 있다(영 제20조).

1. 「은행법」에 따른 **은행에의 예치**
2. **국채, 공채** 또는 그 밖에 「자본시장과 금융투자업에 관한 법률」 제4조에 따른 **증권의 매입**

(4) 기금의 결산

① **기금수탁관리자**는 회계연도마다 기금결산보고서를 작성하여 **다음 회계연도 2월 15일까지 농림축산식품부장관 및 해양수산부장관**에게 제출하여야 한다(영 제19조 제1항).

② 기금결산보고서에는 다음 각 호의 서류를 첨부하여야 한다(제3항).

1. 결산 개요
2. 수입지출결산
3. 재무제표
4. 성과보고서
5. 그 밖에 결산의 내용을 명확하게 하기 위하여 필요한 서류

③ **농림축산식품부장관**은 **해양수산부장관과 협의**하여 기금수탁관리자로부터 제출받은 기금결산보고서를 검토한 후 심의회의 심의를 거쳐 **다음 회계연도 2월 말일**까지 **기획재정부장관**에게 제출하여야 한다(제2항).

5. 기금의 회계기관

(1) 소속 공무원

농림축산식품부장관은 **해양수산부장관과 협의**하여 기금의 수입과 지출에 관한 사무를 수행하게 하기 위하여 소속 공무원 중에서 **기금수입징수관, 기금재무관, 기금지출관 및 기금출납공무원**을 임명한다(법 제25조 제1항).

※ 소속 공무원 중에서 기금출납원을 임명한다.(×)

(2) 농업정책보험금융원의 임직원

① **농림축산식품부장관**은 기금의 관리·운용에 관한 사무를 위탁한 경우에는 **해양수산부장관과 협의**하여 농업정책보험금융원의 **임원 중**에서 **기금수입담당임원**과 **기금지출원인행위담당임원**을, 그 **직원 중**에서 **기금지출원**과 **기금출납원**을 각각 임명하여야 한다(법 제25조 제2항 1문).

② 이 경우 **기금수입담당임원**은 **기금수입징수관**의 업무를, **기금지출원인행위담당임원**은 **기금재무관**의 업무를, **기금지출원**은 **기금지출관**의 업무를, **기금출납원**은 **기금출납공무원**의 업무를 수행한다(법 제25조 제2항 2문).

※ 농림축산식품부장관이 농업정책보험금융원의 임원 중에서 임명한 기금수입담당임원은 기금재무관의 업무를 수행(×), 기금수입담당임원은 기금수입징수관의 업무를, 기금지출원인행위담당임원은 기금지출관의업무를 담당(×)

확인문제

01 농어업재해보험법령상 재보험 약정에 포함되는 사항을 모두 고른 것은? ▶ 2023년 손해평가사 9회

> ㄱ. 재보험 약정의 변경·해지 등에 관한 사항
> ㄴ. 재보험 책임범위에 관한 사항
> ㄷ. 재보험금 지급 및 분쟁에 관한 사항

① ㄱ, ㄴ ② ㄱ, ㄷ ③ ㄴ, ㄷ ④ ㄱ, ㄴ, ㄷ

- 재보험 약정의 내용 (법 제20조 제2항, 시행령 제16조)
  1. 재해보험사업자가 정부에 내야 할 보험료(이하 "재보험료")에 관한 사항
  2. 정부가 지급하여야 할 보험금(이하 "재보험금")에 관한 사항
  3. 재보험수수료에 관한 사항
  4. 재보험 약정기간에 관한 사항
  5. **재보험 책임범위에 관한 사항**
  6. **재보험 약정의 변경·해지 등에 관한 사항**
  7. **재보험금 지급 및 분쟁에 관한 사항**
  8. 그 밖에 재보험의 운영·관리에 관한 사항

02 농어업재해보험법령상 재보험사업에 관한 설명으로 옳은 것은? ▶ 2019년 손해평가사 5회

① 정부는 재해보험에 관한 재보험사업을 할 수 없다.
② 재보험수수료 등 재보험 약정에 포함되어야 할 사항은 농림축산식품부령에서 정하고 있다.
③ 재보험약정서에는 재보험금의 지급에 관한 사항뿐 아니라 분쟁에 관한 사항도 포함되어야 한다.
④ 농림축산식품부장관이 재보험사업에 관한 업무의 일부를 농업정책보험금융원에 위탁하는 경우에는 해양수산부장관과의 협의를 요하지 않는다.

① (×) **정부**는 재해보험에 관한 재보험사업을 **할 수 있다**(법 제20조 제1항).
② (×) 재보험 약정에 포함될 기본적인 사항은 법률에 규정되어 있고, 그 밖에 재보험수수료 등 재보험 약정에 관한 것을 **대통령령**이 정하고 있다.
④ (×) **농림축산식품부장관**은 **해양수산부장관과 협의**를 거쳐 재보험사업에 관한 업무의 **일부**를 「농업·농촌 및 식품산업 기본법」 제63조의2 제1항에 따라 설립된 **'농업정책보험금융원'에 위탁**할 수 있다(법 제20조 제3항).

정답 01 ④ 02 ③

확인문제

03 농어업재해보험법상 농어업재해재보험기금의 재원에 포함되는 것을 모두 고른 것은?

▶ 2022년 손해평가사 8회, ▶ 2025년 손해평가사 11회

> ㄱ. 재해보험가입자가 재해보험사업자에게 내야 할 보험료의 회수 자금
> ㄴ. 정부, 정부 외의 자 및 다른 기금으로부터 받은 출연금
> ㄷ. 농어업재해재보험기금의 운용수익금
> ㄹ. 「농어촌구조개선 특별회계법」제5조 제2항 제7호에 따라 농어촌구조개선 특별회계의 농어촌 특별세사업계정으로부터 받은 전입금

① ㄱ, ㄴ, ㄷ
② ㄱ, ㄴ, ㄹ
③ ㄱ, ㄷ, ㄹ
④ ㄴ, ㄷ, ㄹ

- 농어업재해재보험기금의 재원 (법 제22조 제1항).
  1. 법 제20조 제2항 제1호(註: 재해보험사업자가 정부에 내야 할 보험료)에 따라 받은 재보험료
  2. **정부, 정부 외의 자 및 다른 기금으로부터 받은 출연금**
  3. **재보험금의 회수 자금**
  4. **기금의 운용수익금**과 그 밖의 수입금
  5. 제2항에 따른 **차입금**(註: 금융기관, 다른 기금 또는 다른 회계로부터의 차입금)
  6. 「농어촌구조개선 특별회계법」제5조 제2항 제7호에 따라 농어촌구조개선 특별회계의 **농어촌특별 세사업계정으로부터 받은 전입금**

04 농어업재해보험법령상 농어업재해재보험기금의 용도에 해당하지 않는 것은?

① 재보험금의 지급
② 차입금의 원리금 상환
③ 농어촌특별세사업계정으로부터 받은 전입금의 상환
④ 기금의 관리·운용에 필요한 경비(위탁경비 포함)의 지출

- 농어업재해재보험기금의 용도 (법 제23조)
  1. 제20조 제2항 제2호에 따른 **재보험금의 지급**
  2. 제22조 제2항에 따른 **차입금의 원리금 상환**
  3. 기금의 관리·운용에 필요한 **경비(위탁경비를 포함한다)의 지출**
  4. 그 밖에 농림축산식품부장관이 해양수산부장관과 협의하여 재보험사업을 유지·개선하는 데에 필요하다고 인정하는 경비의 지출

정답 03 ④   04 ③

05 농어업재해보험법령상 재보험사업 및 농어업재해재보험기금(이하 "기금"이라 함)에 관한 설명으로 옳지 않은 것은?
▶2021년 손해평가사 7회

① 기금은 기금의 관리·운용에 필요한 경비의 지출에 사용할 수 없다.
② 농림축산식품부장관은 해양수산부장관과 협의하여 기금의 수입과 지출을 명확히 하기 위하여 한국은행에 기금계정을 설치하여야 한다.
③ 재보험금의 회수 자금은 기금 조성의 재원에 포함된다.
④ 정부는 재해보험에 관한 재보험사업을 할 수 있다.

① (×) 기금은 ① 재보험금의 지급, ② 차입금의 원리금 상환, ③ **기금의 관리·운용에 필요한 경비(위탁 경비를 포함)의 지출**, ④ 그 밖에 농림축산식품부장관이 해양수산부장관과 협의하여 재보험사업을 유지·개선하는 데에 필요하다고 인정하는 경비의 지출에 사용한다(법 제23조).

06 농어업재해보험법령상 농어업재해재보험기금(이하 "기금"이라 한다)에 관한 설명으로 옳은 것은?
▶2022년 손해평가사 8회

① 농림축산식품부장관은 행정안전부장관과 협의를 거쳐 기금의 관리·운용에 관한 사무의 일부를 농업정책보험금융원에 위탁할 수 있다.
② 농림축산식품부장관은 기금의 수입과 지출을 명확히 하기 위하여 농업정책보험금융원에 기금계정을 설치하여야 한다.
③ 기금의 관리·운용에 필요한 경비의 지출은 기금의 용도에 해당한다.
④ 기금은 농림축산식품부장관이 환경부장관과 협의하여 관리·운용한다.

① (×) 농림축산식품부장관은 **해양수산부장관**과 협의를 거쳐 기금의 관리·운용에 관한 사무의 일부를 농업정책보험금융원에 위탁할 수 있다(법 제24조 제2항).
② (×) 농림축산식품부장관은 해양수산부장관과 협의하여 농어업재해재보험기금(이하 "기금"이라 한다)의 수입과 지출을 명확히 하기 위하여 **한국은행**에 기금계정을 설치하여야 한다(영 제17조).
④ (×) 기금은 농림축산식품부장관이 **해양수산부장관과 협의**하여 관리·운용한다(법 제24조 제1항).

07 농어업재해보험법상 농어업재해재보험기금(이하 "기금"이라 함)에 관한 설명으로 옳지 않은 것은?
▶2021년 손해평가사 7회

① 기금은 농림축산식품부장관이 해양수산부장관과 협의하여 관리·운용한다.
② 농림축산식품부장관은 해양수산부장관과 협의를 거쳐 기금의 관리·운용에 관한 사무의 일부를 농업정책보험금융원에 위탁할 수 있다.
③ 농림축산식품부장관은 해양수산부장관과 협의하여 기금의 수입과 지출에 관한 사무를 수행하게 하기 위하여 소속 공무원 중에서 기금수입징수관 등을 임명한다.
④ 농림축산식품부장관이 농업정책보험금융원의 임원 중에서 임명한 기금지출원인행위담당임원은 기금지출관의 업무를 수행한다.

정답 05 ① 06 ③ 07 ④

확인문제

> ④ (×) 기금수입담당임원은 기금수입징수관의 업무를, 기금지출원인행위담당임원은 **기금재무관**의 업무를, 기금지출원은 기금지출관의 업무를, 기금출납원은 기금출납공무원의 업무를 수행한다(법 제25조 제2항 2문).

08 농어업재해보험법령상 농어업재해재보험기금(이하 "기금"이라 한다)에 관한 설명으로 옳지 않은 것은?   ▶ 2025년 손해평가사 11회

① 기금은 농림축산식품부장관이 해양수산부장관과 협의하여 관리·운용한다.
② 기금의 관리·운용에 필요한 경비(위탁경비 포함)의 지출은 기금의 용도에 해당한다.
③ 농림축산식품부장관은 농업정책보험금융원과 협의를 거쳐 기금의 관리·운용에 관한 사무의 일부를 해양수산부장관에 위탁할 수 있다.
④ 농림축산식품부장관은 해양수산부장관과 협의하여 기금의 수입과 지출에 관한 사무를 수행하게 하기 위하여 소속 공무원 중에서 기금수입징수관을 임명한다.

> ③ (×) 농림축산식품부장관은 **해양수산부장관과 협의**를 거쳐 기금의 관리·운용에 관한 사무의 일부를 **농업정책보험금융원에 위탁**할 수 있다(법 제24조 제2항).

09 농어업재해보험법령상 농림축산식품부장관이 농어업재해재보험기금(이하 '기금'의) 관리·운용에 관한 사무를 농업정책보험금융원에 위탁한 경우 기금의 관리·운용에 관한 설명으로 옳지 않은 것은?   ▶ 2024년 손해평가사 10회

① 농림축산식품부장관은 해양수산부장관과 협의하여 농업정책보험금융원의 임원 중에서 기금수입담당임원과 기금지출원인행위담당임원을 임명하여야 한다.
② 기금수입담당임원은 기금수입징수관의 업무를, 기금지출원인행위담당임원은 기금지출관의 업무를 담당한다.
③ 농림축산식품부장관은 해양수산부장관과 협의하여 농업정책보험금융원의 직원 중에서 기금지출원과 기금출납원을 임명하여야 한다.
④ 기금출납원은 기금출납공무원의 업무를 수행한다.

> **농림축산식품부장관**은 기금의 관리·운용에 관한 사무를 위탁한 경우에는 **해양수산부장관과 협의**하여 농업정책보험금융원의 **임원 중**에서 **기금수입담당임원**과 **기금지출원인행위담당임원**을, 그 **직원 중**에서 **기금지출원**과 **기금출납원**을 각각 임명하여야 한다(법 제25조 제2항 1문).
> 이 경우 **기금수입담당임원**은 **기금수입징수관**의 업무를, **기금지출원인행위담당임원**은 **기금재무관**의 업무를, **기금지출원**은 **기금지출관**의 업무를, **기금출납원**은 **기금출납공무원**의 업무를 수행한다(법 제25조 제2항 2문).

정답 08 ③ 09 ②

10 농어업재해보험법령상 농어업재해재보험기금의 결산에 관한 내용이다. ( )에 들어갈 내용을 순서대로 옳게 나열한 것은?
▶ 2018년 손해평가사 4회

> ○ 기금수탁관리자는 회계연도마다 기금결산보고서를 작성하여 다음 회계연도 (ㄱ)까지 농림축산식품부장관 및 해양수산부장관에게 제출하여야 한다.
> ○ 농림축산식품부장관은 해양수산부장관과 협의하여 기금수탁관리자로부터 제출받은 기금결산보고서를 검토한 후 심의회의 회의를 거쳐 다음 회계연도 (ㄴ)까지 기획재정부장관에게 제출하여야 한다.

	ㄱ	ㄴ		ㄱ	ㄴ
①	1월 31일	2월 말일	②	1월 31일	6월 30일
③	2월 15일	2월 말일	④	2월 15일	6월 30일

- 기금수탁관리자는 회계연도마다 기금결산보고서를 작성하여 다음 회계연도 **2월 15일**까지 농림축산식품부장관 및 해양수산부장관에게 제출하여야 한다(영 제19조 제1항).
- 농림축산식품부장관은 해양수산부장관과 협의하여 기금수탁관리자로부터 제출받은 기금결산보고서를 검토한 후 심의회의 심의를 거쳐 다음 회계연도 **2월 말일**까지 기획재정부장관에게 제출하여야 한다(제2항).

11 농어업재해보험법령상 농어업재해재보험기금의 기금수탁관리자가 농림축산식품부장관 및 해양수산부장관에게 제출해야 하는 기금결산보고서에 첨부해야 할 서류로 옳은 것을 모두 고른 것은?
▶ 2018년 손해평가사 4회

ㄱ. 결산 개요	ㄴ. 수입지출결산
ㄷ. 재무제표	ㄹ. 성과보고서

① ㄱ, ㄴ ② ㄴ, ㄷ
③ ㄱ, ㄷ, ㄹ ④ ㄱ, ㄴ, ㄷ, ㄹ

■ 기금결산보고서 첨부 서류 (영 제19조 제3항)
1. **결산 개요**
2. **수입지출결산**
3. **재무제표**
4. **성과보고서**
5. 그 밖에 결산의 내용을 명확하게 하기 위하여 필요한 서류

정답 10 ③   11 ④

확인문제

12 농어업재해보험법상 농어업재해재보험기금의 여유자금을 운용할 수 있는 방법에 해당하지 않는 것은?

① 공채의 매입
② 기금재수탁에의 예치
③ 「은행법」에 따른 은행에의 예치
④ 「자본시장과 금융투자업에 관한 법률」 제4조에 따른 증권의 매입

> 농림축산식품부장관은 해양수산부장관과 협의하여 기금의 여유자금을 다음 각 호의 방법으로 운용할 수 있다(영 제20조).
> 1. 「은행법」에 따른 **은행에의 예치**
> 2. **국채, 공채** 또는 그 밖에 「자본시장과 금융투자업에 관한 법률」 제4조에 따른 **증권의 매입**

13 농어업재해보험법령상 농림축산식품부장관이 해양수산부장관과 협의하여 농어업재해재보험기금의 수입과 지출에 관한 사무를 수행하게 하기 위하여 소속 공무원 중에서 임명하는 자에 해당하지 않는 것은? ▶ 2020년 손해평가사 6회

① 기금수입징수관
② 기금출납원
③ 기금지출관
④ 기금재무관

> 농림축산식품부장관은 해양수산부장관과 협의하여 기금의 수입과 지출에 관한 사무를 수행하게 하기 위하여 소속 공무원 중에서 **기금수입징수관, 기금재무관, 기금지출관 및 기금출납공무원**을 임명한다(법 제25조 제1항).

정답 12 ② 13 ②

제4장 보험사업의 관리

01 농어업재해보험사업의 관리

1. 농림축산식품부장관과 해양수산부장관의 수행 업무

농림축산식품부장관 또는 해양수산부장관은 재해보험사업을 효율적으로 추진하기 위하여 다음 각 호의 업무를 수행한다(법 제25조의2 제1항).

1. 재해보험사업의 관리·감독
2. 재해보험 상품의 연구 및 보급
3. 재해 관련 통계 생산 및 데이터베이스 구축·분석
4. 손해평가인력의 육성
5. 손해평가기법의 연구·개발 및 보급

※ 피해 관련 분쟁 조정(×), 재해보험 상품의 개발 및 보험료율의 산정(×), 재해보험 요율의 승인(×)

2. 농업정책보험금융원에의 업무 위탁

농림축산식품부장관 또는 해양수산부장관은 다음 각 호의 업무를 농업정책보험금융원에 위탁할 수 있다(법 제25조의2 제2항).

1. 제1항 제1호부터 제5호까지의 업무
   ① 재해보험사업의 관리·감독
   ② 재해보험 상품의 연구 및 보급
   ③ 재해 관련 통계 생산 및 데이터베이스 구축·분석
   ④ 손해평가인력의 육성
   ⑤ 손해평가기법의 연구·개발 및 보급
2. 제8조 제2항에 따른 재해보험사업의 약정 체결 관련 업무
3. 제11조의2에 따른 손해평가사 제도 운용 관련 업무
4. 그 밖에 재해보험사업과 관련하여 농림축산식품부장관 또는 해양수산부장관이 위탁하는 업무

※ 손해평가사 자격시험의 실시 및 관리(×)

3. 손해평가사 자격시험의 실시 및 관리의 위탁

농림축산식품부장관은 손해평가사 자격시험의 실시 및 관리에 관한 업무를 「한국산업인력공단법」에 따른 한국산업인력공단에 위탁할 수 있다(법 제25조의2 제3항).

02 통계의 수집·관리 등

1. 지역별, 재해별 통계자료 수집·관리

(1) 수집·관리의 대상 및 자료 요청

농림축산식품부장관 또는 해양수산부장관은 보험상품의 운영 및 개발에 필요한 다음 각 호의 지역별, 재해별 통계자료를 수집·관리하여야 하며, 이를 위하여 관계 중앙행정기관 및 지방자치단체의 장에게 필요한 자료를 요청할 수 있다(법 제26조 제1항).

> 1. 보험대상의 현황
> 2. 보험확대 예비품목(제3조 제1항 제2호에 따라 선정한 보험목적물 도입예정 품목을 말한다)의 현황
> 3. 피해 원인 및 규모
> 4. 품목별 재배 또는 양식 면적과 생산량 및 가격
> 5. 그 밖에 농림축산식품부장관 또는 해양수산부장관이 필요하다고 인정하는 통계자료

(2) 관계 중앙행정기관 및 지방자치단체의 장의 의무

위에 따라 자료를 요청받은 경우 관계 중앙행정기관 및 지방자치단체의 장은 특별한 사유가 없으면 요청에 따라야 한다(제2항).

2. 조사·연구 등의 진흥 시책 마련

농림축산식품부장관 또는 해양수산부장관은 재해보험사업의 건전한 운영을 위하여 재해보험 제도 및 상품 개발 등을 위한 조사연구, 관련 기술의 개발 및 전문인력 양성 등의 진흥 시책을 마련하여야 한다(법 제26조 제3항).

3. 통계의 수집·관리 등에 관한 업무의 위탁

(1) 위탁의 범위 및 수탁기관

농림축산식품부장관 또는 해양수산부장관은 법 제26조 제1항 및 제3항에 따른 통계의 수집관리, 조사연구 등에 관한 업무를 다음 각 호의 어느 하나에 해당하는 자에게 위탁할 수 있다(영 제21조 제1항).

> 1. 「농업협동조합법」에 따른 농업협동조합중앙회
> 1의2. 「산림조합법」에 따른 산림조합중앙회
> 2. 「수산업협동조합법」에 따른 수산업협동조합중앙회 및 수협은행
> 3. 「정부출연연구기관 등의 설립·운영 및 육성에 관한 법률」 제8조에 따라 설립된 연구기관
> 4. 「보험업법」에 따른 보험회사, 보험료율산출기관 또는 보험계리를 업으로 하는 자
> 5. 「민법」 제32조에 따라 농림축산식품부장관 또는 해양수산부장관의 허가를 받아 설립된 비영리법인
> 6. 「공익법인의 설립·운영에 관한 법률」 제4조에 따라 농림축산식품부장관 또는 해양수산부장관의 허가를 받아 설립된 공익법인
> 7. 농업정책보험금융원

※ 지방자치단체의 장에게 위탁(×), 대통령령으로 정하는 자에게 위탁(○)

(2) 고시 의무

농림축산식품부장관 또는 해양수산부장관은 제1항에 따라 업무를 위탁한 때에는 위탁받은 자 및 위탁업무의 내용 등을 고시하여야 한다(영 제21조 제2항).

03 시범사업

1. 개요

재해보험사업자는 신규 보험상품을 도입하려는 경우 등 필요한 경우에는 **농림축산식품부장관 또는 해양수산부장관과 협의**하여 시범사업을 할 수 있다(법 제27조 제1항).

정부는 시범사업의 원활한 운영을 위하여 필요한 지원을 할 수 있다(제2항).

제1항 및 제2항에 따른 시범사업 실시에 관한 구체적인 사항은 대통령령으로 정한다(제3항).

2. 시범사업의 실시

(1) 사업계획서 제출과 협의

재해보험사업자는 시범사업을 하려면 다음 각 호의 사항이 포함된 사업계획서를 **농림축산식품부장관 또는 해양수산부장관에게 제출하고 협의**하여야 한다(영 제22조 제1항).

1. 대상목적물, 사업지역 및 사업기간에 관한 사항
2. 보험상품에 관한 사항
3. 정부의 재정지원에 관한 사항
4. 그 밖에 농림축산식품부장관 또는 해양수산부장관이 필요하다고 인정하는 사항

※ 보험계약사항, 보험금 지급 등 전반적인 사업운영 실적에 관한 사항(×)

(2) 사업결과보고서 작성과 제출

재해보험사업자는 시범사업이 끝나면 지체 없이 다음 각 호의 사항이 포함된 사업결과보고서를 작성하여 농림축산식품부장관 또는 해양수산부장관에게 제출하여야 한다(영 제22조 제2항).

1. 보험계약사항, 보험금 지급 등 전반적인 사업운영 실적에 관한 사항
2. 사업 운영과정에서 나타난 문제점 및 제도개선에 관한 사항
3. 사업의 중단·연장 및 확대 등에 관한 사항

※ 정부의 재정지원에 관한 사항(×)

(3) 검토·평가

농림축산식품부장관 또는 해양수산부장관은 사업결과보고서를 받으면 그 사업결과를 바탕으로 신규 보험상품의 도입 가능성 등을 검토·평가하여야 한다(영 제22조 제3항).

04 보험가입의 촉진 등

1. 정부의 지원

정부는 농어업인의 **재해대비의식을 고양**하고 **재해보험의 가입을 촉진**하기 위하여 **교육·홍보** 및 보험가입자에 대한 **정책자금 지원, 신용보증 지원** 등을 할 수 있다(법 제28조).

2. 보험가입촉진계획

(1) 보험가입촉진계획의 수립과 제출

재해보험사업자는 농어업재해보험 가입 촉진을 위하여 보험가입촉진계획을 **매년** 수립하여 농림축산식품부장관 또는 해양수산부장관에게 제출하여야 한다(법 제28조의2 제1항).

재해보험사업자는 보험가입촉진계획을 해당 연도 **1월 31일**까지 **농림축산식품부장관 또는 해양수산부장관**에게 제출하여야 한다(영 제22조의2 제2항).

> ※ 농림축산식품부장관은 보험가입촉진계획을 매년 수립(×), 재해보험사업자는 보험가입촉진계획을 3년 단위로 수립하여 제출(×)

보험가입촉진계획의 내용 및 그 밖에 필요한 사항은 대통령령으로 정한다(법 제28조의2 제2항).

(2) 보험가입촉진계획의 내용

보험가입촉진계획에는 다음 각 호의 사항이 포함되어야 한다(영 제22조의2 제1항).

1. 전년도의 성과분석 및 해당 연도의 사업계획
2. 해당 연도의 보험상품 운영계획
3. 농어업재해보험 교육 및 홍보계획
4. 보험상품의 개선·개발계획
5. 그 밖에 농어업재해보험 가입 촉진을 위하여 필요한 사항

> ※ 농어업재해재보험기금 관리·운용계획(×)

05 그 밖의 사항

1. 보고 등

농림축산식품부장관 또는 해양수산부장관은 재해보험의 건전한 운영과 재해보험가입자의 보호를 위하여 필요하다고 인정되는 경우에는 재해보험사업자에게 재해보험사업에 관한 업무 처리 상황을 보고하게 하거나 관계 서류의 제출을 요구할 수 있다(법 제29조).

2. 청문

농림축산식품부장관은 다음 각 호의 어느 하나에 해당하는 처분을 하려면 청문을 하여야 한다(법 제29조의2).

1. 제11조의5에 따른 손해평가사의 **자격 취소**
2. 제11조의6에 따른 손해평가사의 **업무 정지**

확인문제

01 농어업재해보험법상 농림축산식품부장관이 농작물 재해보험사업을 효율적으로 추진하기 위하여 수행하는 업무로 옳지 않은 것은?

▶ 2017년 손해평가사 3회

① 피해 관련 분쟁조정
② 손해평가인력의 육성
③ 재해보험 상품의 연구 및 보급
④ 손해평가기법의 연구·개발 및 보급

농림축산식품부장관 또는 해양수산부장관은 재해보험사업을 효율적으로 추진하기 위하여 다음 각 호의 업무를 수행한다(법 제25조의2 제1항).
1. 재해보험사업의 관리·감독
2. **재해보험 상품의 연구 및 보급**
3. 재해 관련 통계 생산 및 데이터베이스 구축·분석
4. **손해평가인력의 육성**
5. **손해평가기법의 연구·개발 및 보급**

02 농어업재해보험법령상 농림축산식품부장관 또는 해양수산부장관이 농업정책보험금융원에 위탁할 수 있는 업무가 아닌 것은?

▶ 2025년 손해평가사 11회

① 손해평가인력의 육성
② 재해보험사업의 관리·감독
③ 손해평가사 자격시험의 실시 및 관리
④ 재해 관련 통계 생산 및 데이터베이스 구축·분석

③ (✕) 농림축산식품부장관은 제11조의4에 따른 **손해평가사 자격시험의 실시 및 관리**에 관한 업무를 「한국산업인력공단법」에 따른 **한국산업인력공단**에 위탁할 수 있다(법 제25조의2 제3항).
① (○), ② (○), ④ (○)
농림축산식품부장관 또는 해양수산부장관은 다음 각 호의 업무를 **농업정책보험금융원**에 위탁할 수 있다(제2항).
1. 제1항 제1호부터 제5호까지의 업무
  ① **재해보험사업의 관리·감독**
  ② 재해보험 상품의 연구 및 보급
  ③ **재해 관련 통계 생산 및 데이터베이스 구축·분석**
  ④ **손해평가인력의 육성**
  ⑤ 손해평가기법의 연구·개발 및 보급
2. 제8조 제2항에 따른 재해보험사업의 약정 체결 관련 업무
3. 제11조의2에 따른 **손해평가사 제도 운용 관련 업무**
4. 그 밖에 재해보험사업과 관련하여 농림축산식품부장관 또는 해양수산부장관이 위탁하는 업무

정답 01 ① 02 ③

03 농어업재해보험법령상 보험사업의 관리에 관한 설명으로 옳은 것은? ▶ 2023년 손해평가사 9회

① 농림축산식품부장관 또는 해양수산부장관은 손해평가사 제도 운용 관련 업무를 농업정책보험금융원에 위탁할 수 있다.
② 정부가 하는 재해보험 가입 촉진을 위한 조치로서 신용보증 지원을 할 수 없다.
③ 농림축산식품부장관은 손해평가인의 자격요건에 대하여 매년 그 타당성을 검토하여야 한다.
④ 농림축산식품부장관은 보험가입촉진계획을 매년 수립한다.

- ② (×) 정부는 농어업인의 재해대비의식을 고양하고 재해보험의 가입을 촉진하기 위하여 교육·홍보 및 보험가입자에 대한 정책자금 지원, **신용보증 지원** 등을 할 수 있다(법 제28조).
- ③ (×) 농림축산식품부장관 또는 해양수산부장관은 손해평가인의 자격요건에 대하여 2018년 1월 1일을 기준으로 **3년마다**(매 3년이 되는 해의 1월 1일 전까지를 말한다) 그 타당성을 검토하여 개선 등의 조치를 하여야 한다(영 제22조의4 제1항).
- ④ (×) **재해보험사업자**는 농어업재해보험 가입 촉진을 위하여 보험가입촉진계획을 매년 수립하여 농림축산식품부장관 또는 해양수산부장관에게 제출하여야 한다(법 제28조의2 제1항).

04 농어업재해보험법상 지역별, 재해별 통계자료의 수집·관리와 관련하여 (   )에 해당하지 않는 내용은?

농림축산식품부장관 또는 해양수산부장관은 보험상품의 운영 및 개발에 필요한 (   )의 지역별, 재해별 통계자료를 수집·관리하여야 하며, 이를 위하여 관계 중앙행정기관 및 지방자치단체의 장에게 필요한 자료를 요청할 수 있다.

① 보험대상의 현황
② 피해 원인과 조사방법
③ 보험확대 예비품목의 현황
④ 품목별 재배 또는 양식 면적과 생산량 및 가격

- ■ 지역별, 재해별 통계자료 수집·관리의 대상 (법 제26조 제1항)
  1. **보험대상의 현황**
  2. **보험확대 예비품목**(제3조 제1항 제2호에 따라 선정한 보험목적물 도입예정 품목을 말한다)의 현황
  3. **피해 원인 및 규모**
  4. **품목별 재배 또는 양식 면적과 생산량 및 가격**
  5. 그 밖에 농림축산식품부장관 또는 해양수산부장관이 필요하다고 인정하는 통계자료

정답 03 ① 04 ②

확인문제

05 농어업재해보험법상 보험사업의 관리에 관한 설명으로 옳지 않은 것은? ▶ 2022년 손해평가사 8회

① 농림축산식품부장관 또는 해양수산부장관은 재해보험사업을 효율적으로 추진하기 위하여 손해평가인력의 육성 업무를 수행한다.
② 농림축산식품부장관은 손해평가사의 업무 정지 처분을 하는 경우 청문을 하지 않아도 된다.
③ 농림축산식품부장관은 손해평가사 자격시험의 실시 및 관리에 관한 업무를 「한국산업인력공단법」에 따른 한국산업인력공단에 위탁할 수 있다.
④ 정부는 농어업인의 재해대비의식을 고양하고 재해보험의 가입을 촉진하기 위하여 교육홍보 및 보험가입자에 대한 정책자금 지원, 신용보증 지원 등을 할 수 있다.

② (×) 농림축산식품부장관은 다음 각 호의 어느 하나에 해당하는 처분을 하려면 청문을 하여야 한다(법 제29조의2).
1. 제11조의5에 따른 손해평가사의 **자격 취소**
2. 제11조의6에 따른 손해평가사의 **업무 정지**

06 농어업재해보험법령상 농림축산식품부장관 또는 해양수산부장관으로부터 보험상품의 운영 및 개발에 필요한 통계자료의 수집·관리업무를 위탁받아 수행할 수 있는 자를 모두 고른 것은?
▶ 2020년 손해평가사 6회

> ㄱ. 수산업협동조합법 에 따른 수협은행
> ㄴ. 보험업법 에 따른 보험회사
> ㄷ. 농업정책보험금융원
> ㄹ. 지방자치단체의 장

① ㄱ, ㄴ ② ㄴ, ㄷ
③ ㄷ, ㄹ ④ ㄱ, ㄴ, ㄷ

- 통계의 수집·관리, 조사·연구 등에 관한 업무의 수탁기관 (영 제21조 제1항)
  1. 「농업협동조합법」에 따른 농업협동조합중앙회
  1의2. 「산림조합법」에 따른 산림조합중앙회
  2. 「수산업협동조합법」에 따른 수산업협동조합중앙회 및 **수협은행**
  3. 「정부출연연구기관 등의 설립·운영 및 육성에 관한 법률」 제8조에 따라 설립된 연구기관
  4. 「보험업법」에 따른 **보험회사**, 보험료율산출기관 또는 보험계리를 업으로 하는 자
  5. 「민법」 제32조에 따라 농림축산식품부장관 또는 해양수산부장관의 허가를 받아 설립된 비영리법인
  6. 「공익법인의 설립·운영에 관한 법률」 제4조에 따라 농림축산식품부장관 또는 해양수산부장관의 허가를 받아 설립된 공익법인
  7. **농업정책보험금융원**

정답 05 ② 06 ④

07 농어업재해보험법령상 벌칙에 관한 규정이다. ( )에 들어갈 내용은? ▶2025년 손해평가사 11회

> 재해보험사업자가 「농어업재해보험법」 제10조 제2항에서 준용하는 「보험업법」 제95조를 위반하여 보험안내를 한 경우에는 (ㄱ) 이하의 (ㄴ)을(를) 부과한다.

① ㄱ : 500만원, ㄴ : 과태료
② ㄱ : 1,000만원, ㄴ : 과태료
③ ㄱ : 1,000만원, ㄴ : 벌금
④ ㄱ : 2,000만원, ㄴ : 벌금

재해보험사업자가 제10조 제2항에서 준용하는 「보험업법」 제95조를 위반하여 보험안내를 한 경우에는 1천만원 이하의 과태료를 부과한다(법 제32조 제1항).

08 농어업재해보험법령상 "시범사업"을 하기 위해 재해보험사업자가 농림축산식품부장관에게 제출하여야 하는 사업계획서 내용에 해당하는 것을 모두 고른 것은? ▶2019년 손해평가사 5회

> ㄱ. 사업지역 및 사업기간에 관한 사항
> ㄴ. 보험상품에 관한 사항
> ㄷ. 보험계약사항 등 전반적인 사업운영 실적에 관한 사항
> ㄹ. 그 밖에 금융감독원장이 필요하다고 인정하는 사항

① ㄱ, ㄴ
② ㄱ, ㄷ
③ ㄴ, ㄷ
④ ㄴ, ㄹ

- 시범사업 사업계획서의 포함 사항 (영 제22조 제1항)
  1. 대상목적물, **사업지역 및 사업기간**에 관한 사항
  2. **보험상품**에 관한 사항
  3. 정부의 재정지원에 관한 사항
  4. 그 밖에 **농림축산식품부장관 또는 해양수산부장관**이 필요하다고 인정하는 사항

정답 07 ② 08 ①

확인문제

09 농어업재해보험법령상 "시범사업"이 끝난 후 재해보험사업자가 농림축산식품부장관 또는 해양수산부장관에게 제출하는 사업결과보고서에 포함되어야 할 사항과 거리가 먼 것은?

① 사업 운영과정에서 나타난 문제점 및 제도개선에 관한 사항
② 사업의 중단·연장 및 확대 등에 관한 사항
③ 시범사업의 교육 및 홍보에 관한 사항
④ 전반적인 사업운영 실적에 관한 사항

 재해보험사업자는 시범사업이 끝나면 지체 없이 다음 각 호의 사항이 포함된 사업결과보고서를 작성하여 농림축산식품부장관 또는 해양수산부장관에게 제출하여야 한다(영 제22조 제2항).
1. 보험계약사항, 보험금 지급 등 전반적인 **사업운영 실적**에 관한 사항
2. 사업 운영과정에서 나타난 **문제점 및 제도개선**에 관한 사항
3. **사업의 중단·연장 및 확대** 등에 관한 사항

10 농어업재해보험법령상 보험가입촉진계획에 포함되어야 하는 사항을 모두 고른 것은?

▶ 2021년 손해평가사 7회

ㄱ. 전년도의 성과분석 및 해당 연도의 사업계획
ㄴ. 해당 연도의 보험상품 운영계획
ㄷ. 농어업재해보험 교육 및 홍보계획

① ㄱ, ㄴ   ② ㄱ, ㄷ
③ ㄴ, ㄷ   ④ ㄱ, ㄴ, ㄷ

- 보험가입촉진계획의 내용 (영 제22조의2 제1항)
  1. **전년도의 성과분석 및 해당 연도의 사업계획**
  2. 해당 연도의 **보험상품 운영계획**
  3. **농어업재해보험 교육 및 홍보계획**
  4. **보험상품의 개선·개발계획**
  5. 그 밖에 농어업재해보험 가입 촉진을 위하여 필요한 사항

정답 09 ③ 10 ④

11 농어업재해보험법령상 농어업재해보험사업의 관리에 관한 설명으로 옳지 않은 것은?

▶ 2024년 손해평가사 10회

① 농림축산식품부장관 또는 해양수산부장관은 보험상품의 운영 및 개발에 필요한 통계자료를 수집·관리하여야 한다.
② 농림축산식품부장관 및 해양수산부장관은 보험상품의 운영 및 개발에 필요한 통계의 수집·관리, 조사·연구 등에 관한 업무를 대통령령으로 정하는 자에게 위탁할 수 있다.
③ 재해보험사업자는 농어업재해보험 가입 촉진을 위하여 보험가입촉진계획을 3년 단위로 수립하여 농림축산식품부장관 또는 해양수산부장관에게 제출하여야 한다.
④ 농림축산식품부장관이 손해평가사의 자격 취소를 하려면 청문을 하여야 한다.

③ (×) **재해보험사업자**는 농어업재해보험 가입 촉진을 위하여 보험가입촉진계획을 **매년** 수립하여 농림축산식품부장관 또는 해양수산부장관에게 제출하여야 한다(농어업재해보험법 제28조의2 제1항).

정답 11 ③

제5장 벌칙

01 형벌

1. 벌금 부과금액, 대상자

(1) 3년 이하의 징역 또는 3천만원 이하의 벌금

제10조(註: 보험모집) 제2항에서 준용하는 「보험업법」 제98조에 따른 금품 등을 제공(같은 조 제3호의 경우에는 보험금 지급의 약속을 말한다)한 자 또는 이를 요구하여 받은 보험가입자는 3년 이하의 징역 또는 3천만원 이하의 벌금에 처한다(법 제30조 제1항).

> 보험업법 제98조(특별이익의 제공 금지) 보험계약의 체결 또는 모집에 종사하는 자는 그 체결 또는 모집과 관련하여 보험계약자나 피보험자에게 다음 각 호의 어느 하나에 해당하는 특별이익을 제공하거나 제공하기로 약속하여서는 아니 된다.
> 1. 금품(대통령령으로 정하는 금액을 초과하지 아니하는 금품은 제외한다)
> 2. 기초서류에서 정한 사유에 근거하지 아니한 보험료의 할인 또는 수수료의 지급
> 3. 기초서류에서 정한 보험금액보다 많은 보험금액의 지급 약속
> 4. 보험계약자나 피보험자를 위한 보험료의 대납
> 5. 보험계약자나 피보험자가 해당 보험회사로부터 받은 대출금에 대한 이자의 대납
> 6. 보험료로 받은 수표 또는 어음에 대한 이자 상당액의 대납
> 7. 「상법」 제682조에 따른 제3자에 대한 청구권 대위행사의 포기

(2) 1년 이하의 징역 또는 1천만원 이하의 벌금

다음 각 호의 어느 하나에 해당하는 자는 1년 이하의 징역 또는 1천만원 이하의 벌금에 처한다(법 제30조 제2항).

1. 제10조 제1항(註: 재해보험을 모집할 수 있는 자)을 위반하여 모집을 한 자
2. 제11조 제2항 후단을 위반하여 고의로 진실을 숨기거나 거짓으로 손해평가를 한 자
3. 제11조의4 제6항을 위반하여 다른 사람에게 손해평가사의 명의를 사용하게 하거나 그 자격증을 대여한 자
4. 제11조의4 제7항을 위반하여 손해평가사의 명의를 사용하거나 그 자격증을 대여받은 자 또는 명의의 사용이나 자격증의 대여를 알선한 자

(3) 500만원 이하의 벌금

제15조(註: 재해보험사업자는 재해보험사업의 회계를 다른 회계와 구분하여 회계처리함으로써 손익관계를 명확히 하여야 한다)를 위반하여 회계를 처리한 자는 500만원 이하의 벌금에 처한다(법 제30조 제3항).

2. 양벌규정

(1) 원칙

법인의 대표자나 법인 또는 개인의 대리인, 사용인, 그 밖의 종업원이 그 법인 또는 개인의 업무에 관하여 제30조의 위반행위를 하면 그 행위자를 벌하는 외에 그 법인 또는 개인에게도 해당 조문의 벌금형을 과(科)한다(법 제31조 본문).

(2) 예외

다만, 법인 또는 개인이 그 위반행위를 방지하기 위하여 해당 업무에 관하여 상당한 주의와 감독을 게을리하지 아니한 경우에는 그러하지 아니하다(법 제31조 단서).

02 과태료

1. 과태료 부과금액, 대상자

(1) 1천만원 이하의 과태료

재해보험사업자가 제10조(註: 보험모집) 제2항에서 준용하는 「보험업법」 제95조를 위반하여 보험안내를 한 경우에는 1천만원 이하의 과태료를 부과한다(법 제32조 제1항).

(2) 500만원 이하의 과태료

재해보험사업자의 발기인, 설립위원, 임원, 집행간부, 일반간부직원, 파산관재인 및 청산인이 다음 각 호의 어느 하나에 해당하면 500만원 이하의 과태료를 부과한다(법 제32조 제2항).

1. 제18조(註: 보험업법 등의 적용) 제1항에서 적용하는 「보험업법」 제120조에 따른 책임준비금과 비상위험준비금을 계상하지 아니하거나 이를 따로 작성한 장부에 각각 기재하지 아니한 경우
2. 제18조 제1항에서 적용하는 「보험업법」 제131조(註: 금융위원회의 명령권) 제1항·제2항 및 제4항에 따른 명령을 위반한 경우
3. 제18조 제1항에서 적용하는 「보험업법」 제133조(註: 금융감독원의 검사)에 따른 검사를 거부·방해 또는 기피한 경우

(3) 500만원 이하의 과태료

다음 각 호의 어느 하나에 해당하는 자에게는 500만원 이하의 과태료를 부과한다(법 제32조 제3항).

1. 제10조(註: 보험모집) 제2항에서 준용하는 「보험업법」 제95조(註: 보험안내자료)를 위반하여 보험안내를 한 자로서 재해보험사업자가 아닌 자
2. 제10조 제2항에서 준용하는 「보험업법」 제97조 제1항(註: 보험계약의 체결 또는 모집에 관한 금지행위) 또는 「금융소비자 보호에 관한 법률」 제21조(註: 부당권유행위 금지)를 위반하여 보험계약의 체결 또는 모집에 관한 금지행위를 한 자
3. 제29조(註: 농림축산식품부장관 또는 해양수산부장관의 재해보험사업자에 대한 업무처리상황보고 및 관계서류제출 요구)에 따른 보고 또는 관계 서류 제출을 하지 아니하거나 보고 또는 관계 서류 제출을 거짓으로 한 자

2. 부과징수권자

제1항, 제2항 제1호 및 제3항에 따른 과태료는 농림축산식품부장관 또는 해양수산부장관이, 제2항 제2호 및 제3호(註: 금융위원회의 명령 위반, 금융감독원의 검사 거부·방해 또는 기피)에 따른 과태료는 금융위원회가 대통령령으로 정하는 바에 따라 각각 부과·징수한다(법 제32조 제4항).

3. 과태료의 부과기준

법 제32조 제1항부터 제3항까지의 규정에 따른 과태료의 부과기준은 영 [별표 3]과 같다(영 제23조).

■ 과태료의 부과기준 (영 [별표 3])

1. 일반기준
   농림축산식품부장관, 해양수산부장관 또는 금융위원회는 위반행위의 정도, 위반횟수, 위반행위의 동기와 그 결과 등을 고려하여 개별기준에 따른 해당 과태료 금액을 2분의 1의 범위에서 줄이거나 늘릴 수 있다. 다만, 늘리는 경우에도 법 제32조 제1항부터 제3항까지의 규정에 따른 과태료 금액의 상한을 초과할 수 없다.
2. 개별기준

위반행위	과태료
가. 재해보험사업자가 법 제10조 제2항에서 준용하는 「보험업법」 제95조(註: 보험안내자료)를 위반하여 보험안내를 한 경우	1,000만원
나. 법 제10조 제2항에서 준용하는 「보험업법」 제95조(註: 보험안내자료)를 위반하여 보험안내를 한 자로서 재해보험사업자가 아닌 경우	500만원
다. 법 제10조 제2항에서 준용하는 「보험업법」 제97조 제1항(註: 보험계약의 체결 또는 모집에 관한 금지행위) 또는 「금융소비자 보호에 관한 법률」 제21조(註: 부당권유행위 금지)를 위반하여 보험계약의 체결 또는 모집에 관한 금지행위를 한 경우	300만원
라. 재해보험사업자의 발기인, 설립위원, 임원, 집행간부, 일반간부직원, 파산관재인 및 청산인이 법 제18조 제1항에서 적용하는 「보험업법」 제120조에 따른 책임준비금 또는 비상위험준비금을 계상하지 아니하거나 이를 따로 작성한 장부에 각각 기재하지 아니한 경우	500만원

마. 재해보험사업자의 발기인, 설립위원, 임원, 집행간부, 일반간부직원, 파산관재인 및 청산인이 법 제18조 제1항에서 적용하는 「보험업법」 제131조(註: 금융위원회의 명령권) 제1항·제2항 및 제4항에 따른 명령을 위반한 경우	300만원
바. 재해보험사업자의 발기인, 설립위원, 임원, 집행간부, 일반간부직원, 파산관재인 및 청산인이 법 제18조 제1항에서 적용하는 「보험업법」 제133조(註: 금융감독원의 검사)에 따른 검사를 거부·방해 또는 기피한 경우	200만원
사. 법 제29조(註: 농림축산식품부장관 또는 해양수산부장관의 재해보험사업자에 대한 업무처리상황보고 및 관계서류제출 요구)에 따른 보고 또는 관계 서류 제출을 하지 아니하거나 보고 또는 관계 서류 제출을 거짓으로 한 경우	300만원

확인문제

01 농어업재해보험법상 벌칙에 관한 설명이다. ( )에 들어갈 내용은? ▶ 2021년 손해평가사 7회

> 「보험업법」제98조에 따른 금품 등을 제공(같은 조 제3호의 경우에는 보험금 지급의 약속을 말한다)한 자 또는 이를 요구하여 받은 보험가입자는 (ㄱ)년 이하의 징역 또는 (ㄴ)천만 원 이하의 벌금에 처한다.

① ㄱ: 1, ㄴ: 1
② ㄱ: 1, ㄴ: 3
③ ㄱ: 3, ㄴ: 3
④ ㄱ: 3, ㄴ: 5

 농어업재해보험법 제30조(벌칙) ① 제10조 제2항에서 준용하는 「보험업법」제98조에 따른 금품 등을 제공(같은 조 제3호의 경우에는 보험금 지급의 약속을 말한다)한 자 또는 이를 요구하여 받은 보험가입자는 **3년 이하의 징역 또는 3천만원 이하의 벌금**에 처한다.

02 농어업재해보험법상 손해평가사의 자격을 취득하지 아니하고 그 명의를 사용하거나 자격증을 대여받은 자에게 부과될 수 있는 벌칙은? ▶ 2022년 손해평가사 8회

① 과태료 5백만원
② 벌금 2천만원
③ 징역 6월
④ 징역 2년

 손해평가사의 자격을 취득하지 아니하고 그 명의를 사용하거나 그 자격증을 대여받은 자 또는 명의의 사용이나 자격증의 대여를 알선한 자는 **1년 이하의 징역 또는 1천만원 이하의 벌금**에 처한다(법 제30조 제2항 제4호).

03 농어업재해보험법령상 고의로 진실을 숨기거나 거짓으로 손해평가를 한 손해평가인과 손해평가사에게 부과될 수 있는 벌칙이 아닌 것은? ▶ 2020년 손해평가사 6회

① 징역 6월
② 과태료 2,000만 원
③ 벌금 500만 원
④ 벌금 1,000만 원

 농어업재해보험법 제30조(벌칙) ② 다음 각 호의 어느 하나에 해당하는 자는 **1년 이하의 징역 또는 1천만원 이하의 벌금**에 처한다.
2. 제11조 제2항 후단을 위반하여 고의로 진실을 숨기거나 거짓으로 손해평가를 한 자

정답 01 ③ 02 ③ 03 ②

04 농어업재해보험법상 과태료 부과대상인 것은? ▶ 2023년 손해평가사 9회

① 거짓으로 손해평가를 한 손해평가사
② 재해보험을 모집할 수 없는 자로서 모집을 한 자
③ 다른 사람에게 손해평가사 자격증을 대여한 손해평가사
④ 농림축산식품부장관이 재해보험사업에 관한 업무처리 상황을 보고하게 하였으나 보고하지 아니한 재해보험사업자

① (×), ② (×), ③ (×) 1년 이하의 징역 또는 1천만 원 이하의 벌금
④ (○) 500만 원 이하의 과태료

05 농어업재해보험법령상 "재해보험사업자는 재해보험사업의 회계를 다른 회계와 구분하여 회계처리함으로써 손익관계를 명확히 하여야 한다."라는 규정을 위반하여 회계를 처리한 자에 대한 벌칙은?
▶ 2024년 손해평가사 10회

① 500만 원 이하의 과태료
② 500만 원 이하의 벌금
③ 1,000만 원 이하의 벌금
④ 1년 이하의 징역

제15조(註: 재해보험사업자는 재해보험사업의 회계를 **다른 회계와 구분**하여 회계처리함으로써 손익관계를 명확히 하여야 한다)를 위반하여 회계를 처리한 자는 **500만원 이하의 벌금**에 처한다(농어업재해보험법 제30조 제3항).

06 농어업재해보험법 시행령에서 정하고 있는 다음 사항에 대한 과태료 부과기준액을 모두 합한 금액은?
▶ 2019년 손해평가사 5회

○ 법 제10조 제2항에서 준용하는 「보험업법」 제95조를 위반하여 보험안내를 한 자로서 재해보험사업자가 아닌 경우
○ 법 제29조에 따른 보고 또는 관계 서류 제출을 하지 아니하거나 보고 또는 관계서류 제출을 거짓으로 한 경우
○ 법 제10조 제2항에서 준용하는 「보험업법」 제97조 제1항을 위반하여 보험계약의 체결 또는 모집에 관한 금지행위를 한 경우

① 1,000만 원
② 1,100만 원
③ 1,200만 원
④ 1,300만 원

정답 04 ④ 05 ② 06 ②

순서대로 500만 원, 300만 원, 300만 원이다(영 [별표 3]).

07 농어업재해보험법령상 벌칙에 관한 규정이다. (   )에 들어갈 내용은?　　▶ 2025년 손해평가사 11회

> 재해보험사업자가 「농어업재해보험법」 제10조 제2항에서 준용하는 「보험업법」 제95조를 위반하여 보험안내를 한 경우에는 (ㄱ) 이하의 (ㄴ)을(를) 부과한다.

① ㄱ : 500만원,　　ㄴ : 과태료　　　② ㄱ : 1,000만원,　ㄴ : 과태료
③ ㄱ : 1,000만원,　ㄴ : 벌금　　　　④ ㄱ : 2,000만원,　ㄴ : 벌금

재해보험사업자가 제10조 제2항에서 준용하는 「보험업법」 제95조를 위반하여 **보험안내**를 한 경우에는 **1천만원 이하의 과태료**를 부과한다(법 제32조 제1항).

08 농어업재해보험법령상 과태료 부과권자가 금융위원회인 경우는?　　▶ 2024년 손해평가사 10회

① 「보험업법」 제133조에 따른 검사를 거부·방해 또는 기피한 재해보험사업자의 임원에게 과태료를 부과하는 경우
② 「보험업법」 제95조를 위반하여 보험안내를 한 자로서 재해보험사업자가 아닌 자에게 과태료를 부과하는 경우
③ 「보험업법」 제97조 제1항을 위반하여 보험계약의 체결 또는 모집에 관한 금지행위를 한 자에게 과태료를 부과하는 경우
④ 재해보험사업에 관한 업무 처리 상황의 보고 또는 관계 서류 제출을 하지 아니하거나 보고 또는 관계 서류 제출을 거짓으로 한 자에게 과태료를 부과하는 경우

농어업재해보험법 제32조(과태료) ② 재해보험사업자의 발기인, 설립위원, 임원, 집행간부, 일반간부직원, 파산관재인 및 청산인이 다음 각 호의 어느 하나에 해당하면 500만원 이하의 과태료를 부과한다.
1. 제18조 제1항에서 적용하는 「보험업법」 제120조에 따른 책임준비금과 비상위험준비금을 계상하지 아니하거나 이를 따로 작성한 장부에 각각 기재하지 아니한 경우
2. 제18조 제1항에서 적용하는 「보험업법」 제131조(註: **금융위원회의 명령권**) 제1항·제2항 및 제4항에 따른 **명령을 위반**한 경우
3. 제18조 제1항에서 적용하는 「보험업법」 제133조(註: 금융감독원의 검사)에 따른 **검사를 거부·방해 또는 기피**한 경우
④ 제1항, 제2항 제1호 및 제3항에 따른 과태료는 농림축산식품부장관 또는 해양수산부장관이, **제2항 제2호 및 제3호**에 따른 과태료는 **금융위원회**가 대통령령으로 정하는 바에 따라 각각 부과·징수한다

정답　07 ②　08 ①

memo.

이패스 손해평가사 1차 기본서

제2편

농업재해보험 손해평가요령

제1장 총칙
제2장 손해평가인
제3장 손해평가
제4장 보험가액·보험금·손해액 산정

제1장 총칙

01 목적

「농업재해보험 손해평가요령」은 「농어업재해보험법」 제11조 제2항에 따른 손해평가에 필요한 세부사항을 규정함을 목적으로 한다(제1조).

※ 손해평가인과 손해평가사 및 「보험업법」 제186조에 따른 손해사정사는 농림축산식품부장관 또는 해양수산부장관이 정하여 고시하는 손해평가 요령에 따라 손해평가를 하여야 한다. 이 경우 공정하고 객관적으로 손해평가를 하여야 하며, 고의로 진실을 숨기거나 거짓으로 손해평가를 하여서는 아니 된다(법 제11조 제2항).

※ 「농업재해보험 손해평가요령」은 농림축산식품부**고시**(제2019-81호)의 형식임

02 용어의 정의

이 요령에서 사용하는 용어의 정의는 다음 각호와 같다(제2조).

1. 손해평가	「농어업재해보험법」(이하 "법"이라 한다) 제2조 제1호에 따른 피해가 발생한 경우 법 제11조 및 제11조의3에 따라 손해평가인, 손해평가사 또는 손해사정사가 그 피해사실을 확인하고 평가하는 일련의 과정 ※ 손해평가보조인이 피해사실을 확인하고 평가하는 과정(×)
2. 손해평가인	법 제11조 제1항과 「농어업재해보험법 시행령」(이하 "시행령"이라 한다) 제12조(註: 손해평가인의 자격요건 등) 제1항에서 정한 자 중에서 재해보험사업자가 위촉하여 손해평가업무를 담당하는 자
3. 손해평가사	법 제11조의4 제1항에 따른 자격시험에 합격한 자
4. 손해평가보조인	제1호에서 정한 손해평가 업무를 보조하는 자
5. 농업재해보험	법 제4조에 따른 농작물재해보험, 임산물재해보험 및 가축재해보험 ※ 양식수산물재해보험(×)

확인문제

01 농업재해보험 손해평가요령상 용어의 정의로 옳지 않은 것은? ▶ 2020년 손해평가사 6회

① "농업재해보험"이란 농어업재해보험법 제4조에 따른 농작물재해보험, 임산물재해보험 및 양식수산물재해보험을 말한다.
② "손해평가인"이라 함은 농어업재해보험법 제11조 제1항과 농어업재해보험법 시행령 제12조 제1항에서 정한 자 중에서 재해보험사업자가 위촉하여 손해평가업무를 담당하는 자를 말한다.
③ "손해평가보조인"이라 함은 농어업재해보험법 에 따라 손해평가인, 손해평가사 또는 손해사정사가 그 피해사실을 확인하고 평가하는 업무를 보조하는 자를 말한다.
④ "손해평가사"라 함은 농어업재해보험법 제11조의4 제1항에 따른 자격시험에 합격한 자를 말한다.

농업재해보험 손해평가요령 제2조(용어의 정의) 이 요령에서 사용하는 용어의 정의는 다음 각호와 같다.
1. "손해평가"라 함은 「농어업재해보험법」 제2조 제1호에 따른 피해가 발생한 경우 법 제11조 및 제11조의3에 따라 손해평가인, 손해평가사 또는 손해사정사가 그 피해사실을 확인하고 평가하는 일련의 과정을 말한다.
2. "손해평가인"이라 함은 법 제11조 제1항과 「농어업재해보험법 시행령」 제12조 제1항에서 정한 자 중에서 재해보험사업자가 위촉하여 손해평가업무를 담당하는 자를 말한다.
3. "손해평가사"라 함은 법 제11조의4 제1항에 따른 자격시험에 합격한 자를 말한다.
4. "손해평가보조인"이라 함은 제1호에서 정한 손해평가 업무를 보조하는 자를 말한다.
5. "농업재해보험"이란 법 제4조에 따른 **농작물재해보험, 임산물재해보험 및 가축재해보험**을 말한다.

02 농업재해보험 손해평가요령상 용어의 정의에 관한 내용의 일부이다. ( )에 들어갈 내용은? ▶ 2022년 손해평가사 8회

> "( )"(이)라 함은 「농어업재해보험법」 제11조 제1항과 「농어업재해보험법 시행령」 제12조 제1항에서 정한 자 중에서 재해보험사업자가 위촉하여 손해평가업무를 담당하는 자를 말한다.

① 손해평가인 ② 손해평가사
③ 손해사정사 ④ 손해평가보조인

농업재해보험 손해평가요령 제2조(용어의 정의) 이 요령에서 사용하는 용어의 정의는 다음 각호와 같다.
2. **"손해평가인"**이라 함은 법 제11조 제1항과 「농어업재해보험법 시행령」 제12조 제1항에서 정한 자 중에서 재해보험사업자가 위촉하여 손해평가업무를 담당하는 자를 말한다.

정답 01 ① 02 ①

확인문제

03 농업재해보험 손해평가요령상 농업재해보험의 종류에 해당하지 않는 것은?

▶ 2023년 손해평가사 9회

① 농작물재해보험
② 양식수산물재해보험
③ 가축재해보험
④ 임산물재해보험

 "농업재해보험"이란 법 제4조에 따른 **농작물재해보험, 임산물재해보험** 및 **가축재해보험**을 말한다(손해평가요령 제2조 제5호).

04 농업재해보험 손해평가요령상 농업재해보험에 해당하는 것을 모두 고른 것은?

▶ 2025년 손해평가사 11회

| ㄱ. 가축재해보험 | ㄴ. 임산물재해보험 |
| ㄷ. 농업인안전보험 | ㄹ. 양식수산물재해보험 |

① ㄱ, ㄴ
② ㄴ, ㄷ
③ ㄱ, ㄷ, ㄹ
④ ㄱ, ㄴ, ㄷ, ㄹ

 "농업재해보험"이란 법 제4조에 따른 **농작물재해보험, 임산물재해보험** 및 **가축재해보험**을 말한다(손해평가요령 제2조 제5호).

05 「농어업재해보험법」에 따른 손해평가에 필요한 세부사항을 규정함을 목적으로 하는 「농업재해보험 손해평가요령」은 어떠한 법형식인가?

① 대통령령
② 부령
③ 훈령
④ 고시

 「농업재해보험 손해평가요령」은 **농림축산식품부고시**(제2019-81호)의 형식이다.

정답 03 ② 04 ① 05 ④

제2장 손해평가인

01 손해평가 업무

1. 수행 업무

손해평가 시 손해평가인, 손해평가사, 손해사정사는 다음 각 호의 업무를 수행한다(제3조 제1항).

1. 피해사실 확인
2. 보험가액 및 손해액 평가
3. 그 밖에 손해평가에 관하여 필요한 사항

※ 보험료율 산정(×), 보험료의 평가(×), 보험금 산정(×), 재해보험상품의 연구와 보급(×), 재해보험사업의 약정 체결(×), 손해평가인증의 발급(×)

2. 손해평가인증의 제시

손해평가인, 손해평가사, 손해사정사는 제1항의 임무를 수행하기 전에 보험가입자("피보험자"를 포함한다. 이하 동일)에게 손해평가인증, 손해평가사자격증, 손해사정사등록증 등 신분을 확인할 수 있는 서류를 제시하여야 한다(제3조 제2항).

02 손해평가인 위촉

1. 손해평가인증의 발급

재해보험사업자는 법 제11조 제1항과 시행령 제12조 제1항에 따라 손해평가인을 위촉한 경우에는 그 자격을 표시할 수 있는 손해평가인증을 발급하여야 한다(제4조 제1항).

2. 적정규모의 손해평가인 위촉

재해보험사업자는 피해 발생 시 원활한 손해평가가 이루어지도록 농업재해보험이 실시되는 **시·군·자치구별 보험가입자(피보험자 포함)의 수 등**을 고려하여 **적정 규모**의 손해평가인을 위촉할 수 있다(제4조 제2항).

※ 보험사업비용을 고려하여 손해평가인 위촉규모를 최소화하여야 한다.(×)

3. 손해평가보조인의 운용

재해보험사업자 및 법 제14조에 따라 **손해평가 업무를 위탁받은 자**는 손해평가 업무를 원활히 수행하기 위하여 손해평가보조인을 운용할 수 있다(제4조 제3항).

※ 재해발생 지역의 지방자치단체장(×), 손해평가를 요청한 보험가입자(×)는 손해평가보조인을 운용할 수 있다.

03 손해평가인 교육

1. 실무교육

재해보험사업자는 제4조에 따라 위촉된 손해평가인을 대상으로 **농업재해보험에 관한 기초지식, 보험상품 및 약관, 손해평가의 방법 및 절차** 등 손해평가에 필요한 실무교육을 실시하여야 한다(제5조 제1항).

제1항에 따른 손해평가인에 대하여 **재해보험사업자**는 소정의 **교육비를 지급할 수 있다**(제3항).

※ 교육비를 납부하여야 한다.(×) 재해보험사업자에 대하여 손해평가인은 교육비를 지급한다.(×)

2. 정기교육

농림축산식품부장관 또는 해양수산부장관은 손해평가인이 공정하고 객관적인 손해평가를 수행할 수 있도록 **연 1회 이상** 정기교육을 실시하여야 한다(법 제11조 제5항).

손해평가인 정기교육의 세부내용은 다음 각 호와 같다(제5조의2 제1항).

> 1. 농업재해보험에 관한 기초지식 : 농어업재해보험법 제정 배경·구성 및 조문별 주요내용, 농업재해보험 사업현황
> 2. 농업재해보험의 종류별 약관 : 농업재해보험 상품 주요내용 및 약관 일반 사항
> 3. 손해평가의 절차 및 방법 : 농업재해보험 손해평가 개요, 보험목적물별 손해평가 기준 및 피해유형별 보상사례
> 4. 피해유형별 현지조사표 작성 실습

※ 손해평가 관련 민원사례(×), 풍수해보험에 대한 기초지식(×), 농업재해보험상품의 개선·개발계획(×)

재해보험사업자는 정기교육 대상자에게 소정의 교육비를 지급할 수 있다(제2항).

04 손해평가인 위촉의 취소 및 해지 등

1. 위촉의 취소

재해보험사업자는 손해평가인이 다음 각 호의 **어느 하나에 해당**하게 되거나 **위촉당시에 해당하는** 자이었음이 판명된 때에는 그 위촉을 **취소하여야** 한다(제6조 제1항).

> 1. 피성년후견인
> 2. 파산선고를 받은 자로서 복권되지 아니한 자
> 3. 「농어업재해보험법」 제30조에 의하여 벌금이상의 형을 선고받고 그 집행이 종료(집행이 종료된 것으로 보는 경우를 포함한다)되거나 집행이 면제된 날로부터 2년이 경과되지 아니한 자
> 4. 동 조에 따라 위촉이 취소된 후 2년이 경과하지 아니한 자
> 5. 거짓 그 밖의 부정한 방법으로 제4조에 따라 손해평가인으로 위촉된 자
> 6. 업무정지 기간 중에 손해평가업무를 수행한 자

※ 현지조사서를 허위로 작성한 경우(×), 업무수행상 과실로 손해평가의 신뢰성을 약화시킨 경우(×), 업무수행과 관련하여 「개인정보보호법」을 위반한 경우(×)

※ 위촉을 취소할 수 있다.(×)

2. 업무의 정지 또는 위촉 해지

재해보험사업자는 손해평가인이 다음 각 호의 어느 하나에 해당하는 때에는 **6개월 이내의 기간을** 정하여 그 업무의 정지를 명하거나 위촉 해지 등을 할 수 있다(제6조 제2항).

> 1. 법 제11조 제2항(註: 공정하고 객관적으로 손해평가를 하여야 하며, 고의로 진실을 숨기거나 거짓으로 손해평가를 하여서는 아니 된다) 및 이 요령의 규정을 위반한 때
> 2. 법 및 이 요령에 의한 명령이나 처분을 위반한 때
> 3. 업무수행과 관련하여 「개인정보보호법」, 「신용정보의 이용 및 보호에 관한 법률」 등 정보보호와 관련된 법령을 위반한 때

3. 청문의 실시

재해보험사업자는 **위촉을 취소**하거나 **업무의 정지를 명**하고자 하는 때에는 손해평가인에게 청문을 실시하여야 한다. 다만, 손해평가인이 **청문에 응하지 아니할 경우**에는 **서면**으로 위촉을 취소하거나 업무의 정지를 통보할 수 있다(제6조 제3항).

4. 해촉 또는 업무정지의 서면통지

재해보험사업자는 손해평가인을 해촉하거나 손해평가인에게 업무의 정지를 명한 때에는 지체 없이 이유를 기재한 문서로 그 뜻을 손해평가인에게 통지하여야 한다(제6조 제4항).

5. 업무정지와 위촉 해지 등의 세부기준

업무정지·위촉해지 등 제재조치의 세부기준 (손해평가요령 [별표 3])

1. 일반기준
   가. 위반행위가 둘 이상인 경우로서 각각의 처분기준이 다른 경우에는 그 중 무거운 처분기준을 적용한다. 다만, 각각의 처분기준이 업무정지인 경우에는 무거운 처분기준의 2분의 1까지 가중할 수 있으며, 이 경우 업무정지 기간은 6개월을 초과할 수 없다.
   나. 위반행위의 횟수에 따른 제재조치의 기준은 최근 1년간 같은 위반행위로 제재조치를 받는 경우에 적용한다. 이 경우 제재조치 기준의 적용은 같은 위반행위에 대하여 최초로 제재조치를 한 날과 다시 같은 위반행위로 적발한 날을 기준으로 한다.
   다. 위반행위의 내용으로 보아 고의성이 없거나 특별한 사유가 인정되는 경우에는 그 처분을 업무정지의 경우에는 2분의 1의 범위에서 경감할 수 있고, 위촉해지인 경우에는 업무정지 6개월로, 경고인 경우에는 주의 처분으로 경감할 수 있다.
2. 개별기준

위반행위	처분기준		
	1차	2차	3차
1. 법 제11조 제2항 및 이 요령의 규정을 위반한 때			
1) 고의 또는 중대한 과실로 손해평가의 신뢰성을 크게 약화 시킨 경우	위촉해지		
2) 고의로 진실을 숨기거나 거짓으로 손해평가를 한 경우	위촉해지		
3) 정당한 사유없이 손해평가반구성을 거부하는 경우	위촉해지		
4) 현장조사 없이 보험금 산정을 위해 손해평가행위를 한 경우	위촉해지		
5) 현지조사서를 허위로 작성한 경우	위촉해지		
6) 검증조사 결과 부당·부실 손해평가로 확인된 경우	경고	업무정지 3개월	위촉해지
7) 기타 업무수행상 과실로 손해평가의 신뢰성을 약화시킨 경우	주의	경고	업무정지 3개월
2. 법 및 이 요령에 의한 명령이나 처분을 위반한 때	업무정지 6개월	위촉해지	
3. 업무수행과 관련하여 「개인정보보호법」, 「신용정보의 이용 및 보호에 관한 법률」 등 정보보호와 관련된 법령을 위반한 때	위촉해지		

6. 손해사정사 제재의 구체적 적용기준 마련

재해보험사업자는 「보험업법」 제186조에 따른 손해사정사가 「농어업재해보험법」 등 관련 규정을 위반한 경우 적정한 제재가 가능하도록 각 제재의 구체적 적용기준을 마련하여 시행하여야 한다(제6조 제6항).

확인문제

01 농업재해보험 손해평가요령상 손해평가인의 업무로 명시되지 않은 것은? ▶ 2022년 손해평가사 8회

① 보험가액 평가
② 보험료율 산정
③ 피해사실 확인
④ 손해액 평가

> ■ 손해평가인의 수행 업무 (제3조 제1항)
> 1. **피해사실 확인**
> 2. **보험가액 및 손해액 평가**
> 3. 그 밖에 손해평가에 관하여 필요한 사항

02 농업재해보험 손해평가요령상 손해평가인의 손해평가 업무에 관한 설명으로 옳지 않은 것은?
▶ 2024년 손해평가사 10회

① 손해평가인은 피해사실 확인, 보험료율의 산정 등의 업무를 수행한다.
② 재해보험사업자가 손해평가인을 위촉한 경우에는 그 자격을 표시할 수 있는 손해평가인증을 발급하여야 한다.
③ 재해보험사업자는 손해평가인을 대상으로 농업재해보험에 관한 기초지식, 보험상품 및 약관 등 손해평가에 필요한 실무교육을 실시하여야 한다.
④ 재해보험사업자는 실무교육을 받는 손해평가인에 대하여 소정의 교육비를 지급할 수 있다.

> ① (×) 보험료율의 산정이 아니라 '**보험가액 및 손해액 평가**'이다.
> 위 1번 문제 해설 참고

03 농업재해보험 손해평가요령상 손해평가인 위촉에 관한 규정이다. (   )에 들어갈 내용은?
▶ 2021년 손해평가사 7회 변형

> 재해보험사업자는 피해 발생 시 원활한 손해평가가 이루어지도록 농업재해보험이 실시되는 (   )별 보험가입자의 수 등을 고려하여 적정 규모의 손해평가인을 위촉할 수 있다.

① 시·도
② 시·군·자치구
③ 읍·면·동
④ 특별자치도·특별자치시

> 재해보험사업자는 피해 발생 시 원활한 손해평가가 이루어지도록 농업재해보험이 실시되는 **시·군·자치구별 보험가입자의 수 등**을 고려하여 적정 규모의 손해평가인을 위촉할 수 있다(손해평가요령 제4조 제2항).

정답 01 ② 02 ① 03 ②

확인문제

04 농업재해보험 손해평가요령상 손해평가 업무 및 손해평가인 위촉에 관한 설명으로 옳지 않은 것은?

▶ 2025년 손해평가사 11회

① 재해보험사업자는 손해평가보조인을 운용할 수 없다.
② 피해사실 확인은 손해평가 업무에 포함된다.
③ 손해평가인은 손해평가 임무를 수행하기 전에 보험가입자(피보험자 포함)에게 손해평가인증 등 신분을 확인할 수 있는 서류를 제시하여야 한다.
④ 재해보험사업자는 피해 발생 시 원활한 손해평가가 이루어지도록 농업재해보험이 실시되는 시·군·자치구별 보험가입자(피보험자 포함)의 수 등을 고려하여 적정 규모의 손해평가인을 위촉할 수 있다.

 ① (×) **재해보험사업자** 및 법 제14조에 따라 **손해평가 업무를 위탁받은 자**는 손해평가 업무를 원활히 수행하기 위하여 **손해평가보조인을 운용할 수 있다**(손해평가요령 제4조 제3항).

05 농업재해보험 손해평가요령상 손해평가인에 관한 설명으로 옳지 않은 것은?

▶ 2023년 손해평가사 9회 변형

① 손해평가인은 농업재해보험이 실시되는 시·군·자치구별 보험가입자의 수 등을 고려하여 적정 규모로 위촉할 수 있다.
② 손해평가인증은 농림축산식품부장관 또는 해양수산부장관이 발급한다.
③ 재해보험사업자는 손해평가 업무를 원활히 수행하기 위하여 손해평가보조인을 운용할 수 있다.
④ 재해보험사업자는 실무교육을 받는 손해평가인에 대하여 소정의 교육비를 지급할 수 있다.

 재해보험사업자는 법 제11조 제1항과 시행령 제12조 제1항에 따라 손해평가인을 위촉한 경우에는 그 자격을 표시할 수 있는 손해평가인증을 발급하여야 한다(손해평가요령 제4조 제1항).

정답 04 ① 05 ②

06 농업재해보험법령과 농업재해보험 손해평가요령상 손해평가 및 손해평가인에 관한 설명으로 옳지 않은 것은?
▶ 2020년 손해평가사 6회

① 농어업재해보험법의 구성 및 조문별 주요내용은 농림축산식품부장관 또는 해양수산부장관이 실시하는 손해평가인 정기교육의 세부내용에 포함된다.
② 손해평가인이 적법한 절차에 따라 위촉이 취소된 후 3년이 되었다면 새로이 손해평가인으로 위촉될 수 있다.
③ 재해보험사업자로부터 소정의 절차에 따라 손해평가 업무의 일부를 위탁받은 자는 손해평가보조인을 운용할 수 없다.
④ 재해보험사업자는 손해평가인의 업무의 정지를 명하고자 하는 때에는 손해평가인이 청문에 응하지 않는 경우가 아닌 한 청문을 실시하여야 한다.

③ (×) **재해보험사업자** 및 법 제14조에 따라 **손해평가 업무를 위탁받은 자**는 손해평가 업무를 원활히 수행하기 위하여 **손해평가보조인**을 운용할 수 있다(손해평가요령 제4조 제3항).

07 농업재해보험 손해평가요령에 따른 손해평가 업무를 원활히 수행하기 위하여 손해평가보조인을 운용할 수 있는 자를 모두 고른 것은?
▶ 2017년 손해평가사 3회

ㄱ. 재해보험사업자
ㄴ. 재해보험사업자의 업무를 위탁받은 자
ㄷ. 손해평가를 요청한 보험가입자
ㄹ. 재해발생 지역의 지방자치단체

① ㄱ
② ㄷ
③ ㄱ, ㄴ
④ ㄱ, ㄷ, ㄹ

재해보험사업자 및 법 제14조에 따라 **손해평가 업무를 위탁받은 자**는 손해평가 업무를 원활히 수행하기 위하여 손해평가보조인을 운용할 수 있다(제4조 제3항).

정답 06 ③ 07 ③

확인문제

08 농업재해보험 손해평가요령상 손해평가인 정기교육의 세부내용에 명시적으로 포함되어 있지 않은 것은?

▶ 2021년 손해평가사 7회

① 농어업재해보험법 제정 배경
② 손해평가 관련 민원사례
③ 피해유형별 보상사례
④ 농업재해보험 상품 주요내용

- 손해평가인 정기교육의 세부내용 (손해평가요령 제5조의2 제1항)
  1. 농업재해보험에 관한 기초지식 : **농어업재해보험법 제정 배경·구성** 및 조문별 주요내용, 농업재해보험 사업현황
  2. 농업재해보험의 종류별 약관 : **농업재해보험 상품 주요내용** 및 약관 일반 사항
  3. 손해평가의 절차 및 방법 : 농업재해보험 손해평가 개요, 보험목적물별 손해평가 기준 및 **피해유형별 보상사례**
  4. **피해유형별 현지조사표 작성 실습**

09 농업재해보험 손해평가사요령상 손해평가인 정기교육의 세부내용에 해당하지 않은 것은?

▶ 2025년 손해평가사 11회

① 농업재해보험상품의 개선·개발계획
② 농업재해보험 상품 주요내용 및 약관 일반 사항
③ 보험목적물별 손해평가 기준 및 피해유형별 보상사례
④ 농어업재해보험법 재정 배경·구성 및 조문별 주요내용

앞의 문제 해설 참고

10 농업재해보험 손해평가요령상 손해평가인의 위촉과 교육에 관한 설명으로 옳은 것은?

▶ 2022년 손해평가사 8회

① 손해평가인 정기교육의 세부내용 중 농업재해보험 상품 주요내용은 농업재해보험에 관한 기초지식에 해당한다.
② 손해평가인 정기교육의 세부내용에 피해유형별 현지조사표 작성 실습은 포함되지 않는다.
③ 재해보험사업자 및 「농어업재해보험법」 제14조에 따라 손해평가 업무를 위탁받은 자는 손해평가 업무를 원활히 수행하기 위하여 손해평가보조인을 운용할 수 있다.
④ 실무교육에 참여하는 손해평가인은 재해보험사업자에게 교육비를 납부하여야 한다.

① (×) 농업재해보험 상품 주요내용은 '**농업재해보험의 종류별 약관**'에 해당한다.
② (×) 피해유형별 현지조사표 작성 실습도 포함되어 있다.
④ (×) **재해보험사업자**는 소정의 **교육비를 지급할 수** 있다(손해평가요령 제5조 제3항).

정답 08 ② 09 ① 10 ③

11 농업재해보험 손해평가요령상 손해평가인의 교육에 관한 설명으로 옳지 않은 것은?

▶ 2019년 손해평가사 5회

① 재해보험사업자는 위촉된 손해평가인을 대상으로 농업재해보험에 관한 손해평가의 방법 및 절차의 실무교육을 실시하여야 한다.
② 피해유형별 현지조사표 작성실습은 손해평가인 정기교육의 내용이다.
③ 손해평가인 정기교육 시 농업재해보험에 관한 기초지식의 교육내용에는 농어업재해보험법 제정 배경 및 조문별 주요내용 등이 포함된다.
④ 위촉된 손해평가인의 실무교육 시 재해보험사업자에 대하여 손해평가인은 교육비를 지급한다.

④ (×) 재해보험사업자는 제4조에 따라 위촉된 손해평가인을 대상으로 농업재해보험에 관한 기초지식, 보험상품 및 약관, 손해평가의 방법 및 절차 등 손해평가에 필요한 실무교육을 실시하여야 한다(제5조 제1항). 제1항에 따른 **손해평가인에 대하여 재해보험사업자는** 소정의 교육비를 지급할 수 있다(제2항).

12 농업재해보험 손해평가요령상 손해평가인 위촉의 취소 사유에 해당하는 것은?

▶ 2023년 손해평가사 9회 변형

① 업무수행과 관련하여 「개인정보보호법」을 위반한 경우
② 업무수행과 관련하여 보험사업자로부터 금품 또는 향응을 제공받은 경우
③ 손해평가인이 피성년후견인이 된 경우
④ 손해평가인 위촉이 취소된 후 3년이 경과한 때에 다시 손해평가인으로 위촉된 경우

재해보험사업자는 손해평가인이 다음 각 호의 어느 하나에 해당하게 되거나 위촉당시에 해당하는 자이었음이 판명된 때에는 그 위촉을 취소하여야 한다(손해평가요령 제6조 제1항).
1. **피성년후견인**
2. **파산선고**를 받은 자로서 복권되지 아니한 자
3. 「농어업재해보험법」 제30조에 의하여 **벌금이상의 형**을 선고받고 그 집행이 종료(집행이 종료된 것으로 보는 경우를 포함한다)되거나 집행이 면제된 날로부터 **2년**이 경과되지 아니한 자
4. 동 조에 따라 **위촉이 취소**된 후 **2년**이 경과하지 아니한 자
5. **거짓 그 밖의 부정한 방법**으로 제4조에 따라 손해평가인으로 위촉된 자
6. **업무정지 기간 중**에 손해평가업무를 수행한 자

정답 11 ④   12 ③

확인문제

13 농업재해보험 손해평가요령상 손해평가인 위촉 취소에 관한 설명이다. (   )에 들어갈 내용으로 옳은 것은?
▶ 2024년 손해평가사 10회

> 재해보험사업자는 손해평가인이 「농어업재해보험법」 제30조에 의하여 벌금 이상의 형을 선고받고 그 집행이 종료되거나 집행이 면제된 날로부터 (ㄱ)이 경과되지 아니한 자, 위촉이 취소된 후 (ㄴ)이 경과되지 아니한 자 또는 (ㄷ) 기간 중에 손해평가업무를 수행한 자에 해당되거나 위촉 당시에 해당하는 자이었음이 판명된 때에는 그 위촉을 취소하여야 한다.

① ㄱ: 2년, ㄴ: 2년, ㄷ: 업무정지
② ㄱ: 2년, ㄴ: 3년, ㄷ: 업무정지
③ ㄱ: 3년, ㄴ: 2년, ㄷ: 자격정지
④ ㄱ: 3년, ㄴ: 3년, ㄷ: 자격정지

손해평가요령 제6조 제1항에 규정된 손해평가인의 위촉 취소 사유이다.
위 12번 문제 해설 참고.

14 농업재해보험 손해평가요령상 재해보험사업자가 손해평가인 업무의 정지나 위촉의 해지를 할 수 있는 사항에 관한 설명으로 옳지 않은 것은?
▶ 2019년 손해평가사 5회

① 손해평가인이 농업재해보험 손해평가요령의 규정을 위반한 경우 위촉을 해지할 수 있다.
② 손해평가인이 농어업재해보험법에 따른 명령을 위반한 때 3개월간 업무의 정지를 명할 수 있다.
③ 부정한 방법으로 손해평가인으로 위촉된 경우 위촉을 해지할 수 있다.
④ 업무수행과 관련하여 동의를 받지 않고 개인정보를 수집하여 개인정보보호법을 위반한 경우 3개월간 업무의 정지를 명할 수 있다.

③ (×) 거짓 그 밖의 부정한 방법으로 손해평가인으로 위촉된 경우는 **위촉을 취소하여야** 한다(제6조 제1항 제5호).

정답 13 ① 14 ③

15 농업재해보험 손해평가요령상 손해평가인에 대한 제재조치의 개별기준으로서 1차 위반의 경우 '위촉해지'에 해당하지 않는 것은?

① 검증조사 결과 부당·부실 손해평가로 확인된 경우
② 현장조사 없이 보험금 산정을 위해 손해평가행위를 한 경우
③ 정당한 사유없이 손해평가반구성을 거부하는 경우
④ 업무수행과 관련하여 「개인정보보호법」, 「신용정보의 이용 및 보호에 관한 법률」 등 정보보호와 관련된 법령을 위반한 때

① (×) '검증조사 결과 부당·부실 손해평가로 확인된 경우'는 1차 경고, 2차 업무정지 3개월, 3차 위촉해지로 규정되어 있다.

정답 15 ①

제3장 손해평가

01 손해평가반

1. 손해평가반 구성

재해보험사업자는 손해평가를 하는 경우에는 손해평가반을 구성하고 **손해평가반별**로 **평가일정계획**을 수립하여야 한다(제8조 제1항).

※ 손해평가인은 손해평가반을 구성한다.(×)

손해평가반은 다음 각 호의 어느 하나에 해당하는 자로 구성하며, 5인 이내로 한다(제2항).

> 1. 제2조 제2호에 따른 **손해평가인**
> 2. 제2조 제3호에 따른 **손해평가사**
> 3. 「보험업법」 제186조에 따른 **손해사정사**

※ 손해평가인, 손해평가사, 손해사정사, 손해평가보조인 각 1인을 포함하여 5인 이내(×), 10인 이내(×)

2. 손해평가반 구성에서 배제되는 자

제2항의 규정에도 불구하고 다음 각 호의 어느 하나에 해당하는 손해평가에 대하여는 해당자를 손해평가반 구성에서 배제하여야 한다(제8조 제3항).

> 1. **자기 또는 자기와 생계를 같이 하는 친족**(이하 "이해관계자"라 한다)**이 가입**한 보험계약에 관한 손해평가
> 2. **자기 또는 이해관계자가 모집**한 보험계약에 관한 손해평가
> 3. **직전 손해평가일로부터 30일 이내의 보험가입자간 상호** 손해평가
> 4. **자기가 실시한 손해평가**에 대한 검증조사 및 재조사

※ 이해관계자가 실시한 손해평가에 대한 검증조사(×), 자기와 생계를 같이 하지 않는 친족이 가입한 보험계약에 관한 손해평가(×)

※ 자기가 가입하였어도 자기가 모집하지 않은 보험계약이라면 해당자는 그 보험 계약에 관한 손해평가의 손해평가반 구성에 참여할 수 있다.(×)

02 교차손해평가

1. 교차손해평가 대상 시·군·구 선정

재해보험사업자는 공정하고 객관적인 손해평가를 위하여 교차손해평가가 필요한 경우 **재해보험 가입규모, 가입분포** 등을 고려하여 교차손해평가 대상 **시·군·구**(자치구를 말한다. 이하 같다)를 선정하여야 한다(제8조의2 제1항).

※ 교차손해평가는 재해보험사업자 상호간에 손해를 교차하여 평가하는 것(×), 동일 사군구(자치구) 내에서는 교차손해평가를 수행할 수 없음(×)

2. 지역손해평가인 선발

재해보험사업자는 제1항에 따라 선정한 시·군·구 내에서 **손해평가 경력, 타지역 조사 가능여부** 등을 고려하여 교차손해평가를 담당할 지역손해평가인을 선발하여야 한다(제8조의2 제2항).

3. 교차손해평가반 구성

교차손해평가를 위해 손해평가반을 구성할 경우에는 제2항에 따라 선발된 **지역손해평가인 1인 이상**이 포함되어야 한다. 다만, **거대재해 발생, 평가인력 부족** 등으로 **신속한 손해평가가 불가피**하다고 판단되는 경우 **그러하지 아니할 수 있다**(제8조의2 제3항).

03 피해사실 확인

1. 손해평가반의 손해평가 실시

보험가입자가 **보험책임기간 중**에 피해발생 통지를 한 때에는 재해보험사업자는 손해평가반으로 하여금 **지체 없이** 보험목적물의 피해사실을 확인하고 손해평가를 실시하게 하여야 한다(제9조 제1항).

2. 손해평가 관련사항의 통보

손해평가반이 손해평가를 실시할 때에는 **재해보험사업자**가 해당 보험가입자의 보험계약사항 중 손해평가와 관련된 사항을 **손해평가반에게 통보**하여야 한다(제9조 제1항).

※ 지방자치단체에 통보하여야 한다.(×)

04 손해평가준비 및 평가결과 제출

1. 현지조사서

재해보험사업자는 손해평가반이 실시한 손해평가결과를 기록할 수 있도록 **현지조사서를 마련**하여야 한다(제10조 제1항).

※ 손해평가반은 현지조사서를 마련하여야 한다.(×)

재해보험사업자는 손해평가를 실시하기 전에 **현지조사서를 손해평가반에 배부**하고 손해평가시의 주의사항을 숙지시킨 후 손해평가에 임하도록 하여야 한다(제2항).

2. 손해평가결과의 제출

손해평가반은 현지조사서에 손해평가 결과를 정확하게 작성하여 보험가입자에게 이를 설명한 후 서명을 받아 재해보험사업자에게 최종 조사일로부터 7영업일 이내에 제출하여야 한다. (다만, 하우스 등 원예시설과 축사 건물은 7영업일을 초과하여 제출할 수 있다.) 또한, 보험가입자가 **정당한 사유 없이 서명을 거부**하는 경우 손해평가반은 **보험가입자에게 손해평가 결과를 통지**한 후 서명없이 **현지조사서를 재해보험사업자에게 제출**하여야 한다(제10조 제3항).

※ 보험가입자가 정당한 사유없이 손해평가반이 작성한 현지조사서에 서명을 거부한 경우에는 손해평가반은 그 피해를 인정할 수 없는 것으로 평가한다는 현지조사서를 작성한다.(×)

3. 보험가입자의 손해평가 거부

손해평가반은 보험가입자가 정당한 사유없이 손해평가를 거부하여 손해평가를 실시하지 못한 경우에는 그 **피해를 인정할 수 없는 것으로 평가한다는 사실**을 보험가입자에게 통지한 후 **현지조사서를 재해보험사업자에게 제출**하여야 한다(제10조 제4항).

4. 재조사 실시

보험가입자가 손해평가반의 손해평가결과에 대하여 설명 또는 통지를 **받은 날로부터 7일 이내**에 손해평가가 잘못되었음을 증빙하는 서류 또는 사진 등을 제출하는 경우 **재해보험사업자**는 **다른 손해평가반**으로 하여금 재조사를 실시하게 할 수 있다(제10조 제5항).

※ 받은 다음 날로부터 7일 이내(×)

05 손해평가결과 검증

1. 검증조사

(1) 재해보험사업자 및 사업관리 위탁기관의 검증조사

재해보험사업자 및 법 제25조의2에 따라 **농어업재해보험사업의 관리를 위탁받은 기관**(이하 "사업관리 위탁기관"이라 한다)은 손해평가반이 실시한 손해평가결과를 확인하기 위하여 **손해평가를 실시한 보험목적물** 중에서 **일정수를 임의 추출**하여 검증조사를 할 수 있다(제11조 제1항).

※ 손해평가를 미실시한 보험목적물 중에서(×), 손해평가를 실시한 전체 보험목적물에 대하여(×), 재해보험사업자 이외의 자는 검증조사 불가(×), 농림축산식품부장관이 검증조사를 함(×)

(2) 농림축산식품부장관의 검증조사 지시

농림축산식품부장관은 재해보험사업자로 **하여금** 제1항의 검증조사를 하게 할 수 있으며, 재해보험사업자는 특별한 사유가 없는 한 이에 **응하여야** 하고, 그 **결과를 농림축산식품부장관에게 제출**하여야 한다 (제11조 제2항).

※ 손해평가반은 농림축산식품부장관으로 하여금 검증조사를 하게 할 수 있다.(×) 보험사업자는 반드시 이에 응하여야 한다.(×)

(3) 보험가입자의 검증조사 거부

보험가입자가 정당한 사유없이 검증조사를 거부하는 경우 검증조사반은 **검증조사가 불가능하여 손해평가 결과를 확인할 수 없다는 사실을 보험가입자에게 통지**한 후 검증조사결과를 작성하여 **재해보험사업자에게 제출**하여야 한다(제11조 제4항).

※ 보험사업자에게 통지(×), 농림축산식품부장관에게 보고(×)
※ 보험가입자가 정당한 사유없이 검증조사를 거부하는 경우 검증조사반은 검증조사결과 작성을 생략하고 재해보험사업자에게 제출하지 않아도 된다.(×)

2. 전체 보험목적물에 대한 재조사

제11조 제1항 및 제2항에 따른 검증조사결과 **현저한 차이**가 발생되어 재조사가 불가피하다고 판단될 경우에는 해당 손해평가반이 조사한 **전체 보험목적물**에 대하여 **재조사를 할 수 있다**(제11조 제3항).

※ 검증조사결과 현저한 차이가 발생된 경우에는 해당 손해평가반이 조사한 전체 보험목적물에 대하여 검증조사를 하여야 한다.(×)

3. 사업관리 위탁기관의 통보 및 조치 요구

사업관리 위탁기관이 검증조사를 실시한 경우 그 결과를 재해보험사업자에게 통보하고 필요에 따라 결과에 대한 조치를 요구할 수 있으며, 재해보험사업자는 특별한 사유가 없는 한 그에 따른 조치를 실시해야 한다 (제11조 제5항).

---

06 손해평가 단위

1. 보험목적물별 손해평가 단위

보험목적물별 손해평가 단위는 다음 각 호와 같다(제12조 제1항).

1. 농작물 : **농지별** ※ 필지별(×), 품종별(×)
2. 가축 : **개별가축별**(단, **벌은 벌통 단위**) ※ 가축은 개별축사별(×), 벌은 개체별(×)
3. 농업시설물 : **보험가입 목적물별** ※ 보험가입 농가별(×)

2. 농지의 기준

제1항 제1호에서 정한 농지라 함은 **하나의 보험가입금액에 해당하는 토지로 필지(지번) 등과 관계없이 농작물을 재배하는 하나의 경작지**를 말하며, 방풍림, 돌담, 도로(농로 제외) 등에 의해 구획된 것 또는 동일한 울타리, 시설 등에 의해 구획된 것을 하나의 농지로 한다. 다만, 경사지에서 보이는 돌담 등으로 구획되어 있는 면적이 극히 작은 것은 동일 작업 단위 등으로 정리하여 하나의 농지에 포함할 수 있다(제12조 제2항).

※ 개별 필지(지번)가 하나의 농지가 된다.(×)

※ 하나의 경작지의 필지(지번)가 2개 이상인 경우에는 하나의 농지가 될 수 없다.(×)

※ 하나의 경작지가 농로에 의해 구획된 경우 구획된 토지는 각각 하나의 농지로 한다.(×)

확인문제

01 농업재해보험 손해평가요령상 손해평가반 구성에 관한 설명으로 옳은 것은?

▶ 2022년 손해평가사 8회

① 자기가 실시한 손해평가에 대한 검증조사 및 재조사에 해당하는 손해평가의 경우 해당자를 손해평가반 구성에서 배제하여야 한다.
② 자기가 가입하였어도 자기가 모집하지 않은 보험계약에 관한 손해평가의 경우 해당자는 손해평가반 구성에 참여할 수 있다.
③ 손해평가인은 손해평가를 하는 경우에는 손해평가반을 구성하고 손해평가반별로 평가일정계획을 수립하여야 한다.
④ 손해평가반은 손해평가인을 3인 이상 포함하여 7인 이내로 구성한다.

① (○), ② (×) 다음 각 호의 어느 하나에 해당하는 손해평가에 대하여는 해당자를 손해평가반 구성에서 배제하여야 한다(손해평가요령 제8조 제3항).
  1. **자기** 또는 **자기와 생계를 같이 하는 친족**(이하 "**이해관계자**"라 한다)이 **가입한 보험계약**에 관한 손해평가
  2. **자기** 또는 **이해관계자**가 **모집한 보험계약**에 관한 손해평가
  3. **직전 손해평가일로부터 30일 이내의 보험가입자간 상호** 손해평가
  4. **자기가 실시한 손해평가에 대한 검증조사 및 재조사**
③ (×) **재해보험사업자**는 손해평가를 하는 경우에는 손해평가반을 구성하고 손해평가반별로 평가일정계획을 수립하여야 한다(제8조 제1항).
④ (×) 손해평가반은 다음 **각 호의 어느 하나에 해당하는 자로 구성하며, 5인 이내로 한다**(제8조 제2항).
  1. 제2조 제2호에 따른 **손해평가인**
  2. 제2조 제3호에 따른 **손해평가사**
  3. 「보험업법」 제186조에 따른 **손해사정사**

02 농업재해보험 손해평가요령상 재해보험사업자의 손해평가반 구성에 관한 설명으로 옳은 것은?

▶ 2025년 손해평가사 11회

① 손해평가반은 10인 이내로 한다.
② 손해평가반별로 평가일정계획을 수립해야 하는 것은 아니다.
③ 자기와 생계를 같이 하지 않는 친족이 가입한 보험계약에 관한 손해평가에 대하여는 해당자를 손해평가반 구성에서 배제하여야 한다.
④ 직전 손해평가일로부터 30일 이내의 보험가입자간 상호 손해평가에 대하여는 해당자를 손해평가반 구성에서 배제하여야 한다.

앞의 문제 해설 참고

정답 01 ① 02 ④

확인문제

03 농업재해보험 손해평가요령상 손해평가사 甲을 손해평가반 구성에서 배제하여야 하는 경우를 모두 고른 것은?
▶ 2021년 손해평가사 7회

> ㄱ. 甲의 이해관계자가 가입한 보험계약에 관한 손해평가
> ㄴ. 甲의 이해관계자가 모집한 보험계약에 관한 손해평가
> ㄷ. 甲의 이해관계자가 실시한 손해평가에 대한 검증조사

① ㄱ, ㄴ
② ㄱ, ㄷ
③ ㄴ, ㄷ
④ ㄱ, ㄴ, ㄷ

> ㄷ.(×) 甲 자기가 실시한 손해평가에 대한 검증조사의 경우 배제된다. ☞ 위 1번 문제 해설 참고

04 농업재해보험 손해평가요령상 손해평가반에 관한 설명으로 옳지 않은 것은?
▶ 2024년 손해평가사 10회

① 재해보험사업자는 손해평가를 하는 경우 손해평가반을 구성하고 손해평가반별로 평가일정계획을 수립하여야 한다.
② 손해평가반은 손해평가인, 손해평가사, 손해사정사, 손해평가보조인 중 어느 하나에 해당하는 자로 구성한다.
③ 손해평가반은 5인 이내로 구성한다.
④ 손해평가반이 손해평가를 실시할 때에는 재해보험사업자가 해당 보험가입자의 보험계약사항 중 손해평가와 관련된 사항을 손해평가반에게 통보하여야 한다.

> ②(×) 제1항에 따른 손해평가반은 다음 각 호의 어느 하나에 해당하는 자로 구성하며, 5인 이내로 한다(손해평가요령 제8조 제2항).
>   1. 제2조 제2호에 따른 손해평가인
>   2. 제2조 제3호에 따른 손해평가사
>   3. 「보험업법」 제186조에 따른 손해사정사

정답 03 ① 04 ②

05 농업재해보험 손해평가요령상 교차손해평가에 관한 설명으로 옳지 않은 것은?

▶ 2023년 손해평가사 9회

① 평가인력 부족 등으로 신속한 손해평가가 불가피하다고 판단되는 경우 손해평가반의 구성에 지역손해평가인을 포함시키지 않을 수 있다.
② 교차손해평가를 위해 손해평가반을 구성할 경우 농업재해보험 손해평가요령에 따라 선발된 지역손해평가인 2인 이상이 포함되어야 한다.
③ 재해보험사업자가 교차손해평가를 담당할 지역손해평가인을 선발할 때 타지역 조사 가능여부는 고려사항이다.
④ 재해보험사업자는 교차손해평가가 필요한 경우 재해보험 가입규모, 가입분포 등을 고려하여 교차손해평가 대상 시·군·구를 선정하여야 한다.

② (×) 교차손해평가를 위해 손해평가반을 구성할 경우에는 제2항에 따라 선발된 **지역손해평가인 1인 이상**이 포함되어야 한다. 다만, 거대재해 발생, 평가인력 부족 등으로 신속한 손해평가가 불가피하다고 판단되는 경우 그러하지 아니할 수 있다(손해평가요령 제8조의2 제3항).

06 농업재해보험 손해평가요령상 교차손해평가에 관한 설명이다. ( )에 들어갈 내용으로 옳은 것은?

▶ 2025년 손해평가사 11회

재해보험사업자가 교차손해평가를 위해 손해평가반을 구성할 경우에는 교차 손해평가 대상 시·군 자치구 내에서 손해평가 경력, 타지역 조사 가능여부 등을 고려하여 교차손해평가를 담당하기 위해 선발된 (ㄱ) (ㄴ)인 이상이 포함되어야 한다. 다만, 거대재해 발생, 평가인력 부족 등으로 신속한 손해평가가 불가피하다고 판단되는 경우 그러하지 아니할 수 있다.

① ㄱ: 손해평가사, ㄴ: 1
② ㄱ: 손해평가사, ㄴ: 2
③ ㄱ: 지역손해평가인, ㄴ: 1
④ ㄱ: 지역손해평가인, ㄴ: 2

앞의 문제 해설 참고

정답 05 ② 06 ③

확인문제

07 농어업재해보험법 및 농업재해보험 손해평가요령상 교차손해평가에 관한 설명으로 옳지 않은 것을 모두 고른 것은?

▶ 2024년 손해평가사 10회

> ㄱ. 교차손해평가란 공정하고 객관적인 손해평가를 위하여 재해보험사업자 상호간에 농어업재해로 인한 손해를 교차하여 평가하는 것을 말한다.
> ㄴ. 동일 시·군·구(자치구를 말한다) 내에서는 교차손해평가를 수행할 수 없다.
> ㄷ. 교차손해평가를 위해 손해평가반을 구성할 때, 거대재해 발생으로 신속한 손해평가가 불가피하다고 판단되는 경우에는 지역손해평가인을 포함하지 않을 수 있다.

① ㄱ, ㄴ
② ㄱ, ㄷ
③ ㄴ, ㄷ
④ ㄱ, ㄴ, ㄷ

ㄱ. (×) 재해보험사업자 상호간이 아니라 각 **재해보험사업자**가 교차평가를 실시한다.
ㄴ. (×) 재해보험사업자는 공정하고 객관적인 손해평가를 위하여 교차손해평가가 필요한 경우 재해보험 가입규모, 가입분포 등을 고려하여 교차손해평가 대상 **시·군·구**(자치구를 말한다. 이하 같다)를 선정하여야 한다(손해평가요령 제8조의2 제1항).

08 농업재해보험 손해평가요령상 손해평가에 관한 설명으로 옳지 않은 것은?

▶ 2021년 손해평가사 7회 변형

① 손해평가반은 손해평가인, 손해평가사, 손해사정사 중 어느 하나에 해당하는 자로 구성하며, 5인 이내로 한다.
② 교차손해평가에 있어서 거대재해 발생 등으로 신속한 손해평가가 불가피하다고 판단되는 경우에도 손해평가반 구성에 지역손해평가인을 포함하여야 한다.
③ 재해보험사업자는 손해평가반이 실시한 손해평가결과를 기록할 수 있도록 현지조사서를 마련하여야 한다.
④ 손해평가반이 손해평가를 실시할 때에는 재해보험사업자가 해당 보험가입자의 보험계약사항 중 손해평가와 관련된 사항을 손해평가반에게 통보하여야 한다.

② (×) 재해보험사업자는 제1항에 따라 선정한 시·군·구 내에서 손해평가 경력, 타지역 조사 가능여부 등을 고려하여 교차손해평가를 담당할 지역손해평가인을 선발하여야 한다(손해평가요령 제8조의2 제2항). 교차손해평가를 위해 손해평가반을 구성할 경우에는 제2항에 따라 선발된 **지역손해평가인 1인 이상**이 포함되어야 한다. 다만, **거대재해 발생, 평가인력 부족** 등으로 **신속한 손해평가가 불가피**하다고 판단되는 경우 **그러하지 아니할 수 있다**(제3항).

정답 07 ① 08 ②

09 농업재해보험 손해평가요령상 손해평가에 관한 설명으로 옳지 않은 것은?

▶ 2020년 손해평가사 6회

① 교차손해평가에 있어서도 평가인력 부족 등으로 신속한 손해평가가 불가피하다고 판단되는 경우에는 손해평가반구성에 지역손해평가인을 배제할 수 있다.
② 손해평가 단위와 관련하여 농지란 하나의 보험가입금액에 해당하는 토지로 필지(지번) 등과 관계없이 농작물을 재배하는 하나의 경작지를 말한다.
③ 손해평가반이 손해평가를 실시할 때에는 재해보험사업자가 해당 보험가입자의 보험계약 사항 중 손해평가와 관련된 사항을 해당 지방자치단체에 통보하여야 한다.
④ 보험가입자가 정당한 사유없이 검증조사를 거부하는 경우 검증조사반은 검증조사가 불가능하여 손해평가 결과를 확인할 수 없다는 사실을 보험가입자에게 통지한 후 검증조사결과를 작성하여 재해보험사업자에게 제출하여야 한다.

③ (×) 손해평가반이 손해평가를 실시할 때에는 재해보험사업자가 해당 보험가입자의 보험계약사항 중 손해평가와 관련된 사항을 **손해평가반에게 통보**하여야 한다(손해평가요령 제9조 제1항).

10 농업재해보험 손해평가요령상 손해평가준비 및 평가결과 제출에 관한 설명으로 옳지 않은 것은?

▶ 2019년 손해평가사 5회

① 재해보험사업자는 손해평가반이 실시한 손해평가결과를 기록할 수 있는 현지조사서를 마련해야 한다.
② 손해평가반은 보험가입자가 정당한 사유없이 손해평가를 거부하여 손해평가를 실시하지 못한 경우에는 그 피해를 인정할 수 없는 것으로 평가한다는 사실을 보험가입자에게 통지한 후 현지조사서를 재해보험사업자에게 제출하여야 한다.
③ 보험가입자가 정당한 사유없이 손해평가반이 작성한 현지조사서에 서명을 거부한 경우에는 손해평가반은 그 피해를 인정할 수 없는 것으로 평가한다는 현지조사서를 작성하여 재해보험사업자에게 제출하여야 한다.
④ 보험가입자가 손해평가반의 손해평가결과에 대하여 설명 또는 통지를 받은 날로부터 7일 이내에 손해평가가 잘못되었음을 증빙하는 서류 또는 사진 등을 제출하는 경우 재해보험사업자는 다른 손해평가반으로 하여금 재조사를 실시하게 할 수 있다.

③ (×) 보험가입자가 **정당한 사유 없이 서명을 거부하는 경우** 손해평가반은 **보험가입자에게 손해평가 결과를 통지**한 후 서명없이 **현지조사서를 재해보험사업자에게 제출**하여야 한다(손해평가요령 제10조 제3항).

정답 09 ③   10 ③

확인문제

11 농업재해보험 손해평가요령 제10조(손해평가준비 및 평가결과 제출)의 일부이다. ( )에 들어갈 내용을 순서대로 옳게 나열한 것은?
▶ 2020년 손해평가사 6회

> 재해보험사업자는 보험가입자가 손해평가반의 손해평가결과에 대하여 설명 또는 통지를 (ㄱ)로부터 (ㄴ) 이내에 손해평가가 잘못되었음을 증빙하는 서류 또는 사진 등을 제출하는 경우 재해보험사업자는 다른 손해평가반으로 하여금 재조사를 실시하게 할 수 있다.

① ㄱ: 받은 날, ㄴ: 7일
② ㄱ: 받은 다음 날, ㄴ: 7일
③ ㄱ: 받은 날, ㄴ: 10일
④ ㄱ: 받은 다음 날, ㄴ: 10일

보험가입자가 손해평가반의 손해평가결과에 대하여 설명 또는 통지를 **받은 날**로부터 **7일 이내**에 손해평가가 잘못되었음을 증빙하는 서류 또는 사진 등을 제출하는 경우 재해보험사업자는 다른 손해평가반으로 하여금 재조사를 실시하게 할 수 있다(손해평가요령 제10조 제5항).

12 농업재해보험 손해평가요령상 손해평가준비 및 평가결과 제출에 관한 설명으로 옳은 것은?
▶ 2022년 손해평가사 8회

① 손해평가반은 재해보험사업자가 실시한 손해평가결과를 기록할 수 있도록 현지조사서를 마련하여야 한다.
② 손해평가반은 손해평가를 실시하기 전에 현지조사서를 재해보험사업자에게 배부하고 손해평가에 임하여야 한다.
③ 손해평가반은 보험가입자가 7일 이내에 손해평가가 잘못되었음을 증빙하는 서류 등을 제출하는 경우 다른 손해평가반으로 하여금 재조사를 실시하게 할 수 있다.
④ 손해평가반은 보험가입자가 정당한 사유없이 손해평가를 거부하여 손해평가를 실시하지 못한 경우에는 그 피해를 인정할 수 없는 것으로 평가한다는 사실을 보험가입자에게 통지한 후 현지조사서를 재해보험사업자에게 제출하여야 한다.

① (×) **재해보험사업자**는 **손해평가반**이 실시한 손해평가결과를 기록할 수 있도록 현지조사서를 마련하여야 한다(손해평가요령 제10조 제1항).
② (×) **재해보험사업자**는 손해평가를 실시하기 전에 현지조사서를 **손해평가반**에 배부하고 손해평가시의 주의사항을 숙지시킨 후 손해평가에 임하도록 하여야 한다(제10조 제2항).
③ (×) 보험가입자가 손해평가반의 손해평가결과에 대하여 설명 또는 통지를 받은 날로부터 7일 이내에 손해평가가 잘못되었음을 증빙하는 서류 또는 사진 등을 제출하는 경우 **재해보험사업자**는 다른 손해평가반으로 하여금 재조사를 실시하게 할 수 있다(제10조 제5항).

정답 11 ① 12 ④

13 농업재해보험 손해평가요령상 손해평가결과 검증에 관한 설명으로 옳은 것은?

▶ 2022년 손해평가사 8회 변형

① 재해보험사업자 및 사업관리 위탁기관은 손해평가반이 실시한 손해평가결과를 확인하기 위하여 손해평가를 실시한 보험목적물 중에서 일정수를 임의 추출하여 검증조사를 할 수 있다.
② 손해평가반은 농림축산식품부장관으로 하여금 검증조사를 하게 할 수 있다.
③ 손해평가결과와 임의 추출조사의 결과에 차이가 발생하면 해당 손해평가반이 조사한 전체 보험목적물에 대하여 재조사를 하여야 한다.
④ 보험가입자가 검증조사를 거부하는 경우 검증조사반은 손해평가 검증을 강제할 수 있다는 사실을 보험가입자에게 통지하여야 한다.

② (×) **농림축산식품부장관**은 **재해보험사업자로 하여금** 검증조사를 하게 할 수 있으며, 재해보험사업자는 특별한 사유가 없는 한 이에 응하여야 한다(손해평가요령 제11조 제2항).
③ (×) 검증조사결과 현저한 차이가 발생되어 재조사가 불가피하다고 판단될 경우에는 해당 손해평가반이 조사한 전체 보험목적물에 대하여 **재조사를 할 수 있다**(제11조 제3항).
④ (×) 보험가입자가 정당한 사유없이 검증조사를 거부하는 경우 검증조사반은 **검증조사가 불가능하여 손해평가 결과를 확인할 수 없다는 사실**을 보험가입자에게 통지한 후 검증조사결과를 작성하여 재해보험사업자에게 제출하여야 한다(제11조 제4항).

14 농업재해보험 손해평가요령상 손해평가결과 검증에 관한 설명으로 옳은 것은?

▶ 2024년 손해평가사 10회

① 재해보험사업자 이외의 자는 검증조사를 할 수 없다.
② 손해평가반이 실시한 손해평가결과를 확인하기 위하여 검증조사를 할 때 손해평가를 실시한 보험목적물 중에서 일정수를 임의 추출하여 검증조사를 하여서는 아니 된다.
③ 검증조사결과 현저한 차이가 발생되어 재조사가 불가피하다고 판단될 경우에는 해당 손해평가반이 조사한 전체 보험목적물에 대하여 재조사를 할 수 있다.
④ 보험가입자가 정당한 사유없이 검증조사를 거부하는 경우 검증조사반은 검증조사가 불가능하여 손해평가 결과를 확인할 수 없다는 사실을 재해보험사업자에게 통지한 후 검증조사결과를 작성하여 농림축산식품부장관에게 제출하여야 한다.

① (×), ② (×) 재해보험사업자 및 법 제25조의2에 따라 농어업재해보험사업의 관리를 위탁받은 기관(이하 "사업 관리 위탁 기관"이라 한다)은 손해평가반이 실시한 손해평가결과를 확인하기 위하여 손해평가를 실시한 보험목적물 중에서 일정수를 임의 추출하여 검증조사를 할 수 있다(손해평가요령 제11조 제1항).
④ (×) 보험가입자가 정당한 사유없이 검증조사를 거부하는 경우 검증조사반은 **검증조사가 불가능하여 손해평가 결과를 확인할 수 없다는 사실을 보험가입자에게 통지**한 후 검증조사결과를 작성하여 **재해보험사업자에게 제출**하여야 한다(손해평가요령 제11조 제4항)

정답 13 ① 14 ③

확인문제

15 농업재해보험 손해평가요령상 손해평가결과 검증에 관한 설명으로 옳지 않은 것은?

▶ 2023년 손해평가사 9회 변형

① 농림축산식품부장관은 재해보험사업자로 하여금 검증조사를 하게 할 수 있으며, 재해보험사업자는 특별한 사유가 없는 한 이에 응하여야 한다.
② 보험가입자가 정당한 사유없이 검증조사를 거부하는 경우 검증조사반은 검증조사가 불가능하여 손해평가 결과를 확인할 수 없다는 사실을 지체없이 농림축산식품부장관에게 보고하여야 한다.
③ 검증조사결과 현저한 차이가 발생되어 재조사가 불가피하다고 판단될 경우에는 해당 손해평가반이 조사한 전체 보험목적물에 대하여 재조사를 할 수 있다.
④ 재해보험사업자 및 사업관리 위탁기관은 손해평가반이 실시한 손해평가결과를 확인하기 위하여 손해평가를 실시한 보험목적물 중에서 일정수를 임의 추출하여 검증조사를 할 수 있다.

② (×) 보험가입자가 정당한 사유없이 검증조사를 거부하는 경우 검증조사반은 검증조사가 불가능하여 손해평가 결과를 확인할 수 없다는 사실을 **보험가입자에게 통지**한 후 검증조사결과를 작성하여 **재해보험사업자에게 제출**하여야 한다(손해평가요령 제11조 제4항).

16 농업재해보험 손해평가요령상 손해평가결과 검증에 관한 설명으로 옳은 것은?

▶ 2025년 손해평가사 11회

① 농림축산식품부장관은 손해평가결과를 확인하기 위하여 손해평가를 실시한 보험목적물 전부에 대하여 검증조사를 할 수 있다.
② 농림축산식품부장관은 재해보험사업자로 하여금 손해평가결과 검증조사를 하게 할 수 있다.
③ 손해평가결과 검증조사 이후 재조사를 위한 절차를 두지 않고 있다.
④ 농림축산식품부장관이 검증조사를 실시한 경우 그 결과를 손해평가인에게 통보해야 한다.

① (×) 손해평가를 실시한 보험목적물 중에서 **일정수를 임의 추출하여 검증조사**를 할 수 있다(손해평가요령 제11조 제1항).
③ (×) 검증조사결과 현저한 차이가 발생되어 재조사가 불가피하다고 판단될 경우에는 해당 손해평가반이 조사한 전체 보험목적물에 대하여 **재조사를 할 수 있다**(손해평가요령 제11조 제3항).
④ (×) **재해보험사업자**가 검증조사를 실시하는 것이다.

정답 15 ② 16 ②

17 농업재해보험 손해평가요령상 보험목적물별 손해평가 단위이다. (   )에 들어갈 내용은?

▶ 2021년 손해평가사 7회

○ 농작물 : (ㄱ)　　○ 가축(단, 벌은 제외) : (ㄴ)　　○ 농업시설물 : (ㄷ)

① ㄱ: 농지별, ㄴ: 축사별, ㄷ: 보험가입 목적물별
② ㄱ: 품종별, ㄴ: 축사별, ㄷ: 보험가입자별
③ ㄱ: 농지별, ㄴ: 개별가축별, ㄷ: 보험가입 목적물별
④ ㄱ: 품종별, ㄴ: 개별가축별, ㄷ: 보험가입자별

- 보험목적물별 손해평가 단위 (손해평가요령 제12조 제1항)
  1. 농작물 : **농지별**
  2. 가축 : **개별가축별**(단, 벌은 **벌통 단위**)
  3. 농업시설물 : **보험가입 목적물별**

18 농업재해보험 손해평가요령상 보험목적물별 손해평가 단위가 농지인 경우에 관한 설명으로 옳은 것은? (단, 농지는 하나의 보험가입금액에 해당하는 토지임)

▶ 2024년 손해평가사 10회

① 농작물을 재배하는 하나의 경작지의 필지가 2개 이상인 경우에는 하나의 농지가 될 수 없다.
② 농작물을 재배하는 하나의 경작지가 농로에 의해 구획된 경우 구획된 토지는 각각 하나의 농지로 한다.
③ 농작물을 재배하는 하나의 경작지의 지번이 2개 이상인 경우에는 하나의 농지가 될 수 없다.
④ 경사지에서 보이는 돌담 등으로 구획되어 있는 면적이 극히 작은 것은 동일 작업 단위 등으로 정리하여 하나의 농지에 포함할 수 있다.

제1항 제1호에서 정한 농지라 함은 **하나의 보험가입금액에 해당하는 토지로 필지(지번) 등과 관계없이 농작물을 재배하는 하나의 경작지**를 말하며, 방풍림, 돌담, 도로(농로 제외) 등에 의해 구획된 것 또는 동일한 울타리, 시설 등에 의해 구획된 것을 하나의 농지로 한다. 다만, 경사지에서 보이는 돌담 등으로 구획되어 있는 면적이 극히 작은 것은 동일 작업 단위 등으로 정리하여 하나의 농지에 포함할 수 있다(손해평가요령 제12조 제2항).

확인문제

19 농업재해보험 손해평가요령상 보험목적물별 손해평가단위에 관한 설명으로 옳지 않은 것은?

▶ 2025년 손해평가사 11회

① 농작물은 농지별로 한다.
② 벌은 벌통단위로 한다.
③ 농업시설물은 보험가입목적물별로 한다.
④ 농지는 하나의 보험가입금액에 해당하는 토지로서, 개별 필지(지번)가 하나의 농지가 된다.

> ④ (×) 필지(지번) 등과 관계없다. ☞ 앞의 문제 해설 참고

정답 19 ④

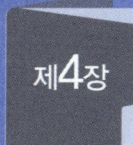

제4장 보험가액·보험금·손해액 산정

01 농작물의 보험가액 및 보험금 산정

1. 농작물에 대한 보험가액 산정

농작물에 대한 보험가액 산정은 다음 각 호와 같다(제13조 제1항).

(1) 특정위험방식인 인삼의 보험가액

가입면적에 보험가입 당시의 단위당 **가입가격**을 곱하여 산정하며, 보험가액에 영향을 미치는 **가입면적, 연근** 등이 가입당시와 다를 경우 변경할 수 있다.

$$\text{가입면적} \times \text{보험가입 당시의 단위당 가입가격}$$

(2) 적과전종합위험방식의 보험가액

적과후착과수(달린 열매 수)조사를 통해 산정한 **기준수확량**에 보험가입 당시의 단위당 **가입가격**을 곱하여 산정한다. ※ 최초 보험사고 발생시의 단위당 가입가격(×)

$$\text{기준수확량} \times \text{보험가입 당시의 단위당 가입가격}$$

(3) 종합위험방식 보험가액

보험증권에 기재된 보험목적물의 **평년수확량**에 보험가입 당시의 단위당 **가입가격**을 곱하여 산정한다.
※ 최초 보험사고 발생시의 단위당 가입가격(×)

$$\text{평년수확량} \times \text{보험가입 당시의 단위당 가입가격}$$

다만, 보험가액에 영향을 미치는 **가입면적, 주수, 수령, 품종** 등이 가입당시와 다를 경우 변경할 수 있다.

(4) 생산비보장의 보험가액

작물별로 보험가입 당시 정한 **보험가액**을 기준으로 산정한다.

> 작물별로 보험가입 당시 정한 보험가액 기준

다만, 보험가액에 영향을 미치는 **가입면적 등**이 가입당시와 다를 경우 변경할 수 있다.

(5) 나무손해보장의 보험가액

기재된 보험목적물이 나무인 경우로 **최초 보험사고 발생 시**의 해당 농지 내에 심어져 있는 **과실생산이 가능한 나무 수(피해 나무 수 포함)**에 보험가입 당시의 나무당 가입가격을 곱하여 산정한다.

> 과실생산이 가능한 나무 수(피해 나무 수 포함) × 보험가입 당시의 나무당 가입가격

2. 농작물에 대한 보험금 산정

농작물에 대한 보험금 산정은 [별표 1]과 같다(제13조 제2항).

다만, **보험가액이 보험가입금액보다 적을 경우에는 보험가액**에 의하며, 기타 세부적인 내용은 재해보험사업자가 작성한 손해평가 업무방법서에 따른다([별표 1] 비고).

(1) 특정위험방식

보장 범위	산정내용	비고
작물특정위험 보장	보험가입금액 × (피해율 – 자기부담비율) ※ 피해율 = $(1 - \dfrac{수확량}{연근별기준수확량}) \times \dfrac{피해면적}{재배면적}$	인삼

(2) 적과전종합위험방식

보장 범위	산정내용	비고
착과감소	(착과감소량 – 미보상감수량 – 자기부담감수량) × 가입가격 × 보장수준 (50%, 70%)	
과실손해	(적과종료 이후 누적감수량 – 자기부담감수량) × 가입가격	
나무손해보장	보험가입금액 × (피해율 – 자기부담비율) ※ 피해율 = **피해주수(고사된 나무) ÷ 실제결과주수**	

(3) 종합위험방식

보장 범위	산정내용	비고
해가림시설	① 보험가입금액이 보험가액과 같거나 클 때 : 　보험가입금액을 한도로 손해액에서 자기부담금을 차감한 금액 ② **보험가입금액이 보험가액보다 작을 때 :** 　**(손해액 − 자기부담금) × (보험가입금액 ÷ 보험가액)**	인삼
비가림시설	MIN(손해액 − 자기부담금, 보험가입금액)	
수확감소	보험가입금액 × (피해율 − 자기부담비율) ※ 피해율(감자·복숭아 제외) 　= (평년수확량 − 수확량 − 미보상감수량) ÷ 평년수확량 ※ 피해율(감자·복숭아) 　= {(평년수확량 − 수확량 − 미보상감수량) + 병충해감수량} 　　÷ 평년수확량	옥수수 외
수확감소	MIN(보험가입금액, 손해액) − 자기부담금 ※ 손해액 = 피해수확량 × 가입가격 ※ 자기부담금 = 보험가입금액 × 자기부담비율	옥수수
수확량감소 추가보장	보험가입금액 × (피해율 × 10%) 단, 피해율이 자기부담비율을 초과하는 경우에 한함 ※ 피해율 = (평년수확량 − 수확량 − 미보상감수량) ÷ 평년수확량	
나무손해	보험가입금액 × (피해율 − 자기부담비율) ※ 피해율 = 피해주수(고사된 나무) ÷ 실제결과주수	
이앙·직파불능	**보험가입금액 × 15%**	벼
재이앙·재직파	보험가입금액 × 25% × 면적피해율 단, 면적피해율이 10%를 초과하고 재이앙(재직파) 한 경우 ※ 면적피해율 = 피해면적 ÷ 보험가입면적	벼
재정식·재파종	보험가입금액 × 20% × 면적피해율 단, 면적피해율이 자기부담비율을 초과하고, 재정식·재파종한 경우에 한함 ※ 면적피해율 = 피해면적 ÷ 보험가입면적	마늘 외
조기파종	**보험가입금액 × 35% × 표준출현피해율** 단, 10a당 출현주수가 30,000주보다 작고, 10a당 30,000주 이상으로 재파종한 경우에 한함 ※ 표준출현피해율(10a 기준) = (30,000 − 출현주수) ÷ 30,000	마늘

보장 범위	산정내용	비고
경작불능	보험가입금액 × 일정비율 단, 식물체 피해율이 65%(가루쌀 60%) 이상이고, 계약자가 경작불능보험금을 신청한 경우에 한함 ※ 자기부담비율에 따라 적용 비율 상이 | 자기부담비율별 | 10%형 | 15%형 | 20%형 | 30%형 | 40%형 | | 보험가입금액 대비 비율 | 45% | 42% | 40% | 35% | 30% |	사료용 옥수수, 조사료용 벼 외
	보험가입금액 × 보장비율 × 경과비율 단, 식물체 피해율이 65% 이상이고, 계약자가 경작불능보험금을 신청한 경우에 한함 ※ 경과비율은 사고발생일이 속한 월에 따라 다름 | 월별 | 5월 | 6월 | 7월 | 8월 | | 벼 | 80% | 85% | 90% | 100% | | 옥수수 | 80% | 80% | 90% | 100% |	사료용 옥수수, 조사료용 벼
수확불능	보험가입금액 × 일정비율 단, 제현율이 65%(가루쌀 70%) 미만으로 떨어져 정상 벼로서 출하가 불가능하게 되고, 계약자가 수확불능보험금을 신청한 경우에 한함 ※ 자기부담비율에 따라 적용 비율 상이 | 자기부담비율별 | 10%형 | 15%형 | 20%형 | 30%형 | 40%형 | | 보험가입금액 대비 비율 | 60% | 57% | 55% | 50% | 45% |	벼
생산비보장	(잔존보험가입금액 × 경과비율 × 피해율) − 자기부담금 ※ 잔존보험가입금액 = 보험가입금액 − 보상액(기 발생 생산비보장보험금 합계액) ※ 자기부담금 = 잔존보험가입금액 × 계약 시 선택한 비율	브로콜리

	① 병충해가 없는 경우
	   (잔존보험가입금액 × 경과비율 × 피해율) − 자기부담금
	② 병충해가 있는 경우
	   (잔존보험가입금액 × 경과비율 × 피해율 × 병충해 등급별 인정비율)
	   − 자기부담금
	※ 피해율 = 피해비율 × 손해정도비율 × (1 − 미보상비율)
	※ 자기부담금 = 잔존보험가입금액 × 계약 시 선택한 비율
		고추
		(시설 고추 제외)

보장 범위	산정내용	비고
생산비보장	보험가입금액 × (피해율 - 자기부담비율) ※ 피해율(단호박, 당근, 양상추) 　= 피해비율 × 손해정도비율 × (1 - 미보상비율) ※ 피해율(배추, 무, 파, 시금치) 　= 면적피해율 × 평균손해정도비율 × (1 - 미보상비율) ※ 피해율(메밀) 　= 면적피해율 × (1 - 미보상비율) 면적피해율 : 피해면적(㎡) ÷ 재배면적(㎡) - 피해면적 : (도복(쓰러짐)으로 인한 피해면적×70%) + (도복(쓰러짐) 이외 피해면적×평균 손해정도비율)	배추, 파, 무, 단호박, 당근 (시설 무 제외), 메밀
	피해작물재배면적 × 단위면적당 보장생산비 × 경과비율 × 피해율 ※ 피해율 = 피해비율 × 손해정도비율 × (1-미보상비율) ※ 단, 장미, 부추, 시금치, 파, 무, 쑥갓, 버섯은 별도로 구분하여 산출	시설작물
농업시설물·버섯재배사·부대시설	한 사고마다 재조달가액(재조달가액보장 특약 미가입시 시가) 기준으로 계산한 손해액에서 자기부담금을 차감한 금액을 보험가입금액 내에서 보상 * 단, 수리, 복구를 하지 않은 경우 시가로 손해액 계산	

보장 범위	산정내용	비고
과실손해보장	보험가입금액 × (피해율 − 자기부담비율) ※ 피해율(7월 31일 이전에 사고가 발생한 경우) 　(평년수확량 − 수확량 − 미보상감수량) ÷ 평년수확량 ※ 피해율(8월 1일 이후에 사고가 발생한 경우) 　(1 − 수확전사고 피해율) × 경과비율 × 결과지 피해율	무화과
	보험가입금액 × (피해율 − 자기부담비율) ※ 피해율 = 고사결과모지수 ÷ 평년결과모지수	복분자
	보험가입금액 × (피해율 − 자기부담비율) ※ 피해율 = (평년결실수 − 조사결실수 − 미보상감수결실수) ÷ 평년결실수	오디
	과실손해보험금 = 손해액 − 자기부담금 ※ 손해액 = 보험가입금액 × 피해율 ※ 자기부담금 = 보험가입금액 × 자기부담비율 ※ 피해율 　= (등급내 피해과실수 + 등급외 피해과실수 × 50%) ÷ 기준과실수 　　× (1−미보상비율)	감귤 (온주밀감류)
	동상해손해보험금 = 손해액 − 자기부담금 ※ 손해액 = {보험가입금액 − (보험가입금액 × 기사고 피해율)} × 수확기 잔존비율 × 동상해피해율수 × (1−미보상비율) ※ 자기부담금 = |보험가입금액 × min(주계약피해율 − 자기부담비율, 0)| ※ 동상해 피해율 　= {(동상해 80%형 피해과실수 합계 × 80%) + (동상해 100%형 피해과실수 합계 × 100%)} ÷ 기준과실수	
과실손해 추가보장	보험가입금액 × 주계약피해율 × 10% 단, 손해액이 자기부담금을 초과하는 경우에 한함 ※ 피해율 　= {(등급 내 피해과실수 + 등급외 피해과실수 × 50%) ÷ 기준과실수} 　　× (1−미보상비율)	감귤 (온주밀감류)
농업수입감소	보험가입금액 × (피해율 − 자기부담비율) ※ 피해율 = (기준수입 − 실제수입) ÷ 기준수입	

3. 농작물의 손해수량에 대한 품목별·재해별·시기별 조사방법

농작물의 손해수량에 대한 품목별·재해별·시기별 조사방법은 [별표2]와 같다(제13조 제3항).

(1) 특정위험방식 상품 (인삼)

생육시기	재해	조사내용	조사시기	조사방법
보험기간	태풍(강풍)·폭설·집중호우·침수·화재·우박·냉해·폭염	수확량 조사	피해 확인이 가능한 시기	보상하는 재해로 인하여 감소된 수확량 조사 • 조사방법 : 전수조사 또는 표본조사

(2) 적과전종합위험방식 상품 (사과, 배, 단감, 떫은감)

생육시기	재해	조사내용	조사시기	조사방법	비고
보험계약 체결일 ~ 적과전	보상하는 재해 전부	피해사실 확인 조사	사고접수후 지체 없이	보상하는 재해로 인한 피해발생여부 조사	피해사실이 명백한 경우 생략 가능
	우박			우박으로 인한 유과(어린과실) 및 꽃(눈)등의 타박비율 조사 • 조사방법 : 표본조사	적과종료 이전 특정위험 5종 한정 보장 특약 가입건에 한함
6월 1일 ~ 적과전	태풍(강풍), 우박, 집중호우, 화재, 지진			보상하는 재해로 발생한 낙엽피해 정도 조사 – 단감·떫은감에 대해서만 실시 • 조사방법 : 표본조사	
적과후	–	적과후 착과수 조사	적과 종료후	보험가입금액의 결정 등을 위하여 해당 농지의 적과종료 후 총 착과 수를 조사 • 조사방법 : 표본조사	피해와 관계없이 전 과수원 조사
적과후 ~ 수확기 종료	보상하는 재해	낙과피해 조사	사고접수후 지체 없이	재해로 인하여 떨어진 피해과실수 조사 – 낙과피해조사는 보험약관에서 정한 과실피해분류기준에 따라 구분하여 조사 • 조사방법 : 전수조사 또는 표본조사	
				낙엽률 조사(우박 및 일소 제외) – 낙엽피해정도 조사 • 조사방법 : 표본조사	단감·떫은감
	우박, 일소,	착과피해 조사	수확 직전	달려있는 과실 중 재해로 인한 피해과실수 조사	

생육시기	재해	조사내용	조사시기	조사방법	비고
	가을동상해			– 착과피해조사는 보험약관에서 정한 과실피해분류기준에 따라 구분하여 조사 • 조사방법 : 표본조사	
수확완료 후 ~ 보험종기	보상하는 재해 전부	고사나무 조사	수확완료후 보험 종기 전	보상하는 재해로 고사되거나 또는 회생이 불가능한 나무 수를 조사 – 특약 가입 농지만 해당 • 조사방법 : 전수조사	수확완료후 추가 고사 나무가 없는 경우 생략 가능

※ 전수조사는 조사대상 목적물을 전부 조사하는 것을 말하며, 표본조사는 손해평가의 효율성 제고를 위해 재해보험사업자가 통계이론을 기초로 산정한 조사표본에 대해 조사를 실시하는 것을 말함.

(3) 종합위험방식 상품 (농업수입보장 포함)

① 해가림시설·비가림시설 및 원예시설

생육시기	재해	조사내용	조사시기	조사방법	비고
보험 기간 내	보상하는 재해 전부	해가림 시설조사	사고접수후 지체 없이	보상하는 재해로 인하여 손해를 입은 시설 조사 • 조사방법 : 전수조사	인삼
		비가림 시설조사			원예시설, 버섯재배사
		시설조사			

② 수확감소보장·과실손해보장 및 농업수입보장

생육시기	재해	조사내용	조사시기	조사방법	비고
수확 전	보상하는 재해 전부	피해사실 확인 조사	사고접수후 지체 없이	보상하는 재해로 인한 피해발생 여부 조사(피해사실이 명백한 경우 생략 가능)	
		이앙(직파) 불능피해 조사	이앙 한계일 (7.31)이후	이앙(직파)불능 상태 및 통상적인영농활동 실시여부조사	벼만 해당
		재이앙(재직파) 조사	사고접수후 지체 없이	해당농지에 보상하는 손해로 인하여 재이앙(재직파)이 필요한 면적 또는 면적비율 조사	벼만 해당
		재파종 조사	사고접수후 지체 없이	해당농지에 보상하는 손해로 인하여 재파종이 필요한 면적 또는 면적비율 조사	마늘만 해당
		재정식 조사	사고접수후 지체 없이	해당농지에 보상하는 손해로 인하여 재정식이 필요한 면적 또는 면적비율 조사	양배추만 해당
		경작불능 조사	사고접수후 지체 없이	해당 농지의 피해면적비율 또는 보험목적인 식물체 피해율 조사	벼·밀, 밭작물(차 제외), 복분자만 해당
		과실손해 조사	수정완료후	살아있는 결과모지수 조사 및 수정불량(송이)피해율 조사 • 조사방법 : 표본조사	복분자만 해당
			결실완료후	결실수 조사 • 조사방법 : 표본조사	오디만 해당
		수확전 사고조사	사고접수후 지체 없이	표본주의 과실 구분 • 조사방법 : 표본조사	감귤(온주밀감류)만 해당
수확 직전	-	착과수 조사	수확직전	해당농지의 최초 품종 수확 직전 총 착과수를 조사 - 피해와 관계없이 전 과수원 조사 • 조사방법 : 표본조사	포도, 복숭아, 자두, 감귤(만감류) 만 해당
	보상하는 재해 전부	수확량 조사	수확직전	사고발생 농지의 수확량 조사 • 조사방법 : 전수조사 또는 표본조사	
		과실손해 조사	수확직전	사고발생 농지의 과실피해조사 • 조사방법 : 표본조사	무화과, 감귤(온주밀

						감류)만 해당
수확 시작 후 ~ 수확 종료	보상 하는 재해 전부	수확량 조사	조사 가능일	사고발생농지의 수확량조사 • 조사방법 : 표본조사		차(茶)만 해당
			사고접수후 지체 없이	사고발생 농지의 수확 중의 수확량 및 감수량의 확인을 통한 수확량조사 • 조사방법 : 전수조사 또는 표본조사		
		동상해 과실손해 조사	사고접수후 지체 없이	표본주의 착과피해 조사 (12월 1일 ~ 익년 2월말일 사고 건에 한함) • 조사방법 : 표본조사		감귤(온주밀감류)만 해당
		수확불능 확인조사	조사 가능일	사고발생 농지의 제현율 및 정상 출하 불가 확인 조사 • 조사방법 : 전수조사 또는 표본조사		벼만 해당
	태풍 (강풍) 우박	과실손해 조사	사고접수후 지체 없이	전체 열매수(전체 개화수) 및 수확 가능 열매수 조사 (6월 1일 ~ 6월 20일 사고 건에 한함) • 조사방법 : 표본조사		복분자만 해당
				표본주의 고사 및 정상 결과지수 조사 • 조사방법 : 표본조사		무화과만 해당
수확완료 후 ~ 보험 종기	보상 하는 재해 전부	고사나무 조사	수확완료후 보험 종기전	보상하는 재해로 고사되거나 또는 회생이 불가능한 나무 수를 조사 – 특약 가입 농지만 해당 • 조사방법 : 전수조사		수확완료후 추가 고사 나무가 없는 경우 생략 가능

③ 생산비 보장

생육시기	재해	조사내용	조사시기	조사방법	비고
정식 (파종) ~ 수확 종료	보상하는 재해 전부	생산비 피해조사	사고발생시마다	① 재배일정 확인 ② 경과비율 산출 ③ 피해율 산정 ④ 병충해 등급별 인정비율 확인 (노지 고추만 해당)	
수확전	보상하는 재해 전부	피해사실 확인 조사	사고접수 후 지체없이	보상하는 재해로 인한 피해발생 여부 조사 (피해사실이 명백한 경우 생략 가능)	메밀, 단호박, 시금치, 양상추, 노지 배추, 노지 당근, 노지 파, 노지 무만 해당
		재파종 조사	사고접수 후 지체없이	해당농지에 보상하는 손해로 인하여 재파종이 필요한 면적 또는 면적비율 조사 * 월동무, 쪽파, 시금치, 메밀만 해당	
		재정식 조사	사고접수 후 지체없이	해당농지에 보상하는 손해로 인하여 재정식이 필요한 면적 또는 면적비율 조사 * 가을배추, 월동배추, 브로콜리, 양상추만 해당	
수확 직전		경작불능 조사	사고접수 후 지체 없이	해당 농지의 피해면적비율 또는 보험목적인 식물체 피해율 조사	
		생산비 피해조사	수확직전	사고발생 농지의 피해비율 및 손해정도 비율 확인을 통한 피해율 조사 • 조사방법 : 표본조사	

4. 생육상황 조사

재해보험사업자는 손해평가반으로 하여금 재해발생 전부터 보험품목에 대한 평가를 위해 생육상황을 조사하게 할 수 있다. 이때 손해평가반은 조사결과 1부를 재해보험사업자에게 제출하여야 한다(제13조 제4항).

02 가축의 보험가액 및 손해액 산정

1. 보험가액 산정

가축에 대한 보험가액은 보험사고가 발생한 때와 곳에서 평가한 **보험목적물의 수량**에 **적용가격**을 곱하여 산정한다(제14조 제1항).

> 보험목적물의 수량 × 적용가격

※ 시장가격(×), 감가상각액 고려(×)

2. 손해액 산정

가축에 대한 손해액은 보험사고가 발생한 때와 곳에서 폐사 등 **피해를 입은 보험목적물의 수량**에 **적용가격**을 곱하여 산정한다(제14조 제2항).

> 피해를 입은 보험목적물의 수량 × 적용가격

3. 적용가격 산정

제1항 및 제2항의 적용가격은 보험사고가 발생한 때와 곳에서의 **시장가격** 등을 감안하여 보험약관에서 정한 방법에 따라 산정한다(제14조 제3항 본문).

시장가격 등을 감안하여 보험약관에서 정한 방법에 따라 산정

4. 약정에 의한 산정방식

다만, 보험가입당시 **보험가입자와 재해보험사업자**가 보험가액 및 손해액 산정 방식을 별도로 정한 경우에는 그 **방법에 따른다**(제14조 제3항 단서).

※ 보험가입당시 보험가액 및 손해액 산정방식에 대해서 보험가입자와 재해보험사업자가 별도로 정할 수 없다.(×)

03 농업시설물의 보험가액 및 손해액 산정

1. 보험가액 산정

농업시설물에 대한 보험가액은 보험사고가 발생한 때와 곳에서 평가한 피해목적물의 **재조달가액**에서 내용연수에 따른 감가상각률을 적용하여 계산한 **감가상각액을 차감**하여 산정한다(제15조 제1항).

피해목적물의 재조달가액 − 감가상각액

※ 보험가액은 피해목적물의 재조달가액으로 한다.(×)

2. 손해액

농업시설물에 대한 손해액은 보험사고가 발생한 때와 곳에서 산정한 피해목적물의 **원상복구비용**을 말한다(제15조 제2항).

피해목적물의 원상복구비용

※ 감가상각액(×), 재조달가액(×), 보험가입금액(×)

3. 약정에 의한 산정방식

제1항, 제2항에도 불구하고 보험가입당시 **보험가입자와 재해보험사업자**가 보험가액 및 손해액 산정 방식을 **별도로 정한 경우에는 그 방법**에 따른다(제3항).

04 그 밖의 사항

1. 손해평가업무방법서

재해보험사업자는 이 요령의 효율적인 운용 및 시행을 위하여 필요한 세부적인 사항을 규정한 손해평가업무방법서를 작성하여야 한다(제16조).

※ 손해평가업무방법서의 작성의무자는 농림축산식품부장관(×), 손해평가반(×)

2. 재검토기한

농림축산식품부장관은 이 고시에 대하여 2024년 1월 1일 기준으로 **매 3년**이 되는 시점(매 3년째의 12월 31일까지를 말한다)마다 그 타당성을 검토하여 개선 등의 조치를 하여야 한다(제17조).

확인문제

01 농업재해보험 손해평가요령상 농작물의 보험가액 산정에 관한 설명이다. ( )에 들어갈 내용은?

▶ 2023년 손해평가사 9회

> 적과전종합위험방식의 보험가액은 적과후착과수조사를 통해 산정한 (ㄱ)에 보험가입 당시의 단위당 (ㄴ)을 곱하여 산정한다.

① ㄱ: 기준수확량, ㄴ: 가입가격
② ㄱ: 보장수확량, ㄴ: 가입가격
③ ㄱ: 기준수확량, ㄴ: 시장가격
④ ㄱ: 보장수확량, ㄴ: 시장가격

> 농업재해보험 손해평가요령 제13조(농작물의 보험가액 및 보험금 산정) ① 농작물에 대한 보험가액 산정은 다음 각 호와 같다.
> 2. 적과전종합위험방식의 보험가액은 적과후착과수(달린 열매 수)조사를 통해 산정한 **기준수확량**에 보험가입 당시의 단위당 **가입가격**을 곱하여 산정한다.

02 농업재해보험 손해평가요령상 농작물의 보험가액 산정에 관한 조문의 일부이다. ( )에 들어갈 내용으로 옳은 것은?

▶ 2024년 손해평가사 10회

> 적과전종합위험방식의 보험가액은 적과후착과수(달린 열매 수)조사를 통해 산정한 ( )수확량에 보험가입 당시의 단위당 가입가격을 곱하여 산정한다.

① 평년   ② 기준
③ 피해   ④ 적용

> 손해평가요령 제13조 제1항 제2호의 내용이다.
> 앞의 1번 문제 해설 참고

03 농업재해보험 손해평가요령상 농작물의 보험가액 산정에 관한 설명이다. ( )에 들어갈 내용으로 옳은 것은?

▶ 2019년 손해평가사 5회

> ( ) 보험가액은 보험증권에 기재된 보험목적물의 평년수확량에 보험가입 당시의 단위당 가입가격을 곱하여 산정한다. 다만, 보험가액에 영향을 미치는 가입면적, 주수, 수령, 품종 등이 가입당시와 다를 경우 변경할 수 있다.

① 종합위험방식   ② 적과전종합위험방식
③ 생산비보장   ④ 특정위험방식

정답 01 ①   02 ②   03 ①

확인문제

> 농업재해보험 손해평가요령 제13조(농작물의 보험가액 및 보험금 산정) ① 농작물에 대한 보험가액 산정은 다음 각 호와 같다.
> 3. **종합위험방식 보험가액**은 보험증권에 기재된 보험목적물의 평년수확량에 보험가입 당시의 단위당 가입가격을 곱하여 산정한다. 다만, 보험가액에 영향을 미치는 가입면적, 주수, 수령, 품종 등이 가입당시와 다를 경우 변경할 수 있다.

04 농업재해보험 손해평가요령에 따른 보험가액 산정에 관한 설명으로 옳지 않은 것은?

▶ 2017년 손해평가사 3회

① 농작물의 생산비보장 보험가액은 작물별로 보험가입 당시 정한 보험가액을 기준으로 산정한다. 다만, 보험가액에 영향을 미치는 가입면적 등이 가입당시와 다를 경우 변경할 수 있다.
② 나무손해보장 보험가액은 기재된 보험목적물이 나무인 경우로 최초 보험사고 발생 시의 해당 농지 내에 심어져 있는 과실생산이 가능한 나무에서 피해 나무를 제외한 수에 보험가입 당시의 나무당 가입가격을 곱하여 산정한다.
③ 가축에 대한 보험가액은 보험사고가 발생한 때와 곳에서 평가한 보험목적물의 수량에 적용가격을 곱하여 산정한다.
④ 농업시설물에 대한 보험가액은 보험사고가 발생한 때와 곳에서 평가한 피해목적물의 재조달가액에서 내용연수에 따른 감가상각률을 적용하여 계산한 감가상각액을 차감하여 산정한다.

> 농업재해보험법 손해평가요령 제13조(농작물의 보험가액 및 보험금 산정) ① 농작물에 대한 보험가액 산정은 다음 각 호와 같다.
> 5. 나무손해보장의 보험가액은 기재된 보험목적물이 나무인 경우로 최초 보험사고 발생 시의 해당 농지 내에 심어져 있는 과실생산이 가능한 나무 수(**피해 나무 수 포함**)에 보험가입 당시의 나무당 가입가격을 곱하여 산정한다.

05 농업재해보험 손해평가요령상 특정위험방식 중 "인삼"의 경우, 다음의 조건으로 산정한 보험금은?

▶ 2022년 손해평가사 8회

○ 보험가입금액 : 1,000만 원   ○ 보험가액 : 1,000만 원
○ 피해율 : 50%   ○ 자기부담비율 : 20%

① 200만 원 ② 300만 원
③ 500만 원 ④ 700만 원

정답 04 ② 05 ②

- 농작물에 대한 보험금 산정 - 특정위험방식

보장 범위	산정내용	비고
작물특정위험보장	보험가입금액 × (피해율 - 자기부담비율)	인삼

보험금 = 1,000만 원 × (0.5 - 0.2) = 300만 원

06 농업재해보험 손해평가요령상 종합위험방식 나무손해 보장의 경우, 다음의 조건으로 산정한 보험금은? (단, 다른 사정은 고려하지 않음) ▶ 2025년 손해평가사 11회

○ 보험가입금액: 100만 원 ○ 자기부담비율: 20 %
○ 피해주수(고사된 나무): 50그루 ○ 실제결과주수: 100그루

① 10만 원 ② 15만 원 ③ 20만 원 ④ 30만 원

- 농작물에 대한 보험금 산정 - 종합위험방식

보장 범위	산정내용	비고
나무손해	보험가입금액 × (피해율 - 자기부담비율) ※ 피해율 = 피해주수(고사된 나무) ÷ 실제결과주수	

피해율 = 50그루 ÷ 100그루 = 0.5
보험금 = 100만 원 × (0.5-0.2) = 30만 원

07 농업재해보험 손해평가요령상 종합위험방식 수확감소보장에서 "벼"의 경우, 다음의 조건으로 산정한 보험금은? ▶ 2021년 손해평가사 7회 변형

○ 보험가입금액 : 100만 원 ○ 자기부담비율 : 20%
○ 평년수확량 : 1,000kg ○ 수확량 : 500kg
○ 미보상감수량 : 50kg

① 10만 원   ② 20만 원
③ 25만 원   ④ 45만 원

정답 06 ④ 07 ③

확인문제

> ■ 농작물에 대한 보험금 산정 – 종합위험방식
>
> | 보장 범위 | 산정내용 | 비고 |
> |---|---|---|
> | 수확감소 | **보험가입금액 × (피해율 – 자기부담비율)**
※ 피해율(감자·복숭아 제외)
  = (평년수확량 – 수확량 – 미보상감수량) ÷ 평년수확량 | 옥수수 외 |
>
> 피해율 = (1,000kg – 500kg – 50kg) ÷ 1,000kg = 0.45
> 보험금 = 100만 원 × (0.45 – 0.2) = 25만 원

08 농업재해보험 손해평가요령상 종합위험방식 이앙·직파불능 보장에서 "벼"이고 보험가입금액이 100만 원인 경우, 산정한 보험금은? (단, 다른 사정은 고려하지 않음)

▶ 2022년 손해평가사 8회, ▶ 2025년 손해평가사 11회

① 10만 원 ② 15만 원 ③ 20만 원 ④ 25만 원

> ■ 농작물에 대한 보험금 산정 – 종합위험방식
>
> | 보장 범위 | 산정내용 | 비고 |
> |---|---|---|
> | 이앙·직파불능 | **보험가입금액 × 15%** | 벼 |
>
> 보험금 = 100만 원 × 15% = 15만 원

09 농업재해보험 손해평가요령상 종합위험방식 "마늘"의 조기파종 보험금 산정에 관한 내용이다. ( )에 들어갈 내용은? ▶ 2021년 손해평가사 7회 변형

> 보험가입금액 × ( )% × 표준출현피해율
> 단, 10a당 출현주수가 30,000주보다 작고, 10a당 30,000주 이상으로 재파종한 경우에 한함

① 10 ② 20
③ 25 ④ 35

> ■ 농작물에 대한 보험금 산정 – 종합위험방식
>
> | 보장 범위 | 산정내용 | 비고 |
> |---|---|---|
> | 조기파종 | 보험가입금액 × **35%** × 표준출현피해율
단, 10a당 출현주수가 30,000주보다 작고, 10a당 30,000주 이상으로 재파종한 경우에 한함
※ 표준출현피해율(10a 기준)
  = (30,000 – 출현주수) ÷ 30,000 | 마늘 |

정답 08 ② 09 ④

10 농업재해보험 손해평가요령상 종합위험방식의 과실손해보장 보험금 산정시 피해율로 옳지 않은 것은? ▶ 2023년 손해평가사 9회 변형

① 감귤(온주밀감류) : (등급내 피해과실수 + 등급외 피해과실수 × 50%) ÷ 기준과실수 × (1-미보상비율)
② 복분자 : 고사결과모지수 ÷ 평년결과모지수
③ 오디 : (평년결실수 - 조사결실수 - 미보상감수결실수) ÷ 평년결실수
④ 7월 31일 이전에 사고가 발생한 무화과 : (1 - 수확전사고 피해율) × 경과비율 × 결과지 피해율

> ④ (×) 7월 31일 이전에 사고가 발생한 경우 ⇒ (평년수확량 - 수확량 - 미보상감수량) ÷ 평년수확량
> 8월 1일 이후에 사고가 발생한 경우 ⇒ (1 - 수확전사고 피해율) × 경과비율 × 결과지 피해율

11 농업재해보험 손해평가요령상 종합위험방식의 과실손해보장 보험금 산정을 위한 피해율 계산식이 "고사결과모지수 ÷ 평년결과모지수"인 농작물은? ▶ 2024년 손해평가사 10회

① 오디 ② 감귤
③ 무화과 ④ 복분자

> ■ 농작물에 대한 보험금 산정 - 종합위험방식
>
> | 보장범위 | 산정내용 | 비고 |
> |---|---|---|
> | 과실손해보장 | 보험가입금액 × (피해율 - 자기부담비율)
※ 피해율 = 고사결과모지수 ÷ 평년결과모지수 | 복분자 |

12 농업재해보험 손해평가요령에 따른 종합위험방식 「과실손해보장」에서 "오디"의 경우 다음 조건으로 산정한 보험금은? ▶ 2018년 손해평가사 4회

○ 보험가입금액 : 500만 원 ○ 자기부담비율 : 20%
○ 미보상감수결실수 : 20개 ○ 조사결실수 : 40개
○ 평년결실수 : 200개

① 100만 원 ② 200만 원
③ 250만 원 ④ 300만 원

정답 10 ④ 11 ④ 12 ③

확인문제

■ 농작물에 대한 보험금 산정 – 종합위험방식

보장 범위	산정내용	비고
과실손해보장	보험가입금액 × (피해율 – 자기부담비율) ※ 피해율 = **(평년결실수 – 조사결실수 – 미보상감수결실수)** ÷ **평년결실수**	오디

피해율 = (200개 – 40개 – 20개) ÷ 200개 = 0.7
보험금 = 500만 원 × (0.7 – 0.2) = 250만 원

13 농업재해보험 손해평가요령 "[별표 1] 농작물의 보험금 산정"의 일부이다. ( )에 들어갈 내용으로 옳은 것은?
▶ 2025년 손해평가사 11회

구분	보장 범위	산정내용	비고
종합 위험 방식	과실 손해 추가 보장	보험가입금액 × ( ) × 10% 단, 손해액이 자기부담금을 초과하는 경우에 한함 ※ 피해율 = {(등급 내 피해과실수 + 등급외 피해과실수 × 50%) ÷ 기준과실수} × (1–미보상비율)	감귤 (온주밀 감류)

① 결과지피해율
② 자기부담비율
③ 면적피해율
④ 주계약피해율

주계약피해율이란 주계약에서 이미 손해평가를 마친 뒤 결정된 피해율이다. 추가보장은 이 피해율을 바탕으로 계약조건에 따라 보상 범위에 더 얹어주는 구조이다. 주계약피해율을 기준으로 보험금 계산식을 적용하므로 주계약피해율이 낮게 산정되면 추가보장에서도 지급액이 줄어든다.

정답 13 ④

14 농업재해보험 손해평가요령상 '농작물의 품목별·재해별·시기별 손해수량 조사방법' 중 '특정위험방식 상품(인삼)'에 관한 것으로 (   )에 들어갈 내용은? ▶ 2023년 손해평가사 9회

생육시기	재해	조사내용	조사시기
보험기간	태풍(강풍)	수확량 조사	( )

① 수확 직전
② 사고접수 후 지체 없이
③ 수확완료 후 보험 종기 전
④ 피해 확인이 가능한 시기

■ 농작물의 손해수량에 대한 품목별·재해별·시기별 조사방법 – 특정위험방식 상품(**인삼**)

생육시기	재해	조사내용	조사시기	조사방법
보험기간	**태풍(강풍)** ·폭설· 집중호우· 침수· 화재·우박· 냉해·폭염	수확량 조사	피해 확인이 가능한 시기	보상하는 재해로 인하여 감소된 수확량 조사 • 조사방법 : 전수조사 또는 표본조사

15 농업재해보험 손해평가요령 "[별표 2] 농작물의 품목별·재해별·시기별 손해수량 조사방법"의 일부이다. (   )에 들어갈 내용으로 옳은 것은? ▶ 2025년 손해평가사 11회

2. 적과전종합위험방식 상품(사과, 배, 단감, 떫은감)

생육시기	재해	조사내용	조사시기	조사방법	비고
적과후	–	적과후 착과수 조사	( )	보험가입금액의 결정 등을 위하여 해당 농지의 적과종료 후 총착과 수를 조사 • 조사방법 : 표본조사	피해와 관계없이 전 과수원 조사

① 적과 종료 후
② 수확 직전
③ 사고접수 후 지체 없이
④ 피해 확인이 가능한 시기

적과후 착과수 조사는 열매 수가 인위적(적과)으로 확정된 적과 직후에 실시한다. 수확 직전에 조사를 하면, 그 사이에 발생한 자연손실과 적과 효과가 뒤섞여 사고 전 착과수를 알 수 없게 된다.

정답 14 ④   15 ①

확인문제

16 농업재해보험 손해평가요령상 농작물의 품목별·재해별·시기별 손해수량 조사방법 중 종합위험방식 상품에 관한 표의 일부이다. ( )에 들어갈 농작물에 해당하지 않는 것은?

▶ 2024년 손해평가사 10회

② 수확감소보장·과실손해보장 및 농업수입보장

생육시기	재해	조사내용	조사시기	조사방법	비고
수확 전	보상하는 재해 전부	경작불능 조사	사고접수 후 지체 없이	해당 농지의 피해면적비율 또는 보험목적인 식물체 피해율 조사	( )만 해당

① 벼
② 밀
③ 차(茶)
④ 복분자

해설 괄호 안에 '벼·밀, 밭작물(차 제외), 복분자만 해당'이 들어간다.

---

17 농업재해보험 손해평가요령상 종합위험방식 상품(농업수입보장 포함)의 수확 전 생육시기에 "오디"의 과실손해조사 시기로 옳은 것은?

▶ 2020년 손해평가사 6회

① 결실완료 후
② 수정완료 후
③ 조사가능일
④ 사고접수 후 지체 없이

해설
■ 농작물의 손해수량에 대한 품목별·재해별·시기별 조사방법 - 종합위험방식 상품
(농업수입보장 포함)

생육시기	재해	조사내용	조사시기	조사방법	비고
수확 전	보상하는 재해 전부	과실손해 조사	수정완료후	살아있는 결과모지수 조사 및 수정불량(송이)피해율 조사 • 조사방법 : 표본조사	복분자만 해당
			결실완료후	결실수 조사 • 조사방법 : 표본조사	**오디만** 해당

정답 16 ③ 17 ①

18 농업재해보험 손해평가요령상 종합위험방식 상품의 조사내용 중 "착과수조사"에 해당되는 품목은?

▶ 2022년 손해평가사 8회

① 사과 ② 감귤
③ 자두 ④ 단감

- 농작물의 손해수량에 대한 품목별·재해별·시기별 조사방법 – 종합위험방식 상품
  (농업수입보장 포함)

생육시기	재해	조사내용	조사시기	조사방법	비고
수확 직전	-	착과수 조사	수확직전	해당농지의 최초 품종 수확 직전 총 착과 수를 조사 – 피해와 관계없이 전 과수원 조사 • 조사방법 : 표본조사	포도, 복숭아, 자두, 감귤(만감류) 만 해당

19 농업재해보험 손해평가요령상 가축의 보험가액 및 손해액 산정 등에 관한 설명으로 옳은 것은?

▶ 2023년 손해평가사 9회

① 가축에 대한 보험가액은 보험사고가 발생한 때와 곳에서 평가한 보험목적물의 수량에 시장가격을 곱하여 산정한다.
② 가축에 대한 손해액 산정시 보험가입당시 보험가입자와 재해보험사업자가 별도로 정한 방법은 고려하지 않는다.
③ 가축에 대한 보험가액 산정시 보험목적물에 대한 감가상각액을 고려해야 한다.
④ 가축에 대한 손해액은 보험사고가 발생한 때와 곳에서 폐사 등 피해를 입은 보험목적물의 수량에 적용가격을 곱하여 산정한다.

① (×) 가축에 대한 보험가액은 보험사고가 발생한 때와 곳에서 평가한 보험목적물의 수량에 **적용가격**을 곱하여 산정한다(손해평가요령 제14조 제1항).
② (×) 보험가입당시 보험가입자와 재해보험사업자가 보험가액 및 손해액 산정 방식을 **별도로 정한 경우에는 그 방법에 따른다**(제14조 제3항 단서).
③ (×) **농업시설물**에 대한 보험가액은 보험사고가 발생한 때와 곳에서 평가한 피해목적물의 재조달가액에서 내용연수에 따른 감가상각률을 적용하여 계산한 **감가상각액을 차감**하여 산정한다(제15조 제1항).

정답 18 ③   19 ④

확인문제

20 농업재해보험 손해평가요령상 가축의 보험가액 및 손해액 산정에 관한 설명으로 옳은 것을 모두 고른 것은?
▶ 2024년 손해평가사 10회, ▶ 2025년 손해평가사 11회

> ㄱ. 가축에 대한 보험가액은 보험사고가 발생한 때와 곳에서 평가한 보험목적물의 수량에 적용가격을 곱하여 산정한다.
> ㄴ. 가축에 대한 손해액은 보험사고가 발생한 때와 곳에서 폐사 등 피해를 입은 보험목적물의 수량에 적용가격을 곱하여 산정한다.
> ㄷ. 보험가입당시 보험가액 및 손해액 산정방식에 대해서는 보험가입자와 재해보험사업자가 별도로 정할 수 없다.

① ㄱ
② ㄱ, ㄴ
③ ㄴ, ㄷ
④ ㄱ, ㄴ, ㄷ

ㄷ.(×) 제1항 및 제2항의 적용가격은 보험사고가 발생한 때와 곳에서의 시장가격 등을 감안하여 보험약관에서 정한 방법에 따라 산정한다. 다만, 보험가입당시 보험가입자와 재해보험사업자가 보험가액 및 손해액 산정 방식을 별도로 정한 경우에는 그 방법에 따른다(제3항).

21 농업재해보험 손해평가요령상 농업시설물의 손해액 산정에 관한 설명이다. ( )에 들어갈 내용으로 옳은 것은?
▶ 2024년 손해평가사 10회

> 보험가입당시 보험가입자와 재해보험사업자가 손해액 산정 방식을 별도로 정한 경우를 제외하고는, 농업시설물에 대한 손해액은 보험사고가 발생한 때와 곳에서 산정한 피해목적물의 ( )을 말한다.

① 감가상각액
② 재조달가액
③ 보험가입금액
④ 원상복구비용

손해평가요령 제15조(농업시설물의 보험가액 및 손해액 산정) ① 농업시설물에 대한 보험가액은 보험사고가 발생한 때와 곳에서 평가한 피해목적물의 재조달가액에서 내용연수에 따른 감가상각률을 적용하여 계산한 감가상각액을 차감하여 산정한다.
② 농업시설물에 대한 손해액은 보험사고가 발생한 때와 곳에서 산정한 피해목적물의 원상복구비용을 말한다.
③ 제1항 및 제2항에도 불구하고 보험가입당시 보험가입자와 재해보험사업자가 보험가액 및 손해액 산정 방식을 별도로 정한 경우에는 그 방법에 따른다.

정답 20 ② 21 ④

22 농업재해보험 손해평가요령상 농업시설물의 보험가액 및 손해액 산정에 관한 설명이다. (   )에 들어갈 내용은?
▶ 2022년 손해평가사 8회

○ 농업시설물에 대한 보험가액은 보험사고가 발생한 때와 곳에서 평가한 피해목적물의 (ㄱ)에서 내용연수에 따른 감가상각률을 적용하여 계산한 감가상각액을 (ㄴ)하여 산정한다.
○ 농업시설물에 대한 손해액은 보험사고가 발생한 때와 곳에서 산정한 피해목적물의 (ㄷ)을 말한다.

① ㄱ: 시장가격,　　ㄴ: 곱,　　ㄷ: 시장가격
② ㄱ: 시장가격,　　ㄴ: 차감,　　ㄷ: 원상복구비용
③ ㄱ: 재조달가액,　　ㄴ: 곱,　　ㄷ: 시장가격
④ ㄱ: 재조달가액,　　ㄴ: 차감,　　ㄷ: 원상복구비용

- 농업시설물에 대한 보험가액은 보험사고가 발생한 때와 곳에서 평가한 피해목적물의 **재조달가액**에서 내용연수에 따른 감가상각률을 적용하여 계산한 **감가상각액을 차감**하여 산정한다(손해평가요령 제15조 제1항).
- 농업시설물에 대한 손해액은 보험사고가 발생한 때와 곳에서 산정한 피해목적물의 **원상복구비용**을 말한다(제15조 제2항).

23 농업재해보험 손해평가요령에 관한 설명으로 옳은 것은?
▶ 2023년 손해평가사 9회

① 농림축산식품부장관은 요령에 대하여 매년 그 타당성을 검토하여 개선 등의 조치를 하여야 한다.
② 농업시설물에 대한 손해액은 보험사고가 발생한 때와 곳에서 산정한 피해목적물의 원상복구비용을 말한다.
③ 농업시설물에 대한 보험가액은 보험사고가 발생한 때와 곳에서 평가한 피해목적물의 재조달가액으로 한다.
④ 농림축산식품부장관은 요령의 효율적인 운용 및 시행을 위하여 필요한 세부적인 사항을 규정한 손해평가업무방법서를 작성하여야 한다.

① (×) 농림축산식품부장관은 이 고시에 대하여 2024년 1월 1일 기준으로 **매 3년**이 되는 시점(매 3년째의 12월 31일까지를 말한다)마다 그 타당성을 검토하여 개선 등의 조치를 하여야 한다(손해평가요령 제17조).
③ (×) 농업시설물에 대한 보험가액은 보험사고가 발생한 때와 곳에서 평가한 피해목적물의 **재조달가액**에서 내용연수에 따른 감가상각률을 적용하여 계산한 **감가상각액을 차감**하여 산정한다(제15조 제1항).
④ (×) **재해보험사업자**는 이 요령의 효율적인 운용 및 시행을 위하여 필요한 세부적인 사항을 규정한 손해평가업무방법서를 작성하여야 한다(제16조).

정답　22 ④　23 ②

확인문제

24 농업재해보험 손해평가요령상 "손해평가업무방법서" 및 "농업재해보험 손해평가요령의 재검토기한"에 관한 설명이다. (   )에 들어갈 내용을 순서대로 옳게 나열한 것은?

▶ 2020년 손해평가사 6회, 2025년 손해평가사 11회

> ○ (ㄱ)은(는) 이 요령의 효율적인 운용 및 시행을 위하여 필요한 세부적인 사항을 규정한 손해평가업무방법서를 작성하여야 한다.
> ○ 농림축산식품부장관은 이 고시에 대하여 2024년 1월 1일 기준으로 매 (ㄴ)이 되는 시점마다 그 타당성을 검토하여 개선 등의 조치를 하여야 한다.

① ㄱ: 손해평가반,   ㄴ: 2년
② ㄱ: 재해보험사업자,   ㄴ: 2년
③ ㄱ: 손해평가반,   ㄴ: 3년
④ ㄱ: 재해보험사업자,   ㄴ: 3년

- **재해보험사업자**는 이 요령의 효율적인 운용 및 시행을 위하여 필요한 세부적인 사항을 규정한 손해평가업무방법서를 작성하여야 한다(손해평가요령 제16조).
- 농림축산식품부장관은 이 고시에 대하여 2024년 1월 1일 기준으로 **매 3년**이 되는 시점(매 3년째의 12월 31일까지를 말한다)마다 그 타당성을 검토하여 개선 등의 조치를 하여야 한다(제17조).

정답 24 ④

memo.

과목 03

재배학 및 원예작물학

- 01 재배학
- 02 원예작물학

이패스 손해평가사 1차 기본서

제1편

재배학

제1장 재배와 작물의 기원
제2장 작물의 분류
제3장 재배환경
제4장 작물 내적균형·식물호르몬 이용
제5장 작부체계
제6장 종자와 종묘
제7장 생육관리
제8장 비료 및 병충해 관리
제9장 생력재배와 수확 후 관리

제1장 재배와 작물의 기원

01 재배식물의 기원

1. 작물과 재배개념

(1) **재배** : 인간이 경지를 이용하여 작물을 기르고 수확을 올리는 경제적 행위로 수량 극대화를 통한 소득 증대를 목적으로 함

(2) **수량 삼각형** : 유전성, 환경조건, 재배기술을 세 변으로 하는 삼각형의 면적은 생산량을 표시하며 재배기술을 개선하는 일은 곧 작물의 광합성효율을 증대시키는 것을 의미

[작물수량의 삼각형]

(3) **작물** : 이용성과 경제성이 높아서 사람이 재배하는 식물로 야생에서 자생하였으나 인간이 만든 특수한 환경에 순화되고 필요로 하는 부분만이 발달된 것

재배의 특징	생산면	자연환경의 영향을 크게 받고, 생산조절이 자유롭지 못하며, 분업적 생산이 어려움 자본의 회전이 더디고 노동의 수요공급이 연중 균일하지 못함 토지가 불량할 때 전면 개량하기가 어려움 토지 이용 시 수확체감의 법칙이 적용됨
	유통면	수확 농산물은 변질되기 쉽고, 가격변동이 심하며, 가격에 비해 수송비도 많이 듦 생산이 소규모이고 분산적이기 때문에 유통과정에서 중간상인의 영향을 많이 받음
	소비면	공산물에 비해 수요와 공급의 탄력성이 낮아 가격변동이 큼
작물의 특징		일반식물에 비해 이용성과 경제성이 높음 작물의 경제성을 높이려면 특정 수확부위의 수량이 높아야 함(일종의 기형식물) 기형으로 발달된 작물은 야생식물보다 생존 경쟁력이 약함 식용작물은 재배의 목적부위가 종실, 잎, 과실 등 식물체의 특정 부분에 해당됨

(4) 농경의 발상지

큰 강 유역	Decandolle은 큰 강 유역은 주기적으로 강이 범람하여 비옥해서 농사에 유리하므로 원시농경의 발상지라 함 예 황하나 양자강 유역의 중국문명, 인더스강 유역의 인도문명, 나일강 유역의 이집트문명, 티그리스강 및 유프라테스강 유역의 메소포타미아문명
산간부	N.T. Vavilov는 기후가 온화한 산간부 중 관개수를 쉽게 얻을 수 있는곳은 농경이 용이하므로 이곳이 최초의 발상지라 추정함 예 마야문명, 에티오피아 지역, 잉카문명 발상지인 남아메리카 북부지역
해안	P. Dettweiler는 기후가 온화하고 토지가 비옥하며 토양수분도 넉넉한 해안지대를 농경지로 추정

(5) 재배의 발달

1) 식물의 영양

Aristoteles (BC. 384~322)		식물이 구성하는 양분을 토양 중의 유기물로부터 얻는다고 주장(유기질설)
Saussure (1804)		수경재배 실험
Lawes (1837)		비료3요소 개념을 명확히 하고 N,P,K가 중요 원소임을 규명
Liebig	무기영양설 (1840)	식물의 필수양분이 무기물이라는 견지에서 무기영양설을 제창 무기영양설에 기초하여 최초로 인조비료가 합성, 수경재배를 창시
	최소율의 법칙 (1843)	식물의 생육은 다른 양분이 아무리 충분해도 가장 소량으로 존재하는 양분에 의하여 생육이 지배됨
Boussingault (1838)		콩과작물이 공중질소를 고정한다는 사실을 증명

2) 작물의 개량

Koelreuter(1761)	식물 교잡에 의해 잡종개체를 얻는 데 성공
Darwin(1859)	종의 기원(진화론) 발표
Mendel(1865)	멘델의 유전법칙 발표
Vries(1901)	달맞이꽃 연구에서 돌연변이 발견
Johannsen(1903)	순계설을 발표하여 자식성 작물의 품종개량에 기여
Morgan(1908)	초파리 실험으로 반성유전 발견
Muller(1927)	X선으로 돌연변이가 생기는 것을 발견 후 인위돌연변이에 대한 연구 진전
1970년대 이후	유전공학이 발달하면서 내병충 형질전환 품종의 개발이 급진전

3) 작물의 보호

19세기 이전	작물의 윤작이나 수확 후 식물체 잔해 제거로 병해충 억제
19세기	천연산물로 담배, 제충국, 데리스뿌리 등이 살충제로 이용 1815년 : 감귤깍지벌레 구제를 위한 석유유제 살충제 개발 1820년 : 비소제 농약 개발 1848년 : 살균제로 유황계 농약 개발 1862년(Pasteur) : 미생물 발생실험을 통해 병원균설을 제창한 이후 식물병의 과학적 방제가 시작됨 1880년 : 석회유황합제 개발 1885년(Millardet) : 최초의 살균제인 석회보르도약 사용 1891년 : 동식물의 병이 곤충에 의해 매개되는 것이 발견(소 가축열병-진드기, 배 화상병-벌)
20세기	1941년 : 미국 Porkony가 최초의 화학적 제초제로 2,4-D를 합성하면서 화학약제에 의한 제초기술이 발전됨 1970년대부터 국내에서 생산한 살충제, 살균제, 제초제가 본격적으로 사용됨 1990년대부터는 제초제에 저항성을 나타내는 잡초가 증가하여 새로운 문제로 대두됨 작물의 병이나 해충의 저항성 품종 간 차이가 밝혀지면서 내병성 및 내충성 품종이 육성됨

4) 식물의 생육조절

옥신	1880년 : 식물의 굴광성을 관찰(Darwin) 1926년 : 귀리 어린 줄기 선단부에서 식물생육조절물질이 존재함을 확인(Went) 1934~1935년 : 생장조절물질의 본체가 옥신임을 규명, 옥신은 최초의 식물생장조절제임 (Koegl)
지베렐린	1926년 : 벼 키다리병 원인물질인 지베렐린이 병원균의 대사산물이며, 이것은 세포신장을 촉진하는 물질임을 발견, 명명함
에틸렌	1930년 : 식물 성숙을 촉진하는 에틸렌 가스 발견(R.gane) 에틸렌을 발산하는 합성생장조절물질인 에스렐 개발
2,4-DNC	1949년 : 강낭콩 줄기 신장을 억제하는 2,4-DNC 개발 이후 여러 종류의 생장 억제 물질 등장(Mitchel)
시토키닌	1955년 : 청어리 정자 DNA에서 세포분열을 촉진하는 시토키닌과 키네틴 발견(Miller와 Skoog)
ABA	1960년 : 휴면유도물질 아브시스산(ABA) 발견(오오쿠마, Comforth)

5) 농기구 및 농자재

석기시대	돌쟁기, 돌괭이, 돌칼, 돌낫, 맷돌 등의 사용
청동기시대	5천년 전 농경이 본격적으로 발전하기 시작
철기시대	3천년 전 철기농기구, 가축력의 이용으로 농업생산력이 크게 증대
18~19세기	산업혁명을 계기로 동력을 이용한 농기계 발달로 농작업의 근대화
1933년	미국의 비닐(PVC) 상용화로 작물의 보온, 잡초방제 멀칭 기술에 획기적인 발전 기여

| 현재 | 트랙터, 콤바인, 건조기, 무인항공기 등 첨단 농기계 보급 |

(6) 재배형식의 변천과정

소경	원시적 약탈농업
식경	식민지에서의 농업 형태로 가격변동에 예민함
곡경	광대한 면적에 곡류 위주로 생산하는 형태로 대규모의 기계화가 이루어짐
포경	식량작물과 사료작물을 균형있게 생산하는 형태로 사료작물로서 콩과작물을 재배
원경	원예적 농경의 형태로 가장 집약적인 재배방식

(7) 우리나라의 재배현황

1) 식량자급률
   - 곡물 전체자급률은 26.7%, 전체 식량자급률은 51.4%로 식량자급률이 낮고 양곡도입량이 많음
   - 우리나라 주요 작물의 식량자급률 : 서류 〉 쌀 〉 보리쌀 〉 두류 〉 옥수수 〉 밀

2) 환경
   - 우리나라 토양은 여름철 집중호우로 인해 무기양분 용탈이 심하고 화강암이 많아 지력이 낮음
   - 윤작체계와 초지농업이 발달하지 못함
   - 우리나라는 온대몬순기후로 벼 같은 작물생산에 유리하나 폭우나 태풍 등 기상재해가 큰 편임

3) 농업 통계
   - 우리나라의 논 면적은 약 1,000,000ha, 밭 면적은 약 700,000ha (2013 기준)로 논 58%, 밭 42%를 차지함
   - 경지 이용률이 해마다 낮아지고 있음
   - 전업농가(58%)의 비율이 겸업농가(42%)보다 높음
   - 경영규모가 매우 영세하며 관개시설 수리답과 경지정리 면적이 작음

2. 작물의 기원

(1) 식물의 진화 : 변이 → 도태 → 적응 → 순화 → 고립(격리) 순으로 진행

유전적 변이	식물은 자연교잡과 돌연변이 때문에 자연적으로 유전적 변이가 발생함
도태와 적응	새로운 유전형 중에서 환경이나 생존경쟁에 견디지 못하는 것은 도태되고, 견디는 것은 적응하게 됨
순화	적응한 것들이 오래 생육하게 되면 그 상태조건에 더 잘 적응하게 되는 것
격리 또는 고립	적응된 유전형들이 안정 상태를 유지하려면 상호간에 유전적 교섭이 생기지 않아야 하는 것 • 지리적 격리 : 지리적으로 멀리 떨어져 있어서 상호간 유전적 교섭이 방지되는 것 • 생리적 격리 : 개화기의 차이, 교잡불임 등의 생리적 원인에 의해 같은 장소에 있으면서도 유전적 교섭이 방지되는 것

(2) **작물 기원지** : 어떤 식물이 최초로 발생된 지역

(3) **작물 기원지를 알아내는 방법**

식물지리학적 방법	근연 야생종의 분포와 품종 다양성으로부터 찾는 방법
고고학적 방법	탄소연대측정 등 식물 유체의 분석을 포함하는 방법
생화학적 및 생물학적 방법	세포유전학적 방법, 유전자분석법, DNA염기서열 분석

(4) **지리적 기원지 연구자**

De candolle	'재배식물의 기원' 저술 강 유역을 농경의 발상지로 추정 작물 야생종의 분포를 광범위하게 조사하여 재배식물의 조상형이 자생하는 지역을 기원지로 추정
Vavilov	식물종의 유전자중심설 (우성유전자들의 분포중심지를 원산지로 추정) 유전자 분포 중심지에 재배식물의 변이와 우성형질이 다양하게 존재하며 중심지에서 멀어질수록 열성유전자가 많음 (원시적 우성형질도 많음) 식물의 지리적 미분법으로 변이가 많은 지역을 찾아냄 (온난건조한 산간부에 변이 풍부)

(5) **Vavilov의 작물 기원지**

중국 지역	콩(북부), 파(서부), 메밀, 6조보리, 배추, 조, 피, 팥, 마, 인삼, 자운영, 동양배, 감, 복숭아
인도·동남아 지역	벼, 참깨, 사탕수수, 모시풀, 왕골, 오이, 박, 가지, 생강
중앙아시아 지역	귀리, 기장, 완두, 삼, 당근, 양파, 무화과
중동·코카서스 지역 (메소포타미아 문명)	2조보리, 밀, 호밀, 유채(평지), 아마, 마늘, 시금치(이란), 사과, 서양배, 포도
지중해 연안 지역	무, 순무, 사탕무, 양귀비, 완두, 유채, 화이트클로버, 오처드그래스, 티머시, 양배추, 상추, 우엉
중앙아프리카 지역	수박, 진주조, 수수, 참외
멕시코·중앙아메리카 지역	옥수수, 고구마, 호박, 강낭콩, 해바라기
남아메리카 지역	감자, 고추(페루), 땅콩, 담배, 토마토

제2장 작물의 분류

01 작물의 분류방법

1. 용도에 따른 분류

(1) 식용작물

화곡류	미곡 : 쌀(벼) 맥류 : 보리, 밀, 귀리, 호밀 잡곡 : 조, 피, 기장, 수수, 옥수수, 메밀 * 3대 식량작물 : 밀, 벼, 옥수수
두류	콩, 팥, 녹두, 강낭콩, 완두, 땅콩
서류	고구마, 감자

(2) 원예 작물

과수	인과류 : **사과**, **배**, 비파 (꽃받침이 발달) 핵과류 : **복숭아**, **매실**, 자두, **살구**, 앵두, 양앵두 (중과피가 발달) 장과류 : **포도**, 딸기, 무화과 (외과피가 발달) 견과류(각과류) : **밤**, **호두** (씨의 자엽이 발달) 준인과류 : 감, **귤** (자방이 발달)
채소	화채류(꽃) : **브로콜리**, 콜리플라워, 아티초크 과채류(열매) : **오이**, 호박, 수박, 가지, 토마토, **고추**, 딸기 협채류(꼬투리) : 완두, 강낭콩, 동부 근채류(뿌리) 　－ 괴근류 : 고구마, 감자, 토란, 마, 생강 　－ 직근류 : 무, 순무, 당근, **우엉** 경엽경채류(잎) : 배추, **양배추**, 갓, 상추, 셀러리, 파슬리, 미나리, 쑥갓, 머위, **시금치**, 파, **마늘**, 　　　　　　　　 양파, 쪽파, 아스파라거스
화훼	초본류 : 팬지, 맨드라미, 해바라기, 장미, 국화, 코스모스, 달리아, 난초 목본류 : 산수유, 무궁화, 철쭉, 동백, 고무나무

(3) 사료작물

볏과	옥수수, 호밀, 오처드그래스, 티머시, 라이그래스
콩과	앨팰퍼, 화이트클로버, 레드클로버
기타	호박, 순무, 해바라기, 돼지감자

(4) 녹비작물

볏과	호밀
콩과	자운영, 베치

(5) 공예작물

섬유작물	목화, 삼, 모시풀, 아마, 어저귀, 왕골, 수세미, 닥나무, 고리버들
유료작물	참깨, 들깨, 아주까리, 유채, 해바라기, 땅콩, 콩
전분작물	옥수수, 고구마, 감자
당료작물	사탕무, 사탕수수

(6) 약용작물 및 기호작물

약용작물	호프, 박하, 제충국
기호작물	차, 담배

2. 식물학적 분류

벼과	벼, 밀, 보리, 호밀, 조, 옥수수, 대나무 등
콩과	콩, 팥, 땅콩, 완두 등
장미과	사과, 배, 매실, 복숭아, 자두, 딸기, 복분자, 체리, 아몬드 등
가지과	감자, 가지, 토마토, 고추, 담배 등
진달래과	철쭉, 진달래, 블루베리 등
배추과	배추, 양배추, 브로콜리, 케일, 유채, 갓, 고추냉이 등
백합과	마늘, 백합, 파, 양파, 부추, 아스파라거스 등
박과	수박, 멜론, 참외, 오이, 수세미, 여주 등
진달래과	철쭉, 진달래, 크렌베리, 블루베리 등
녹나무과	아보카도, 계피
참나무과	밤, 도토리
옻나무과	망고, 붉나무, 안개나무, 옻나무, 개옻나무, 캐슈나무
감나무과	감
운향과	밀감, 오렌지, 레몬, 유자
뽕나무과	무화과, 멀베리
호두나무과 (가래나무과)	호두

범의귀과	구즈베리, 커런트
수선화과	수선화
물풀과	들깨

※ 전세계 재배량 순서 : 벼과 〉 콩과 〉 장미과 〉 가지과

3. 생태적 분류

생존연한에 따른 분류	1년생 작물	봄에 파종하여 그해 안에 성숙하는 작물 (대부분의 작물)
	월년생 작물	가을보리, 가을밀
	2년생 작물	무, 사탕무
	다년생 작물	호프, 아스파라거스, 영년목초류
생육계절에 따른 분류	여름작물	봄에 파종하여 여름을 중심으로 생육하는 1년생 작물 가지, 오이, 토마토, 고추, 호박
	겨울작물	가을에 파종하여 가을, 겨울, 봄을 중심으로 생육하는 월년생 작물 상추, 시금치, 당근, 무
생육적온에 따른 분류	저온작물(호냉성)	양배추, 딸기, 감자, 무, 순무, 당근, 맥류, 감자, 보리, 상추, 배추, 마늘, 파슬리, 파, 양파, 시금치, 근대, 완두, 아스파라거스, 국화, 장미, 금어초, 카네이션, 백합
	고온작물(호온성)	벼, 콩, 담배, 깨, 토마토, 오이, 고추, 수박, 옥수수, 가지, 호박, 참외, 멜론, 고구마, 생강, 유럽계 포도, 안스리움, 극락조화, 안스리움
	열대작물	고무나무, 카사바
	한지형 목초(북방형)	티머시, 앨팰퍼, 켄터키블루그라스 ※ 북방형 목초는 하고현상이 나타남
	난지형 목초(남방형)	버뮤다그래스, 오처드그라스, 화이트클로버(토끼풀)
생육형에 따른 분류	주형작물	벼, 맥류(식물체가 포기를 형성)
	포복형작물	고구마
	직립형목초	오처드그라스, 티머시
	포복형목초	화이트클로버
저항성에 따른 분류	내산성 작물	감자, 호밀, 귀리, 벼, 아마, 땅콩, 토란, 수박, 밤, 복숭아, 블루베리
	내건성 작물	수수, 조, 기장
	내습성 작물	벼, 밭벼, 골풀, 콩, 수수, 참깨, 미나리, 연근
	내염성 작물	유채, 목화, 수수, 사탕무, 양배추
	내풍성 작물	고구마, 파
	내한성 작물	밀, 호밀, 보리, 감자, 무, 시금치, 사과 〈과수의 내한성 한계온도〉 • 사과(-30℃) 〉 서양배(-27℃) 〉 미국포도(-22℃) 〉 복숭아(-20℃) 〉 유럽포도(-15℃)

4. 재배 · 이용에 따른 분류

작부방식에 따른 분류	중경작물	옥수수, 수수
	휴한작물	콩과식물(클로버)
	대파작물	메밀
경영에 따른 분류	구황작물	조, 피, 기장, 메밀, 구감, 감자
	환금작물	판매를 위한 작물
	경제작물	환금작물 중 수익성이 높은 작물
토양보호에 따른 분류	자급작물	농가에서 소비하기 위해 재배하는 작물
	피복작물	잔디류
	토양보호작물	토양침식을 막아주는 작물
사료작물의 용도에 따른 분류	청예작물	사료작물 중 풋베기하여 생초로 이용하는 작물
	건초작물	예취 후 건조하여 건초로 이용하는 작물
	사일리지작물	생초를 젖산발효시켜 사일리지 제조에 적합한 작물

5. 기타 분류

알뿌리 작물	덩이줄기(괴경) : 감자, 토란, 시클라멘, 아네모네 알줄기(구경) : 프리지아, 글라디올러스, 토란, 사프란 비늘줄기(인경) : 양파, 마늘, 나리(백합), 튤립, 알리움, 쪽파, 히아신스 땅속줄기(지하경) : 칸나, 대나무, 둥글레, 연, 박하, 호프, 생강 덩이뿌리(괴근) : 달리아, 고구마, 마, 라넌큘러스
화목류 작물	교목성(키가 큼) : 동백나무, 배롱나무, 이팝나무, 매화나무, 노각나무, 벚나무, 목련 관목성(키가 작음) : 장미, 무궁화, 개나리, 철쭉, 수국, 라일락, 진달래
생육기간별 화훼류	춘파일년초 : 대부분 단일식물로, 봄에 파종하여 가을에 개화하며 해바라기, 코스모스, 맨드라미, 천일홍, 채송화, 샐비어, 나팔꽃, 봉선화, 메리골드가 해당 추파일년초 : 대부분 장일식물로, 가을에 파종하여 이듬해 봄에 개화하며 팬지, 과꽃, 금잔화, 데이지, 안개꽃, 페튜니아, 시네라리아가 해당 2년초 : 접시꽃, 파랭이꽃, 안젤리카 다년초 : 수련, 민트, 칸나, 카네이션, 로즈마리

확인문제

01 바빌로프(Vavilov)의 분류에 따른 작물의 기원중심지가 다른 하나는? ▶ 2015년 서울시 9급

① 옥수수 ② 콩
③ 고구마 ④ 호박

> 해설 옥수수, 고구마, 호박은 멕시코·중앙아메리카 지역, 콩은 중국 지역이다.

02 다음 작물 중 기원지가 다른 것은? ▶ 2014년 국가직 7급

① 무 ② 콩
③ 메밀 ④ 배추

> 해설 무의 기원지는 지중해 연안, 나머지 작물은 중국 지역이다.

03 호냉성 채소작물은? ▶ 2017년 손해평가사 제3회

① 상추, 가지 ② 시금치, 고추
③ 오이, 토마토 ④ 양배추, 딸기

> 해설 〈생육적온에 따른 분류〉
>
> | 저온작물(호냉성) | 양배추, 딸기, 감자, 무, 맥류, 감자, 보리, 상추, 배추, 마늘, 양파, 시금치 |
> |---|---|
> | 고온작물(호온성) | 벼, 콩, 담배, 깨, 토마토, 오이, 고추, 수박, 옥수수, 가지, 호박 |

04 생육적온이 달라 동일 재배사에서 함께 재배할 경우 재배효율이 떨어지는 조합은? ▶ 2023년 손해평가사 제9회

① 상추, 고추 ② 당근, 시금치
③ 가지, 호박 ④ 오이, 토마토

> 해설 〈생육적온에 따른 분류〉
>
> | 저온작물(호냉성) | 양배추, 딸기, 감자, 무, 맥류, 감자, 보리, 상추, 배추, 마늘, 양파, 시금치 |
> |---|---|
> | 고온작물(호온성) | 벼, 콩, 담배, 깨, 토마토, 오이, 고추, 수박, 옥수수, 가지, 호박 |

정답 01 ② 02 ① 03 ④ 04 ①

확인문제

05 인과류에 해당하는 것은? ▶ 2020년 손해평가사 제6회

① 과피가 밀착·건조하여 껍질이 딱딱해진 과실
② 성숙하면서 씨방벽 전체가 다육질로 되는 과즙이 많은 과실
③ 과육의 내부에 단단한 핵을 형성하여 이 속에 종자가 있는 과실
④ 꽃받기의 피층이 발달하여 과육 부위가 되고 씨방은 과실 안쪽에 위치하여 과심 부위가 되는 과실

① 각과류에 대한 설명
② 장과류에 대한 설명
③ 핵과류에 대한 설명
인과류에는 사과, 배, 비파 등이 해당하며 꽃받침이 발달하여 과육이 되는 특징이 있다.

06 작물 분류학적으로 가지과에 해당하는 것을 모두 고른 것은? ▶ 2023년 손해평가사 제9회

| ㄱ. 고추 | ㄴ. 토마토 |
| ㄷ. 감자 | ㄹ. 딸기 |

① ㄱ, ㄹ
② ㄱ, ㄴ, ㄷ
③ ㄴ, ㄷ, ㄹ
④ ㄱ, ㄴ, ㄷ, ㄹ

〈식물학적 분류〉

| 장미과 | 사과, 배, 매실, 복숭아, 자두, 딸기, 복분자, 체리, 아몬드 등 |
| 가지과 | 감자, 가지, 토마토, 고추, 담배 등 |

07 과실의 구조적 특징에 따른 분류 옳은 것은? ▶ 2019년 손해평가사 제5회

① 인과류 - 사과, 자두
② 핵과류 - 복숭아, 매실
③ 장과류 - 포도, 체리
④ 각과류 - 밤, 키위

〈과수의 분류〉

| 과수 | 인과류 : 사과, 배, 비파 (꽃받침이 발달)
핵과류 : 복숭아, 매실, 자두, 살구, 앵두, 양앵두 (중과피가 발달)
장과류 : 포도, 딸기, 무화과 (외과피가 발달)
견과류(각과류) : 밤, 호두 (씨의 자엽이 발달)
준인과류 : 감, 귤 (자방이 발달) |

정답 05 ④ 06 ② 07 ②

08 채소의 식용 부위에 따른 분류 중 화채류에 해당하는 것은? ▶ 2021년 손해평가사 제7회

① 양배추
② 브로콜리
③ 우엉
④ 고추

〈채소의 분류〉

채소	화채류(꽃) : 브로콜리, 콜리플라워, 아티초크
	과채류(열매) : 오이, 호박, 수박, 가지, 토마토, 고추, 딸기
	협채류(꼬투리) : 완두, 강낭콩, 동부
	근채류(뿌리)
	괴근류 : 고구마, 감자, 토란, 마, 생강
	직근류 : 무, 순무, 당근, 우엉
	경엽경채류(잎) : 배추, 양배추, 갓, 상추, 셀러리, 파슬리, 미나리, 쑥갓, 머위, 시금치, 파, 마늘, 양파, 쪽파, 아스파라거스

09 추파일년초에 속하는 화훼작물은? ▶ 2016년 손해평가사 제2회

① 팬지
② 맨드라미
③ 샐비어
④ 칸나

〈생육기간별 화훼류〉

- 춘파일년초(봄파종) : 해바라기, 코스모스, 맨드라미, 천일홍, 채송화, 샐비어
- 추파일년초(가을파종) : 팬지, 과꽃, 금잔화, 데이지, 안개꽃
- 2년초 : 접시꽃, 파랭이꽃, 안젤리카
- 다년초 : 수련, 민트, 칸나, 카네이션, 로즈마리

10 다음 중 생육에 적합한 토양 pH가 가장 낮은 것은? ▶ 2015년 손해평가사 제1회

① 블루베리나무
② 무화과나무
③ 감나무
④ 포도나무

블루베리나무의 생육적정 pH는 4.5(산성)이며 무화과나무는 pH 6.2~7.3, 감나무는 pH 5.5~6.5, 포도나무는 pH 5.5~7.5이다. 또한, 내산성 작물의 종류에는 감자, 호밀, 귀리, 벼, 아마, 땅콩, 토란, 수박, 밤, 복숭아, 블루베리 등이 있다.

정답 08 ② 09 ① 10 ①

제3장 재배환경

01 토양환경

1. 토양의 구성 및 성질

(1) 지력(토양비옥도) : 토양의 물리적, 화학적, 생물적 요소들이 종합적으로 작용하여 작물이 생산력을 지배하는 것

※ 토양의 물리성에는 보수력, 보비력, 배수성, 통기성, 공극률, 용적비중 등이 관여

토성	사양토~식양토 범위가 종합적으로 적정한 토성 사토는 수분과 비료가 부족하고 식토는 토양공기가 부족
토양구조	입단이 조성될수록 토양수분과 공기의 상태가 좋아짐
토층	작토가 깊고 심토의 투수 및 통기가 좋아야 함
무기성분	무기성분이 풍부하고 균형있어야 함
토양반응	중성~약산성 토양이 알맞음
토양수분	수분이 부족하면 한해, 과다하면 습해가 발생
토양공기	토양 중 공기가 적으면 뿌리의 생장을 방해
유기물	보통 유기물 함량이 많을수록 지력이 향상되지만, 습답은 오히려 해가 됨
토양미생물	유용미생물이 번식할 수 있는 환경은 좋지만 유해미생물은 적어야 함

(2) 토양의 3상

1) **토양 3상의 분포** : 토양입자(고상 50%), 토양공극의 물(액상 30%), 토양공극의 공기(기상 20%)이 3가지로 구성

2) **토양 입자**

자갈	• 화학적작용이 없고 비료와 수분 보유력이 약하지만 투수성은 좋음
모래	• 석영을 많이 함유한 암석이 부서져서 생긴 것 • 영구적 모래 : 석영 (크기만 작아지며 점토는 되지 않음) • 일시적 모래 : 운모, 장석, 산화철 (완전히 풍화 시 점토가 됨)
점토	• 토양 중 가장 미세한 입자로 화학적 작용을 하며 양분과 수분을 흡착함 • 점토질 토양은 내부 공극이 작아 작물이 수분을 흡수하기 어렵고, 토양속으로 스며들지 못한 빗물은 토양 표면을 타고 흐르면서 침식을 일으킴
교질	• 점토(무기교질)과 부식(유기교질) 중 입자가 0.1㎛인 것 • 보통 음전하를 띠고 있어 양이온을 흡착

(3) 토성(토양의 성질)

자갈	• 척박하고 물을 보유하는 능력이 부족하여 한해 발생 가능성 높음 • 굵은 자갈 제거 후 세토와 부식을 객토
사토	• 대부분이 모래로 구성되며 투수성과 통기성이 우수하나 토양 내 수분 및 양분 부족으로 작물 생장에 불리 • 점토를 객토하고 유기질을 시용하여 토성 개량 ※ 콩, 팥, 감자 : 사토~식토에서 잘 생육 ※ 오이, 양파, 땅콩 : 사토~양토에서 잘 생육
양토	• 모래, 마사, 점토가 골고루 섞여 있어 작물 생육에 가장 적합한 토양
식토	• 모래가 적고 대부분 점토로 구성되며 통기성과 투수성이 낮아 유기물 분해가 오래 걸리며 작물 뿌리 습해나 유해물질의 피해가 큼 • 미사와 부식을 객토하여 토성 개량 ※ 밀, 티머시, 알팔파 : 양토~식토에서 잘 생육
부식토	• 세토가 부족하고 강한 산성을 띰 • 산성 교정을 위해 점토를 객토

※ 사양토 : 사토와 양토의 중간 성질
※ 식양토 : 식토와 양토의 중간 성질

2. 토양구조와 입단

(1) **토층** : 수직적으로 분화된 경작지 토양의 층위

작토(경토)	작물뿌리가 분포하는 매년 경운되는 층위로 부식이 풍부하고 입단형성이 양호
서상	작토의 바로 밑층으로 작토보다 부식이 적음
심토(하층토)	서상의 바로 밑층으로 부식이 극히 적고 치밀하여 투수성과 통기성이 불량 지온이 낮아져 벼 생육이 나빠지면 지하배수

(2) **토양구조** : 토양을 구성하는 입자들이 모여 있는 상태를 의미하며 특히 경토의 토양구조는 단립구조, 이상구조, 입단구조로 구분

단립구조	대공극이 많아 통기성과 투수성은 좋지만 소공극이 적어 양수분의 보유력이 낮음 해안 사구지
이상구조	소공극은 많지만 대공극이 적어 통기가 불량 부식함량이 적고 과습한 식질토양
입단구조	대공극과 소공극이 모두 많아 통기성과 투수성이 높으며 양수분의 보유력이 높아 작물생육에 적합 유기물과 석회가 많은 표층토

(3) 구조단위 : 환경에 따라 자연적으로 형성된 입단의 배열

구상	구형, 표토에 많이 존재
판상	가로축이 더 김, 점토반층에 많이 존재
괴상	가로와 세로축이 같은 형태, 집적층에 많이 존재
주상	세로축이 더 긴 형태, 집적층에 많이 존재

(4) 입단

특징 및 효과	대공극 : 비모관공극으로 모관현상이 일어나지 않음. 발달 시 통기성이 양호하며 지하수 증발이 억제 소공극 : 모관공극으로 모관현상이 일어남. 발달 시 지하수 상승으로 토양 함수상태가 좋아짐 입단은 부식과 석회가 많고 입자가 미세할 때 형성 입단 발달 시 토양침식 감소, 유용미생물 번식 및 유기물 분해가 촉진됨
입단의 형성	유기물 시용, 석회 시용(Ca), 콩과작물 재배, 토양멀칭, 토양개량제 시용(PVA, killium)
입단의 파괴	경운 및 쇄토, 입단의 팽창·수축의 반복, 비와 바람, 나트륨이온(Na^+)

3. 토양 무기물과 유기물

(1) 필수원소 : 작물 생육에 필수적인 원소를 의미하며 다량원소 9종, 미량원소 7종으로 구성

다량원소(9)	C, H, O, N, P, K, Ca, Mg, S (이 중 C, H, O는 이산화탄소와 물에서 공급)
미량원소(7)	Fe, Cu, Mn, Zn, Mo, Cl, B
비료의 3요소(4요소)	N, P, K, (Ca)

(2) 필수원소의 생리작용

질소 (N)	엽록소, 핵산, 단백질효소 등의 구성성분으로 작물 건물중의 가장 많은 함량을 차지 질산태(NO_3^-)와 암모늄태(NH_4^+)로 식물에 흡수 영양생장을 촉진시킴(과잉 시 도장) 결핍 시 생장과 발육이 저해되며 담녹색을 띰 과잉 시 화본과 작물의 개화지연, 도장, 도복이 일어나며 과실의 크기는 비대해지지만, 조직이 연육화되어 저장성은 낮아짐 작물의 늙은 잎부터 증상이 나타남(결핍 시 황백화, 과잉 시 엽색이 진해짐)
인 (P)	세포핵, 분열조직효소 등의 구성성분 많은 양이 어린 조직이나 종자에 함유되어 있으며 꽃과 열매 형성, 발아, 뿌리뻗달에 관여 광합성 및 에너지 전달을 위한 호흡, 무기양분의 합성 및 분해, 세포분열, 질소동화에 관여 결핍 시 생육 초기 뿌리의 생육이 저해되고 잎이 암녹색이 됨

칼륨 (K)	이온화가 쉬운 형태로 잎, 생장점 및 뿌리 선단부 등에 많이 분포 광합성에 관여하며 탄소화물, 단백질을 형성 세포의 팽압을 유지하는 기능(삼투압 조절) 결핍 시 작물의 생장점이 말라죽고 황갈색으로 잎이 변하며 조기낙엽
칼슘 (Ca)	세포중간막의 주성분으로, 잎에 많이 분포하고 체내 이동성이 낮음 결핍 시 분열조직 뿌리 끝과 생장점, 저장조직에 문제가 생겨 생장점이 붉게 변함 석회 과다 시 토양의 금속원소의 흡수가 저해됨 작물별 결핍증상 : 사과 고두병, 토마토 배꼽썩음병, 딸기·배추 잎끝마름 증상 ※ 사과 고두병 대책 : 염화칼슘 수용액 및 칼슘제를 엽면이나 과실의 배꼽 부위에 시비함
황 (S)	단백질과 아미노산 효소의 구성성분 체내 이동성이 매우 낮아 새 조직부터 결핍증상 양배추, 양파, 마늘, 파, 아스파라거스 등에 함량이 높음
마그네슘 (Mg)	엽록소의 구성원소로, 광합성에 관여하여 효소 활성을 높임 체내 이동성이 높아 결핍 시 늙은조직에서 먼저 황백화현상이 나타남 결핍 시 줄기나 뿌리의 생장점 발육이 억제
철 (Fe)	호흡효소의 구성성분이며 엽록소 합성과 밀접한 관련 결핍 시 어린 잎부터 황백화하여 엽맥 사이가 퇴색 니켈, 구리, 코발트, 망간, 칼슘 등의 과잉은 철의 흡수를 방해하여 결핍증상 과잉 시 잎에 갈색 반점이 나타나며 점차 확대되어 잎의 끝부터 흑변 pH가 높거나 인산 및 칼슘의 농도가 높으면 그 흡수가 억제
망간 (Mn)	마그네슘과 기능이 비슷함 여러 가지 효소 활성을 높여 동화물질 합성 및 분해, 호흡 등에 관여 엽록소 생성에 관여 체내 이동성이 낮아 새잎부터 결핍 증상
붕소 (B)	촉매 또는 반응조절 물질로 작용 생장점 부근에서 함량이 높고, 채내 이동성이 낮아 생장점이나 저장기관에 결핍증상 결핍 시 채종재배에서 수정과 결실이 불량하고, 콩과 작물의 질소고정 및 근류 형성을 저해 결핍 시 사과 축과병, 사탕무 속썩음병, 순무 갈색속썩음병, 셀러리 줄기쪼김병 발생
아연 (Zn)	촉매 및 반응조절물질로 작용 엽록소 형성에 관여 결핍 시 황백화, 괴사, 조기낙화
구리 (Cu)	광합성, 호흡 및 엽록소 생성에 관여 결핍 시 황백화, 괴사, 낙엽 발생 과잉 시 뿌리 신장이 나빠짐
몰리브덴 (Mo)	질소를 고정하는 질산환원효소의 구성성분 질소대사에 도움을 주며 콩과 작물에서 함량이 높음 결핍 시 황백화, 모자이크병과 비슷한 증상이 발생
염소 (Cl)	광화학반응에 망간과 함께 촉매 역할 결핍 시 어린잎이 황백화되며 전체적으로 위조 섬유조직에는 유효하나, 전분작물 및 담배에는 불리

(3) 비필수원소의 생리작용

규소(Si)	화본과 작물에서 함량이 높음 벼의 잎몸 기동세포 안에 침적되어 규질화 세포를 형성하고 엽면 증산을 억제 규질화가 되면 해충과 도열병에 저항성이 생김
코발트(Co)	코발트 결핍 시 재배된 목초를 가축이 먹으면 코발트 결핍증상이 나타남 콩과 작물에 다량 함유
나트륨(Na)	필수원소는 아니지만 셀러리, 순무, 근대, 양배추 등에 중요 칼륨(K)의 기능을 대신하기도 함

(4) 부식(유기물)의 기능과 특징

부식의 정의	토양에 가해진 유기물이 여러 분해작용을 받아 원조직이 변질된 갈색의 형태가 없는 물질 토양 중 전유기물을 뜻하며 분해에 대해 저항성을 띰
부식의 기능	완충능 증대, 중금속 독성 완화, 미생물 번식, 양분 공급, 입단 형성, 보수·보비력 증대, 대기에 이산화탄소 공급, 생장촉진물질 생성, 지온 상승, 암석 분해, 토양보호
작물생육과의 관계	부식이 지나치게 많으면 토양이 산성화되어 작물생육에 불리 시설재배의 경우 퇴비 과다 공급 시 염류집적에 의한 뿌리발육 저해 발생 통기성 불량 시 : 습답은 유기물이 과하게 축적되는데 고온기가 되면 심한 환원상태가 됨 통기성 양호 시 : 유기물 분해가 왕성하므로 과다한 축적이 일어나지 않음

4. 토양 수분

(1) 토양수분함량의 표시

1) pF : 토양에서 수분을 제거하는 데 필요한 힘을 나타낸 것으로 절대수분함량이 같아도 pF는 토성에 따라 다름(사토보다 식토에서 절대수분함량이 높음)

2) 토양수분항수

토양수분항수	pF	토양수분항수	pF
건토상태	7.0	대기압상태	3.0
흡습계수	4.5	최소용수량 (포장용수량, 수분당량)	2.5(2.7)
영구위조점	4.2	최대용수량(포화용수량)	0
초기위조점	4.0		

① 흡습계수 : 작물에 이용될 수 없는 흡습수만 남은 수분상태 (상대습도 98%에서 건조토양이 흡수하는 수분)
② 영구위조점 : 포화습도의 공기 중에 방치 시 24시간 내에 회복되지 못하는 수분
③ 초기위조점 : 생육이 정지하지만 포화습도의 공기중에 두면 회복되는 수분상태

④ 포장용수량(최소용수량, 수분당량) : 포화상태의 토양에서 증발을 방지하면서 중력수를 완전히 배제하고 남은 수분
⑤ 최대용수량(포화용수량) : 모관공극이 물로 포화된 상태

3) 토양수분의 형태

결합수	점토광물에 결합되어 있는 수분으로 토양에서 분리할 수 없음 pF 7.0이상, 작물이 흡습할 수 없음
흡습수	건토를 공기 중에 두면 수증기가 토양입자 표면에 흡착하는 수분 pF 4.5~7, 작물이 흡수 및 이용할 수 없음
모관수	토양공극 내 표면장력 때문에 중력에 저항하여 유지되는 수분으로 모관현상에 의해 지하수가 모관공극을 타고 상승하여 공급됨 pF 2.7~4.5, 작물이 주로 이용
중력수	포장용수량 이상의 수분으로 중력에 의해 비모관공극으로 흘러내림 작물에 용이하게 이용되나 근권 아래로 내려가면 이용하지 못함 pF 0~2.7
지하수	지하에 존재하며 모관수의 근원이 되는 물 지하수위가 낮으면 토양이 건조해지며 높으면 과습해짐

4) 토양의 유효수분

무효수분	작물이 이용할 수 없는 영구위조점 이하의 수분
유효수분	포장용수량과 영구위조점 사이의 수분으로 초기위조점 이하의 수분은 작물생육을 돕진 못함 유효수분은 토양입자가 작을수록 많아짐
잉여수분	포장용수량 이상의 토양수분으로 토양과습을 유발

※ 최적함수량 : 작물생육에 가장 알맞은 토양수분 상태로 최대용수량의 60~80% 범위

5. 토양 공기

(1) 토양의 용기량

1) 최소용기량 : 토양수분 함량이 최대용수량일 때의 용기량
2) 최대용기량 : 풍건상태의 용기량
3) 최적용기량 : 작물의 최적용기량은 보통 10~25%

용기량	작물
10%	벼, 이탈리안라이그래스, 양파
15%	귀리, 수수
20%	오이, 보리, 커먼베치, 밀, 순무
25%	양배추, 강낭콩

(2) 토양공극 및 공기의 구성

1) 공극률 = (1 - 가밀도/진밀도) × 100
2) 토양공기의 조성 : 대기와 비교하여 이산화탄소는 높고, 산소 농도는 낮으며 심도가 깊어질수록 산소가 줄어듦
3) 미숙유기물 사용 시 이산화탄소 농도가 현저히 증대하며 부숙유기물 사용 시 증가하지 않음
4) 토양수분이 증가하면 용기량은 줄어듦
5) **사질토양은 비모관공극(대공극)이 많아 산소농도가 증가함**
6) 식질토양에서 입단이 형성되면 비모관공극이 커져 산소농도가 증가함
7) 토양 중 미생물과 식물 뿌리 호흡으로 인해 산소농도는 감소하며 이산화탄소 농도는 증가
8) 이산화탄소 농도 증가에 따라 탄산이 생성되어 토양 산성화 유발
9) 산소 농도 감소에 따라 뿌리 호흡 감소 및 환원성 유해물질 생성(황화수소)

6. 토양 미생물

(1) 토양 미생물의 종류와 특징

조류	대부분 엽록소를 가지며 광합성 작용을 함
사상균	균사에 의해 발달하는 곰팡이류의 대부분으로 호기성이며 타급영양을 함 산성에 대한 저항력이 강함 사상균 중 담자균이 식물 뿌리에 붙어 공생관계를 맺고 균근을 형성
방사상균	세균과 사상균의 중간 특성을 가짐 산성을 좋아하지 않고 감자 더뎅이병 유발 분해가 어려운 리그닌이나 케라틴 등 부식성분을 분해 토양 흙냄새를 갖게 하는 균
세균	토양에 가장 많이 서식하는 미생물 에너지를 얻는 방식에 따라 자급영양세균, 타급영양세균으로 나뉨 산소 요구량에 따라 호기성세균, 혐기성세균으로 나뉨
바이러스	생물과 무생물의 중간형으로 두 가지 성질을 모두 가짐 단백질 껍질 속 핵산이 들어있는 형태

(2) 미생물의 장점

유리질소 고정	대기 중 분자질소를 암모니아 형태로 고정 공생 : Rhizobium, 단독생활 : Azotobacter(호기성), Clostridium(혐기성)
질산화 작용	암모늄이온을 아질산과 질산으로 산화 (밭작물에 유리) 유기물이 무기화되어 분해되는 과정
길항작용	미생물 간 길항작용으로 토양전염 병원균의 활동을 억제

(3) 미생물의 단점 : 탈질작용, 유해한 환원성 물질 생성(황화수소), 작물과 양분경쟁, 병의 발생

7. 토양의 화학성

(1) 토양반응과 작물생육 : 작물생육에는 보통 pH 6~7의 범위가 적정

알칼리성 토양 적응성	강함 : 사탕무, 수수, 유채, 양배추, 목화, 보리, 버뮤다그래스 중간 : 당근, 포도, 호밀, 귀리, 상추, 양파, 올리브, 무화과 약함 : 사과, 배, 레몬, 감자, 셀러리, 레드클로버
산성 토양 적응성	극히 강함 : 벼, 귀리, 밭벼, 아마, 토란, 루핀, 기장, 땅콩, 감자, 봄무, 수박, 호밀 강함 : 옥수수, 당근, 메밀, 오이, 수수, 포도, 호박, 딸기, 토마토, 배추, 담배, 고구마, 조, 밀 약간 강함 : 유채, 피, 무 약함 : 클로버, 양배추, 근대, 다지, 고추, 완두, 상추, 삼, 겨자, 블랙베리, 화이트클로버 가장 약함 : 콩, 팥, 보리, 가지, 자운영, 앨팰퍼, 시금치, 사탕무, 셀러리, 부추, 양파, 스위트클로버, 아스파라거스, 해바라기

(2) 양분가급도

강산성	양분가급도 증가	Fe, Cu, Mn, Al, Zn
	양분가급도 감소	Mg, Ca, P, Mo, B
강알칼리성	양분가급도 증가	Na_2CO_3, Mo
	양분가급도 감소	B, Fe, N, Mn

(3) 양이온 치환용량

CEC (양이온치환용량)	• 토양 1kg가 보유하는 치환성 양이온의 총량을 cmol로 표시한 것 • CEC가 커지면 치환성 양이온(NH_4^+, K^+, Ca^{2+}, Mg^{2+}) 등 비료성분을 흡착하는 힘이 커지며 토양의 완충능력도 커짐 • 우리나라 토양 : 주로 카올리나이트로 구성되어 있어 평균 CEC가 10으로 낮음 • 부식: 100~300, 버미큘라이트 : 8~150, 몬모릴로나이트 : 60~100, 카올리나이트 3~15
양이온교환	• 토양콜로이드는 보통 음전하를 띠므로 양이온이 흡착되어 있는데 이 양이온들이 토양용액 속 다른 양이온들과 교환되는 현상 • 교환침입력 : Al^{3+} > H^+ > Ca^{2+} > Mg^{2+} > NH_4^+ = K^+ > Na^+

(4) 토양산성의 종류와 원인

1) 토양산성의 종류

활산성	토양 용액 속에 들어 있는 수소이온에 의해 측정
잠산성	토양 교질물의 수소이온과 Al^{3+}에 의해 측정 양토나 식토는 잠산성이 높아 중화 시 더 많은 석회가 필요

2) 토양산성화의 원인 : 치환성염기의 용탈(미포화교질 생성), N과 S의 산화, 유기물 분해(유기산), 탄산 생성, 산성비료 연용

3) 산성토양이 작물에 미치는 영향
   ① 수소이온이 식물 체내 단백질을 응고시키며 효소작용을 방해
   ② 유해 중금속 원소들의 용해도가 높아져 식물체에 독성을 나타냄
   ③ Mg, Ca, P, Mo, B 등 강산성에서 양분가급도가 감소하는 양분들이 결핍됨
   ④ 입단구조가 파괴되어 토양 물리성이 약해짐

4) 산성 토양의 대책
   ① 산성 토양에 석회와 유기물을 충분히 시용
   ② 작물 선택 시 산성에 강한 작물을 선택, 산성 비료의 사용 지양
   ③ 용성 인비는 마그네슘 함량이 높으므로 산성 토양 개량에 유리
   ④ 퇴비, 녹비 등 유기물 시용으로 양이온치환용량 및 완충능을 증대

(5) 알칼리성 토양
  1) 정의 : Na, Ca, K, Mg 등 염류가 많은 토양으로 pH7.0 이상의 토양을 의미하며 pH8.5 이상의 토양을 강알칼리성 토양으로 분류
  2) 종류 : 해안 지대 및 건조지대 토양, 간척지 토양, 시설재배 토양
  3) 알칼리성 토양의 대책 : 관수(담수)를 통한 염류 용탈 유도, 심근성 흡비작물 재배(옥수수, 호밀, 수수, 수단그라스), 심경 및 객토, 유기물 시용을 통한 염기치환능력 증대, 황분말 등 토양 산성화 물질 시용, 피복제거

※ **토양의 화학성**에는 유기물, pH, C/N율, 양이온교환용량, 산화환원성, 타감작용 등이 관여

8. 논토양의 특징

(1) 논토양의 토층분화

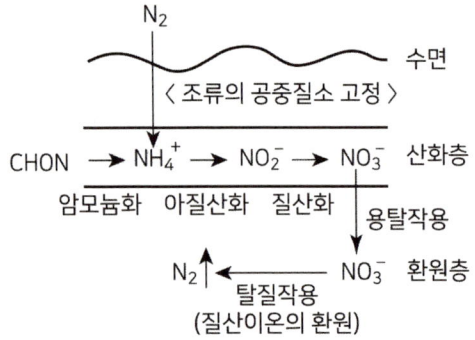

[논 토양의 탈질현상]

논토양의 토층	• 산화층(표층) : 유기물 분해로 소비되는 산소가 많아 유기물이 감소하므로 미생물의 산소 소비가 줄어 표층은 산화제2철로 인해 적갈색 산화층을 형성 • 환원층(작토층) : 표층 밑의 작토층은 산화제1철로 청회색의 환원층 형성 • 산화층(심토) : 유기물이 극히 적어 다시 산화층 형성 • Eh(산화환원전위) : 토양의 산화, 환원 상태를 표시 (상승은 산화, 하강은 환원)

(2) 탈질현상과 심층시비

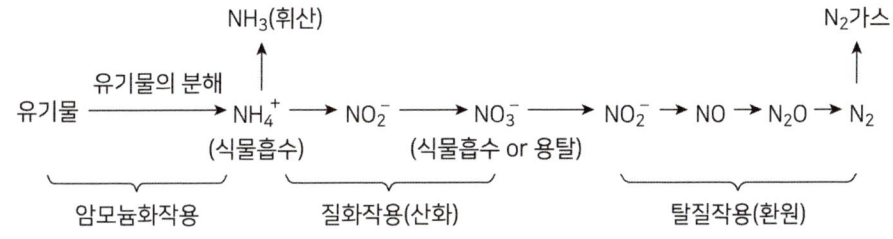

[질소순환]

탈질현상	• 질산화 작용 : 논토양 산화층에 암모늄태를 사용하면 질화균이 질산으로 산화시킴 • 탈질작용 : 질산은 토양입자에 흡착되지 않아 환원층으로 용탈되는데 이 때 탈질균이 가스태 질소로 환원시킴
심층시비	• 용탈방지를 위해 암모니아태질소를 논토양 환원층에 시용(토양에 잘 흡착) • 실제로는 심층시비가 어려워 암모니아태질소를 논에 뿌린 후 써레질을 통해 작토 전층에 잘 섞이게 하는 전층시비를 함 • 논에서는 용탈과 탈질방지를 위해 질산태질소를 사용하지 않음

(3) **인산의 유효화** : 밭에서 난용성의 인산알루미늄과 인산철이 논에서 담수 후 환원되면 유효화되며 보통 논은 인산의 천연공급이 이루어지고 한랭지는 논의 환원상태가 발달하지 않아 인산시용의 효과가 큼

(4) 유기태질소의 암모늄화(무기화)

건토효과	• 토양 건조 시 유기물은 미생물들이 분해하기 쉬운 형태가 되는데 이후 수분이 추가되면 미생물 활동이 활성화되어 다량의 암모니아 생성 • 유기물 함량이 많고 건조가 충분할수록 효과가 큼 • 가뭄 이후 비가 올 때, 토양 결빙 시 건토효과가 나타남
알칼리효과	토양에 알칼리나 산을 첨가하여 토양반응을 바꾼 후 담수하면 유기물 분해가 촉진
지온상승효과	여름철 논토양의 지온이 상승하면 유기태질소의 무기화가 촉진되어 암모니아가 생성

(5) 밭토양과 논토양의 비교

구분	밭	논
미생물의 작용	호기성균의 산화작용	혐기성균의 환원작용
토양의 색	황갈색, 적갈색	청회색, 회색
산화환원상태	표면이 대기와 접촉하므로 산화상태	산소공급이 적어 환원상태 유기물 양이 감소하고 온도가 낮아지면 산화상태 가능
양분	빗물로 인한 양분의 유실 발생	관개수에 포함된 천연 공급량이 많음
토양 pH	산성	환경에 따라 다르지만 보통 담수시 중성을 띰
Eh	높음, 논보다 높음(0.6V 정도)	낮음, 여름에 낮아지며 가을부터 봄까지 높아짐
원소존재상태	CO_2, NO_3^-, Mn^{4+}, Mn^{3+}, Fe^{3+}, SO_4^{2-}, H_2PO_4, $AlPO_4$	CH_4, N_2, NH_4, Mn^{2+}, Fe^{2+}, H_2S, S, $Fe(H_2PO_4)_2$, $Ca(AlPO_4)_2$

(6) 논토양의 종류와 특징

노후답	• 작물생육 특수성분들이 환원상태 작토에서 용탈되어 결핍된 논토양 • Fe과 Mg 함량이 적어 황화수소가 벼 뿌리를 상하게 해 벼잎이 마르고 깨씨무늬병이 발병하므로 수량이 감소하는 현상이 나타남(추락현상) • 대책 : 심경, 함철자재 사용, 규산질 비료 사용, 조기재배, 무황산근 비료 사용, 덧거름 및 엽면시비
간척지답	• 간척지의 모재는 암석풍화성분의 퇴적물로 염류가 많아 대개 비옥하지만 간척 당시에는 벼농사에 불리 • 심한 환원상태로 인한 황화수소 발생 • 해면 아래 황화물이 간척을 통해 산화되어 황산 생성(강산성을 띰) • 대책 : 염생식물 재배, Ca 사용, 염분제거법, 내염재배(조기재배 및 환수), 황산근비료 사용 금지 • 내염성이 강한 작물 : 유채, 목화, 순무, 사탕무, 양배추, 라이그래스 • 내염성이 약한 작물 : 베치, 완두, 녹두, 감자, 고구마, 사과, 배
습답	• 지하수위가 높아 침투 수분량이 적어 유기물 분해가 잘 안되므로 미숙유기물이 집적되고 혐기적으로 분해되어 유기산이 작토에 축적됨 • 고온기에 심한 환원상태로 황화수소 등이 생성되어 뿌리가 썩음(근부현상) • 대책 : 미숙유기물 사용 금지, 암거배수, 객토(철), 석회 및 규산석회 사용

9. 토양 보호

(1) 토양의 침식과 대책

수식	• 강우로 인해 표토의 비산과 유거량이 증가 • 사토는 분산되기 쉽고 식토는 투수성이 작아 침식되기 쉬움 • 입단이 잘 형성될수록 침식이 적음 • 경사가 급하거나 길면 침식이 조장됨 • 식물은 유거수를 정체하게 하여 토양침식을 예방 • 대책 : 초생재배, 초지화, 삼림조성, 단구식 재배, 대상 재배, 등고선경작, 토양피복
풍식	• 토양이 가볍고 건조할 때 강한 바람이 불면 침식이 발생 • 대책 : 피복작물 재배, 관개, 방풍림 설치, 높이베기, 이랑(풍향과 직각)

(2) 토양의 오염과 대책

중금속 오염	원인 : 금속광산의 폐수, 정련, 제련소 분진, 자동차 배기가스, 화력발전소 수은 : 미나마타병, 카드뮴 : 이타이이타이병, 비소 : 벼 수량 감소, 구리 : 생육장해 발생 대책 : 중금속의 불용화, 축적식물 재배, 담수재배, 환원물질 사용, 석회질비료 사용, 인산질 비료 사용, 점토광물 사용, 경운, 객토 및 쇄토
염류장해	원인 : 토양수분의 증발량이 강수량보다 많을 때, 시설재배에서 시비한 잉여 비료성분이 염류 형태로 토양에 집적되어 발생 ※ 시설 내 토양환경 : 염류의 집적, 토양 통기 불량, 연작 장해 발생 염해 : 발생 시 토양 수분포텐셜이 낮아져 식물의 수분흡수가 어려워지고 영양소 불균형을 초래함 대책 : 관수(담수), 심근성 흡비작물 재배(옥수수, 호밀, 수수, 수단그라스), 심경 및 객토, 유기물 사용을 통한 염기치환능력 증대

02 수분환경

1. 작물생육에 대한 수분의 역할

(1) 식물체 내 물질분포를 고르게 하는 매개체

(2) 광합성, 가수분해 시 합성과 분해의 매개체

(3) 세포 팽압유지(세포 긴장상태를 유지)

(4) 비열이 커서 체온 유지에 유리하며 식물체의 주요 구성 성분임

2. 수분퍼텐셜

(1) 식물체 내의 수분퍼텐셜 : 수분퍼텐셜 = 삼투퍼텐셜 + 압력퍼텐셜

1) 식물체 내 수분퍼텐셜을 결정하는 것은 삼투퍼텐셜과 압력퍼텐셜
2) 삼투퍼텐셜 : 항상 음의 값을 가지며 용질이 첨가될수록 감소함
3) 압력퍼텐셜 : 보통 양의 값을 가지며 식물세포의 벽압이나 팽압에 의해 생김
4) 압력퍼텐셜과 삼투퍼텐셜이 같으면 팽만상태가 됨
5) 수분퍼텐셜과 삼토퍼텐셜이 같으면 원형질 분리가 일어남
6) 수분의 이동 : 수분퍼텐셜이 높은 곳에서 낮은 곳으로 이동(토양이 가장 높고 식물체 내, 대기 순으로 낮음)

3. 작물의 요수량

(1) 요수량의 개념

1) 요수량 : 작물의 건물 1g을 생산하는 데 소비되는 수분의 양
2) 증산계수 : 건물 1g을 생산하는 데 소비된 증산량
3) 증산능률 : 일정량의 수분을 증산하여 축적된 건물의 양으로 요수량의 역수

(2) 요수량의 결정요인

1) 작물의 종류 : 수수, 기장, 옥수수는 요수량이 작고 앨팰퍼, 클로버는 큼

  ※ 요수량 순서 : 명아주 〉 호박 〉 두류 〉 오이 〉 목화, 감자, 호밀, 귀리 〉 밀, 보리 〉 수수, 기장, 옥수수

2) 요수량은 불량한 환경에서 커지며 건물생산 속도가 낮은 생육 초기에 큼
3) 요수량이 작은 작물이 건조토양과 가뭄에 저항성이 큼

4. 건조해(한해)

(1) 정의 : 토양이 건조할 경우 식물체 내의 수분함량이 감소되어 생육이 나빠지고 심하면 고사하는 것

(2) 작물의 내건성

1) 뿌리가 깊게 뻗으며 지상부에 비하여 근군이 발달
2) 기공의 크기와 수가 적고 다육화된 경향이 있어 저수능력이 큼
3) 표면적/체적의 비율이 작고, 왜소하며 잎이 작고 기동세포가 발달해 탈수 시 잎이 말려 표면적이 축소됨
4) 세포액의 삼투압이 높아 수분보유력이 강함
5) 세포가 작아서 원형질의 변형이 적음
6) 급수 시 수분을 흡수하는 기능이 발달하였으며 당분의 소실이 느림
7) 광합성이 감퇴하는 정도가 낮고 호흡이 낮아지는 정도가 큼
8) 원형질의 점성이 높고, 탈수 시 원형질의 응집이 작음

9) 원형질막이 수분, 요소, 글리세린 등에 대한 투과성이 큼

10) 당, 프롤린 : 내건성에 관여하는 물질로 한해 발생 시 함량이 증가

(3) 수분 부족 시 식물체에 미치는 영향

1) ABA 호르몬 농도 급증
2) 기공 폐쇄로 인한 증산 및 광합성의 억제
3) 잎 표면적 감소(잎말림, 낙엽), 잎 조직의 치밀화
4) 근계의 발달
5) 잎의 황변

(4) 한해 대책

1) 뿌림골을 낮게 하고 재식밀도를 낮춤
2) 질소질 비료를 삼가고 칼륨과 인산 비료를 중시함
3) 내건성이 강한 작물 및 품종을 재배
4) 내건성이 가장 약한 시기는 생식세포 감수분열기이며 분얼기에는 비교적 강함(화곡류 : 수잉기에서 피해가 가장 큼)
5) 토양입단을 생성을 촉진하고 피복하거나 가벼운 중경제초를 실시(모세관 절단)
6) 봄철 보리밭을 밟아줌(답압)
7) 드라이파밍
   - 인위적 관개시설에 의존하지 않고 자연적인 강수량에 의존하여 재배하는 방법
   - 여름철 휴한기에 비가 올 때마다 땅을 갈아 빗물을 땅속에 저장
   - 다음 해 봄에 토양을 잘 진압하여 지하수의 모관상승을 유도하고, 이를 이용하여 농작물을 재배
8) 관개

5. 습해

(1) 습해의 정의와 특징

1) 동기 습해 : 겨울철 과습으로 토양산소가 직접적으로 부족하여 생기는 피해(호흡장해)
2) 춘·하기 습해 : 봄과 여름철에 지온이 높을 때 토양이 과습하면 환원성 유해물질(메탄, 황화수소)이 생성되어 직접, 간접 피해가 모두 발생
3) 뿌리 호흡 불량으로 양분 흡수가 저해됨
4) 증상 : 생장 쇠퇴, 수량 감소, 건조 후 수분공급으로 열과 발생, 웃자람 현상(도장), 토양 산소 부족으로 뿌리가 상하고 심하면 지상부가 황화, 위조, 고사됨

(2) 작물의 내습성

1) 경엽으로부터 뿌리로의 산소공급능력이 큼
2) 뿌리조직이 목화되어있어 환원성 유해물질에 대해 저항성을 띠며 피층세포가 직렬임
3) 근계가 얕게 발달하거나 부정근 발생이 큼
4) 골풀, 택사, 연, 벼, 미나리 〉 밭벼, 옥수수 〉 토란 〉 유채, 고구마 〉 보리, 밀 〉 감자, 고추 〉 토마토, 메밀 〉 파, 양파, 당근, 자운영
5) 올리브 〉 포도 〉 밀감 〉 감, 배 〉 밤, 복숭아, 무화과

(3) 습해의 대책

1) 배수
   - 기계배수 : 펌프가 있는 배수기를 사용하여 기계적으로 배수하는 방법
   - 명거배수 : 지표면을 경사지게 만들어 흘려보내는 방법
   - 암거배수 : 땅속에 파이프관 등 암거를 설치하여 배수하는 방법
   - 객토법 : 외부에서 흙을 가져와 덮는 방식으로 배수가 불량한 점질토에 모래를 추가하여 배수성을 개선하는 방법
2) 정지(밭 휴립휴파, 습답 휴립재배)
3) 세사객토, 부식 및 토양개량제 시용(입단형성)
4) 내습성 작물 선택
5) 미숙유기물 및 황산근비료 시용 금지, 표층시비, 엽면시비, 과산화석회 시용
6) 병충해 방제(토양전염성병 발생 방지)

6. 수해

(1) 수해의 정의와 특징

1) 정의 : 비가 많이 와서 발생하는 피해(관수해 : 식물체가 물속에 완전히 잠겨 발생하는 피해)
2) 수해 발생 시 질소질비료의 과용을 피해야 함
3) 수온이 높으면 침수피해가 큼(호흡기질의 소모)
4) 가장 크게 피해를 받기 쉬운 조건은 고온의 탁수와 정체수

   ※ 적고현상 : 수온이 낮은 유동수에 의해 탄수화물, 단백질이 천천히 소모되어 갈색으로 죽는 현상
   ※ 청고현상 : 수온이 높은 정체수에서 급히 고사하여 탄수화물만 소모되어 푸르게 죽는 현상

5) 수해 발생 시 작물체 내에 가장 많이 집적되는 물질 : 에탄올 (무기호흡)
6) 벼는 피층에 통기조직이 있어 담수재배에 적응하고 침수 저항성이 크며 분얼초기에는 침수에 비교적 강하지만 수잉기부터 출수개화기 사이에는 침수에 약함

(2) 수해의 대책

1) 사전대책 : 산림녹화, 피복작물 초생재배, 경지정리, 단구식 재배, 등고선 경작, 질소질비료 과용 지양, 규산 및 칼륨질비료 사용
2) 사후대책 : 식물체의 흙 앙금 제거, 병충해 발생 급증에 따른 방제 실시, 도복 방지를 위한 결속, 배수 실시

03 공기환경

1. 작물생육과 공기

(1) 광합성

1) 대기의 이산화탄소 농도는 약 0.035%이며 이산화탄소 농도가 높아지면 호흡이 감소 (질소 : 약 79%로 가장 많음)
2) 산소의 농도가 5~10%이하이거나 90%이상이면 작물 호흡이 저해
3) 이산화탄소 보상점 : 광합성에 의한 유기물의 생성속도와 호흡에 의한 유기물의 소모 속도가 같아지는 농도로 대기 중 농도의 약 1/10~1/3 (0.003~0.01%)
4) 이산화탄소 포화점 : 이산화탄소 농도가 어느 한계까지 높아져도 광합성속도는 그 이상 증대하지 않는 상태로 대기 중 농도의 약 7~10배 (0.21~0.3%)
5) 약광 : 보상점은 높아지고 포화점은 낮아짐
6) 강광 : 보상점은 낮아지고 포화점은 높아짐
7) **탄산시비** : 광합성증대를 통한 수확량 증대 및 작물생육 촉진을 위해 시설 내 이산화탄소 농도를 인위적으로 늘려주는 것으로 대기 중 농도의 5~10배가 적절(시비효과는 C3식물에서 효과적)
   ① 시설 내 공기 환경
     - 특정 성분 기체가 높거나 낮음
     - 탄산가스가 부족으로 인위적 공급이 필요함(탄산시비)
     - 이산화탄소 농도는 작물 주위에서 낮고 출입구나 통로 주변은 높음
     - 공기의 이동과 흐름이 거의 없어 유해가스가 집적되기 쉬움
   ② 시용시각
     - 일출 후 30분부터 환기할 때까지 2~3시간, 오후는 광합성능력이 저하되므로 탄산시비를 삼가고 전류를 촉진
     - 야간에는 작물호흡으로 0.04%까지 상승, 일출과 함께 광합성이 시작되면 2시간 후 0.02%가 되므로 환기시킴
     - 겨울이 되면 환기가 불가능하므로 탄산시비 해야함
   ③ CO_2공급원 : 액화탄산가스, 프로판가스, 쓰레기 소각

④ 사용시 주의사항 : 액화탄산가스 낙화피해 우려, 프로판가스 불완전연소로 인한 황 유해가스 발생, 연소시 수증기 발생으로 인한 밀폐공간 습도상승

⑤ 사용효과 : 증수효과, 카네이션 품질 향상, 광합성속도 증가, 오이 착과율 증가, 유채과 식물 자가불합성 타파, 콩 엽록소 함량 증가, 멜론 고당도 효과

8) 이산화탄소 농도가 높아지면 온도가 높아질수록 동화량 증가

9) **C4식물은 C3식물보다 보상점이 낮아 낮은 이산화탄소 농도에서도 적응**

10) C4식물은 C3식물보다 포화점이 높음

11) 여름에는 광합성이 왕성해져 이산화탄소 농도가 낮아지고 식생이 무성할 경우 지표에 가까운 공기층 이산화탄소 농도는 높아짐

2. 바람

(1) 풍해의 정의와 특징

1) 정의 : 연풍(4~6km/hr) 이상에서 발생하는 강풍에 의한 피해
2) 상처로 인한 호흡이 증가
3) 식물체 건조로 인한 백수현상이 발생
4) 기공이 닫혀 광합성이 저하됨
5) 도복, 수발아, 불임립, 부패립, 토양 침식 등이 발생

도복	정의 : 비바람에 의해 화곡류가 등숙기에 줄기가 꺾여 쓰러지는 현상
	피해 : 상처로 인한 호흡 및 양분 소모 증대, 결실 불량, 부패와 수발아, 광합성 불량, 발생시기가 이를수록 피해 증가
	대책 : 밀식재배 회피, 질소과용 회피, 칼륨 및 규산질비료 사용, 내도복성 품종 재배, 방풍림 식재, 복토, 배토, 답압
수발아	정의 : 벼 결실기에 높은 습도를 만나 종실이 이삭에 달린 채 싹이 트는 현상으로 휴면성이 약한 품종에서 많이 발생
	피해 : 수발아 된 종자는 사료용, 식용, 종자용으로 모두 상품성이 없음
	대책 : 만숙종이 아닌 조숙종 선택, 조생종이 아닌 중만생종 선택, 도복 방지, 내수발아성 품종 재배, 적기수확, 배수관리, 발아억제제 살포

6) **풍해 대책** : 방품림 설치(교목과 관목을 바람방향과 직각으로 식재), 방풍울타리 설치, 내풍성 작물 선택(목초, 고구마), 배토 및 지주 결속(왜화도가 높은 대목), 낙과방지제 살포

3. 대기오염

(1) 온실가스

1) 종류 : 이산화탄소(온실효과에 가장 문제가 되는 기체), 메탄가스, 아산화질소(질소비료), 염화불화탄소

(2) 기타 대기오염물질

1) 불화수소가스(HF) : 독성이 매우 강하여 10ppb의 낮은 농도에서도 피해를 주며, 엽록소와 원형질이 파괴되어 잎의 끝이나 가장자리가 백변하고 반점이 생김

2) PAN : 탄화수소, 오존, 이산화질소가 화합해서 생성되는 물질로, 광화학적인 반응에 의하여 식물에 피해, 담배와 피튜니아는 10ppm으로 5시간 노출되면 피해증상이 생기고 잎 뒷면 엽맥 사이에 백색 반점이 생김

3) 아황산가스(SO_2) : 가장 대표적인 유해가스로 산성비를 유발하며 엽록소 파괴로 광합성이 저해되며 잎과 줄기가 갈변

4) 오존(O_3) : 엽록소 파괴로 광합성 감소, 호흡 증가, 잎이 회백색으로 변하고 반점과 주름 발생

04 온도환경

1. 작물생육과 온도

(1) 온도계수 : 온도가 10℃ 상승하는 데 따르는 이화학적 반응이나 생리작용의 증가배수

1) 호흡작용의 Q10은 일반적으로 30℃까지는 2~3이고, 32~35℃에 이르면 감소하기 시작

2) 광합성의 Q10은 30~35℃까지는 2이고, Q10값이 고온보다 저온에서 크게 나타남

(2) 적산온도 : 생육기간 중 0℃ 이상의 일평균기온을 합산한 온도

1) 여름작물 : 벼(3,500~4,500℃), 담배(3,200~3,600℃), 메밀(1,000~1,200℃), 조(1,800~3,000℃)

2) 겨울작물 : 추파맥류(1,700~2,300℃)

3) 봄작물 : 아마(1,600~1,850℃), 봄보리(1,600~1,900℃)

4) 수수·콩(2,500~3,000℃), 감자(1,300~3,000℃)

(3) 생육온도

1) 용어의 정의
- 생육최적온도(생육적온) : 작물이 가장 잘 자라는 온도로, 작물의 품종, 생육단계, 대사작용 등에 따라 다름
- 생육가능온도(유효온도) : 작물의 생육이 가능한 온도로 최저한계온도부터 최고한계온도 범위에 해당
- 최저한계온도 : 작물 생육이 가능한 가장 낮은 온도
- 최고한계온도 : 작물 생육이 가능한 가장 높은 온도
- 유효적산온도 : 작물 생육이 가능한 최저온도(여름작물 10℃, 월동작물 및 과수 5℃) 이상의 일평균기온의 합

2) 맥류와 감자는 옥수수나 수수보다 저온을 좋아함
3) 겨울작물은 가을에, 여름작물은 봄에 파종
4) 동화물질이 생장점과 곡실로 전류하는 양은 조생종에서 많고, 만생종에서는 적음
5) 온도가 상승함에 따라 세포의 투과성이 증대하고 수분의 점성이 감소
6) 벼 생육 단계에서 생육최저온도가 가장 높은 시기 : 수잉기
7) 주요온도 중 최고온도 : 삼 〉 옥수수 〉 오이, 멜론 〉 벼 〉 완두, 담배 〉 밀, 호밀, 귀리 〉 보리, 사탕무
8) 주요온도 중 최저온도 : 담배, 오이, 멜론 〉 벼, 옥수수 〉 호밀, 완두, 삼

(4) 변온과 작물

발아	변온은 발아를 촉진 (예외 : 당근, 파슬리, 티머시)
생장	밤 기온이 높아 변온이 작을 때 생장이 빠름
개화	밤 기온이 낮아 변온이 클 때 출수 및 개화 촉진
동화물질 축적	변온이 어느정도 큰 것이 동화물질 축적에 유리
괴경과 괴근의 발달	항온보다 변온에서 덩이뿌리 및 덩이줄기의 비대를 촉진
결실	변온조건에서 결실 촉진(토마토의 과중, 콩의 결협률, 벼의 등숙) 산간지는 평야지보다 변온이 커서 동화물질 축적에 따른 벼 등숙이 유리함

2. 열해

(1) 정의 : 과도한 고온으로 인해 작물이 받는 피해

(2) 열해의 원인 : 증산과다, 암모니아의 축적, 유기물 과잉소모, 질소대사의 이상, 단백질 합성저해, 원형질단백질 응고, 원형질막의 액화, 전분의 점괴화

(3) 작물의 내열성
1) 내건성이 큰 것이 내열성도 큼
2) 작물체의 연령이 높으면 내열성도 높아짐
3) 세포 내 결합수가 많고 유리수가 적으면 내열성이 커짐
4) 세포의 점성, 염류농도, 단백질 함량, 지유함량, 당분함량이 증가하면 내열성이 증대
5) 기관별 내열성 : 주피 〉 눈, 유엽 〉 미성엽, 중심주
6) 고온건조한 환경에서 오래 생육한 것이 내열성을 가짐(작물의 경화)

(4) 열해 대책 : 내열성 작물 선택, 재배시기의 조절, 관개, 피복 조성, 시설 내 환기, 밀식과 질소과용 금지

(5) 작물은 고온장해로 인해 조기추대(저온, 고온 모두 가능), 일소현상, 결구장해, 벌마늘현상, 발아 및 착과불량이 나타남

  1) 추대현상 : 식물이 영양생장 단계에서 생식생장 단계로 넘어가면서 꽃줄기가 올라오는 현상
  2) 벌마늘현상 : 마늘의 2차 생장으로 인해 줄기가 여러 쪽으로 벌어지고, 쪽 수가 비정상적으로 늘어나는 현상

(6) **목초의 하고현상** : 내한성이 강한 한지형 목초가 여름철에 성장이 현저하게 낮아지고 심하면 고사하는 현상

  1) 하고현상의 원인 : 고온, 건조, 장일, 병충해, 잡초(목초 생육을 억제)
  2) 하고 대책 : 관개, 하고현상이 낮은 종을 혼파(난지형 목초)

하고 피해가 큰 것	레드클로버, 티머시, 켄터키블루그래스
하고 피해가 낮은 것	화이트클로버, 오처드그래스, 라이그래스

(7) **일소 피해** : 과실이 태양광에 노출되어 고온에 의해 과피나 과육이 검게 그을려 타들어가면서 변색, 괴사하는 현상으로 겨울철 직사광선에 의한 수목의 급격한 온도변화로 야기된 원줄기, 원가지 수피 피해도 해당

  〈일소 피해의 크기〉
  1) 작물체 부위 : 과실 〉 잎(증산작용이 활발할수록 피해가 작음)
  2) 방향 : 서향 〉 동향(평지 과수원)
  3) 주지 분지각도 : 클수록 피해가 큼
  4) 시설재배 시 차광막을 설치하여 일소를 경감시킬 수 있음

3. 한해

(1) **정의** : 저온으로 인해 작물이 받는 피해로 동해와 상해로 구분

  1) 동해 : 겨울작물이 영하의 온도에서 조직내 결빙이 생겨 받는 피해
  2) 상해 : 서리로 인해 0~2℃에서 작물이 동사하는 피해

서리 발생 조건	계절 : 가을, 봄 기후 : 맑고 구름이 없는 날, 바람이 약한 날, 낮은 습도(이슬점), 일교차가 큰 날 위치 : 강, 저수지(안개 발생으로 인해 서리 발생)
과수의 동상해	사과, 배, 복숭아는 늦서리(만상) 피해가 큼 ※ 배는 꽃이 일찍 피는 따뜻한 지역에서 늦서리 피해가 큼 꽃눈은 잎눈보다 내한성이 약함 개화기에 서리피해가 발생할 경우 꽃이 검게 변하거나 시들어 결실불량을 초래함 최근 온난화의 영향으로 개화기가 빨라져 핵과류에서 서리피해가 빈번하게 발생함

(2) 동사의 기구

1) 세포 결빙(세포외 결빙, 세포내 결빙)
2) 급격한 동결 : 수분의 투과와 탈수가 진행되지 못해 기계적 견인력도 급하게 작용하여 원형질의 파괴를 초래(동사)
3) 급격한 융해 : 녹을 때 세포막이 충분히 팽창하지 못하여 원형질이 분리되지 못하므로 기계적 견인력을 받게 됨
4) 동결과 융해의 반복 : 동결과 융해가 반복되면 동결온도가 높아져 동해를 받기 쉬워짐

(3) 작물의 내동성

생리적 요인	세포 내 자유수가 많고 결합수가 적으면 내동성 저하 원형질의 친수성 콜로이드가 많으면 결합수가 많아져 내동성 증가 지방과 당분함량이 많을수록, 전분함량이 적을수록 내동성 증가 원형질단백질에 -SH기가 많을수록 내동성 증가 원형질 점도가 낮고 연도가 높을수록 내동성 증가 원형질의 수분투과성과 광 굴절률이 클수록 내동성 증가 Ca^{2+}, Mg^{2+} 이온 : 세포내결빙을 억제
형태적 요인 (맥류)	엽색이 진한 것이 내동성이 강함 직립성보다 포복성인 것이 내동성이 강함 파종을 깊게 했거나 중경이 신장되지 않으면 생장점이 깊게 놓여 내동성이 강함
발육단계	생식기관은 영양기관보다 내동성이 약함

(4) 동·상해 대책

1) 배수 및 칼륨질 비료, 퇴비 시용 증대
2) 토질을 개선하여 서릿발의 발생을 억제
3) 맥류 : 이랑을 세워 뿌림골을 높게 만듦 (습해 방지), 칼륨비료 증시, 밟기
4) 휴립구파 실시, 과다 결실 방지를 위한 적과 및 전정, 질소질 비료 지양, 수세가 약한 수목 요소비료 엽면시비 실시

(5) 동상해 응급대책

관개법	저녁에 관개하면 물의 열이 토양에 보급, 낮에 데워진 지중열을 빨아 올려 지열의 발산을 차단
송풍법	밤에 지면 부근은 온도가 낮으므로 송풍으로 더운공기를 아래로 불어내려 서리발생을 차단
피복법	거적, 비닐, 폴리에틸렌 등으로 피복하여 방열을 방지하고 기온과 작물을 차단
발연법	불을 피우고 연기를 발산해 방열을 방지
연소법	중유, 뽕나무 생가지 등을 태워 열을 방출

| 살수결빙법 | 물이 얼 때 잠열이 발생되는 것을 이용하여 작물체 표면에 물을 뿌려주는 방법 |

4. 냉해

(1) 정의 : 여름작물이 생육적온 이하의 냉온상태(저온)를 만나 받는 피해

(2) 냉해의 종류

지연형 냉해	생육기간 중 저온에 의해 출수가 지연되는 냉해 생육 후기의 저온은 등숙 불량을 초래 벼 유수형성기에 냉온을 만나면 출수가 가장 지연됨
장해형 냉해	유수형성기부터 개화기까지(수잉기), 특히 생식세포의 감수분열기에 저온을 만나 비정상적인 꽃가루가 만들어져 불임이 발생하는 냉해 (융단조직 비대) 감수분열기 : 벼 생육기간 중 냉해에 가장 약한 시기
병해형 냉해	벼 증산 감소로 규산 흡수가 불량하여 도열병 병원균 침입이 쉬워지는 냉해 작물 생육이 부진하면 질소대사 이상으로 유리아미노산과 암모니아가 축적되어 병 발생 증가
혼합형 냉해	지연형 냉해와 자연형 냉해가 동시에 복합적으로 발생하는 냉해 (수량피해가 가장 심함)

(3) 작물의 냉해

1) 배추 : 서늘한 온도에서 잘 자라지만 오랜시간 노출되면 꽃대가 일찍 올라오는 조기추대현상이 나타남
2) **절화류(극락조화, 안스리움, 글라디올러스)** : 4℃ 이하에서 저온장해 발생
3) 세포막 구성성분인 인지질은 포화지방산 함량이 낮을수록 저온에 강함

(4) 냉해의 대책 : 관개 수온 상승, 저항성 품종 선택, 보온육묘 조파조식, Mg, Si, P, K 등을 충분히 시용, 누수답 개량(객토), 습답 개량(암거배수), 소주밀식

5. 우박 피해

(1) 정의 : 하늘에서 내리는 얼음알갱이 및 덩어리에 의해 받는 피해

(2) 특징

1) 대체적으로 국지적이며 좁은띠를 형성하여 내림
2) 과실이나 가지에 타박상, 열상을 입혀 작물을 심하게 손상시키고 피해 후 **병리적 2차 장해**까지 유발함
3) 우리나라는 늦은 봄에서 여름으로 접어드는 **5~6월**과 여름에서 가을로 접어드는 **9~10월** 사이에 가장 많이 발생
4) 사과, 배는 **착과기와 성숙기**에 피해를 입을 경우 착과불량과 낙과피해가 크게 발생
5) 과수나무에 그물(방포망)을 씌워 피해를 경감시킬 수 있음

(3) 대책

1) 피해 후 잎, 가지 등 상처 부위에 2차 감염이 일어나지 않도록 도포제 또는 살균제를 처리하고 요소를 엽면시비함
2) 수세 안정을 위해 일정량의 과실은 남기고 생육이 부실한 과실 따주어 안정적인 결실량을 확보
3) 새순이 부러진 가지는 피해 부위 바로 아랫부분을 절단하여 새순을 발생시켜 새가지를 유인

05 광환경

1. 작물생육과 광합성

(1) 광합성 : 식물이 광에너지를 받아 대기의 이산화탄소와 뿌리에서 흡수한 물을 활용하여 탄수화물을 합성하는 물질대사 과정으로 적색, 청색, 자외선이 광합성에 효과적

- 광합성 1단계(명반응) : 빛을 이용하여 ATP, NADPH 등 화학에너지를 만드는 과정
- 광합성 2단계(암반응) : 명반응에서 생성된 화학에너지를 이용하여 포도당을 합성하는 과정

(2) 증산작용 : 작물이 광을 받아 온도가 상승하게 되면 증산작용은 촉진되는데 이때 광합성으로 동화물질을 축적하고 공변세포의 삼투압을 높여 활발한 수분흡수를 하며 아울러 기공이 열려 증산작용 촉진

(3) 광호흡 : 이산화탄소를 방출하는 현상으로 엽록소, 미토콘드리아, 페록시좀이 관여하며 강광, 고온, 높은 산소농도, 낮은 이산화탄소 농도는 광호흡을 촉진

(4) C3, C4, CAM 작물의 특징

구분	C3	C4	CAM
광합성 회로	캘빈회로	캘빈회로+C4회로	캘빈회로+C4회로
잎의 구조	엽육세포 : 해면상, 울타리 조직으로 엽록체가 많음 유관속초세포 : 엽록체가 거의 없음	엽육세포 : 방사상으로 배열되어 광합성을 효율적으로 함 (크란츠) 유관속초세포 : 다량의 엽록체 존재	엽육세포, 유관속초세포 : C3와 유사 저수조직 존재
최대광합성능력	15~20	35~80	1~4
광호흡	있음	유관속초세포에만 있음	정오 후 측정 가능
광포화점	최대일사의 1/4~1/2	강한 일사에도 효율이 좋음	부정
CO_2보상점	30~70	0~10	0~5(암중)
광합성 적정 온도	13~30	30~47	30~35
내건성	약함	강함	매우 강함

(5) C3, C4, CAM 작물 광합성의 특징

C3	광합성 과정 중 이산화탄소를 공기에서 얻어 캘빈회로에 이용하는 식물로 최초로 합성되는 유기물이 3탄소화합물 고온건조 시 C3 식물의 광호흡은 증대됨 벼, 밀, 보리, 콩, 귀리, 담배 등
C4	광호흡을 억제하는 적용기구 존재 고온건조 시에 기공을 닫아 수분을 보존하고 탄소를 4탄소 화합물로 고정 광합성 효율이 높음 옥수수, 수수, 기장, 사탕수수, 기장, 진주조, 피, 수단그래스, 버뮤다그래스, 명아주
CAM	밤에 기공을 열어 이산화탄소를 흡수하여 광합성을 유도하는 특징이 있으며, 수분 보존을 위해 이산화탄소를 4탄소화합물로 고정 선인장(다육식물), 파인애플 등

(6) 작물 생육에 영향을 주는 광 요인은 광도, 일장, 광질이며 이 중 광질(빛의 파장)은 광수용 단백질인 피토크롬과 관련됨

1) 피토크롬은 적색광(R)과 근적외광(FR)에 반응하며 적색광과 근적외광의 비율(R/FR Ratio)에 따라 식물생장을 결정
   - 비율 증가 : 작물체가 굵고 짧게 자라며 생장속도가 빨라짐
   - 비율 감소 : 절간신장이 촉진되어 초장이 길어짐
2) 피토크롬은 적색광 조사 시 활성화되며, 근적외광 조사 시 불활성화됨

2. 광과 작물생리

(1) 신장과 화성

1) 자외선은 식물의 신장을 억제하는 기능을 함
2) 식물체는 자외선의 투과가 적은 그늘에서 도장함
   ※ 도장 : 작물의 줄기가 얇고 길게 자라는 웃자람현상
3) 광 부족, 적은 자외선 투과 시 웃자라기 쉬움
4) 광조사가 좋으면 C/N율이 높아져 화성이 촉진됨(예외 : 수수는 광이 없을 때 개화)
5) 적색광 : 광합성, 광주기성, 광발아성 종자의 발아를 주도
6) 근적외광 : 식물의 절간신장을 촉진

(2) 굴광현상과 색소형성

1) 굴광성에는 생장 호르몬인 옥신(Auxin)이 관여
2) 식물에 광을 한쪽으로 조사하면 조사된 쪽의 옥신 농도가 낮아지고, 반대쪽의 옥신 농도는 높아지게 되는데, 이것을 향광성(굴광성)이라고 함
3) 식물이 광조사 방향으로 굴곡반응을 보이는 현상을 굴광현상이라 하며 400~800nm(가시광선 부

분) 중, 440~480nm(청색광), 620~680nm(적색광)을 주로 흡수(예외 : 덩굴손의 감는 운동은 굴광현상이 아님)

4) 식물 줄기나 초엽에서는 향광성, 뿌리에서는 배광성(배일성, 굴지성)이 나타남
5) 안토시아닌 : 자외선이나 자색광 조건에서 저온일 때 생성 촉진
6) 엽록소 : 청색광(440~480nm), 적색광(620~680nm)
7) 광이 없으면 엽록소 형성이 저해되며 에티올린 색소가 형성되어 황백화 현상이 나타남
8) 광 부족 시 광합성저하로 동화물질이 감소하여 **낙화 또는 낙과** 피해가 나타남
  ※ 오이 : 일조량 부족 시 광합성 부족으로 낙과 발생

3. 광보상점과 광포화점

(1) 조사광량과 광합성속도

1) <u>광포화점</u> : 광도를 더 증가시켜도 어느 한계에 이르러 더 이상 광합성량이 증가하지 않는 상태
2) 광보상점 : 외견상광합성 속도가 0이 되는 조사광량으로 이산화탄소 방출 속도와 호흡 속도가 같게 되었을 때의 광도
3) 진정광합성 : 호흡으로 소모되는 유기물을 고려하지 않고 본 순수한 광합성
4) 외견상광합성 : 호흡으로 소모된 유기물을 뺀 외견상으로 나타난 광합성

(2) 보상점과 내음성

1) 음생식물 : 보상점이 낮아 그늘에 적응하고 광을 강하게 받으면 오히려 해를 받는 식물
2) 보상점이 높아 그늘에 적응하지 못하고 빛이 있는 곳에서 잘 자라는 식물
3) 광포화점에 따른 식물의 분류

음생식물	10%
구약나물	25%
콩	20~23%
감자, 강낭콩, 보리, 귀리, 담배	30%
벼, 목화	40~50%
앨팰퍼, 밀	50%
무, 사탕무, 사과 고구마	40~60%
옥수수	80~100%

4. 포장동화능력

(1) **정의** : 포장군락의 단위면적당 동화능력(광합성능력)

(2) **포장동화능력** = 총엽면적 × 수광능률 × 평균동화능력

(3) **최적엽면적** : 건물생산이 최대가 되는 단위면적당 군락엽면적

(4) **최적엽면적 이상의 엽면적은 오히려 건물생산이 감소** : 외견상 광합성이 감소하기 때문

(5) **수광태세의 개선**

벼의 초형	잎이 얇지 않고 좁으며 상위엽이 직립하는 것, 키가 너무 작거나 크지 않은 것 개산형 분얼, 잎의 공간이 균일하게 분포 하는 것
콩의 초형	키가 크지만 도복이 안되며 가지가 짧은 것, 잎자루와 잎이 짧고 작은 것, 꼬투리가 원줄기에 달리고 밑까지 착생하는 것
옥수수의 초형	상위엽이 직립하고 아래로 갈수록 기울어지며 하엽은 수평인 것, 수이삭이 작고 잎혀가 없는 것, 암이삭은 2개인 것
재배법 개선	벼 : Si, K를 넉넉히 시비 무효분얼기에 질소질비료 줄이기 벼, 콩 밀식재배 시 파상군락 형성 맥류는 광파재배보다 드릴파재배가 유리 남북이랑은 동서이랑에 비해 수광시간은 짧으나 수광량이 많아 유리 최적엽면적지수는 일사량기 클수록, 수광태세가 좋을수록 커짐 증수를 위해서 작물 생육 초기에 엽면적을 증가시켜 포장동화능력을 증대시키고, 생육 후기에는 최적엽면적과 단위동화능력을 증가시켜 포장동화능력을 증대시킴 작물 광요구량에 따라 재배환경을 조절함 • 광요구량이 많은 작물 : 벼, 목화, 감자, 기장, 알팔파, 조 • 광요구량이 적은 작물 : 강낭콩, 딸기, 목초, 당근, 순무

06 상적발육

1. 상적발육설

(1) **신장** : 작물생육에서 키가 크는 것

(2) **생장** : 생체중 증가 등 여러 기관이 양적으로 증가하는 것

(3) **발육** : 작물이 분얼, 화성, 등숙 등 과정을 거쳐 질적인 재조정작용이 생기는 것

(4) **상적 발육** : 작물이 여러 발육상을 거쳐 발육이 완성되는 것으로 그 중 화성은 영양생장을 거쳐 생식생장으로 이행하는 것을 의미. 각 발육상은 서로 연결하여 성립되며 앞의 발육상을 경과하지 못하면 다음 발육상으로 넘어갈 수 없음(각 발육상을 경과하려면 특정 환경조건이 필요)

화성유도의 내적요인	영양상태(C/N율)와 식물호르몬(옥신, 지베렐린)
화성유도의 외적요인	광조건에 따른 일장효과와 온도조건에 따른 버널리제이션 및 감온성

※ 발육상이란 발육의 단계를 의미함

2. 버널리제이션(춘화처리)

(1) 정의 : 식물 생육기간 중 일정 시기에 일정 온도를 거치면 생식생장(꽃눈 분화)을 하는데 이것을 인위적으로 유도하는 것을 의미

(2) 버널리제이션의 구분

처리온도에 따른 구분	저온춘화 : 월년생의 장일식물(추파맥, 유채)은 저온인 0~10℃ 처리 고온춘화 : 단일식물은 비교적 고온인 10~30℃ 처리
처리시기에 따른 구분	종자춘화 : 종자춘화 효과가 가장 큰 작물 (추파맥류, 완두, 잠두, 봄올무, 무, 배추) 녹체춘화 : 녹체춘화 효과가 가장 큰 작물 (양배추, 사리풀, 양파, 당근)
기타	단일춘화 : 추파맥류에 저온처리를 하지 않아도 녹체기에 단일처리 후 적외선을 조명하면 춘화처리 한 것과 같은 효과를 냄 화학춘화 : 지베렐린 등 화학물질 처리 시 춘화처리 한 것과 같은 효과를 냄

(3) 버널리제이션의 특징

수분	종자가 건조하면 춘화처리 효과가 감쇄
산소	산소는 필수조건으로, 호흡을 저해하는 조건도 춘화처리 효과도 저해
온도 및 기간	작물 품종과 유전적 특성에 따라 필요한 처리온도와 기간이 다름 배추는 저온에 감응하여 화아분화가 되며, 상추는 고온에 의해 화아분화가 됨
광	저온처리의 경우 광의 유무는 관계없지만 고온처리의 경우 암조건이 필요
탄수화물	배나 생장점에 당과 같은 탄수화물이 공급되어야 함
최아	종자근의 시원백체가 나타나기 시작할 때까지 최아하여 처리함 처리종자는 병균감염이 쉬우므로 소독해야 함 춘화처리에 필요한 수분의 흡수량 : 가을밀(50%) > 봄밀(40%) > 옥수수,호밀,귀리(30%) > 보리(25%)
이춘화	저온버널리제이션 후 고온에 두면 버널리제이션 효과를 감쇄시키는 것 화학적 이춘화 : 아마는 저온처리 후 NNA, IBA를 처리하면 춘화처리 효과가 감쇄
화학적 춘화	옥신 : 가을보리 착화수 증대, 완두 화성 촉진, 시금치 추대 및 개화 촉진 장일조건+지베렐린 처리 : 국화과, 배추과, 볏과 등 작물을 저온처리 없이 화성 유도
감응부위	저온처리의 감응부위는 생장점이며 배만 분리하여 당분과 산소를 공급, 저온처리해도 효과 발생
농업적 이용	월동채소의 채종, 세대단축 육종, 벼 수량증대(고온처리), 딸기 촉성재배, 추파맥류 동사 시 대파

3. 일장효과

(1) 정의 : 일장이 식물의 화성 등 여러 가지 영향을 끼치는 현상으로 낮보다 밤의 길이가 더 큰 영향을 줌

(2) 용어

최적일장	화성을 가장 일찍 유도하는 일장
유도일장	식물의 화성을 유도할 수 있는 일장
비유도일장	식물의 개화를 유도할 수 없는 일장
한계일장	유도일장과 비유도일장의 경계가 되는 일장

(3) 식물의 일장형

장일식물	장일상태(명기 16~18시간)에서 화성이 유도되는 식물, 한계일장이 단일측에 있음 맥류, 감자, 시금치, 양파, 상추, 티머시, 자운영, 클로버, 알팔파, 베치, 완두, 아마, 양배추, 양파, 카네이션, 데이지, 팬지, 페튜니아, 금잔화, 금어초, 메리골드
단일식물	단일상태(명기 8~10시간)에서 화성이 유도되는 식물, 한계일장이 장일측에 있음 벼, 콩, 담배, 깨, 꽃, 땅콩, 딸기, 옥수수, 조, 기장, 베고니아, 달리아, 칼랑코에, 말랑코에, 국화, 코스모스, 포인세티아
중성식물	일정한 한계일장이 없는 식물 강낭콩, 가지, 고추, 토마토, 당근, 셀러리, 장미, 시클라멘, 제라늄
중간식물	좁은 범위의 특정한 일장에서만 화성이 유도되는 식물 (뚜렷한 2개의 한계일장 존재) 사탕수수

(4) 일장효과에 영향을 미치는 조건

발육단계	일장효과는 식물이 어느정도 성장을 한 후 감응 (감응부위 : 잎, 개화유도물질 : florigen)
온도	일장효과 발현에는 한계 온도가 요구됨
질소질비료	단일식물은 질소요구도가 커서 질소가 충분해야함 (장일식물은 적을 때 장일효과)
광의 강도	명기가 약광일지라도 일장효과는 발생하나 착화수 증대를 위해서는 강광이 필요
광의 파장	효과 : 적색광 〉 자색광 〉 청색광
연속암기	단일식물은 일정기간 이상의 암기가 필요하며 연속암기 도중 광을 조사하면 효과가 사라짐(야간조파) 광중단현상 : 국화 등 단일식물은 개화를 위해 연속암기(단일조건)가 필요한데 빛에 노출될 경우 개화가 지연되거나 불량해지는 현상

(5) 농업적 이용 : 성전환, 교배육종, 육종연한 단축, 국화 개화기 조절, 벼의 증수 등 수량증대, 품종의 선택

4. 기상생태형

(1) 정의 : 생육온도 및 일장에 대한 출수 및 개화를 기초로 작물의 품종군을 나눠 구분한 것

(2) 기상생태형의 성질

감온성	생육적온에 이르기까지 고온에 의해 출수 및 개화가 촉진되는 성질
감광성	주로 단일식물에서 단일환경에 의해 출수 및 개화가 촉진되는 성질
기본영양생장성	출수 및 개화에 알맞은 환경이더라도 일정 수준의 영양생장을 하지 않으면 촉진되지 않는 성질

(3) 주요 작물의 기상생태형

벼	조생종(북부)	만생종(중남부)
콩	올콩(북부)	그루콩(중남부)
조	봄조(서북부, 중부 산간지)	그루조(중부평야, 남부)
메밀	여름메밀(서북부, 중부 산간지)	가을메밀(중부평야, 남부)

(4) 기상생태형의 지리적 분포

고위도	blt형, blT형 분포 (감광형은 늦게 감응하고 기본영양생장형은 출수가 늦어 재배 불가)
중위도	blT형(조생종), bLt형, Blt형(기본영양생장형) 분포
저위도	Blt형 분포(연중 고온단일)

(5) 벼 기상생태형에 따른 재배 특성 (중위도 기준)

조만성	파종과 모내기를 일찍 할 때 조생종은 blt형, 감온형이, 만생종은 기본영양생장형, 감광형이 해당
조식적응성	조기수확 목적으로 조파조식할 때 감온형과 blt형이 적절, 생육기간을 연장시켜 증수시킬 목적으로는 bLt형이 적절함
만식적응성	감광형은 만식재배 가능, 기본영양생장형과 감온형은 만식재배가 불가능함
묘대일수감응도	정의 : 못자리기간이 길어질 때 모가 노숙, 생식생장을 보여 모낸 후 생육이 저조한 정도 감광형과 기본영양생장형은 생식생장 경향이 보이지 않으나 감온형은 생식생장을 보임 묘대일수감응도 크기 : 감온형 〉 감광형 〉 기본영양생장형
작기이동 및 출수	만파만식 시 출수기의 지연정도는 기본영양생장형과 감온형이 크고 감광형은 작음

※ 조기재배 : 조생종을 일찍 파종하여 일찍 수확하는 것
※ 만기재배 : 만생종을 늦게 파종하여 늦게 수확하는 것
※ 조식재배 : 품종에 관계없이 다른 이유와 목적으로 일찍 모내기하는 것
※ 만식재배 : 품종에 관계없이 다른 이유와 목적으로 늦게 모내기하는 것

제4장 작물 내적균형·식물호르몬 이용

01 작물의 내적균형 및 식물호르몬

1. 내적 균형

C/N율	• 탄질률을 뜻하며 식물체 내의 탄수화물과 질소의 비율 • C/N율이 높을 때 보통 개화 및 결실이 조장되지만 모든 작물에 적용되는 것은 아님 • 탄소와 질소의 비율뿐만 아니라 절대량도 중요 • 식물호르몬, 버널리제이션, 일장효과 등 개화·결실에 영향을 미치는 요소가 많기에 결정적 요소는 아님 • 이용 사례 : 환상박피 (줄기에 둥글게 형성층을 제거하여 동화물질의 전류를 억제하여 윗부분의 탄수화물 축적을 유도), 고구마 인위개화(나팔꽃 대목에 접목하여 괴근으로의 탄수화물 전류를 억제)
T/R율	• 작물 지하부 생장량에 대한 지상부 생장량의 비율을 의미 • 감자, 고구마는 파종기가 늦어지면 지하부 중량감소가 크기 때문에 T/R율 증가 • 일사가 적어지면 탄수화물 축적이 감소하는데 뿌리 생장이 더 크게 영향을 받아 T/R율 증가 • 질소를 시용하면 T/R율 증가 • 토양함수량이 감소하면 지상부에 타격이 커 T/R율 감소
G-D균형	생장(growth)과 분화(differentiation)의 균형으로 작물 생육을 지배한다는 이론

2. 식물호르몬의 종류 및 효과

(1) 식물호르몬의 종류

구분		종류
옥신	천연	• IAA, IAN, PAA
	합성	• NAA, IBA, 2,4-D, 2,4,5-T, 4-CPA, PCPA, MCPA, BNOA
지베렐린	천연	• GA
시토키닌	천연	• IPA
	합성	• BA
에틸렌	천연	• C_2H_4
	합성	• 에세폰(ethephon)
생장억제제	천연	• ABA, phenol
	합성	• CCC, B-9, MH-30, phosphon-D, AMO-1618

(2) 식물호르몬의 효과

옥신	• 극성수송물질, 발근 촉진, 접목의 활착 촉진, 가지 굴곡 유도, 탈리현상 억제로 인한 낙과방지, 단위결과, 제초제로의 이용, 정부우세(측아 억제), 줄기 부정근 형성, 형성층 분열, 에틸렌 생성 • 카네이션의 대표적 발근촉진제로 사용(루톤) • 무화과, 오이, 호박 : 단위결과 유도 • 매화나무, 앵두나무 : 접목재배 시 활착 촉진 • 감나무 : 만개 후 살포 시 탈리층 유도를 통해 적화 및 적과 유도 • 참다래 : 개화기 살포 시 비대 촉진 • 사과나무 : 적화 및 적과(만개 후), 낙과방지(낙화 직전), 비대촉진(개화기) • 토마토 : 비대촉진(개화기), 단위결과 유도
지베렐린	• 휴먼타파, 종자 발아, 절간신장, 경엽의 신장촉진, 화아분화 및 개화 촉진, 단위결과 유도(씨없는 포도) • 당근, 무, 배추, 양배추, 상추 : 추대(화아분화 후 꽃대가 올라오는 것, 로제트현상 타파), 개화 촉진 • 미나리, 셀러리, 쑥갓, 복숭아, 귤 : 경엽 생장촉진 • 오이, 토마토, 포도 : 단위결과 촉진 • 딸기, 감자 : 휴면타파 및 발아 촉진 • 뽕나무 : 단백질 함량 증가
시토키닌	• 종자 발아촉진, 세포분열, 세포 확대, 정부생장 억제(측아 촉진), 노화억제 • 포도, 사과 등 과수 : 과실의 착과 및 착색 촉진 • 아스파라거스 : 노화억제로 인한 신선도 향상
ABA	• 휴면유도, 종자 발아억제, 잎의 노화, 탈리현상 촉진으로 인한 낙엽, 기공 폐쇄, 불량환경(수온부족, 저온 등)에 대한 저항성 증대
에틸렌	• 종자 발아촉진, 정아우세 타파(곁눈촉진), 생장억제, 개화촉진, 이층형성에 의한 탈리촉진, 낙엽촉진, 수평생장, 노화촉진(엽록소 분해), 과실 성숙 및 착색 촉진 • 무색무취의 가스 형태로 에테폰이 분해될 때 발생하며, 주로 원예작물의 숙성유도물질 • AVG(Aminoethoxy Vinyl Glycine), AOA처리에 의해 에틸렌 합성을 저하시킴 • 오이 : 암꽃 착생수 증대 ※ 옥신(auxin), 지베렐린(gibberellin)의 농도는 낮을 때 암꽃 분화가 촉진 • 아스파라거스 : 육질의 경화 촉진 • 상추 : 엽록소 파괴로 인한 갈색 반점 생성

※ 식물호르몬 외 생장조절물질
- 토마토톤 : 토마토 착과제
- 콜히친 : 백합과 식물에서 유래한 물질로 우장춘 박사가 씨없는 수박을 만드는데 사용

확인문제

01 토양입단 파괴요인을 모두 고른 것은? ▶ 2018년 손해평가사 제4회

| ㄱ. 유기물 시용 | ㄴ. 피복작물 재배 |
| ㄷ. 비와 바람 | ㄹ. 경운 |

① ㄱ, ㄴ ② ㄱ, ㄹ
③ ㄴ, ㄷ ④ ㄷ, ㄹ

〈입단의 형성과 파괴〉

입단의 형성	유기물 시용, 석회 시용(Ca), 콩과작물 재배, 토양멀칭, 토양개량제 시용 (PVA, killium)
입단의 파괴	경운 및 쇄토, 입단의 팽창·수축의 반복, 비와 바람, 나트륨이온(Na^+)

02 작물 생육에 영향을 미치는 토양환경에 관한 설명으로 옳지 않은 것은? ▶ 2020년 손해평가사 제6회

① 유기물을 투입하면 지력이 증진된다.
② 사양토는 점토에 비해 통기성이 낮다.
③ 토양이 입단화되면 보수성과 통기성이 개선된다.
④ 깊이갈이를 하면 토양의 물리성이 개선된다.

사질토양은 비모관공극(대공극)이 많아 산소농도가 증가한다.

03 산성토양에 관한 설명으로 옳은 것은? ▶ 2020년 손해평가사 제6회

① 토양 용액에 녹아 있는 수소이온은 치환 산성 이온이다.
② 석회를 사용하면 산성 토양을 교정할 수 있다.
③ 토양입자로부터 치환성 염기의 용탈이 억제되면 토양이 산성화된다.
④ 콩은 벼에 비해 산성토양에 강한 편이다.

〈산성 토양의 대책〉
- 산성 토양에 석회와 유기물을 충분히 사용
- 작물 선택 시 산성에 강한 작물을 선택, 산성 비료의 사용 지양
- 용성 인비는 마그네슘 함량이 높으므로 산성 토양 개량에 유리
- 퇴비, 녹비 등 유기물 사용으로 양이온치환용량 및 완충능을 증대

정답 01 ④ 02 ② 03 ②

확인문제

04 염류 집적에 대한 대책이 아닌 것은? ▶ 2021년 손해평가사 제7회

① 흡비작물 재배
② 무기물 사용
③ 심경과 객토
④ 담수 처리

염류장해 대책 : 관수(담수), 심근성 흡비작물 재배(옥수수, 호밀, 수수, 수단그라스), 심경 및 객토, 유기물 사용을 통한 염기치환능력 증대

05 토양 습해 예방대책으로 옳은 것은? ▶ 2016년 손해평가사 제2회

① 내습성 품종 선택
② 고랑 파종
③ 미숙 유기물 사용
④ 밀식재배

〈습해의 대책〉
- 배수
- 정지(밭 휴립휴파, 습답 휴립재배)
- 세사객토, 부식 및 토양개량제 사용(입단형성)
- 내습성 작물 선택
- 미숙유기물 및 황산근비료 사용 금지, 표층시비, 엽면시비, 과산화석회 사용
- 병충해 방제(토양전염성병 발생 방지)

06 식물체 내 물의 기능으로 옳지 않은 것은? ▶ 2016년 손해평가사 제2회

① 세포의 팽압 형성
② 감수분열 촉진
③ 양분 흡수와 이동의 용매
④ 물질의 합성과 분해과정 매개

〈작물생육에 대한 수분의 역할〉
- 식물체 내 물질분포를 고르게 하는 매개체
- 광합성, 가수분해 시 합성과 분해의 매개체
- 세포 팽압유지 (세포 긴장상태를 유지)
- 비열이 커서 체온 유지에 유리함

정답 04 ④ 05 ① 06 ②

07 가뭄이 지속될 때 작물의 잎에 나타날 수 있는 특징으로 옳지 않은 것은? ▶ 2020년 손해평가사 제6회

① 엽면적이 감소한다.
② 증산이 억제된다.
③ 광합성이 촉진된다.
④ 조직이 치밀해진다.

〈수분 부족 시 식물체에 미치는 영향〉
- ABA 호르몬 농도 급증
- 기공 폐쇄로 인한 증산 및 광합성의 억제
- 잎 표면적 감소(잎말림, 낙엽), 잎 조직의 치밀화
- 근계의 발달
- 잎의 황변

08 과수원의 태풍 피해 대책으로 옳지 않은 것은? ▶ 2017년 손해평가사 제3회

① 방풍림으로 교목과 관목의 혼합 식재가 효과적이다.
② 방풍림은 바람의 방향과 직각 방향으로 심는다.
③ 과수원내의 빈 공간 확보는 태풍 피해를 경감시켜 준다.
④ 왜화도가 높은 대목은 지주 결속으로 피해를 줄여준다.

풍해 대책 : 방풍림 설치(교목과 관목을 바람방향과 직각으로 식재), 방풍울타리 설치, 내풍성 작물 선택 (목초,고구마), 배토 및 지주 결속, 낙과방지제 살포

09 고온장해에 관한 증상으로 옳지 않은 것은? ▶ 2018년 손해평가사 제4회

① 발아불량　　　　　　② 품질저하
③ 착과불량　　　　　　④ 추대지연

작물은 고온장해로 인해 조기추대, 일소현상, 결구장해, 벌마늘현상, 발아 및 착과불량이 나타남

정답　07 ③　08 ③　09 ④

확인문제

10 광도가 증가함에 따라 작물의 광합성이 증가하는데 일정 수준 이상에 도달하게 되면 더 이상 증가하지 않는 지점은?
▶ 2018년 손해평가사 제4회

① 광순화점 ② 광보상점
③ 광반응점 ④ 광포화점

> 광포화점 : 광도를 더 증가시켜도 어느 한계에 이르러 더 이상 광합성량이 증가하지 않는 상태

11 시설 내에서 광 부족이 지속될 때 나타날 수 있는 박과 채소 작물의 생육 반응은?
▶ 2020년 손해평가사 제6회

① 낙화 또는 낙과의 발생이 많아진다.
② 잎이 짙은 녹색을 띤다.
③ 잎이 작고 두꺼워진다.
④ 줄기의 마디 사이가 짧고 굵어진다.

> 〈광과 작물생리〉
> - 자외선은 식물의 신장을 억제하는 기능을 함
> - 식물체는 자외선의 투과가 적은 그늘에서 도장함
> - 광이 없으면 엽록소 형성이 저해되며 에티올린 색소가 형성되어 황백화 현상이 나타남
> - 광 부족 시 광합성저하로 동화물질이 감소하여 낙화 또는 낙과 피해가 나타남

12 작물재배 시 하고현상으로 옳지 않은 것은?
▶ 2017년 손해평가사 제3회

① 화이트클로버는 피해가 크고, 레드클로버는 피해가 경미하다.
② 다년생인 북방형 목초에서 여름철에 생장이 현저히 쇠퇴하는 현상이다.
③ 고온, 건조, 장일, 병충해, 잡초무성의 원인으로 발생한다.
④ 대책으로 관개, 혼파, 방목이 있다.

> 목초의 하고현상 : 내한성이 강한 한지형 목초가 여름철에 성장이 현저하게 낮아지고 심하면 고사하는 현상으로 원인으로는 고온, 건조, 장일, 병충해, 잡초가 있으며 대책으로는 관개, 하고현상이 낮은 종을 혼파하는 것이 있다.
>
> | 하고 피해가 큰 것 | 레드클로버, 티머시, 켄터키블루그래스 |
> |---|---|
> | 하고 피해가 낮은 것 | 화이트클로버, 오처드그래스, 라이그래스 |

정답 10 ④   11 ①   12 ①

13 4℃에 저장 시 저온장해가 발생하는 절화류로 짝지어진 것은? ▶ 2021년 손해평가사 제7회

① 장미, 카네이션 ② 백합, 금어초
③ 극락조화, 안스리움 ④ 국화, 글라디올러스

 배추는 서늘한 온도에서 잘 자라지만 오랜시간 노출되면 꽃대가 일찍 올라오는 조기추대현상이 나타나며 절화류(극락조화, 안스리움, 글라디올러스)는 4℃ 이하에서 저온장해가 발생한다.

14 우리나라 우박 피해에 관한 설명으로 옳지 않은 것은? ▶ 2015년 손해평가사 제1회

① 전국적으로 7~8월에 집중적으로 발생한다.
② 과실 또는 새 가지에 타박상이나 열상 등을 일으킨다.
③ 비교적 단시간에 많은 피해를 일으키고, 피해지역이 국지적인 경우가 많다.
④ 그물(방포망)을 나무에 씌워 피해를 경감시킬 수 있다.

 〈우박 피해의 특징〉
- 대체적으로 국지적이며 좁은띠를 형성하여 내림
- 과실이나 가지에 타박상, 열상을 입혀 작물을 심하게 손상시키고 피해 후 병리적 2차 장해까지 유발함
- 우리나라는 늦은 봄에서 여름으로 접어드는 5~6월과 여름에서 가을로 접어드는 9~10월 사이에 가장 많이 발생
- 사과, 배는 착과기와 성숙기에 피해를 입을 경우 착과불량과 낙과피해가 크게 발생
- 과수나무에 그물(방포망)을 씌워 피해를 경감시킬 수 있음

15 식물의 종자가 발아한 후 또는 줄기의 생장점이 발육하고 있을 때 일정 기간의 저온을 거침으로써 화아가 형성되는 현상은? ▶ 2015년 손해평가사 제1회

① 휴지 ② 춘화
③ 경화 ④ 좌지

 버널리제이션(춘화처리) : 식물 생육기간 중 일정 시기에 일정 온도를 거치면 생식생장(꽃눈 분화)을 하는데 이것을 인위적으로 유도하는 것

정답 13 ③ 14 ① 15 ②

확인문제

16 '잎들깨'를 생산하는 농가에서 생산량 증대를 위해 야간 인공조명을 설치하였다. 이 야간 조명으로 인하여 옆 농가에서 피해가 있을 법한 작물은? ▶ 2022년 손해평가사 제8회

① 장미
② 칼랑코에
③ 페튜니아
④ 금잔화

단일식물 : 벼, 콩, 담배, 깨, 꽃, 땅콩, 딸기, 옥수수, 조, 기장, 베고니아, 달리아, 칼랑코에, 말랑코에

17 작물의 로제트(Rosette)현상을 타파하기 위한 생장조절물질은?

① 옥신
② 지베렐린
③ 에틸렌
④ 아브시스산

〈지베렐린의 효과〉
- 휴면타파, 종자 발아, 절간신장, 경엽의 신장촉진, 개화 조절
- 당근, 무, 배추, 양배추, 상추 : 추대(화아분화 후 꽃대가 올라오는 것, 로제트현상 타파), 개화 촉진
- 미나리, 셀러리, 쑥갓, 복숭아, 귤 : 경엽 생장촉진
- 오이, 토마토, 포도 : 단위결과 촉진
- 딸기, 감자 : 휴면타파 및 발아 촉진
- 뽕나무 : 단백질 함량 증가

18 채소작물 재배 시 에틸렌에 의한 현상이 아닌 것은? ▶ 2017년 손해평가사 제3회

① 토마토 열매의 엽록소 분해를 촉진한다.
② 가지의 꼭지에서 이층(離層) 형성을 촉진한다.
③ 아스파라거스의 육질 연화를 촉진한다.
④ 상추의 갈색 반점을 유발한다.

〈에틸렌의 효과〉
- 종자 발아촉진, 정아우세 타파(곁눈촉진), 생장억제, 개화촉진, 이층형성에 의한 탈리촉진, 낙엽촉진, 수평생장, 노화촉진(엽록소 분해), 과실 성숙 및 착색 촉진
- 오이 : 암꽃 착생수 증대
- 아스파라거스 : 육질의 경화 촉진
- 상추 : 엽록소 파괴로 인한 갈색 반점 생성

정답 16 ② 17 ② 18 ③

19 벼의 수발아에 관한 설명으로 옳지 않은 것은? ▶ 2018년 손해평가사 제4회

① 결실기에 종실이 이삭에 달린 채로 싹이 트는 것을 말한다.
② 결실기의 벼가 우기에 도복이 되었을 때 자주 발생한다.
③ 조생종이 만생종보다 수발아가 잘 발생한다.
④ 휴면성이 강한 품종이 약한 것보다 수발아가 잘 발생한다.

 수발아는 벼 결실기에 높은 습도를 만나 종실이 이삭에 달린 채 싹이 트는 현상으로 휴면성이 약한 품종에서 많이 발생한다.

20 작물의 필수원소는? ▶ 2017년 손해평가사 제3회

① 염소(Cl) ② 규소(Si)
③ 코발트(Co) ④ 나트륨(Na)

 필수원소 : 작물 생육에 필수적인 원소를 의미하며 다량원소 9종, 미량원소 7종으로 구성된다.

다량원소(9)	C, H, O, N, P, K, Ca, Mg, S
미량원소(7)	Fe, Cu, Mn, Zn, Mo, Cl, B

21 과수작물에서 무기양분의 불균형으로 발생하는 생리장해는? ▶ 2018년 손해평가사 제4회

① 일소 ② 동록
③ 열과 ④ 고두병

 칼슘(Ca) 결핍 시 사과 고두병, 토마토 배꼽썩음병, 딸기·배추 잎끝마름 증상 등이 나타난다.

22 식물의 필수원소 중 엽록소의 구성성분으로 다양한 효소반응에 관여하는 것은?

▶ 2017년 손해평가사 제3회

① 아연(Zn) ② 몰리브덴(Mo)
③ 칼슘(Ca) ④ 마그네슘(Mg)

 마그네슘(Mg)은 엽록소의 구성원소로, 광합성에 관여하여 효소 활성을 높이며 체내 이동성이 높아 결핍 시 늙은조직에서 먼저 황백화현상이 나타나고 줄기나 뿌리의 생장점 발육이 억제된다.

정답 19 ④ 20 ① 21 ④ 22 ④

확인문제

23 다음은 탄질비(C/N율)에 관한 내용이다. ( )에 들어갈 내용을 순서대로 옳게 나열한 것은?
▶ 2024년 손해평가사 제10회

> 작물체 내의 탄수화물과 질소의 비율을 C/N율이라 하며, 과수재배에서 환상박피를 함으로써 환상박피 윗부분의 C/N율이 ( ), ( )이/가 ( )된다.

① 높아지면, 영양생장, 촉진
② 낮아지면, 영양생장, 억제
③ 높아지면, 꽃눈분화, 촉진
④ 낮아지면, 꽃눈분화, 억제

> **〈탄질비(C/N율)〉**
> - 탄질률을 뜻하며 식물체 내의 탄수화물과 질소의 비율이다.
> - C/N율이 높을 때 보통 개화 및 결실이 조장되지만 모든 작물에 적용되는 것은 아니다.
> - 이용사례 : 환상박피(줄기에 둥글게 형성층을 제거하여 동화물질의 전류를 억제하여 윗부분의 탄수화물 축적을 유도), 고구마 인위개화(나팔꽃 대목에 접목하여 괴근으로의 탄수화물 전류를 억제)

24 다음이 설명하는 식물호르몬은?
▶ 2024년 손해평가사 제10회

> - 극성수송 물질이다.
> - 합성 물질로 4-CPA, 2,4-D 등이 있다.
> - 측근 및 부정근의 형성을 촉진한다.

① 옥신   ② 지베렐린
③ 시토키닌   ④ 아브시스산

> 합성옥신의 종류에는 NAA, IBA, 2,4-D, 2,4,5-T, 4-CPA등이 있으며 옥신은 극성수송물질로 발근 촉진, 접목의 활착 촉진, 가지 굴곡 유도, 탈리현상 억제로 인한 낙과방지, 단위결과, 제초제로의 이용, 정부우세(측아 억제), 줄기 부정근 형성, 형성층 분열, 에틸렌 생성 등의 효과가 있다.

정답 23 ③ 24 ①

제5장 작부체계

01 작부체계의 개념

1. 정의 및 변천

(1) 정의와 중요성

정의	한 포장에서 여러 작물을 해마다 바꾸어 재배하거나(윤작) 동일 해 여러작물을 동일 포장에서 조합하여 재배하는 것 (간작, 혼작, 교호작, 주위작) ※ 혼작의 예 : 옥수수와 콩, 상추와 마늘, 당근과 양파, 토마토와 바질
중요성	경지 이용율 증가 및 생산성 향상 수익성 향상 및 생산의 안정화 노동력의 효율적 배분 및 잉여노동의 활용 지력 유지증강 및 병충해 감소

(2) 작부체계의 변천

대전법	유목 : 토지를 옮겨가며 경작하는 이동경작 화전 : 야초에 불을 놓아 태워버리고 경작을 하는 방법으로 몇 년간 경작을 지속하여 지력이 떨어지고 잡초가 번성하면 다른 곳으로 이동
주곡식 대전법	정착농업을 하면서 초지와 경지 전부를 주곡으로 재배
휴한 농법	정착농업을 하면서 지력을 유지하는 방법으로 처음에 휴한농업이 도입됨 3포식 농법 : 경작지의 2/3에 춘파 또는 추파 곡식을 재배하고 1/3은 휴한하면서 해마다 휴한지를 이동하여 경작지 전체를 3년에 한 번씩 휴한하는 방법 개량3포식 : 콩과작물 재배 시 지력이 좋아지므로 농경지 1/3을 휴한하는 대신 콩과작물을 재배
윤작	순3포식, 개량3포식, 노포크식 윤작법 등이 있으며 몇 가지 작물을 돌려짓는 방식
자유 경작	도시 근교 수익성이 좋은 채소 작물 재배 시 많이 이용 (비료, 농약 사용)
답전윤환	논작물과 밭작물을 2~3년 씩 교대로 재배하는 방식

(3) **재배 형식** : 소경(원시적 약탈농업), 식경(식민지적 농업), 곡경(곡물 위주의 농경), 포경(식량과 사료를 균형있게 생산), 원경(원예 집약적)

(4) 작부체계의 종류

간작	한 가지 작물을 생육하는 고랑 사이에 다른 작물을 재배하는 것
혼작	생육기간이 거의 같은 두 종류 이상 작물을 같은 포장에 동시 재배하는 것
교호작	생육기간이 비슷한 작물들을 교호로 재배하는 것 (공간 이용율, 지력 증진)
주위작	경작지 주위에 포장 내 작물과 다른 작물들을 재배하는 것
혼파	두 종류 이상의 작물 종자를 섞어 뿌리는 방법 단점 : 파종작업이 불편, 시비 및 수확 등 관리가 불편, 채종이 불편

02 연작과 답전윤환

1. 연작과 기지현상

(1) **정의** : 동일한 포장에 같은 종류의 작물을 연속으로 재배하는 것으로 연작을 하면 작물 생육이 저조해 지는데 이것을 기지현상이라 함

(2) **작물의 종류**

연작 해가 적은 작물	화본과, 연, 뽕나무, 당근, 고구마, 무, 순무, 양배추, 꽃양배추, 아스파라거스, 토당귀, 미나리, 딸기, 목화, 삼, 양파, 담배, 호박
1년 휴작 필요	콩, 시금치, 생강, 파, 쪽파
2년 휴작 필요	오이, 감자, 잠두, 마, 땅콩
3년 휴작 필요	참외, 쑥갓, 강낭콩, 토란
5~7년 휴작 필요	가지, 고추, 토마토, 수박, 완두, 우엉, 레드클로버, 사탕무
10년 이상 휴작 필요	아마, 인삼
과수의 기지	기지가 문제되지 않음 : 사과나무, 포도나무, 살구나무, 자두나무 기지가 나타남 : 감나무 기지가 문제됨 : 앵두나무, 감귤류, 복숭아나무, 무화과나무

(3) **기지의 원인** : 토양선충의 피해, 토양전염병 및 잡초, 토양염류집적, 토양물리성 악화, 토양비료성분 의 수탈, 유독물질 축적

(4) **기지의 대책** : 윤작, 저항성대목 접목(수박, 포도, 멜론, 가지), 담수, 살선충제 토양소독, 객토 및 환토

(5) **윤작의 효과** : 피복작물의 토양보호, 기지 회피, 병충해 및 잡초 경감, 토지이용도 증대, 노동력의 분배, 경영 안정성 증대, 지력 증대(질소고정, 잔비, 토양구조 개선), 수량 증대

(6) **답전윤환** : 논을 담수상태(논상태) 또는 배수상태(밭상태)로 돌려가면서 경작하는 방식으로 기지의 회피, 잡초 감소, 지력 증강, 벼 수량증가의 효과가 있음

제6장 종자와 종묘

01 종자 및 종묘의 개념

1. 종자

(1) 종자의 분류 : 종자는 형태에 따라, 배유 유무에 따라, 저장물질에 따라 구분할 수 있음

1) 형태에 따라

식물학상 종자	아마, 담배, 수박, 양파, 유채, 두류, 오이, 목화, 고추, 토마토, 무, 배추, 참깨
식물학상 과실	과실이 나출된 것 : 쌀보리, 밀, 옥수수, 메밀, 들깨, 호프, 삼, 차조기, 미나리, 상추, 우엉, 시금치 과실이 영에 싸여있는 것 : 벼, 겉보리, 귀리 과실이 내과피에 싸여 있는 것 : 복숭아, 자두, 앵두
포자	버섯, 고사리
영양기관	감자, 고구마

2) 배유 유무에 따라

배유 종자 (지하자엽형)	벼, 보리, 밀, 옥수수(볏과종자), 피마자, 양파
무배유 종자 (지상자엽형)	콩, 팥, 완두(콩과종자), 상추, 오이 ※ 완두, 잠두, 팥은 예외적으로 지하자엽형 발아를 함

3) 저장물질에 따라

전분종자	미곡, 맥류, 잡곡(화곡류)
지방종자	들깨, 참깨
단백질종자	콩과 작물

2. 종묘

(1) 정의 : 번식에 사용되는 모든 종자, 모, 잎 등을 의미하며 영양체와 버섯의 종균을 모두 의미

(2) 종묘로 이용되는 영양기관 종류

눈	마, 포도나무, 꽃의 아삽

잎	베고니아
알뿌리 작물 (줄기, 뿌리)	덩이줄기(괴경) : 감자, 토란 알줄기(구경) : 프리지아, 글라디올러스, 토란, 사프란 비늘줄기(인경) : 양파, 마늘, 나리(백합), 튤립, 알리움 땅속줄기(지하경) : 칸나, 대나무, 둥글레, 연, 박하, 호프, 생강 덩이뿌리(괴근) : 달리아, 고구마, 마, 라넌큘러스

3. 생식

(1) 정의 : 생물이 자신과 같은 속성의 새로운 개체를 만들어 내는 것으로 생식방법에 따라 종자번식과 영양번식이 있으며 종자번식작물의 생식방법은 유성생식(자식성, 타식성)과 아포믹시스로 나뉨

(2) 생식의 종류

유성생식 (종자번식)	• 암수의 생식세포(배우자)를 형성 후 수정을 통해 접합자를 만드는 생식방법으로 비교적 무성생식 보다 복잡한 과정을 가짐 • 다양한 유전적 형질을 가지는 후대 자손들이 생겨 환경변화에 대한 적응성이 좋아 종족 보존에 유리함 • 생장 및 개화 · 결실에 많은 시간이 소요됨 • 번식체(종자)의 수송과 저장이 간편함 • 수정방법은 자가수정과 타가수정으로 나뉨
무성생식	• 생식세포(배우자)를 만들지 않고 식물의 전형성능에 따라 체세포(영양체)의 일부가 증식하여 다음 세대의 개체로 되는 것 • 후대 자손의 유전형이 모체와 동일하며 환경변화에 약함 • 바이러스병에 감염될 경우 치료가 어려움 • 모체와 동일한 품종을 단기간에 대량증식 할 수 있음 • 생장 및 개화 · 결실에 많은 시간이 필요하지 않음 • 번식체(영양체)의 수송과 저장에 비용과 노력이 소모됨 • 잎 : 참나리 • 줄기 : 감자(괴경), 마늘(인경), 글라디올러스(구경) • 뿌리 : 고구마(괴근), 거베라(숙근)

(3) 유성생식 – 자식성·타식성 작물

자식성 작물	• 주로 자가수정을 하며 자연교잡율(타식율)이 4%이하로 낮음
	• 세대가 진전함에 따라 개체의 유전자형이 동형접합체로 됨
	• 종류 : 벼, 보리, 밀, 완두, 담배, 콩, 가지, 토마토, 참깨, 복숭아
	  ※ 복숭아 중 백도, 미백도 품종은 꽃가루 공급을 위한 수분수가 필요
	  ※ 부분자식성 작물 : 자연교잡율이 5~79%인 자가수정, 타가수정을 동시에 하는 작물

타식성 작물	• 주로 타가수정을 하며 자연교잡율이 높고 자식율이 5%이하로 낮음 • 세대가 진전함에 따라 유전자재조합에 따라 개체의 유전자형이 이형접합체로 됨 • 대부분의 과수류와 화훼류(메리골드, 베고니아, 피튜니아)가 해당

- 자웅이주 : 아스파라거스, 시금치, 호프, 삼
- 웅예선숙 : 옥수수, 양파, 마늘, 딸기
- 자가불화합성 : 무, 배추, 호밀, 메밀

(4) 유성생식 – 아포믹시스(수정과정 없이 배를 형성하여 종자가 형성되는 것)

위수정생식	종·속간 교배에서 수분의 자극을 받아 난세포가 배로 발달하며 생긴 종자를 위잡종이라 함 종류 : 벼, 보리, 밀, 목화, 담배
웅성단위생식	난세포에 들어간 정세포가 단독으로 분열하여 배를 형성 종류 : 진달래, 달맞이꽃
복상포자생식	배낭모세포가 감수분열을 못하거나 비정상적인 분열을 하여 배를 형성 종류 : 볏과, 국화과
부정배형성	배낭을 만들지 않고 포자체의 조직세포가 직접 배를 형성 종류 : 밀감의 주심 배
무포자생식	배낭을 만들지만 배낭의 조직세포가 배를 형성 종류 : 파, 부추

(5) 무성생식(영양번식)

1) 정의 : 감자의 덩이줄기나 고구마의 덩이뿌리처럼 영양기관을 직접 번식에 이용하는 것

2) 장점
   - 종자번식이 어려운 작물의 번식수단이 됨(고구마, 감자, 마늘)
   - 우량한 유전특성을 영속적으로 유지 가능
   - 종자번식 작물보다 생육이 왕성
   - 암수 중 이용가치가 높은 포기만을 재배 가능
   - 접목 시 수세조절, 환경적응성 증대, 병충해저항성 증대, 결과촉진, 품질향상, 수세회복 등의 이점이 있음

3) 단점 : 일시에 다량의 묘를 확보하기 어려움

4) 영양번식의 종류

취목	가지를 분리시키지 않은 상태로 흙을 묻어 발근시키는 방법으로 성토법, 휘묻이, 고취법이 해당 - 성토법(묻어떼기) : 포기 밑에 가지를 많이 내고 흙을 쌓아(성토) 발근시키는 방법으로 모식물 가지를 유도하여 흙을 덮고 뿌리를 내림(뽕나무, 사과, 자두, 양앵두) - 휘묻이 : 가지를 휘어서 일부를 흙속에 묻는 방법으로 보통법(포도, 양앵두, 자두, 수구리), 선취법(가지 선단부를 휘어 묻음, 저취법, 포도), 당목취법(가지를 수평으로 묻음, 포도, 양앵두, 자두, 나무딸기)가 해당 - 고취법(양취법) : 고무나무 같은 관상수목 재배 시 높은 곳에서 발근시키는 취목법으로 발근부위를 절상하거나 환상박피 실시

삽목 (꺾꽂이)	어미식물에서 분리한 영양체 일부를 알맞은 환경(적당한 온도, 습도 및 암조건)에 발근시켜 독립개체로 번식시키는 것으로 어느 부위를 삽목하느냐에 따라 엽삽, 근삽, 지삽 등으로 구분 - 엽삽(잎꽂이) : 베고니아, 펠라고늄, 글록시니아, 페페로미아, 칼랑코에, 산세베리아, 차나무 - 근삽(뿌리꽂이) : 오동나무, 감나무, 사과나무, 자두나무, 고구마, 라즈베리, 호프 - 지삽(가지꽂이) • 녹지삽(초본녹지를 삽목) : 국화, 제라늄, 펠라고늄, 콜레우스, 베고니아, 카네이션, 메리골드, 피튜니아, 드라세나 • 경지삽(숙지삽, 과수 묵은가지를 삽목) : 무화과, 포도, 석류, 장미, 남천, 개나리, 배롱나무, 향나무 • 신초삽(반경지삽, 1년 미만 새가지를 삽목) : 인과류(사과, 배), 감귤류, 핵과류, 사철나무, 동백나무, 철쭉, 수국, 포인세티아 • 단아삽(일아삽, 눈 하나만 가진 줄기를 삽목) : 포도나무
접목 (접붙이기)	번식하고자 하는 식물(접수)을 잘라 다른 식물체(대목)에 형성층을 맞춰 붙여 번식하는 방법으로 접목위치, 접목장소, 접목시기에 따라 구분 - 접목위치에 따라 : 잎접목, 정아접목, 줄기접목, 가지접목, 근접목 - 접목장소에 따라 : 거접, 양접 - 접목시기에 따라 : 춘접, 하접, 추접 - 접목방법에 따라 • 눈접(아접) : 당년에 생육한 수목 가지에서 1개의 눈을 채취한 후 대목에 접목하는 방법 • 가지접 : 깍기접(절접, 장미, 일반수목, 과수 등에서 이용하며 활착이 잘됨. 접수 절단면은 밀랍이나 도포제를 칠해 수분 손실을 방지해야 함), 짜개접(할접, 굵은 대목에 가는 소목을 접목시킬 때 대목 중간을 쪼개 그 사이에 접수를 넣어 접목하는 방식) • 혀접(설접) : 굵기가 비슷한 대목, 접수를 비스듬하게 혀모양으로 잘라 겹합 접목시키는 방식(사과, 배, 복숭아, 포도) • 삽목접 : 뿌리가 없는 대목에 접목 후 발근 및 접목 활착이 동시에 되도록 하는 방식(포도) • 접목의 이점 : 묘목 대량양성, 결과 향상, 결과연한 단축, 수세회복, 수세조절, 환경적응성 및 병충해저항성 증대 • 채소 접목육묘의 장점 : 흡비력 증진, 토양전염병 발생 억제, 불량환경에 대한 저항성 증가 - 박과채소 연작으로 인한 덩굴쪼김병을 방제하기 위해 호박을 대목으로 사용 - 가지과채소 저항성 대목을 이용한 접목재배 증가 - 박과류 접목 장단점 • 장점 : 흡비력 증진, 과습저항성 증진, 과실 품질 향상, 토양전염병 발생 억제, 불량환경 저항성 증가 • 단점 : 질소 과다흡수, 당도 저하, 흰가루병 저항성 감소, 기형과 발생

(6) 조직배양

1) 정의 : 식물의 세포, 조직, 기관 등을 기내의 영양배지에서 무균적으로 배양하여 완전한 식물체로 재분화시키는 것으로 식물의 전형성능(식물세포가 정상적인 식물체로 재분화할 수 있는 능력)을 이용한 배양방법
2) 장점 : 삽목과 접목에 비해 짧은 시간 동안 대량증식이 가능하고 생장점을 증식하면 바이러스 무병주를 육성할 수 있음
3) 단점 : 변이가 생겨 모체와 다른 형질이 나타날 수 있고 결실까지 오랜 시간이 걸림

02 종자의 품질 및 발아전 처리

1. 종자 품질 조건

(1) **외적조건** : 순도, 종자의 크기와 중량, 색택, 냄새, 수분함량(낮을수록 발아력 유지), 건전도

(2) **내적조건** : 병충해, 발아력, 유전성(우량품종 : 우수성, 영속성, 균일성, 광지역성)

1) 발아력 : 순활종자(용가, %) = 발아율 × 순도 / 100
2) 발아력의 간이검정법 : 테트라졸륨법, 효소활력측정법, 전기전도도검사법, 인디고카민법, 구아이아콜법

2. 종자검사

(1) **검사 기관** : 농촌진흥청, 국립종자원, 국립농산물품질관리원에서 국제종자검사협회의 기준에 따라 종자검사 실시

(2) **종자검사 항목** : 순도 분석, 이종종자입수검사, 수분 검사, 발아 검사, 천립중 검사, 품종 검증, 종자건전도 검사

(3) **종자검사 방법**

형태의 차이에 따른 방법	전생육검사, 유묘, 종자, 영상분석
생화학적 방법	자외선형광검정, 페놀검사, 염색체수 검사
분자생물학적 방법	DNA 분석 : PCR, RFLP, RAPD, AFLP, SSR, STS, Southren Blot RNA 분석 : Northern Blot 단백질 분석 : 전기영동, HPLC, 흡광도 분석, Western Blot 동위효소형태분석 : RFLP, RAPD, 지문분석

3. 종자의 수명 및 퇴화

(1) 작물별 종자 수명

단명종자(1~년)	옥수수, 콩, 목화, 메밀, 기장, 해바라기, 양파, 파, 고추, 상추, 강낭콩, 당근
상명종자(3~5년)	벼, 밀, 보리, 귀리, 유채, 켄터키블루그래스, 완두, 페스큐, 무, 배추, 우엉, 시금치, 멜론, 호박, 카네이션, 시클라멘, 피튜니아
장명종자(5년 이상)	앨팰퍼, 사탕무, 베치, 클로버, 수박, 비트, 가지, 토마토, 나팔꽃, 접시꽃, 데이지

(2) **종자 발아력 상실 원인** : 원형질단백질의 응고(주 원인), 효소 활력저하, 저장양분 소모, 가수분해효소 활성, 리보솜 분리의 저해, 지질 자동산화, 균의 침입 등으로 인해 퇴화종자는 호흡이 감소하고 유리지방산이 증가

(3) 종자퇴화

1) 유전적 퇴화

원인	자연교잡, 유전자형 분리, 이형종자 혼입, 돌연변이
방지	격리재배, 이형종자 혼입방지, 이형주 제거, 밀폐저장, 주보존

2) 생리적 퇴화

감자	평지산 씨감자는 고랭지와 비교했을 때 충실하게 생산되지 못하며 여름 온도가 높아 저장 중 소모로 인해 생리적으로 불량
콩	남부생산 종자는 북부생산 종자와 비교했을 때 충실하게 생산되지 못하며 건조한 토양에서 생산된 것이 축축한 토양에서 생산된 것보다 충실하지 못함
벼	평야지보다 분지에서 생산된 것이 충실

3) 병리적 퇴화

원인	바이러스병 예 평지산 씨감자
방지	씨감자 고랭지 채종, 가을재배, 무병지 채종, 종자소독, 이병주 도태, 씨감자 검정, 약제 살포

4. 종자의 휴면

(1) 휴면의 원인

※ 종자 발아 4대 조건 : 수분, 온도, 산소, 빛

배휴면	보리, 밀, 메귀리, 차조기, 장미과(사과, 배, 복숭아 등) 타파방법 : 지베렐린처리, 저온습윤처리
배의 미숙	은행, 장미과, 미나리아재비과, 인산 타파방법 : 후숙처리
종피 기계적 저항	잡초, 나팔꽃, 땅콩, 체리 타파방법 : 고온건조 처리
종피 불투기성	맥류종자(귀리, 보리)
종피 불투수성(경실)	원인 : 큐티클층과 책상조직의 발달 콩과작물, 고구마, 연, 오크라, 볏과목초(달리스그래스, 바히아그래스)
발아억제물질	블라스토콜린은 발아억제물질을 총칭하는 용어 시안화수소(HCN), 암모니아, 쿠마린, 페놀화합물, ABA 벼 : 발아억제물질이 영에 존재 순무 : 발아억제물질이 과피에 존재, 물에 씻거나 과피를 제거하면 발아 오이, 토마토, 호박, 수박 : 발아억제물질이 장과에 존재, 종자 분리 후 물에 씻으면 발아

(2) 경실 및 화곡류 휴면타파법

1) 종피파상법 : 발아를 촉진시키기 위해 종자 껍질에 상처를 내는 방법, 자운영 등 콩과 종자는 가는 모래를 혼합하여 약 30분간 절구에 찧어 종피에 상처를 낸 후 파종
2) 진한 황산처리 : 진한 황산 약액에 침지 후 물로 씻어 파종하면 발아가 촉진
   예 처리시간 : 고구마 종자 1시간, 감자 종자 20분, 클로버 30분, 레드클로버 15분, 연 5시간, 목화 5분
3) 저온처리 : 처리할 종자를 190℃의 액체 공기에 2~3분간 침지하여 파종
4) 건열처리 : 알팔파, 레드클로버는 40℃의 온도에 5시간, 50℃ 온탕에 1시간 처리 후 파종
5) 진탕처리 : 스위트클로버는 플라스크에 종자를 넣어 분당 180회씩 10분 간 진탕처리 후 파종
6) 질산염처리 : 버팔로그래스는 0.5% 질산칼륨에 24시간 종자침지 후 5℃에 6주간 냉각하여 파종
7) 화곡류 휴면타파

벼	50℃에 4~5일 보관후 발아억제물질이 불활성화되면 휴면이 타파
맥류	0.5~1% 과산화수소 용액에 24시간 침지 후 5~10℃의 저온에 젖은 상태로 보관하면 휴면이 타파

8) 감자 휴면타파 : 감자를 절단한 후 2ppm의 지베렐린 수용액에 30~60분 간 침지하여 파종

(3) 발아억제

1) 온도조절 : 감자(0~4℃), 양파(1℃ 내외)
2) 약제 처리 : 감자, 양파(MH 수용액), 담배(전기콜린양액, 앤티싹, 액아단)
3) 방사선 처리 : 감자, 당근, 양파(감마선 조사)

(4) 발아 및 발근 관련 물질

1) 발아촉진물질 : 지베렐린, 사이토키닌, 에틸렌, 질산염, 과산화수소, thiourea
2) 발아억제물질 : ABA, 암모니아, 시안화수소, 쿠마린, 페놀
3) 발근활착 촉진물질 : 옥신, 자당액 침지, 환상박피, 황화, 과망간산칼리

5. 발아전 종자처리

(1) 선종 : 충실한 종자를 고르는 것으로 화곡류는 비중선을 이용하여 건전 종자를 가려냄

1) 비중선 : 소금물, 황산암모늄(유안), 염화칼륨, 간수, 재 등의 비중액 사용
2) 비중 : 밀, 쌀보리 1.22 > 메벼 무망종, 겉보리 1.13 > 메벼유망종 1.1 > 벼 1.08

(2) 종자 소독 : 화학적 소독(종자 외부의 병균 소독), 물리적 소독(종자 내부의 병균 소독)

1) 화학적 소독 : 침지소독(농약 수용액), 분의소독(농약 분말), 소독약제
2) 물리적 소독 : 냉수온탕침법(맥류 겉깜부기병, 벼 선충심고병), 온탕침법(맥류 겉깜부기병, 고구마 검은무늬병), 건열처리법(채소종자), 기피제 처리법

(3) **침종** : 파종하기 전 종자를 일정기간 동안 물에 담가 발아에 필요한 수분을 흡수시키는 것으로 발아가 빠르고 균일하며, 발아기간 중의 피해가 경감됨

1) 침종기간은 작물과 수온에 따라 다르며, 연수보다 경수에서 길어짐
2) 수온은 너무 낮지 않은 것이 좋으며, 물속에 산소가 많아야 좋으므로 정결한 물을 쓰고 자주 환수해야 함
3) 강낭콩, 완두, 콩, 목화, 수수 등은 낮은 수온에서 오래 침종하면 종자의 저장양분이 새어나오고, 산소부족에 의해 발아장애가 유발됨

(4) **최아** : 발아, 생육을 촉진할 목적으로 종자의 싹을 약간 틔워서 파종하는 것으로 벼의 조기육묘, 한랭지의 벼농사, 맥류의 만파재배, 땅콩의 생육촉진에 이용됨

(5) **종자 발아를 위한 생육촉진처리**

프라이밍	파종 전 수분을 가하여 종자가 발아에 필요한 생리적인 준비를 갖추게 함으로써 발아의 속도와 균일성을 높이는 것
종자의 경화	불량환경에서의 출아율을 높이기 위해 파종 전 종자에 흡수, 건조 과정을 반복적으로 처리함으로써 초기 발아과정에서의 흡수를 조장하는 것
과산화물	H_2O_2가 물속에서 분해되면 O_2를 방출하여 용존산소를 증가시켜 종자의 발아 및 유묘의 생육을 증진시킴
저온 및 고온 처리	종자 발아촉진을 위해 저온 또는 고온 예열처리를 함
발아촉진물질	GA, thiourea, KCN, NaCN, NaN_3
박피제거	강산이나 강알칼리성 용액에 종자를 담가 종피를 녹여줌으로써 경실의 종피를 약화시켜 발아를 촉진

03 육묘

1. 육묘

(1) **육묘의 정의와 필요성**

1) 정의 : 종자를 일정 기간 길러 정식(본포에 옮김)에 적합한 모를 키우는 것

2) **육묘의 필요성**

재해 방지	직파재배보다 초기관리가 수월하고, 집약관리가 가능하여 병충해, 한해, 동해 등을 방지할 수 있음. 벼는 도복이 줄어들고 감자의 가을재배에서는 고온해가 경감
토지이용도의 증대	벼를 육묘이식하면 답리작이 가능, 채소는 경지이용률을 높일 수 있음
노력 절감	직파 시 처음부터 넓은 본포에서 관리하는 것보다 중경제초 등에 소요되는 노력이 절감됨

직파가 불리할 경우	딸기, 고구마, 과수는 직파가 매우 불리하므로 육묘이식이 적합
증수 도모	과채류, 벼, 콩, 맥류는 직파하는 것보다 육묘이식을 할 경우 생육 증진 및 증수
조기수확 가능	과채류는 조기육묘 시 수확기가 극히 빨라져 조기수확이 가능해짐
추대 방지	봄 결구배추 보온육묘 시 직파할 때처럼 저온감응하여 추대 후 결구하지 못하는 현상을 방지
용수 절약	벼 못자리기간의 본답용수를 절감할 수 있음
종자 절약	직파보다 종자량이 적게 들며, 비싼 종자일수록 유리함

(2) 묘상 및 묘포의 조건

1) 관개용수를 얻기 좋은곳
2) 양지바르고 따뜻하며 방풍이 되어 있는 곳
3) 배수시설을 갖춘 곳
4) 병해충과 인축으로 인한 피해가 없는 곳
5) 육묘용 상토는 pH5.5~6.8(약산성)이 적절
6) 공정육묘상토는 유기질재료인 수태, 피트모스 또는 버미큘라이트, 펄라이트 등을 혼합하여 사용

(3) 육묘의 종류

1) 재래식 육묘 : 냉상이나 전열온상에서 육묘로 1차, 2차 가식을 한 후 포장에 정식하는 방법
2) **공정육묘** : 재래식 육묘를 개선하여 상토혼입, 자동화육묘 시설을 이용하는 기술집약적 육묘방법으로 성형묘, 플러그묘, 셀묘 등으로 불리며 기간단축 및 생산비 절감, 대량생산, 묘 소질 개선, 운반의 편리함 등의 장점이 있음

(4) 묘상관리

파종	작물에 따라 적기에 파종하고 복토하여 볏짚을 얕게 깔아 표면건조를 방지
경화	생육 성기 이후에는 직사광과 외부 냉온에 서서히 순화시켜 모를 경화시킨 후 정식 ※ 경화(순화) : 식물이 외부환경 스트레스에 적응시켜 견디는 내성을 키우는 것으로, 정식기에 어린 묘를 외부환경에 미리 적응시켜 순화시키는 것과 낙엽과수를 가을 노화기간에 내한성 증대를 위해 점진적으로 저온에 노출시키는 방법이 해당
관수	야간에 과습해지지 않도록 오전에 관수하며 생육성기에는 건조하기 쉬우므로 충분히 관수함
시비	밑거름을 충분히 주고, 상토량이 적은 공정육묘 시 액비 추비함
제초, 솎기, 병충해방지	발생한 잡초를 제거하고 모가 일정한 간격을 유지하도록 솎아줌 상토소독과 농약살포로 병충해를 방지 ※ 솎기 : 생육공간을 확보하여 작물생육을 원활히 하기 위해 발아 후 밀생한 곳의 개체를 제거하는 것

확인문제

01 영양번식(무성번식)에 관한 설명으로 옳지 않은 것은? ▶ 2016년 손해평가사 제2회

① 과수의 결실연령을 단축시킬 수 있다.
② 모주의 유전형질이 똑같이 후대에 계승된다.
③ 번식체의 취급이 간편하고 수송 및 저장이 용이하다.
④ 종자번식이 불가능한 작물의 번식수단이 된다.

> 〈영양번식의 특징〉
> • 후대 자손의 유전형이 모체와 동일하며 환경변화에 약함
> • 바이러스병에 감염될 경우 치료가 어려움
> • 모체와 동일한 품종을 단기간에 대량증식 할 수 있음
> • 생장 및 개화·결실에 많은 시간이 필요하지 않음
> • 번식체(영양체)의 수송과 저장에 비용과 노력이 소모됨

02 작물의 육묘에 관한 설명으로 옳지 않은 것은? ▶ 2017년 손해평가사 제3회

① 수확기 및 출하기를 앞당길 수 있다.
② 육묘용 상토의 pH는 낮을수록 좋다.
③ 노지정식 전 경화과정(Hardening)이 필요하다.
④ 육묘와 재배의 분업화가 가능하다.

> 〈묘상 및 묘포의 조건〉
> • 관개용수를 얻기 좋은곳
> • 양지바르고 따뜻하며 방풍이 되어 있는 곳
> • 배수시설을 갖춘 곳
> • 병해충과 인축으로 인한 피해가 없는 곳
> • 육묘용 상토는 pH5.5~6.8(약산성)이 적절

03 육묘에 관한 설명으로 옳지 않은 것은? ▶ 2017년 손해평가사 제3회

① 직파에 비해 종자가 절약된다.
② 토지이용도가 낮아진다.
③ 직파에 비해 발아가 균일하다.
④ 수확기 및 출하기를 앞당길 수 있다.

> 벼를 육묘이식하면 답리작이 가능하고 채소는 경지이용률을 높여 토지이용도가 높아진다.

  정답 01 ③   02 ②   03 ②

04 화훼작물의 플러그묘 생산에 관한 옳은 설명을 모두 고른 것은? ▶ 2017년 손해평가사 제3회

> ㄱ. 좁은 면적에서 대량육묘가 가능하다.
> ㄴ. 최적의 생육조건으로 다양한 규격묘 생산이 가능하다.
> ㄷ. 노동집약적이며 관리가 용이하다.
> ㄹ. 정밀기술이 요구된다.

① ㄱ, ㄴ, ㄷ
② ㄱ, ㄴ, ㄹ
③ ㄱ, ㄷ, ㄹ
④ ㄴ, ㄷ, ㄹ

 공정육묘 : 재래식 육묘를 개선하여 상토혼입, 자동화육묘 시설을 이용하는 기술집약적 육묘방법으로 성형묘, 플러그묘, 셀묘 등으로 불리며 기간단축 및 생산비 절감, 대량생산, 묘 소질 개선, 운반의 편리함 등의 장점이 있다.

05 작물의 취목번식방법 중에서 가지의 선단부를 휘어서 묻는 방법은? ▶ 2015년 손해평가사 제1회

① 선취법
② 성토법
③ 당목취법
④ 고취법

 취목 중 휘묻이는 가지를 휘어서 일부를 흙속에 묻는 방법으로 보통법(포도, 양앵두, 자두, 수구리), 선취법(가지 선단부를 휘어 묻음, 저취법. 포도), 당목취법(가지를 수평으로 묻음, 포도, 양앵두, 자두, 나무딸기)가 해당한다.

06 일반적으로 딸기와 감자의 무병주 생산을 위한 방법은? ▶ 2015년 손해평가사 제1회

① 자가수정
② 종자번식
③ 타가수정
④ 조직배양

 조직배양은 식물의 세포, 조직, 기관 등을 기내의 영양배지에서 무균적으로 배양하여 완전한 식물체로 재분화시키는 것으로 식물의 전형성능(식물세포가 정상적인 식물체로 재분화할 수 있는 능력)을 이용한 배양방법이며 삽목과 접목에 비해 짧은 시간 동안 대량증식이 가능하고 생장점을 증식하면 바이러스 무병주를 육성할 수 있다는 장점이 있다.

정답 04 ② 05 ① 06 ④

확인문제

07 ( )에 들어갈 내용으로 옳은 것은? ▶ 2016년 손해평가사 제2회

> 조직배양은 식물의 세포, 조직, 또는 기관이 완전한 식물체로 만들어질 수 있다는 ( )에 기반을 둔 것이다.

① 전형성능 ② 유성번식
③ 발아세 ④ 결실률

 조직배양은 식물의 세포, 조직, 기관 등을 기내의 영양배지에서 무균적으로 배양하여 완전한 식물체로 재분화시키는 것으로 식물의 전형성능(식물세포가 정상적인 식물체로 재분화할 수 있는 능력)을 이용한 배양방법이다.

08 다음 설명의 영양번식방법은? ▶ 2017년 손해평가사 제3회

> - 양취법(陽取法)이라고도 한다.
> - 오래된 가지를 발근시켜 떼어낼 때 사용한다.
> - 발근시키고자 하는 부분에 미리 박피를 해준다.

① 성토법 ② 선취법
③ 고취법 ④ 당목취법

 고취법(양취법)은 고무나무 같은 관상수목 재배 시 높은 곳에서 발근시키는 취목법으로 발근부위를 절상하거나 환상박피를 실시한다.

09 다음 과수 접목법의 분류 기준은? ▶ 2017년 손해평가사 제3회

> 절접, 아접, 할접, 혀접, 호접

① 접목부위에 따른 분류 ② 접목장소에 따른 분류
③ 접목시기에 따른 분류 ④ 접목방법에 따른 분류

정답 07 ① 08 ③ 09 ④

〈접목방법에 따른 분류〉
- 눈접(아접) : 당년에 생육한 수목 가지에서 1개의 눈을 채취한 후 대목에 접목하는 방법
- 가지접 : 깍기접(절접, 장미, 일반수목, 과수 등에서 이용하며 활착이 잘됨. 접수 절단면은 밀랍이나 도포제를 칠해 수분 손실을 방지해야 함), 짜개접(할접, 굵은 대목에 가는 소목을 접목시킬 때 대목 중간을 쪼개 그 사이에 접수를 넣어 접목하는 방식
- 혀접(설접) : 굵기가 비슷한 대목, 접수를 비스듬하게 혀모양으로 잘라 겹합 접목시키는 방식(사과, 배, 복숭아, 포도)
- 삽목접 : 뿌리가 없는 대목에 접목 후 발근 및 접목 활착이 동시에 되도록 하는 방식(포도)

10 농가에서 널리 이용하는 엽삽에 유리한 작물이 아닌 것은?   ▶ 2022년 손해평가사 제8회

① 렉스베고니아   ② 글록시니아
③ 페페로미아   ④ 메리골드

삽목(꺾꽂이) 중 엽삽(잎꽂이)에 유리한 작물에는 베고니아, 펠라고늄, 글록시니아, 페페로미아, 칼랑코에, 산세베리아, 차나무 등이 해당한다.

정답 10 ④

제7장 생육관리

01 정지 · 파종 · 이식

1. 정지

(1) 정의 : 파종과 이식을 위해 토양을 경운, 쇄토, 작휴, 진압하는 방법

경운	• 토양을 갈아 엎어 흙덩이를 반전, 부스러뜨리는 작업 • 효과 : 토양 물리성 개선, 토양 화학성 개선, 잡초 경감, 토양 해충 경감, 잡초 경감 • 건토효과 : 흙을 건조시키면 유기물이 분해되어 작물에 대한 비료 공급이 많아지는 것으로 밭보다 논에서 효과적임. 추경에 의한 건토효과를 얻으려면 유기물 시용을 증대해야 하며 봄철 강우량이 많을 경우엔 춘경이 유리 ※ 심경 : 토양을 20cm이상 갈아 작업하는 것
쇄토	• 경운한 토양의 큰 덩어리를 분쇄하는 것으로 파종과 이식 작업을 편해지며 발아도 잘 됨 • 써레질(물로터리) : 논에서 경운 후 물을 대어 써레로 곱게 부수는 것
작휴	• 이랑의 높이, 너비 등을 작물 생육환경에 맞춰 만드는 방법 • 평휴법 : 이랑과 고랑의 높이를 같게 하는 것, 건조해와 습해를 함께 완화하며 채소와 밭벼 재배에서 실시 • 휴립구파법 : 이랑을 세우고 낮은 골에 파종하는 방법, 맥류 한해와 동해를 방지하며 감자의 발아를 촉진 • 휴립휴파법 : 이랑을 세우고 이랑에 파종하는 방법으로 배수와 통기성이 좋아짐, 조·콩은 이랑을 낮게 세우고 고구마는 높게 만듦 • 성휴법 : 이랑을 넓고 크게 만드는 방법으로 파종이 편해지며 건조해와 장마철의 습해를 방지, 중부지방 맥후작콩, 맥류 답리작재배에서 실시

2. 파종

(1) 파종시기를 결정하는 요인

작물의 종류	• 월동작물은 추파를, 여름작물은 춘파를 함 • 녹두는 파종에 알맞은 기간이 여름작물 중 가장 길어 만파에 적응
작물의 품종	• 벼 감광형 품종은 만파만식에 적응하지만 감온형과 기본영양생장형은 조파조식 해야 함 • 추파성이 높은 추파맥류 품종은 조파를, 추파성이 낮은 품종은 약간 만파 하는 것이 유리
재해 회피	• 풍해와 냉해를 회피하기 위해 벼를 조파조식하며 봄채소는 조파하는 것이 한해를 경감
작부체계	• 두가지 작물 이상을 재배할 경우(맥후작, 2모작) 단작보다 늦게 파종 또는 이앙함
재배지역과 기후	• 감자는 평지에서 이른봄에 파종하지만 고랭지에서 늦봄에 파종함
토양 조건	• 토양이 과하게 건조하거나 습하면 파종을 지연

(2) 파종 양식

산파(흩어뿌림)	• 포장 전면에 종자를 흩어 뿌리는 방법으로 노력이 절감됨 • 단점 : 종자 소요량이 많음, 통기와 투광이 불량, 도복 우려, 관리가 불편
조파(골뿌림)	• 골타기를 하고 종자를 줄지어 뿌리는 방법으로 대부분 작물은 조파를 함 • 맥류처럼 평면공간이 넓지 않은 작물에 사용 • 장점 : 골사이가 비어있어 통기와 투광이 양호, 관리가 편함
점파(점뿌림)	• 종자를 1~수립씩 띄엄띄엄 파종하는 방법으로 노력이 많이 들지만 종자량은 적게 듦 • 통기와 투광이 양호하며 두류, 감자 재배 시 많이 사용
적파	• 점파할 때 한 곳에 종자 여러개를 파종하는 방법

(3) **파종량 결정요인** : 파종량은 불리한 환경에서 증가하는데 작물의 종류, 종자의 크기, 파종시기, 재배지역, 재배방식, 토양 및 시비, 종자의 조건(충실도)가 이에 관여하나 파종량이 너무 많을 때도 수확량이 오히려 감소함

※ 불리한 환경 : 맥류 중부지방 재배, 감자 평야지 재배, 맥류 산파, 콩 맥후작 재배, 직파재배

(4) **파종 절차** : 골타기(작조), 시비, 비료섞기(간토), 복토, 진압, 관수 순으로 진행

복토 깊이	작물 종류
안보일 정도로만	소립목초종자, 상추, 파, 양파, 담배, 당근, 유채
0.5~1cm	순무, 배추, 양배추, 가지, 고추, 토마토, 오이, 차조기
1.5~2cm	조, 기장, 수수, 무, 시금치, 수박, 호박
2.5~3cm	보리, 밀, 호밀, 귀리, 아네모네
3.5~4cm	콩, 팥, 완두, 잠두, 강낭콩, 옥수수
5~9cm	감자, 토란, 생강, 글라디올러스
10cm 이상	수선, 나리, 튤립, 히아신스

3. 이식

(1) 이식의 정의와 장단점

1) 정의 : 현재 자라고 있는 장소(묘상)로부터 다른 장소(본토)에 작물을 옮겨 심는 것

2) 이식의 장단점

장점	• 생육촉진 및 수량증대 : 초기 생육촉진으로 수확량 증가 • 토지이용 효율 증대 : 앞작물 수확 후 정식 • 숙기 단축, 활착 증진
단점	• 직근 채소류는 뿌리가 손상되어 근계의 발육에 나쁜 영향을 미침(무, 당근, 우엉) • 목화, 결구배추, 참외, 수박 단근 불리 • 한랭지에서 불리

(2) 정식, 가식, 보식

1) 정식 : 본토에 옮겨 심는 것을 정식(아주심기)이라 하며 정식하는 행위를 이앙이라 함
2) 가식 : 정식할 때까지 잠정적 이식을 해두는 것을 가식이라고 하며, 가식하는 장소를 가식장이라 함
3) 보식 : 이식 후 작물이 고사한 곳에 보충적으로 이식하는 것

02 정지와 전정

1. 정지

(1) 정의 : 과수 등에서 수형을 조정하는 것으로, 전정·유인·가지벌려주기·가지비틀기 등의 방법을 이용

(2) 정지법의 종류

1) 입목형 정지법
   ① 원추형 : 수형이 원추상태가 되도록 하는 정지법으로 주간형, 폐심형이라고도 함(왜성사과나무, 양앵두나무)
   ② 배상형 : 짧은 원줄기 상에 3~4개의 원가지를 발달시켜 수형이 술잔모양으로 되게 하는 정지법으로 개심형이라고도 함(복숭아)
   ③ 변칙주간형 : 수년간 원추형으로 재배 후 뒤에 원줄기 선단을 잘라 원가지가 바깥으로 벌어지도록 하는 정지법으로 지연개심형이라고도 함(밤, 감, 사과, 서양배, 양앵두, 대추, 자두)
   ※ 주간(중심부) 유무에 따라 주간형과 개심형으로 나뉘며 사과나무는 주로 세장방추형과 변칙주간형으로 재배
   ④ 개심자연형 : 원가지를 곧게 키우되 비스듬히 사립시키는 정지법(복숭아, 감귤, 배)
2) 울타리형 정지법 : 포도나무의 정지법으로 많이 사용하며 가지를 길게 친 철사에 유인하여 결속함
3) 덕형 정지법 : 지상 1.8m높이에 가로, 세로로 철선을 늘려 결과부위를 평면으로 만드는 정지법(포도, 배, 키위프루트)
   ① 장점 : 풍해 경감, 다수량
   ② 단점 : 시설비, 노동력 필요, 병해충 발생 증가

2. 전정

(1) 정의 : 정지를 목적으로 한 가지절단, 결과조절, 가지갱신을 위해 과수 등의 가지를 잘라주는 행위

(2) 특징

1) 전정시기에 따라 동계전정(휴면기 전정)과 하계전정(생장기 전정), 가지를 잘라내는 양에 따라 강전정과 약전정으로 구분

(3) 강전정과 약전정

강전정	• 잘라낸 잎의 수가 20% 이상이며 잘라낸 가지 길이가 남겨진 가지 길이보다 긺 • 주로 노목에서, 수세가 약할경우 실시 • 잎의 수가 크게 줄어 탄수화물 축적이 저하되어 나무의 결실(생산성)을 억제함 • 새 가지의 세력이 강해져 생장이 늦게까지 지속되며 이에 따라 축적되는 양분은 적어져 꽃눈형성과 뿌리생장은 저해됨
약전정	• 밀생한 가지를 솎는 솎음전정이 위주이며 잘라낸 잎의 수가 10%이하 • 주로 유목기에, 수세가 강할경우 실시 • 나무의 결실(생산성)을 촉진하나 지나치게 가지를 많이 남길 경우 수관이 복잡해지고 수세가 저하됨 • 새 가지의 세력이 약해지나 초기 잎의 수가 증가하여 꽃눈형성을 촉진

03 토양관리 · 결실조절

1. 중경(김매기)

장점	• 잡초제거(중경의 가장 큰 효과) • 토양수분 증발의 경감(모세관 절단) • 발아 조장(비가 온 뒤 표토를 갈아줌) • 토양통기 조장(산소공급 증가 및 유기물 분해) • 비효증진(논에 사용한 비료가 환원됨)
단점	• 풍식 조장 • 동상해 조장(온열의 상승을 방해) • 단근

2. 멀칭

(1) **정의** : 토양의 표면을 짚, 퇴비 등 여러 가지 재료로 피복하는 것으로 토양수분의 증발을 억제하기 위해 실시함

(2) **멀칭의 종류 및 효과**

종류	• 토양멀칭(중경), 비닐멀칭, 스터블멀치농법(그루터기) • 투명필름 : 지온상승, 잡초발생 증가 • 흑색필름 : 지온하강, 잡초억제 • 은색필름 : 해충방제, 잡초억제 • 녹색필름 : 지온상승 효과는 투명과 흑색의 중간정도, 잡초를 거의 억제
효과	• 한해 경감 : 토양수분 증발 억제 • 동해 경감 : 월동작물에 퇴비 등을 피복 • 토양 보호 : 풍식과 수식 예방

	• 생육 촉진 : 보온효과로 인해 조식가능, 생육이 촉진 • 잡초발생 억제 : 호광성 잡초 발생을 억제 • 과실 품질향상 : 포장에 짚을 깔면 과실이 깨끗함

3. 배토, 토입, 답압

(1) 정의 및 효과

배토(북주기)	정의 : 작물의 생육기간 중에 골사이나 포기사이의 흙을 포기 밑으로 긁어 모아주는 것 효과 : 새 뿌리 발생 촉진, 도복 경감, 무효분얼 억제, 덩이줄기 발육조장, 배수 및 잡초억제 주요작물 : 옥수수, 감자, 토란, 땅콩, 무, 마늘, 파, 부추, 아스파라거스
토입(흙넣기)	정의 : 맥작에서 골사이의 흙을 곱게 부수어서 자라는 골 속에 넣어주는 작업 효과 : 월동이 좋아짐, 잡초 억제, 건조피해 경감, 무효분얼 억제, 도복억제
답압(밟기)	정의 : 맥작에서 작물이 자라고 있는 골을 밟아주는 작업으로 생육이 왕성할 때만 실시 효과 : 생식생장이 억제되어 월동이 좋아짐, 내동성 증대, 건조해 경감, 무효분얼 억제

4. 결실조절

(1) 단위결과의 유도

정의	• 종자 생성 없이 열매를 맺는 현상으로 씨없는 포도나 수박 과실을 생산 할 수 있음
이용	• 포도 : 지베렐린 처리에 의해 단위결과 유도 • 토마토, 가지 : 옥신처리로 씨없는 과실 생산 • 수박 : 3배체 작물을 만들어 씨없는 수박 생산

(2) 수분의 매개

1) 수분매개는 육종 시 인공교잡을 할 경우, 매개곤충이 부족할 경우, 자체의 화분이 부족하거나 안좋을 때, 다른 화분으로 수분하는 것이 더 좋을 때 실시함

2) 수분 매개 방법

인공수분	• 과수나 원예식물의 열매를 잘 맺게 하기 위해 인공적으로 수분시키는 것 • 과채류 : 손으로 인공수분 실시 • 과수 : 목적 화분을 대량수집하여 살포기구로 살포함
곤충의 방사	• 수분을 위해 사육·방사되는 곤충 : 꿀벌류, 가위벌류, 꽃등에
수분수 혼식	• 수분수 : 사과 등 과수재배는 다른 품종이 화분 공급을 위해 20~30% 혼식에 쓰임 • 수분수 구비조건 : 주품종과 친화성이 있어야 하며 개화기가 일치하거나 약간 빨라야 함 • 수분수 자체의 과실 품질도 우량해야 하며 건전한 화분을 많이 생산해야 함

(3) 과수의 결과습성

1) 꽃눈이 착생하는 특성으로 과수의 꽃눈이 형성되는 부위는 과수 종류에 따라 다르며 양호한 결과를 위해 전정 필요

2) 가지 결과습성

1년생 가지에 착생	• 감, 밤, 포도, 감귤, 무화과, 비파, 호두
2년생 가지에 착생	• 복숭아, 자두, 매실, 살구, 양앵두
3년생 가지에 착생	• 사과, 배

(4) 적화 및 적과

1) 정의 : 과수 등의 개화수나 착과수가 너무 많을 때 꽃망울과 과실을 솎아주는 것
2) 효과 : 착색, 크기, 맛 등과 같은 과실의 품질을 향상시키고, 해거리를 방지할 수 있음
   ※ 해거리 : 과실수량이 많았던 해의 이듬해에 수량이 급격히 줄어드는 것
3) 적과의 시기 : 개화 후 2~3주(1차 적과), 개화 후 4~6주(생리적 낙과 후, 2차 적과)

(5) 봉지씌우기(복대)

1) 정의 : 사과, 배, 복숭아 등 과수재배에서 적과를 끝내고 과실에 봉지를 씌우는 작업으로 복대작업을 하는 것을 유대재배, 하지 않는 것을 무대재배라 함
2) 장점 및 단점

장점	외관(착색)이 좋아짐, 열과 방지, 동록 방지, 병충해 방지, 농약이 직접 과실에 부착되지 않아 상품성이 좋아짐
단점	노동력이 많이듦, 비타민 C 함량 감소

※ 열과 : 과피가 터지고 갈라지는 현상
※ 동록 : 과피 표면이 거칠어지는 현상

(6) 과수의 낙과

1) 낙과의 종류

기계적 낙과	폭풍우나 병충해에 의한 낙과
생리적 낙과	생리적 원인에 의해 발생한 이층에 의한 낙과
시기에 따른 낙과	조기낙과(6월 낙과), 후기낙과(수확 전 낙과)

2) 낙과의 원인과 대책

원인	생리적 낙과 : 수정되지 못하거나 수정되더라도 영양이 부족하거나 유과기에 저온을 만나 동해를 입을 경우 수확 전 낙과 : 옥신의 감소, 에틸렌의 증가, 세포벽 분해효소의 증가
대책	동상해 대책(방한), 곤충 방사를 통한 수분매개, 병충해 방지, 토양건조 및 과습 방지(관개, 멀칭), 방풍, 수광태세 개선(오이 일조량 부족 시 낙과), 옥신 생장조절제 살포, 비료 시비

(7) 과수재배 시 토양관리

청경재배	김매기나 제초제를 사용하여 풀을 제거하여 깨끗하게 유지하는 재배법 장점 : 풀이 제거되어 병충해가 감소하고 작물과의 양분경합이 사라져 관리가 쉬움 단점 : 입단형성이 어려워져 토양침식과 양분용탈이 발생, 지온차와 유기물 소모가 커짐
초생재배	과수원에서 청경재배와 반대로 풀을 가꾸는 재배법 장점 : 입단형성과 토양피복으로 토양침식 방지, 지력 증진, 양분용탈 방지, 제초노력 경감 단점 : 병해충 잠복처 제공, 작물과의 양분경합 발생
멀칭재배(피복재배)	볏짚, 필름 등의 피복재로 토양을 덮어 재배하는 방법 장점 : 토양침식 방지, 잡초발생 억제, 토양유기물 증가, 작물과의 양분경합 감소 단점 : 볏짚, 필름 등 재료비 발생, 노동력 소모
부초재배	녹비작물 등 식물체를 이용하여 토양표면을 피복하는 방법 장점 : 비, 바람에 의한 표토유실 방지, 토양수분 증발 억제

제8장 비료 및 병충해 관리

01 비료관리

1. 비료의 특징

(1) **비료의 성분** : 비료의 3요소는 질소, 인, 칼리이며 주요성분에 따라 비료를 분류할 수 있음

(2) **성분별 비료의 종류**

원소	종류

질소
(N)
	질소비료는 주로 작물 생육초기, 영양생장기, 생식생장기 직전에 살포
	질산태(NO_3^-) 또는 암모늄태(NH_4^+)로 식물에 흡수됨
	콩과작물은 질소고정능력이 있어 벼과작물보다 요구량이 적음
	• 아마이드태 : 석회질소(유기태)
	• 요소태 : 요소
	  – 질소 함유량이 많고 우리나라에서 가장 많이 사용함
	• 암모늄태 : 질산암모늄, 염화암모늄, 황산암모늄, 인산암모늄
	  – 무기태이며 토양에 잘 흡착되어 논 환원층에 주었을 때 효과가 오래감. 또한, 석회와 함께 시용할 경우 휘발 위험성이 있음
	• 질산태 : 질산석회, 질산암모늄, 잘산칼륨, 칠레초석
	  – 무기태이며 물에 잘녹고 토양에서 유실되기 쉬움, 석회와 함께 사용하는 것이 효과적임

인
(P)
	• 수용성 : 과인산석회, 중과인산석회
	  – 산성토양에서 흡수율이 낮음
	• 구용성 : 용성인비, 용과린
	  – 산성토양 개량에 효과적임

칼륨(K)	• 수용성 : 염화칼리, 황산칼리 – 무기태와 유기태가 존재하며, 수용성으로 비효가 빠름
칼슘(Ca)	• 생석회, 소석회, 탄산석회

※ 유기태 : 탄소를 포함한 유기화합물로 식물이 직접 흡수할 수 없어 미생물의 분해과정을 거쳐야 하는 형태
※ 무기태 : 식물이 직접 흡수할 수 있는 형태

(3) 반응별 비료의 분류

생리적 반응	생리적 산성비료 : 염화암모늄, 염화칼륨, 황산암모늄, 황산칼륨 생리적 중성비료 : 질산암모늄, 과인산석회, 중과인산석회, 요소, 석회질소 생리적 염기성비료 : 석회질소, 용성인비, 칠레초석, 토머스인비
화학적 반응	화학적 산성비료 : 과인산석회, 중과인산석회 화학적 중성비료 : 황산암모늄, 염화암모늄, 질산암모늄, 황산칼륨, 염화칼륨, 요소 화학적 염기성비료 : 석회질소, 용성인비, 토머스인비

2. 비료의 시비

(1) 시비 이론
1) 최소양분율 : Liebig이 최소양분의 공급량에 의해 작물수량이 결정된다고 제창
2) 수량점감의 법칙(보수점감의 법칙) : 비료 시비량이 증가함에 따라 일정 수준까지는 수량이 증가하지만 한계 이상으로 시비하면 증가율이 줄고 결국 증가하지 않는 것

(2) 시비량의 계산
1) 시비량 = $\dfrac{비료요소\ 흡수량\ -\ 천연공급량}{비료요소의\ 흡수율}$
2) 비료요소 흡수량 : 전체 수확물 중 함유되어 있는 무기성분 흡수량
3) 천연공급량 : 토양 중이나 관개수에 의해 천연적으로 공급되는 성분의 양
4) 흡수율 : 비료 시용량에 대한 작물의 실제 흡수량의 비율

(3) 시비 방법
1) 생육기간이 길고 필요한 시비량이 많은 작물은 밑거름(기비)을 줄이고 덧거름(추비)을 늘림
2) 사질답, 조식재배, 다비재배를 할 때에는 분시횟수를 늘림
3) 지효성비료와 K, Ca, P 성분의 비료는 밑거름(기비)으로 일시에 시비함
4) 토양 속 시비 위치

표층시비	작물 생육기간 중 시비하는 방법
심층시비	작토 속에 비료를 시용하는 것으로 특히 논에서 암모니아태질소를 시용할 때 이용하는 방법
전층시비	작토 전층 시비 후 써레질을 통해 골고루 혼합하는 방식 (논에서의 심층시비법)

(4) 작물 수확부위별 시비

잎 수확 작물	속효성 질소질비료를 생육후기까지 추비하는 것이 효과적
종자 수확 작물	영양생장기에는 질소질비료를, 생식생장기에는 인산과 칼리질비료를 시용

과실 수확 작물	과실 품질향상을 위해 결실기에 인산질과 칼리질비료를 시용
뿌리 · 지하경 수확 작물	생육초기에는 질소질비료를, 양분이 저장부위에 저장되는 생육후기에는 칼리질비료를 시용
꽃 수확 작물	착화 · 발육 증진을 위해 꽃망울이 생길 때 질소질비료 시용

(5) **엽면시비** : 비료를 잎에 직접 살포하는 방법으로 전착제와 약산성의 살포액을 함께 잎의 뒷면에 살포하는 것이 효과적

1) 이용 : 급속한 영양회복(토양시비보다 비료 흡수가 빠름), 품질 향상, 미량요소의 공급, 노후답 작물의 뿌리가 약해졌을 때, 초생재배, 양분의 유실방지를 위해, 노동력 절감을 위해, 토양시비가 곤란할 때

2) 주의점 : 지나친 고온과 고농도는 잎을 타게 하므로 주의해야 하며, 일시에 다량의 비료를 사용할 수는 없어 토양시비를 완전히 대체할 수는 없음. 또한 노엽보다 성엽에 호흡이 왕성한 오후에 살포하는 것이 좋음

02 병충해 관리

1. 식물병해

(1) **식물병의 원인** : 생물적 원인(진균, 세균, 바이러스, 선충, 기생식물)과 비생물적 원인(환경적 요인) 으로 구분

1) 생물적 원인

진균 (곰팡이, 사상균)	• 식물병의 원인 중 가장 많은 수를 차지하며 주로 고온다습, 광부족, 질소과잉 환경에서 식물의 표피나 기공을 통해 침입 • 종류 : 벼 도열병, 잎집무늬마름병, 깨씨무늬병, 모잘록병, 맥류 깜부기병, 잿빛곰팡이병, 흑색썩음병, 감자 역병, 탄저병, 부란병, 균핵병, 노균병, 녹병 ※ 탄저병 : 병원체는 기주 표피 밑에 형성되며 표피조직을 찢고 침입하여 잎, 어린줄기, 과실에 피해를 줌. 움푹 들어간 흑갈색의 부패 병반을 형성하는 것이 특징이며 사과나무, 배나무, 감귤나무, 감나무, 포도나무, 복숭아나무, 대추나무, 호두나무, 사철나무, 오동나무 등을 기주로 함
세균	• 감염으로 죽은 식물체와 토양에서 월동 후 다른 식물의 기공, 상처를 통해 침입 • 종류 : 벼 흰잎마름병, 채소류 풋마름병(청고병), 무름병(연부병), 궤양병, 검은썩음병, 둘레썩음병, 잎반점병(반점세균병, 세균성점무늬병), 근두암종병, 과수화상병, 입고병 ※ 궤양병 : 감귤에 발생하는 가장 심각한 세균병으로 병징은 잎, 가지, 과실에 발생하며, 조기낙엽과 낙과 발생. 병반은 처음에 수침상 반점으로 시작하여 점차 확대되어 중앙부 표피가 파괴됨 ※ 화상병 : 꽃, 잎, 줄기가 불에 탄 것과 같이 검게 변하고 고사함 ※ 근두암종 : 배나무, 사과나무, 포도나무, 감나무, 밤나무, 호두나무 등 유실수와 포플러, 벚나무 등의 뿌리나 줄기의 지제부(토양과 지상부의 경계부위)에 혹이 생김
바이러스	• 오직 살아있는 세포에서만 증식 가능하며 곤충, 선충에 의해 감염되어 잎에 모자이크, 괴저, 위축, 말림 증상을 나타내며 약제 방제가 불가능함 • 종류 : 담배모자이크바이러스(담배, 토마토, 가지, 고추, 감자, 사과), 오갈병(위축병),

	위황병, 빗자루병 ※ 예외) 벚나무 빗자루병균은 자낭균류, 대추나무 빗자루병은 파이토플라즈마에 속함
마이코플라스마	• 세포벽과 핵이 없으며 원형질막으로 싸여 있는 세균과 유사한 원핵생물로 식물병을 일으키는 것을 파이토플라즈마라 부름 • 세포벽 합성을 억제하는 항생물질에 저항성을 가짐 • 주로 흡즙성 해충에 의해 매개됨 • 대추나무 빗자루병, 뽕나무 오갈병 : 마름무늬매미충 매개 • 오동나무 빗자루병 : 담배장님 노린재, 썩덩나무노린재, 오동나무애매미충 매개 ※ 빗자루병 : 대추나무의 대표적인 병으로 잔가지와 작은 잎이 밀생하여 빗자루와 같은 모습이 되며 꽃봉우리가 잎으로 변하는 엽화현상이 발생
선충	• 미소동물에 해당하며 주로 식물 뿌리에 기생하여 식물생장을 저하시킴 • 종류 : 뿌리썩이선충병, 시스트선충병, 뿌리혹선충병
기생식물	• 기주식물에 기생하여 양분을 탈취함 • 종류 : 새삼, 겨우살이

2) 비생물적 원인 : 토양(양분결핍, pH, 중금속오염), 습도, 공기(대기오염), 온도(고온해, 저온해), 광에 의한 것으로 대기오염물질은 식물체 잎 표면을 손상시켜 수분결핍을 초래하고, 토양 pH는 산성이 될 경우 뿌리 생장을 억제시킴

(2) 과수 재배 시 자주 발생하는 식물병 : 잿빛곰팡이병, 탄저병, 화상병, 흰가루병, 역병, 녹병, 붉은별무늬병(적성병), 검은별무늬병(흑성병)

(3) 벼 가해부위별 해충 종류

1) 잎 : 혹명나방, 물바구미
2) 줄기 : 이화명나방, 벼멸구, 흰등멸구, 애멸구, 매미충류
3) 뿌리 : 벼물바구미

(4) 원예작물의 주요해충

1) 진딧물 : 잎의 즙액을 빨아 먹는 흡즙성 해충으로 검은 배설물(감로)이 잎이나 열매를 오염시켜 그을음병을 유발하여 광합성이 억제됨
2) 사과혹진딧물 : 1년에 10세대가 발생하며 알상태로 가지의 눈기부에서 월동한 후 잎 선단으로 이동하며 잎을 말리게 함
3) 고추의 피해 : 흡즙성 해충(복숭아혹진딧물, 목화진딧물)이 고추의 새순과 잎 뒷면에 서식하면서 가해
    - 1차 피해 : 흡즙에 의해 잎이 쪼그라들어 생장을 저해시킴
    - 2차 피해 : 오이 모자이크바이러스(CMV), 잠두 위조바이러스(BBWV2), 고추 모틀바이러스(PepMoV) 등을 전염시킴

2. 병충해 방제법

(1) 병충해 방제법의 종류 : 경종적(생태적) 방제법, 물리적(기계적) 방제법, 화학적 방제법, 생물학적 방제법, 종합적 방제법

1) 경종적(생태적) 방제법 : 재배환경이나 재배방법을 조절하여 병해충을 방제하는 방법으로 병이 발생하기 전 실시했을 때 큰 효과를 얻을 수 있음
   - 종류 : 경운, 윤작, 간작 및 혼작, 재식밀도·재배시기 조절, 재배환경 조절(수분관리 및 토성 개량), 시비법 개선, 포장위생(무균 토양·종자·묘 사용), 저항성 품종 선택, 접목 및 삽목

2) 물리적(기계적) 방제법 : 해충을 손, 도구로 직접 포획하거나 물, 온도 등 물리적 환경을 이용하여 방제하는 방법
   - 종류 : 토양가열, 증기소독, 태양열 소독, 종자의 온탕처리, 유인포살, 등화유살법, 담수처리(침수법), 과일의 봉지 씌우기(복대), 토양멀칭, 자외선 차단필름 사용

3) 화학적 방제법 : 농약(살충제, 살균제, 제초제, 기피제, 화학불임제 등)을 사용하는 방법으로 정확하고 신속하여 효과가 크지만 오남용과 천적을 비롯한 유용생물에도 영향을 미치므로 환경오염에 주의해야 함

4) 생물적 방제 : 약독바이러스, 길항미생물을 이용하여 식물병을 방제하거나 천적 등을 이용하여 해충밀도를 자연상태보다 낮은 밀도로 유지하는 방법으로 효과가 작고 느리지만 친환경적임
   - 페로몬의 이용 : 나방류 해충 암컷이 교미를 위해 발산하는 성페로몬을 인공적으로 합성하여 수컷을 유인하거나 수컷의 교미를 교란시켜 다음 세대의 해충밀도를 억제
   - 천적의 이용

해충	천적
진딧물	콜레마니진디벌, 진디혹파리, 칠성풀잠자리붙이
감자수염진딧물, 싸리수염진딧물	무당벌레, 진디혹파리
온실가루이	온실가루이좀벌, 황온좀벌
점박이응애	칠리이리응애
총채벌레	오리이리응애, 애꽃노린재류
담배나방, 파밤나방, 담배거세미	병원성 선충
명나방, 순나방	명충알벌
아메리카잎굴파리, 나방류	굴파리좀벌, 굴파리고치벌, 병원성 선충

5) **병해충 종합관리**(IPM : Intergrated Pest Management)
   - 정의 : 해충 방제 시 농약 사용을 최대한 줄이고, 경종적·생물적·물리적 방제법 등 그 외 방법들을 조합하여 밀도를 경제적 피해수준 이하로 낮추는 것으로 토양, 시비, 관수 등 재배관리와 연계됨
   - 여러 방제 수단을 상호보완적으로 함께 활용하는 것으로 해충을 죽여 없애기보단 작물에 미치는 영향을 감소시켜 경제적 문제가 되지 않을 수준으로 유지
   - 농약을 전혀 사용하지 않는 것이 아니라 꼭 필요할 때 천적 등 이로운 동물에 영향이 적은 선택적 농약을 사용
   - 문제해충인 점박이응애, 조팝나무진딧물, 사과굴나방 등은 농약이 필요한 경우도 있지만, 오용할 경우 천적감소와 또 다른 해충의 밀도증가를 초래할 수도 있음

제9장 생력재배와 수확 후 관리

01 생력재배

1. 생력재배

(1) 정의 : 농작업의 기계화 및 제초제의 이용으로 노동력을 크게 절감할 수 있는 재배법

(2) 효과 및 전제조건

효과	노동과 시간의 절감	대규모 기계화로 노동력과 인건비를 크게 절감
	수량 증가	지력 증진 : 심경을 하면 지력이 증진됨 적기 작업 : 노동인력이 부족할 때 농기계를 이용하여 노동력을 절감
	작부체계 개선	앞작물의 수확과 뒷작물의 파종 시간이 빠르므로 작부체계가 개선됨
전제조건	\multicolumn{2}{l	}{맥류 드릴파처럼 제초제 이용이 전제가 되어야 생력기계화재배가 가능 친환경인증농산물 재배에선 불가 (제초제 사용) 기계화적응품종을 사용해야 함 (벼,맥류 : 직립성, 탈립성) 경지정리 집단 재배 : 동일한 품종일 동일한 재배법으로 경작하여 효율성을 높임 농가들의 공동 재배, 잉여노력을 통한 수익 창출}

(3) 작물별 기계화재배

벼	기계이앙을 위해 상자육묘를 해야 함 건답직파 : 효율성이 높고 복토를 하므로 도복이 적으나 비가 오면 파종이 어렵고 쇄토노력도 많이 듦, 써레질을 하지 않아 용수량이 많으며 잡초 발생이 많음 담수직파 : 비가 와도 파종할 수 있고 잡초 발생이 적으나 도복이 심하며 용존산소량이 적어 뜸모 발생이 많음 노동력 소요 : 기계이앙, 어린모 기계이앙, 기계직파 순으로 큼
맥류	내한성, 내병성, 중간초장(70cm), 직립초형을 가진 품종이 기계화 재배에 유리 드릴파재배 : 골 너비를 아주 좁게 하여 파종하는 방식 휴립광산파재배 : 골 너비를 아주 넓게 하여 파종하는 방식 전면전층파재배 : 파종량과 시비량을 늘려 포장 전체에 뿌리는 방법
콩	내도복성, 밀식적응성이 있고 탈립되지 않는 품종이 기계화 재배에 유리 최하위 착협고가 10cm이상인 것이 유리 경운기(소형 기계화 재배), 트랙터(대형 기계화 재배)를 사용

참깨	내탈립성 품종을 선택 솎음노력을 절감하기 위해 과립종자 사용 잡초로 인한 생산력 감소를 방지하기 위해 2회 이상 중경 실시

02 수확 후 관리

1. 작물의 수확

(1) 수확적기의 판정

1) 외관상 특성(크기, 모양, 착색)의 이용
2) **당산비의 이용** : 당도를 산도(%)로 나눈 값으로 주로 복숭아는 20~30, 사과는 20~25, 감귤은 14~16 일 때 수확적기로 판단
3) **개화후 생육일수**(만개 후 성숙기까지 일수) 이용 예 사과는 개화 후 120~180일
4) 원예작물 : 원예적 성숙이 이루어졌을 때
5) 호흡급등형 작물 : 호흡급등현상이 나타날 때
6) 벼 : 출수 후 50일(조생종), 54일(중생종), 58일(만생종)
7) 과실이 성숙기에 이르러 전분농도가 감소하고 당분함량은 증가하여 산도가 낮을 때(요오드화칼륨 용액 침지법을 이용하여 전분함량을 측정)
8) 기타 : 시장조건, 기상조건, 품질, 저장, 가격 등을 고려하여 수확 시기를 결정

(2) 수확의 방법

1) 화곡류, 목초 : 예취(작물을 베어 수확하는 것)
2) 감자, 고구마 : 굴취(땅을 파내어 수확하는 것)
3) 과실, 뽕 : 적취(집어 따내어 수확하는 것)
4) 무, 배추 : 발취(작물을 뽑아 수확하는 것)

(3) 수확 후 손실

물리적 요인에 의한 손실	• 수확 후 운송 등 과정에서 발생하는 기계적 상처에 의해 발생하는 손실 • 감자 : 수확 후 손실의 20%가 물리적 손실에 해당
호흡에 의한 손실	• 작물은 수확 후에도 호흡을 지속하므로 저장양분이 계속 소모되어 수분과 호흡열이 발생하며 중량이 감소 • 호흡급등현상 : 호흡급등형 작물에서 수확과정 중 에틸렌에 의해 호흡이 급격히 증가하는 현상 ※ 비호흡급등형도 스트레스에 노출될 경우 에틸렌 생성이 급증 • 호흡급등형 작물 : 사과, 서양배, 복숭아, 살구, 무화과, 망고, 아보카도, 바나나, 키위.

	파파야, 수박, 멜론, 감, 토마토 • 비호흡급등형 작물 : 동양배, 오이, 양앵두, 체리, 딸기, 파인애플, 포도, 피망, 시트러스류(오렌지, 감귤, 레몬 등)
증산에 의한 손실	• 수확 후 증산은 계속되므로 수분손실과 중량감소가 일어나 품질이 저하됨 • 증산에 의한 손실은 호흡에 의한 손실보다 10배나 크며, 증산손실 중 90%는 기공증산, 10%는 표피증산임
맹아에 의한 손실	• 수확 직후에는 휴면상태이나 시간이 지나 타파되면 발아 및 맹아로 인해 품질이 저하됨(감자, 마늘)
병리적 요인에 의한 손실	• 수확과정에서 생긴 상처로 병원균이 침입하면 부패하며 1차 감염 후 2차 감염까지 일어나 급격한 질적 손실이 일어남
에틸렌 후숙	• 과실은 성숙함에 따라 에틸렌이 다량 합성되어 후숙되는데 이는 특히 호흡급등형 원예작물에서 일어남 • 과일류에 비해 엽채류, 근채류는 에틸렌 합성량이 적음

(4) 수확 후 건조

곡물	적정 열풍건조 온도 : 45℃ 적정 수분함량 : 15~16% 45℃ 건조는 도정률과 발아율이 높고 동할률과 쇄미율은 낮음 55℃이상으로 건조 시 동할률과 싸라기 비율이 급증하며 단백질 응고 및 전분 노화로 발아율이 감소
고추	천일건조 : 12~15일이 소요되며, 비닐하우스 내 건조는 약 10일이 소요됨 열풍건조 : 45℃ 이하가 안전하며, 약 2일이 소모됨
마늘	자연건조 : 바람이 잘 통하는 곳에서 간이저장을 하며 2~3개월 간 건조시킴 열풍건조 : 45℃ 이하에서 2~3일 건조시킴

2. 수확 후 저장

(1) 저장 전 처리

예냉	• 청과물은 수확 직후에 온도를 신속히 낮추어 주는 예냉처리를 하면, 운송기간 중 신선도가 유지되고, 증산과 부패가 억제되며, 저장성이 높아짐 • 수박, 딸기, 사과, 상추, 브로콜리 등 고온에서 품질이 빠르게 저하되는 작물에 필수적임 • 예냉이 필요하지 않은 작물 : 쌀, 보리, 콩, 감자, 양파 등
예건	• 배추, 양배추 등 잎의 표면적이 넓고 수분함량이 많은 작물은 상처와 병해충에 약하기 때문에 수확 후 바로 냉장고에 넣지 않고 건조시킨 후 저장하여 미생물 번식 및 부패를 억제해야 함
큐어링	• 수확물의 상처에 유상조직인 코르크층을 발달시켜 병균의 침입을 방지하는 조치로 고구마와 감자 등 수분함량이 높은 작물들은 수확작업 중 발생한 상처를 치유해야 안전저장이 가능함 • 고구마 : 수확 직후 30~35℃, 상대습도 90~95%, 3~6일간 • 감자 : 수확 직후 10~15℃, 상대습도 100%, 2~3주간
농약 처리	장거리 수송 중에 발생하는 병해충 발생을 억제하기 위해 살균제와 살충제를 처리함

(2) 저장방법

CA저장	온도, 습도, 공기조성 등을 조절하여 장기 저장하는 방법으로 높은 농도의 이산화탄소와 낮은 농도의 산소조건에서 수확된 작물의 대사율을 떨어뜨려 품질변화를 지연시키는 방법
MA저장	필름 등 포장재를 이용하여 포장 내 이산화탄소는 증가시키고 산소는 감소시킴으로써 공기조성을 조절하여 증산을 억제시키는 방법

(3) 작물별 안전저장법

가공용 감자	온도 10℃	과실	온도 0~4℃, 상대습도 80~85%
식용감자·씨감자	온도 3~2℃, 상대습도 85~90%	엽·근채류	온도 0~4℃, 상대습도 90~95%
고구마	온도 13~15℃, 상대습도 85~90%	고추가루	수분함량 11~13%, 상대습도 60%
기타 곡물	옥수수, 수수, 귀리, 보리 : 수분함량 13% 콩 : 11%	마늘	상온저장 : 온도 0~20℃, 상대습도 70% 저온저장 : 온도 3~5℃, 상대습도 65%
쌀	온도 15℃, 상대습도 70%	바나나	온도 13℃ 이상, 상대습도 85~90%

※ 글라디올러스, 금어초는 수확 후 눕혀서 저장하면 꽃이 중력 반대방향으로 휘는 **경곡현상**이 나타나므로 세워서 보관해야 함

3. 수량구성요소

(1) **곡류** : 곡물수량 = 단위면적당 수수 × 1수 영화수 × 등숙비율 × 1립중

(2) **과실** : 수량 = 나무당 과실수 × 과실의 크기(무게)

(3) **고구마, 감자** : 수량 = 단위면적당 식물체수 × 식물체당 괴근(경) 수 × 괴근(경) 무게

(4) **사탕무** : 수량 = 단위면적당 식물체수 × 덩이뿌리의 무게 × 성분함량

확인문제

01 작휴법 중 성휴법에 관한 설명으로 옳은 것은? ▶ 2016년 손해평가사 제2회

① 이랑을 세우고 낮은 고랑에 파종하는 방식
② 이랑을 보통보다 넓고 크게 만드는 방식
③ 이랑을 세우고 이랑 위에 파종하는 방식
④ 이랑을 평평하게 하여 이랑과 고랑의 높이가 같게 하는 방식

> 〈작휴방법의 종류〉
> • 평휴법 : 이랑과 고랑의 높이를 같게 하는 것으로 건조해와 습해를 함께 완화시킬 수 있다.
> • 휴립구파법 : 이랑을 세우고 낮은 골에 파종하는 방법으로 맥류 한해와 동해를 방지할 수 있다.
> • 휴립휴파법 : 이랑을 세우고 이랑에 파종하는 방법으로 배수와 통기성이 좋아진다.
> • 성휴법 : 이랑을 넓고 크게 만드는 방법으로 파종이 편해지며 건조해와 장마철의 습해를 방지할 수 있다.

02 멀칭의 목적으로 옳은 것은? ▶ 2021년 손해평가사 제7회

① 휴면 촉진
② 단일 촉진
③ 잡초 발생 억제
④ 단위결과 억제

> 〈멀칭의 효과〉
> • 한해 경감 : 토양수분 증발 억제
> • 동해 경감 : 월동작물에 퇴비 등을 피복
> • 토양 보호 : 풍식과 수식 예방
> • 생육 촉진 : 보온효과로 인해 조식가능, 생육이 촉진
> • 잡초발생 억제 : 호광성 잡초 발생을 억제
> • 과실 품질향상 : 포장에 짚을 깔면 과실이 깨끗함

03 과수의 엽면시비에 관한 설명으로 옳지 않은 것은? ▶ 2016년 손해평가사 제2회

① 뿌리가 병충해 또는 침수 피해를 받았을 때 실시할 수 있다.
② 비료의 흡수율을 높이기 위해 전착제를 첨가하여 살포한다.
③ 잎의 윗면보다는 아랫면에 살포하여 흡수율을 높게 한다.
④ 고온기에는 살포농도를 높여 흡수율을 높게 한다.

정답 01 ② 02 ③ 03 ④

확인문제

> 엽면시비는 비료를 잎에 직접 살포하는 방법으로 전착제와 약산성의 살포액을 함께 잎의 뒷면에 살포하는 것이 효과적이다.
> - 이용 : 급속한 영양회복(토양시비보다 비료 흡수가 빠름), 품질 향상, 미량요소의 공급, 노후답 작물의 뿌리가 약해졌을 때, 초생재배, 양분의 유실방지를 위해, 노동력 절감을 위해, 토양시비가 곤란할 때
> - 주의점 : 지나친 고온과 고농도는 잎을 타게 하므로 주의해야 하며, 일시에 다량의 비료를 사용할 수는 없어 토양시비를 완전히 대체할 수는 없음. 또한 노엽보다 성엽에 호흡이 왕성한 오후에 살포하는 것이 좋음

04 작물재배에 있어서 질소에 관한 설명으로 옳은 것은? ▶ 2019년 손해평가사 제5회

① 벼과작물에 비해 콩과작물은 질소 시비량을 늘려주는 것이 좋다.
② 질산이온(NO_3^-)으로 식물에 흡수된다.
③ 결핍증상은 노엽보다 유엽에서 먼저 나타난다.
④ 암모니아태 질소비료는 석회와 함께 사용하는 것이 효과적이다.

> 질소비료는 주로 작물 생육초기, 영양생장기, 생식생장기 직전에 살포하며 질산태(NO_3^-) 또는 암모늄태(NH_4^+)로 식물에 흡수된다. 석회와 함께 사용할 경우 휘발되므로 주의해야 하며 콩과작물은 질소고정능력이 있어 벼과작물보다 요구량이 적고 식물체에서 결핍증상은 노엽부터 나타난다.

05 작물재배에 있어서 질소(N)에 관한 설명으로 옳지 않은 것은? ▶ 2017년 손해평가사 제3회

① 질산태(NO_3^-)와 암모늄태(NH_4^+)로 식물에 흡수된다.
② 작물체 건물중의 많은 함량을 차지하는 중요한 무기성분이다.
③ 콩과작물은 질소 시비량이 적고, 벼과작물은 시비량이 많다.
④ 결핍증상은 늙은 조직보다 어린 생장점에서 먼저 나타난다.

> 질소비료는 식물체에서 다량으로 필요로 하는 3대 원소이며(N, P, K) 주로 작물 생육초기, 영양생장기, 생식생장기 직전에 살포하며 질산태(NO_3^-) 또는 암모늄태(NH_4^+)로 식물에 흡수된다. 석회와 함께 사용할 경우 휘발되므로 주의해야 하며 콩과작물은 질소고정능력이 있어 벼과작물보다 요구량이 적고 식물체에서 결핍증상은 노엽부터 나타난다.

06 과수원의 토양표면 관리법 중 초생법의 장점이 아닌 것은? ▶ 2015년 손해평가사 제1회

① 토양의 입단화가 촉진된다.
② 지력유지에 도움이 된다.
③ 토양침식과 양분유실을 방지한다.
④ 유목기에 양분경합이 일어나지 않는다.

정답 04 ② 05 ④ 06 ④

초생재배는 과수원에서 청경재배와 반대로 풀을 가꾸는 재배법으로 장점에는 입단형성과 토양피복으로 토양침식 방지, 지력 증진, 양분용탈 방지, 제초노력 경감 등이 있다. 작물과의 양분경합이 발생하는 것은 초생재배의 단점이다.

07 다음 과수원의 토양관리방법은? ▶2017년 손해평가사 제3회

- 과수원 관리가 쉽다.
- 양분용탈이 발생한다.
- 토양침식으로 입단형성이 어렵다.

① 초생재배 ② 피복재배
③ 부초재배 ④ 청경재배

 청경재배는 김매기나 제초제를 사용하여 풀을 제거하여 깨끗하게 유지하는 재배법으로 풀이 제거되어 병충해가 감소하고 작물과의 양분경합이 사라져 관리가 쉽다는 장점이 있으나 입단형성이 어려워져 토양 침식과 양분용탈이 발생하고 유기물 소모가 커지는 단점이 있다.

08 ( )에 들어갈 내용을 순서대로 바르게 나열한 것은? ▶2016년 손해평가사 제2회

- 작물이 생육하고 있는 중에 이랑 사이의 흙을 그루 밑에 긁어 모아주는 것을 ( )(이)라고 한다.
- 짚이나 건초를 깔아 작물이 생육하고 있는 토양 표면을 피복해주는 것을 ( )(이)라고 한다.

① 중경, 멀칭 ② 배토, 복토
③ 배토, 멀칭 ④ 중경, 복토

 배토는 작물의 생육기간 중에 골사이나 포기사이의 흙을 포기 밑으로 긁어 모아주는 것을 의미하며 멀칭 은 토양수분의 증발을 억제하기 위해 토양 표면을 짚, 퇴비 등 여러 가지 재료로 피복하는 것을 의미한다.

09 과수재배 시 봉지 씌우기의 목적이 아닌 것은? ▶2016년 손해평가사 제2회

① 과실에 발생하는 병충해를 방제한다.
② 생산비를 절감하고 해거리를 유도한다.
③ 과피의 착색도를 향상시켜 상품성을 높인다.
④ 농약이 직접 과실에서 부착되지 않도록 하여 상품성을 높인다.

정답 07 ④   08 ③   09 ②

확인문제

> **〈봉지씌우기(복대)의 장·단점〉**
> · 장점 : 외관(착색)이 좋아짐, 열과 방지, 동록 방지, 병충해 방지, 농약이 직접 과실에 부착되지 않아 상품성이 좋아짐
> · 단점 : 노동력이 많이듦, 비타민 C함량 감소

10 과채류의 결실 조절방법으로 모두 고른 것은? ▶ 2015년 손해평가사 제1회

ㄱ. 적과   ㄴ. 적화   ㄷ. 인공수분

① ㄱ
② ㄱ, ㄴ
③ ㄴ, ㄷ
④ ㄱ, ㄴ, ㄷ

> 적과와 적화는 과수 등의 개화수나 착과수가 너무 많을 때 꽃망울과 과실을 솎아주는 것으로 착색, 크기, 맛 등과 같은 과실의 품질을 향상시키고, 해거리를 방지할 수 있다.

11 담배모자이크 바이러스의 주요 피해 작물이 아닌 것은? ▶ 2019년 손해평가사 제5회

① 가지
② 사과
③ 고추
④ 배추

> 바이러스가 일으키는 식물병에는 대표적으로 담배모자이크바이러스(담배, 토마토, 가지, 고추, 감자, 사과), 오갈병(위축병), 위황병, 빗자루병 등이 있다.

12 세균에 의해 작물에 발생하는 병해는? ▶ 2020년 손해평가사 제6회

① 궤양병
② 탄저병
③ 역병
④ 노균병

> 세균병의 종류 : 벼 흰잎마름병, 채소류 풋마름병(청고병), 무름병(연부병), 궤양병, 검은썩음병, 둘레썩음병, 잎반점병(반점세균병, 세균성점무늬병), 근두암종병, 과수화상병, 입고병

정답 10 ④   11 ④   12 ①

13 병해충의 물리적 방제방법이 아닌 것은?
▶ 2018년 손해평가사 제4회

① 천적 곤충
② 토양가열
③ 증기소독
④ 유인포살

 물리적 방제법의 종류에는 토양가열, 증기소독, 태양열 소독, 종자의 온탕처리, 유인포살, 등화유살법, 담수처리(침수법), 과일의 봉지씌우기(복대), 토양멀칭, 자외선 차단필름 사용이 해당되며 천적 곤충을 활용하는 것은 생물적 방제법에 해당한다.

14 다음이 설명하는 해충과 천적의 연결이 옳은 것은?
▶ 2018년 손해평가사 제4회

- 즙액을 빨아 먹고, 표면에 배설물을 부착시켜 그을음병을 유발시킨다.
- 고추의 전 생육기간에 걸쳐 발생하며 CMV 등 바이러스를 옮기는 매개충이다.

① 진딧물 - 진딧벌
② 잎응애류 - 칠레이리응애
③ 잎굴파리 - 굴파리좀벌
④ 총채벌레 - 애꽃노린재

 〈생물적 방제법 - 천적의 이용〉

해충	천적
진딧물	콜레마니진디벌, 진디혹파리, 칠성풀잠자리붙이
감자수염진딧물, 싸리수염진딧물	무당벌레, 진디혹파리
온실가루이	온실가루이좀벌, 황온좀벌
점박이응애	칠리이리응애
총채벌레	오리이리응애, 애꽃노린재류
담배나방, 파밤나방, 담배거세미	병원성 선충
명나방, 순나방	명충알벌
아메리카잎굴파리, 나방류	굴파리좀벌, 굴파리고치벌, 병원성 선충

15 사과 과원에서 병해충종합관리(IPM)에 해당하지 않는 것은?
▶ 2017년 손해평가사 제3회

① 응애류 천적 제거
② 성페로몬 이용
③ 초생재배 실시
④ 생물농약 활용

정답 13 ① 14 ① 15 ①

확인문제

> 병해충 종합관리(IPM : Intergrated Pest Management)는 해충 방제 시 농약 사용을 최대한 줄이고, 경종적·생물적·물리적 방제법 등 그 외 방법들을 조합하여 밀도를 경제적 피해수준 이하로 낮추는 것으로 토양, 시비, 관수 등 재배관리와 연계되며 응애류를 천적을 이용하여 방제하는 것은 생물적 방제법에 해당한다.

16 호흡 비급등형 과실인 것은? ▶ 2015년 손해평가사 제1회
① 사과 ② 자두
③ 포도 ④ 복숭아

> 비호흡급등형 작물 : 동양배, 오이, 양앵두, 체리, 딸기, 파인애플, 포도, 피망, 시트러스류(오렌지, 감귤, 레몬 등)

17 다음 두 농가가 재배하고 있는 품목은? ▶ 2019년 손해평가사 제5회

- A농가 : 과실이 자람에 따라 서서히 호흡이 저하되다 성숙기를 지나 완숙이 진행되는 전환기에 호흡이 일시적으로 상승하는 과실
- B농가 : 성숙기가 되어도 특정한 변화가 일어나지 않는 과실

① A농가 : 사과, B농가 : 블루베리 ② A농가 : 살구, B농가 : 키위
③ A농가 : 포도, B농가 : 바나나 ④ A농가 : 자두, B농가 : 복숭아

> 작물은 수확 후에도 호흡을 지속하므로 저장양분이 계속 소모되어 수분과 호흡열이 발생하며 중량이 감소하는데 호흡급등현상 유무에 따라 호흡급등형 작물과 비호흡급등형 작물로 구분한다.
> • 호흡급등형 작물 : 사과, 서양배, 복숭아, 살구, 무화과, 망고, 아보카도, 바나나, 키위, 파파야, 수박, 멜론, 감, 토마토
> • 비호흡급등형 작물 : 동양배, 오이, 양앵두, 체리, 딸기, 파인애플, 포도, 피망, 시트러스류(오렌지, 감귤, 레몬 등)

정답 16 ③ 17 ①

18 과실의 수확 적기를 판정하는 항목으로 옳은 것을 모두 고른 것은? ▶ 2020년 손해평가사 제6회

| ㄱ. 만개 후 일수 | ㄴ. 당산비 | ㄷ. 단백질 함량 |

① ㄱ, ㄴ
② ㄱ, ㄷ
③ ㄴ, ㄷ
④ ㄱ, ㄴ, ㄷ

<수확적기의 판정>
- 외관상 특성(크기, 모양, 착색)의 이용
- 당산비의 이용 : 당도를 산도(%)로 나눈 값으로 주로 복숭아는 20~30, 사과는 20~25, 감귤은 14~16일 때 수확적기로 판단
- 개화 후 생육일수(만개 후 성숙기까지 일수) 이용
- 원예작물 : 원예적 성숙이 이루어졌을 때
- 호흡급등형 작물 : 호흡급등현상이 나타날 때
- 과실이 성숙기에 이르러 전분농도가 감소하고 당분함량은 증가하여 산도가 낮을 때
- 시장조건, 기상조건, 품질, 저장, 가격 등을 고려하여 수확 시기를 결정

19 저장성을 향상시키기 위한 저장 전 처리에 관한 설명으로 옳지 않은 것은? ▶ 2021년 손해평가사 제7회

① 수박은 고온기 수확 시 품온이 높아 바로 수송할 경우 부패하기 쉬우므로 예냉을 실시한다.
② 감자는 수확 시 생긴 상처를 빨리 아물게 하기 위해 큐어링을 실시한다.
③ 마늘은 휴면이 끝나면 싹이 자라 상품성이 저하될 수 있으므로 맹아 억제 처리를 한다.
④ 결구배추는 수분 손실을 줄이기 위해 수확한 후 바로 저장고에 넣어 보관한다.

<저장 전 처리>

예냉	청과물은 수확 직후에 온도를 신속히 낮추어 주는 예냉처리를 하면, 운송기간 중 신선도가 유지되고, 증산과 부패가 억제되며, 저장성이 높아짐(수박, 딸기, 사과, 상추, 브로콜리 등 고온에서 품질이 빠르게 저하되는 작물에 필수적)
예건	배추, 양배추 등 잎의 표면적이 넓고 수분함량이 많은 작물은 상처와 병해충에 약하기 때문에 수확 후 바로 냉장고에 넣지 않고 건조시킨 후 저장하여 미생물 번식 및 부패를 억제해야 함
큐어링	수확물의 상처에 유상조직인 코르크층을 발달시켜 병균의 침입을 방지하는 조치로 고구마와 감자 등 수분함량이 높은 작물들은 수확작업 중 발생한 상처를 치유해야 안전저장이 가능함

정답 18 ① 19 ④

확인문제

20 파종 방법 중 조파(드릴파)에 관한 설명으로 옳은 것은?   ▶ 2024년 손해평가사 제10회

① 포장 전면에 종자를 흩어 뿌리는 방법이다.
② 뿌림골을 만들고 그곳에 줄지어 종자를 뿌리는 방법이다.
③ 일정한 간격을 두고 하나 내지 여러 개의 종자를 띄엄띄엄 파종하는 방법이다.
④ 점파할 때 한 곳에 여러 개의 종자를 파종하는 방법이다.

> **〈조파(골뿌림)의 특징〉**
> - 골타기를 하고 종자를 줄지어 뿌리는 방법으로 대부분 작물은 조파를 한다.
> - 맥류처럼 평면공간이 넓지 않은 작물에 사용한다.
> - 장점 : 골사이가 비어있어 통기와 투광이 양호하며 관리가 편하다.

정답 20 ②

memo.

이패스 손해평가사 1차 기본서

제2편

원예작물학

제1장 원예작물
제2장 시설재배

제1장 원예작물

01 원예작물의 특징과 분류

1. 원예작물의 개념과 분류

(1) 정의 : 원예작물은 포장, 하우스, 온실 등에서 재배하는 과수, 채소, 화훼를 의미하며 일반적인 곡류, 두류보다 집약적인 생산기술이 필요하며 수확 후 신선한 상태로 유지할 수 있어야 함

(2) 원예작물의 특징

1) 일반 식용작물에 비해 수익성이 높고 경제적 가치가 크며 집약적으로 재배됨
2) 신선도가 중요하므로 저장, 유통, 가공기술이 중요함
3) 재배 대상이 되는 작물의 종류가 다양함
4) 재배방식이 노지재배, 시설재배, 토경재배, 수경재배 등 다양함
5) 원예작물은 과수, 채소, 화훼로 나뉘며 이들은 각각의 기준에 따라 또다시 분류됨

(3) 과수의 분류

구조에 따른 분류	- 인과류 : 씨방(자방)과 더불어 꽃받기가 비대 발달하여 과실이 된 위과
	  • 종류 : 사과, 배, 모과, 비파
	- 준인과류 : 인과류와 모양은 비슷하나 씨방(자방)이 비대하여 발달한 진과에 해당
	  • 종류 : 유자, 자몽, 감귤, 레몬, 오렌지
	- 핵과류 : 씨방이 비대하여 과실을 이룬 진과이며 식용 부위는 씨방의 중과피에 해당. 내과피는 단단하게 변하여 그 안에 종자가 들어있음
	  • 종류 : 복숭아, 살구, 자두, 매실, 앵두 등
	- 장과류 : 씨방(자방)이 발육하여 이루어진 진과로 식용 부위인 씨방(자방)은 껍질이 얇고 즙이 많으며 그 속에 작은 종자들이 들어있음
	  • 종류 : 포도, 앵두, 딸기, 블루베리, 구스베리, 라즈베리, 무화과, 석류, 감, 참다래
	- 각과류 : 씨방벽이 두껍고 단단하게 형성된 진과로 단단한 껍질(씨방벽) 속에 들어있는 종자의 배유가 비대한 과실임
	  • 종류 : 밤, 호두, 개암나무

재배지 기후에 따른 분류	- 온대과수 : 연평균 기온 0~20℃ 사이의 온대지방에서 자생하는 과수로, 일정시간의 저온처리 과정을 거쳐야 열매가 결실함
	  • 종류 : 사과, 배, 복숭아, 포도, 감, 밤, 대추 등
	- 아열대과수 : 연평균 기온 18~20℃의 아열대지방에서 자생하는 과수로 10℃ 이하의 저온에서 세포분열 정지기간이 끝난 후 온도가 상승해야 꽃눈분화가 유도됨
	  • 종류 : 감귤류, 비파, 올리브

	– 열대과수 : 적도 주변 저위도지방 고온기후에 적응하여 자생하는 과수 • 종류 : 바나나, 파인애플, 망고, 파파야
나무 형태에 따른 분류	– 교목성 과수 : 곧은 줄기(수간)가 1개이며 수간과 가지의 구별이 뚜렷하고 높게 자라는 과수 • 상록과수 : 감귤류, 레몬, 비파 등 • 낙엽과수 : 사과, 배, 복숭아, 살구, 매실, 자두, 양앵두, 모과 등 – 관목성 과수 : 높이가 2m이내이며 주 줄기가 명확하지 않고 땅속부터 줄기가 갈라져 나오는 수목 • 종류 : 진달래, 개나리, 장미, 무궁화, 나무딸기, 반송, 구즈베리, 블루베리 등 – 덩굴성 과수 : 다른 물체를 인식하여 감고 올라가는 과수 • 종류 : 포도, 참다래(키위) 등

(4) 채소의 분류

생태적 분류	〈기원지에 따른 분류〉 • 서양 원산종 : 양배추, 양파, 멜론, 수박, 토마토, 피망, 호박, 시금치, 상추, 근대, 완도, 양송이, 강낭콩 등 • 동양 원산종 : 무, 배추, 파, 가지, 연근, 토란, 죽순, 부추, 우엉, 잠두, 동아, 머위, 마, 미나리, 도라지 등 〈온도에 따른 분류〉 • 호냉성 채소 : 20℃ 안팎의 서늘한 온도에서 생육이 잘 되며 배추, 양배추, 시금치, 파, 양파, 마늘, 상추, 무, 순무, 당근, 감자, 완두, 딸기, 아스파라거스 등이 해당 • 호온성 채소 : 25℃ 안팎의 비교적 높은 온도에서 생육이 잘 되며 가지, 토마토, 고추, 수박, 참외, 오이, 멜론, 고구마, 토란, 생강 등이 해당 〈광적응성에 따른 분류〉 • 양생 채소 : 가지, 토마토, 호박, 오이, 딸기, 당근, 무, 배추, 상추 • 음생 채소 : 토란, 토당귀, 마늘, 생강, 부추, 파, 아스파라거스 • 장일성 채소 : 시금치, 쑥갓 • 중일성 채소 : 가지, 토마토, 고추, 호박, 오이 • 단일성 채소 : 들깨, 딸기
원예적 분류	〈식용부위에 따른 분류〉 ① 엽경채류 : 잎, 줄기, 꽃을 식용으로 이용하는 채소로 엽채류, 경채류, 인경채류, 화채류가 해당 • 엽채류(잎채소) : 잎을 이용하는 채소로 배추, 양배추, 상추, 깻잎, 미나리, 시금치, 파슬리, 샐러리 등이 해당 • 경채류(줄기채소) : 어린 줄기(순)을 이용하는 채소로 죽순, 두릅, 토당귀, 아스파라거스 등이 해당 • 인경채류(비늘줄기채소) : 잎이 변형된 비늘잎이나 비늘줄기를 이용하는 채소로 파, 양파, 쪽파, 마늘, 부추 등이 해당 • 화채류(꽃채소) : 꽃봉오리 또는 꽃을 이용하는 채소로 브로콜리, 콜리플라워(꽃양배추) 등이 해당 ② 근채류 : 뿌리와 뿌리줄기를 이용하는 채소로 괴경류, 근경류, 괴근류, 직근류가 해당 • 괴경류(덩이줄기) : 감자, 돼지감자, 토란, 생강, 시클라멘, 아네모네 등 • 근경류(뿌리줄기) : 연근, 둥글레, 생강, 대나무, 아이리스, 칸나, 독일붓꽃 등

	• 괴근류(덩이뿌리) : 고구마, 마 등
	• 직근류(곧은뿌리) : 무, 당근, 우엉 등
	③ 과채류(열매채소) : 과실 또는 종실을 이용하는 채소로, 엽채류나 근채류에 비해 육묘하여 본밭에 이식하는 경우가 많고, 수확까지 많은 시일이 걸리는 등 많은 노력이 필요
	• 가지과 채소 : 고추, 가지, 토마토 등이 해당되며 고추는 한국에서 가장 많이 재배되는 채소임
	• 박과 채소 : 호박, 수박, 멜론 등
	• 콩과 채소 : 땅콩, 녹두, 완두, 강낭콩, 팥 등
	〈재배방법, 이용형태, 식물학적 형태 등의 유사성에 따른 분류〉
	• 국가별 행정편의상 여러 관점에서 채소를 분류
	• 우리나라 : 엽채류, 근채류, 과채류, 조미채류, 양채류 등으로 구분
	• 조미채소(양념채소) : 고추, 마늘, 파, 양파, 생강
	• 새싹채소 : 무순, 아스파라거스순, 메밀싹, 브로콜리싹, 겨자싹
	   – 종자로부터 발생한 어린 배축과 자엽을 이용하는 채소
	   – 육묘재배 후 바로 수확하므로 정식과정이 필요 없어, 단기간 재배가 가능하여 무농약 재배도 가능
	   – 완전히 성장한 채소보다 비타민, 미네랄 등 유효성분이 많이 함유
	• 베이비채소 : 어린잎을 이용하는 채소로 주로 샐러드용으로 이용

식물학적 분류	〈담자균류〉 • 송이버섯과 : 양송이, 송이버섯, 팽이버섯, 표고버섯, 느타리버섯 등 〈단자엽식물〉 • 벼과 : 죽순, 옥수수 • 천남성과 : 토란, 구약 • 백합과 : 아스파라거스, 양파, 리크, 마늘, 파, 쪽파, 부추, 염교, 달래, 식용원추리 • 마과 : 마 • 생강과 : 양하, 생강 〈쌍자엽식물〉 • 명아주과 : 비트, 근대, 시금치 • 배추과 : 무, 배추, 양배추, 콜리플라워, 브로콜리, 겨자무, 케일, 갓, 냉이, 쌈추 • 콩과 : 콩, 강낭콩, 완두, 잠두, 녹두, 팥 • 아욱과 : 오크라, 아욱 • 미나리과 : 당근, 미나리, 셀러리, 파슬리, 고수, 참나물, 신선초, 회향 • 메꽃과 : 고구마, 공심채 • 가지과 : 가지, 고추, 토마토, 감자 • 박과 : 수박, 멜론, 참외, 오이, 호박, 박, 수세미, 여주, 동아 • 국화과 : 상추, 우엉, 참취, 쑥갓, 치커리, 엔디브, 머위 • 장미과 : 딸기 • 초롱꽃과 : 잔대, 더덕, 도라지 • 꿀풀과 : 로즈마리, 세이지, 바질, 들깨, 라벤다, 박하, 방아잎 • 두릅나무과 : 땅두릅, 두릅나무 • 수련과 : 연 • 고비과 : 고비 • 고사리과 : 고사리 • 돌나물과 : 돌나물

(5) 화훼의 분류

생육특성에
따른 분류
	- 한해살이 화초 : 파종 후 1년 안에 꽃이 피고 씨가 맺힌 후 생육을 마감하는 화초
	  • 춘파(봄뿌림) 한해살이 화초 : 피튜니아, 살비아, 메리골드 등
	  • 추파(가을뿌림) 한해살이 화초 : 금잔화, 팬지, 시네라리아 등
	- 두해살이 화초 : 파종 후 1년 이상 2년 이내 꽃이 피고 씨가 맺힌 후 생육을 마감하는 화초로 대부분 추파 한해살이 화초의 생육 길어진 특성임
	  • 종류 : 접시꽃, 석죽, 캄파눌라
	- 여러해살이 화초 : 한 번 파종하면 매년 같은 자리에 새싹이 돋아 꽃이 피고 씨가 맺히는 화초
	  • 종류 : 비내한성(거베라, 군자란, 극락조화), 내한성(작약, 루드베키아, 옥잠화), 반내한성(카네이션, 델피늄, 마거리트)
	- 알뿌리 화초 : 잎, 줄기, 뿌리 등 영양기관 일부에 양분이 저장되어 여러형태로 변형된 여러해살이 화초의 일종
	  • 종류 : 달리아(덩이뿌리), 시클라멘(덩이줄기), 칸나(뿌리줄기), 히아신스(비늘줄기), 백합(비늘줄기), 글라디올러스(구슬줄기)
	- 선인장 및 다육식물
	  • 선인장 : 줄기가 커져 구형이나 기둥모양으로 변하여 수분과 양분을 저장하는 작물. 잎은 가시나 털 모양으로 변형되어 자신을 보호하며 꽃이 아름다움
	  • 다육식물 : 선인장처럼 줄기나 잎이 비대해져 건조에 견딜 수 있도록 물과 양분을 저장하는 작물

실용적 분류	- 관상부위에 따른 분류
	  • 관화식물 : 꽃을 감상하는 식물로 팬지, 금잔화, 금어초, 카네이션, 튤립, 장미, 수선화, 모란 등이 해당
	  • 관엽식물 : 잎을 감상하는 식물로 칼라듐, 소철, 야자, 아스파라거스, 드라세나 등이 해당
	  • 관실식물 : 열매를 감상하는 식물로 석류나무, 호랑가시나무, 귤나무, 피라칸사스, 백량금 등이 해당
	- 이용목적에 따른 분류
	  • 절화 : 꽃을 줄기째 잘라 이용하는 식물로 장미, 튤립, 국화, 나리, 카네이션 안개초, 프리지어 등이 해당
	  • 분화 : 화분에 담긴 식물을 감상하는 식물로 국화, 베고니아, 동양란, 서양란, 고무나무 야자류 철쭉류, 선인장, 관음죽, 소철, 프러뮬러 등이 해당

02 주요 원예작물(과수, 채소, 화훼)

1. 주요 원예작물의 특징

과수	**〈사과〉**
	• 교목성 낙엽과수로, 봄에 잎이 나오고 꽃받기가 비대해져 과실이 됨
	• 자가 결실률이 낮아 꽃가루 공급을 위한 수분품종을 혼식해야 함
	• 서늘한 기후 및 온대북부지역에서 잘 생육함
	• 개화 후 4~6주인 5월 말에서 6월 초에 과실을 솎아주는 적과작업을 실시
	• 주요 병충해 : 탄저병, 붉은별무늬병, 겹무늬둥근썩음병, 사과응애, 진딧물, 나방
	• 품종에 따라 9월~11월 사이에 수확함
	• 과실 생장은 세포분열에 의한 종축생장 후 세포 크기성장에 따른 횡축생장이 일어남
	• 동록현상 : 온도가 급격히 내려갈 때 과실 표면에 갈색 또는 녹색 상처를 남기는 피해가 나타남
	• 온난한 기후에서는 후기생장이 충분히 일어나므로 과실이 편원형으로 생장함
	• 서늘한 기후에서는 후기생장이 일찍 중단되어 과실이 원형 또는 장원형으로 생장함
	• 과실 착색을 위해 웃자란 가지를 제거, 잎 속기를 통해 일조량을 확보해야 하며 잎은 전체 잎의 30%를 넘지 않도록 함. 또한 복대한 봉지를 벗긴 후 4~5일 뒤 반사필름을 깔아줌
	• 과실의 착색에는 안토시아닌, 플라보노이드, 당도, 빛이 관여
	〈배〉
	• 겨울과 여름에 잘 자라며 햇빛 요구량이 큼
	• 주로 타가결실하며 배수가 좋은 환경에서 잘 생육함
	• 과실 품질을 높이기 위해 꽃이 진 후 40~50일 정도 뒤 적과작업을 실시
	• 주요 병충해 : 검은별무늬병(곰팡이병으로 다습한 환경에서 발생)
	〈복숭아〉
	• 온난한 기후에서 잘 생육되며 일조량에 따라 과실의 품질이 크게 달라짐
	• 주요 병충해 : 세균성구멍병(세균병으로 온난다습한 장마철에 많이 발생)
	• 주요 생육장해 : 핵할(과실 발육 중 딱딱한 씨앗부분인 내과피(핵)가 갈라지는 현상), 열과(무대재배 시 많이 발생)
	   - 핵할의 원인 : 급격한 양·수분 이동에 따라 과실의 비대속도가 과도하게 빠를 때 발생
	   - 핵할의 대책 : 양·수분이 과도하게 공급되지 않도록 관수 및 시비 관리를 실시
	• 수확시기 : 8월 말 ~ 10월 초
	〈포도〉
	• 온난한 기후에서 잘 자라며 습해와 건조해에 강함
	• 크게 유럽종 포도와 미국종 포도로 구분되며 우리나라에서는 주로 미국종 포도(캠벨얼리, 델러웨어, 머스캣베일리)를 재배
	• 유럽종에 비해 미국종의 내한성이 더 강하며 유럽종은 미국종에 비해 pH가 높은 곳에서 잘 자람
	• 주요 병충해 : 잎곰팡이병, 노균병, 탄저병(고온다습한 장마철), 갈색무늬병(갈반병, 고온다습한 밀식환경), 포도잎말이나방, 총채벌레, 포도코끼리장님노린재
	• 주요 생육장해 : 꽃떨이현상(수정이 되지 않거나 수정 후 영양조건이 좋지 않아 결실이 불량한 것)
	   - 원인 : 불완전한 화기(암술 등), 건조한 환경, 저장 양분의 부족, 질소비료의 과용, 개화기의 불량한 기상환경, 바이러스병에 의한 수세 약화
	   - 대책 : 화기의 발달 유도(양분 저장 도모), 토양관리(과습 및 건조 관리), 병해충 방제 및 생장조절제 이용, 수세 안정(착립 후 적화 및 전정 실시)

채소	〈감귤〉	
	• 상록과수로 식재시기의 폭이 넓지만, 묘목의 활착과 생육을 위해 봄에 식재하는 것이 좋음	
	• 양지식물로 일조량 부족 시 광합성이 저조하므로 내부까지 직사광선을 잘 받을 수 있도록 전정을 실시해야 함	
	• 과실의 생산성(결실)을 위해 약전정을 실시하며, 결실 억제 시 강전정을 실시	
	• 수세가 강하거나 노목일 때는 강전정을, 수세가 약하거나 유목기에는 약전정을 실시	
	• 강전정 : 잘라낸 가지의 길이가 남은 가지의 길이보다 긴 것으로 잘라낸 잎의 수가 전체의 20% 이상(잎 수 감소로 결실 저해)	
	• 약전정 : 솎음전정 위주로 잘라낸 잎의 수가 전체의 10% 이하(초기 잎 수 증가로 결실 촉진)	
	〈토마토〉	
	• 1년생 초본식물로 20~25℃의 온난한 조건에서 잘 자람	
	• 파종은 정식일 기준 50~70일 전 실시	
	• 10℃ 이하에서 육묘할 경우 화방의 위치가 짧아짐	
	• 기온이 낮을 경우 착과가 불량하므로 착과제(토마토톤)을 진한 농도로 살포	
	• 항산화 색소인 라이코펜으로 인해 붉은색으로 착색	
	• 주요 생육장해	
		공동과	과실 속이 비는 현상으로 일조량 부족 및 고온기의 지나친 토마토톤 처리가 원인이 되므로 일조량 조절 및 토마토톤 살포 농도를 조절해야 함
		기형과	열매의 모양이 기형인 것으로 질소과다, 토마토톤의 오용, 과습이 원인
		배꼽썩음과	배꼽 부근이 검에 썩는 것으로 칼슘(Ca) 부족이 원인이므로 석회, 염화칼슘 엽면시비를 실시
		줄썩음과	열매의 윗부분에서부터 아래까지 흑갈색의 줄무늬가 형성되는 것으로 일조부족, 고온다습, 칼륨(K) 결핍이 원인
		열과	열매가 갈라지는 현상으로 건조기 지속 후 열매 속 수분이 터져나오며 발생. 공기 중 습도를 낮추고 야간온도를 높여 방지함
	〈오이〉	
	• 햇빛 요구량이 많으며 20~25℃의 온난한 조건에서 잘 자람	
	• 오이는 단성화로 암수 구별 없이 한 꽃에서 분화되며 온도, 일장, 영양조건에 따라 암꽃 또는 수꽃이 결정됨	
	• 육묘 시 야간온도가 15℃ 이하인 저온, 단일조건에서 암꽃 착생률이 높아짐	
	• 토양에 질소질 비료가 많을 때 암꽃 분화가 억제되며 옥신(auxin)이나 지베렐린(gibberellin)의 농도가 낮을 때 암꽃 분화가 촉진됨	
	• 주요 병충해 : 노균병(곰팡이병으로 고온다습한 환경에서 발생, 잎 표면에 황색반점이 생성), 온실가루이 (잎 뒷면 흡즙으로 인해 황색으로 변색)	
	• 주요 생육장해 : 마그네슘 결핍으로 인한 백화현상, 생장비대 촉진 시 일조량 부족에 의한 낙과 피해	
	〈수박〉	
	• 햇빛 요구량이 많으며 20~30℃의 온난한 조건에서 잘 자람	
	• 무한꽃차례 작물로 개화 시기와 개서가 일정하지 않고 환경조건이 맞으면 무한으로 꽃이 핌	
	• 파종 후 80~100일 후 수확이 가능	
	• 콜히친 처리를 통해 씨없는 수박을 생산	
	• 내병성 대목에 접목하여 덩굴쪼김병을 예방	

화훼	〈고추〉 • 햇빛 요구량이 많은 작물로, 하루에 최소 6~8시간 이상의 직사광선이 필요 • 무한꽃차례 작물에 해당 • 주요 병충해 : 탄저병(고온다습한 환경에서 발생, 열매에 원형의 반점 생성), 역병(고온다습한 환경에서 발생, 물에 젖은 듯한 반점 생성) • 주요 생육장해 : 배꼽썩음과(칼슘 결핍으로 발생)	
	〈국화〉 • 영양번식이 가능한 작물로, 주로 삽목(꺾꽂이) 또는 분주(포기나누기)의 일종인 동지아(뿌리 근처 발생하는 싹) 번식법을 이용 • 주요 생육장해	
	로제트현상	여름철 고온을 난 후 가을의 저온에 접어들면 마디 사이(절간)이 신장하지 못하고 짧게 되는 현상
	버들눈현상	심한 고온이나 저온에 의해 꽃눈이 발달하지 못해 미성숙 꽃눈이 발생하는 현상으로 스탠다드 국화에서 많이 나타남
	노심현상	전조재배 시 전조 중지 후 급격한 일조 부족에 의한 일장변화로 설상화가 억제되어 중심화(관상화)의 발생 및 노출이 많아지는 현상 ※ 국화꽃은 두상화로 줄기 끝에 피는데 가운데는 관상화, 주변부는 설상화임
	관생화	고온기의 차광재배 시 꽃 속에 작은 꽃이 피는 기형화가 나타나는 현상

제2장 시설재배

01 시설재배의 개념

1. 시설원예

(1) **정의** : 유리온실이나 비닐하우스 같은 시설 내에서 과수, 채소, 화훼 등의 원예작물을 집약적으로 재배하는 형태

(2) **우리나라의 시설원예**

1) 대부분 플라스틱하우스며 최근에는 유리온실이 증가하고 있음
2) 전체 시설 면적은 채소가 84%, 과수 10%, 화훼 5%로, 선진국과 비교하면 채소 비중이 높은 편임
3) 채소의 시설재배

   ① 재배면적 : 과채류 〉 엽채류 〉 근채류
   ② 과채류는 시설재배 작물의 약 54%를 차지하며(수박, 호박, 참외, 오이, 토마토, 딸기 등) 무, 상추, 배추, 시금치, 파, 피망 등도 시설로 재배되고 있음
   ③ 재배면적은 수박 〉 참외 〉 딸기 〉 봄무 〉 상추 순이며 봄 배추, 풋고추, 오이, 호박 등도 많이 재배됨

(3) **구비조건**

1) 바람과 적설 등 최악의 기상조건에서도 견딜 수 있어야 함
2) 작물 생육 시 채광성, 보온성, 환기성 등 알맞은 환경을 조성하는데 효율적이어야 함
3) 재배면적을 최대한 확보할 수 있어야 함
4) 작업과 관리가 용이하여 노동력을 절감할 수 있어야 함
5) 시설비가 적게 들고 내구연한이 길게 설계되어야 함

(4) **시설의 자재** : 시설의 기본 골격을 구성하는데 이용되는 골격자재와 작물보호에 필요한 피복물인 피복자재가 해당됨

1) **골격자재** : 목재, 죽재, 철재, 경합금재, 강재(경량형 강재, 압연금재, 구조 강관) 등

   ① 목재 : 초기에 많이 이용되었으나 초골격률이 크고 투광률과 내구성이 낮아 요즘은 철재, 경합금재가 많이 이용됨
   ② 경합금재 : 알루미늄을 주성분으로 하는 여러 종류의 합금재로 가볍고 내부식성이 강하며 광 투과율이 좋으나 강재에 비해 강도가 낮고 가격이 비쌈

③ 강재 : 강도와 내구성이 높아 하중이 큰 대형 온실에 적합함
- 경량형 강재 : 두께 3.2mm 이하의 강재로, 유리온실 및 플라스틱 온실에 쓰임
- 압연강재 : 강한 힘의 작용을 받는 굴곡 부분이 두껍고 강도가 높으며 대형 유리온실에 쓰임
- 구조 강관 : 두께 1.2mm의 아연도금으로 구성되며 내구 연한이 길어 단동 및 연동하우스의 골격재로 많이 사용됨

2) 피복자재

구비조건	• 투광성 : 작물 생육에 필요한 햇빛이 잘 투과되도록 투명해야 함 • 보온성 : 겨울에 보온이 잘 되어야 하며, 야간에 저온을 방지할 수 있어야 함 • 내구성 : 기상환경과 외부 충격에 대한 내구성이 좋아야 하며 수축과 팽창이 적어야 함 • 열전도율 및 경제성 : 피복재는 열전도율이 낮고 수명이 길며 비용이 저렴해야 함 • 작업과 관리의 용이성이 좋아야 함
종류	〈유리〉 투과성, 내구성, 보온성이 우수하나 시설비가 많이 들고 연질필름에 비해 기밀도가 떨어짐 • 판유리 : 일반적으로 두께 3mm를 사용하며 벤로형 온실 또는 안전도가 커야 하는 곳은 4mm 유리를 사용함 • 형판유리 : 표면이 요철처리가 되어 있고 투과되는 광의 일부가 산란되어 시설 내 광분포가 고름 • 산광유리(확산유리) : 판유리의 일종으로 한 면을 형틀 모양으로 만들어 광선을 확산시켜 균일한 광을 얻을 수 있도록 함 • 복층유리 : 두 장 이상의 판유리를 사용하며 그 주변을 밀봉한 것으로 결로방지와 단열에 효과적임 • 열선흡수유리 : 가시광선의 투과성이 높고 열선 투과율은 낮음 〈플라스틱〉 우리나라 시설원예의 대부분을 차지하며 플라스틱 피복재를 사용한 온실을 의미함. 비닐하우스와 경질판 온실로 구분되고 이 중 대부분은 비닐하우스에 해당됨 ① 연질필름 : 두께가 0.05~0.2mm인 부드럽고 얇은 플라스틱필름 　• PE(폴리에틸렌필름) : 두께 0.25mm 이하로 상대적으로 저렴해 가장 많이 이용됨 　　- 장점 : 광 투과율이 높음, 먼지가 잘 부착되지 않음, 약품 내성이 큼 　　- 단점 : 내구성과 내후성이 작아 수명이 짧고 보온력이 약함 　　　※ 내후성 : 햇빛, 비·바람 등 외부기후에 견디는 성질 　• PVC(염화비닐 필름) : PE의 단점을 보완한 자재로, 가격이 상대적으로 비싸 많이 사용되지 않음 　　- 장점 : 광 투과율이 높음, 내후성과 보온력이 뛰어남 　　- 단점 : 먼지가 잘 붙어 광 투광성이 저하될 우려가 있음, 서로 잘 달라붙어 취급이 어려움, 소각 시 대기오염물질과 독성가스가 발생함 　• PO(폴리오레핀 필름) : PVC 대체 목적으로 개발된 필름으로 광투과율과 인장강도가 매우 우수하며 수명이 5년 이상으로 길지만 설치 비용이 높음 　　- 장점 : 자외선을 차단하여 해충의 비행능력을 저해시키고 병원균 증식을 억제하는 등 기능성이 많아 부가가치가 큼 　• EVA(에틸렌아세트산 비닐 필름) : 내구성, 내후성, 보온성, 가격은 PVC 〉 EVA 〉 PE 의 순으로 중간 정도임 　　- 장점 : 광 투과율이 높음, 먼지가 잘 달라붙지 않음, 항장력과 신장력이 큼, 고온에서도 단단함

※ 무적필름 : 물방울이 맺히지 않는 필름으로, 폴리에틸렌 필름에 계면활성제를 표면에 처리하거나 에틸렌아세트산(EVA)필름을 사용
② 경질필름 : 두께가 0.1~0.2mm인 플라스틱필름
- PET(폴리에스테르 필름) : 플라스틱필름 중 가장 강도가 높으며 보온성, 광투과율, 내구성이 좋음
- ETFE(불소수지 필름) : 내구연한이 10~15년 이상으로 매우 길며 눈이 오는 지역에서 유리하지만 소각 시 유독가스가 발생하며 방적성이 우수하지 않음
- RPVC(경질 폴리염화 비닐 필름) : 수명이 3년 정도이며 내충격성은 좋지만 인열강도가 낮음
③ 경질판필름 : 두께 0.2mm이상의 플라스틱 판이며 유리와 같은 우수한 내구성을 가짐
- FRP(유리섬유강화 폴리에스테르판) : 수명이 8~10년 정도로 길고 내충격성이 좋으며 열수축이 없음
- PC(폴리 카보네이트 수지판) : 수명이 10년 이상으로 내충격성이 가장 좋고 보온성, 내열성, 내한성, 가시광선 투광성이 좋음
- FRA(유리섬유강화 아크릴판) : 자외선 투광성, 내후성이 우수함
- MMA(아크릴 수지판) : 유리섬유가 첨가되지 않은 100% 아크릴수지 경질판으로 광투과성과 보온성이 우수하나 내구성이 좋지 않고 열에 의한 수축과 팽창이 큼
④ 기타 피복재
- 부직포 : 커튼 또는 차광 피복재로 사용됨
- 매트 : 소형터널 보온피복에 많이 사용되며 단열성은 좋으나 광선투과율 및 유연성이 나쁨
- 한랭사 : 시설의 차광 피복재 및 서리 방지 피복재로 사용됨

(5) 재배시설의 종류

1) 유리온실

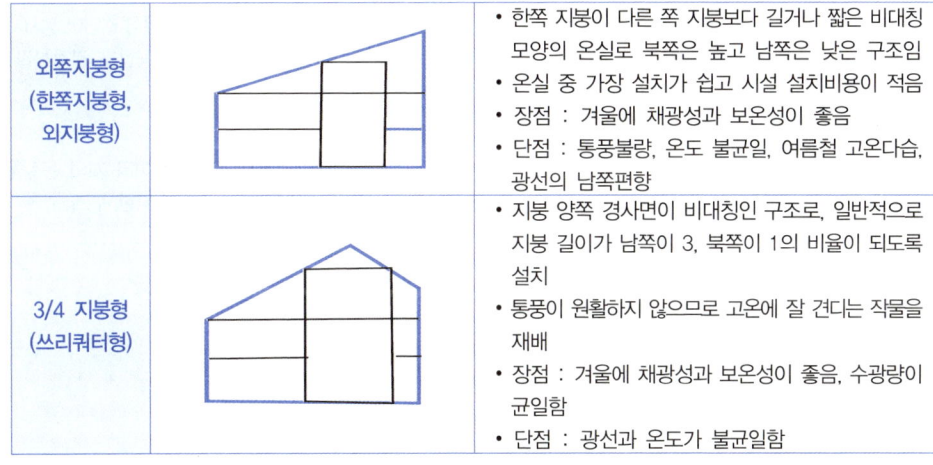

외쪽지붕형 (한쪽지붕형, 외지붕형)		• 한쪽 지붕이 다른 쪽 지붕보다 길거나 짧은 비대칭 모양의 온실로 북쪽은 높고 남쪽은 낮은 구조임 • 온실 중 가장 설치가 쉽고 시설 설치비용이 적음 • 장점 : 겨울에 채광성과 보온성이 좋음 • 단점 : 통풍불량, 온도 불균일, 여름철 고온다습, 광선의 남쪽편향
3/4 지붕형 (쓰리쿼터형)		• 지붕 양쪽 경사면이 비대칭인 구조로, 일반적으로 지붕 길이가 남쪽이 3, 북쪽이 1의 비율이 되도록 설치 • 통풍이 원활하지 않으므로 고온에 잘 견디는 작물을 재배 • 장점 : 겨울에 채광성과 보온성이 좋음, 수광량이 균일함 • 단점 : 광선과 온도가 불균일함

양쪽지붕형 (양지붕형)		• 지붕 양쪽 경사면이 대칭인 구조로, 가장 널리 알려진 구조임 • 자연환경과 가까운 환경을 조성할 수 있고, 대형화가 쉬움 • 장점 : 통풍이 원활하며 관리가 쉬움, 광선과 온도가 균일함 • 단점 : 겨울철 광투과율이 낮음, 그늘이 많이 짐, 겨울철 적설 우려
둥근지붕형		• 원형 또는 반원형의 곡선 유리를 사용하여 설치 • 시설 내 그늘이 덜 생기며 지붕이 높아 대형 관상식물 및 열대식물 재배가 용이 • 단점 : 설치비용이 높음
벤로형		• 여러 개의 작은 박공형 지붕이 연속적으로 연결된 구조로 처마가 높고 폭이 좁은 양지붕형 온실을 연결한 형태 　※ 박공형 지붕 : 경사진 두 면이 만나 삼각형 구조를 이루는 가장 일반적인 형태의 지붕 • 골격율이 12%로 일반 온실의 골격율(20%)보다 낮아 광투과율이 높음 • 골격율이 낮아 두꺼운 유리를 사용해야 함 • 장점 : 경량 골재를 사용하여 채광성이 좋고 작업이 용이 • 단점 : 바람과 적설에 약함, 불균일한 광투과, 보온과 환기가 나쁨
더치라이트형		• 양지붕형의 일종으로 온실 측면이 경사져 있어 구조의 강도가 높아지며 풍압을 경감시킬 수 있음
연동형		• 대규모 재배를 위해 여러 개의 온실을 연결하여 넓은 재배 공간을 확보한 구조

※ 유리온실 관련 용어
- 간고 : 온실 전체의 높이
- 동고 : 서까래 끝에서 지붕 가장 높은 곳까지의 높이
- 헌고 : 지붕 끝에서 바닥까지의 높이

2) 플라스틱온실

지붕형 하우스	• 종류 : 외쪽지붕형, 3/4 지붕형, 양쪽지붕형 • 바람이 강하거나 적설량이 많은 지대에 적합 • 장점 : 천창과 측창의 설치가 쉬워 환기가 양호 • 단점 : 연동형으로 설치할 경우 강풍과 적설에 의한 피해가 우려됨

터널형 하우스	• 타원형, 반원형의 시설원예 초창기 대표적 시설 • 장점 : 보온성이 크고 바람에 잘 견디며 광투과가 균일함 • 단점 : 환기성이 나쁘며 적설 피해가 우려됨
아치형 하우스	• 90년대 이후 농가보급형으로 단동형 및 연동형으로 설치 • 장점 : 골격률이 낮아 광투과가 좋음, 하우스 조립이 용이, 내풍성과 경제성이 좋음 • 단점 : 환기성이 나쁘며 적설 피해가 우려됨
대형 지붕형	• 지붕형 연동하우스의 단점을 보완하여 설치 • 장점 : 보온, 환기, 기온 등 환경조절 용이 • 단점 : 대형화에 따른 골격자재비가 많이 듦

02 시설재배 환경 및 방법

1. 시설 내 환경

토양	특징 : 염류 농도가 높고, 토양물리성이 나쁘며, 연작장해가 있음 〈시설 내 염류장해〉 : 시설재배에서 시비한 잉여 비료성분이 염류형태로 토양에 집적되어 발생
광선	특징 : 광질과 분포가 다르고, 광량이 감소함 〈시설 내 광 개선 방법〉 • 프레임율을 낮추는 자재를 선택 • 먼지가 잘 붙지 않고 가시광선 투과율이 높은 피복재를 선택 • 투광량은 동서방향이 남북방향보다 크므로 이를 고려하여 설치해야 하지만 예외적으로 유리온실은 고온기에 지나친 기온상승이 나타나므로 남북으로 설치하기도 함 • 반사판을 설치하여 반사광을 이용 • 인공광 도입
수분	특징 : 토양이 건조해지기 쉽고, 공중습도가 높으며, 인공관수를 함 〈시설 내 관수 방법〉 • 점적관수 : 파이프나 튜브에 미세한 구멍을 뚫거나 이에 연결된 노즐 등 가는 분출구를 만들어 물이 한 방울씩 스며 나오도록 하는 방법 • 지중관수 : 토양 속 관수 파이프를 매설하여 토양으로 물이 스며 나오도록 하는 방법 • 저면관수 : 벤치 등 저면에 있는 배수공을 통해 물이 스며 올라가도록 하는 방법 • 살수관수 : 송수관 선단에 부착된 각종 노즐을 이용하여 물을 뿌리는 방법(스프링클러법) • 분수관수 : 일정 간격으로 구멍난 파이프에 압력을 가해 물을 분출하는 방법
온도	특징 : 일교차가 크고, 위치별 분포가 다르며, 지온이 높음 〈시설 내 기화냉방법〉 • 팬 앤드 패드(Fan and Pad) : 물이 증발할 때 주변 열을 흡수하여 공기를 냉각시키는 기화냉각 원리를 활용한 방법으로 외부에서 유입된 공기가 젖은 패드를 통과하며 냉각되어 실내 온도를 낮춤 • 팬 앤드 미스트(Fan and Mist) : 흡기구 외부에 미세살수장치를 설치하고 미스트를 분무하면 시설 내부를 통과한 후 반대편의 팬으로 배출되는데, 이때 발생되는 기화열로 실내 온도를 낮추는 방법

공기	• 팬 앤드 포그(Fan and Fog) : 팬 앤드 미스트와 같지만 미스트보다 더 미세한 입자(0.05mm이하)를 분사하는 방법 • 지붕 분무냉방 : 지붕 위에 분사하면 내면에 접한 공기가 냉각되는 방법

공기	특징 : 바람이 없고 통기성이 불량하여 탄산가스가 부족하고, 유해가스가 집적됨
	〈시설 내 탄산시비〉: 광합성증대를 통한 수확량 증대 및 작물생육 촉진을 위해 시설 내 이산화탄소 농도를 인위적으로 늘려주는 것으로 대기 중 농도의 5~10배가 적절
	① 시설 내 공기 환경
	  • 특정 성분 기체가 높거나 낮음
	  • 탄산가스가 부족으로 인위적 공급이 필요함(탄산시비)
	  • 이산화탄소 농도는 작물 주위에서 낮고 출입구나 통로 주변은 높음
	  • 공기의 이동과 흐름이 거의 없어 유해가스가 집적되기 쉬움
	② 시용시각
	  • 일출 후 30분부터 환기할 때까지 2~3시간, 오후는 광합성능력이 저하되므로 탄산시비를 삼가고 전류를 촉진
	  • 야간에는 작물호흡으로 0.04%까지 상승, 일출과 함께 광합성이 시작되면 2시간 후 0.02%가 되므로 환기시킴
	  • 겨울이 되면 환기가 불가능하므로 탄산시비 해야함
	③ CO_2 공급원 : 액화탄산가스, 프로판가스, 쓰레기 소각
	④ 시용시 주의사항 : 액화탄산가스 낙화피해 우려, 프로판가스 불완전연소로 인한 황 유해가스 발생, 연소시 수증기 발생으로 인한 밀폐공간 습도상승
	⑤ 시용효과 : 증수효과, 카네이션 품질 향상, 광합성속도 증가, 오이 착과율 증가, 유채과 식물 자가불화합성 타파, 콩 엽록소 함량 증가, 멜론 고당도 효과

2. 시설재배의 방법

(1) 양액재배(무토양재배)

1) 정의 : 생육에 필요한 필수원소를 적당한 농도로 용해시킨 수용액(=양액)으로 작물을 재배하는 방법

2) 양액재배의 장·단점

장점	단점
• 작물의 품질과 수량성이 좋음 • 농약사용량이 적음 • 청정재배, 연작재배, 기계화 및 생력재배가 가능 • 자동화가 쉬워 노동력이 절감됨 • 수익성 증대 • 복잡한 토양환경 배제 • 주년재배가 가능함	• 초기 자본과 전문지식 및 기술이 필요 • 양액의 완충능이 작아 pH 변화와 양분 농도에 따라 작물에 큰 영향을 미침 • 재배 가능한 작물의 종류가 적음 • 병해 발생 시 단기간에 치명적인 피해가 발생 • 폐자재의 활용이 어려움

※ 완충능 : 외부에서 들어오는 산성 또는 염기성 물질에 대해 pH 변화를 억제 및 완화시키는 능력
※ 주년재배 : 겨울에도 시설을 이용하여 1년 내내 계절에 구애받지 않고 작물을 재배하는 방식

3) 양액재배의 종류

① 수경재배 : 수경재배 중 하나로, 토양 대신 물과 영양액을 사용하여 작물을 재배하는 방법으로 작물생장에 필요한 영양소를 양액으로 공급하며 순환형과 담액형으로 구분(중금속 및 무기이온

의 농도가 낮아 전기전도도 낮은 물을 사용)

순환형	특징 : 양액을 순환시키며 재배하는 방식
	1) 박막수경(NFT)
	  • 고형배지는 사용하지 않고 뿌리 일부를 공중에 노출하고 나머지는 양액에 닿게 하여 재배하는 방식
	  • 설치비용이 저렴하고 설치가 간단함
	  • 고온기에 양액 온도가 높아지기 쉬움
	2) 환류식 : 양액을 환류시켜 산소 공급을 촉진시키는 방법

담액수경 (담액재배)	특징 : 양액 속에 뿌리를 완전히 담근 채 재배하는 방식으로 산소 공급 방법에 따라 구분됨 • 산소가 부족하기 쉬우므로 산소 공급 장치를 설치해야 함 • 산소 공급 방법에 따라 환류식, 통기식 등으로 구분 • 베드는 쉽게 작업하기 위해 허리 높이가 적절 • 배지는 암면, 펄라이트, 코코피트 등을 사용하며 생략할 수 있음
고설재배	딸기재배에 많이 이용하며 허리 높이 정도의 재배용 베드를 설치하여 양액 재배하는 방식 재배관리가 능률적이고, 과실 주변의 온도와 습도가 낮아 병 발생이 낮음
토경 재배	전통적인 농업방식으로 토양에 작물을 심어 재배하는 방식
고랭지 재배	저온성 채소의 재배 목적으로, 표고 600m이상인 지역의 평지에 비해 낮은 온도를 이용하여 작물을 재배하는 방식

② 고형배지경 재배 : 과채류, 절화류 등을 특정 고형배지(피트모스, 버미큘라이트, 펄라이트, 암면 등)에 양액을 공급하여 재배하는 방식으로 사경재배, 훈탄재배, 역경재배, 암면재배 등이 해당

4) 양액의 구비조건

① 양액의 적정 pH : pH5.5 ~6.5(생육가능 pH : pH5.0~6.5)

② 필수 무기양분을 함유해야 함

③ 물에 용해된 이온 상태여야 함(뿌리에서 흡수하기 쉬운 형태)

④ 작물에 유해한 이온은 함유하지 않으며 부족한 이온은 보충해야 함

⑤ 각각의 이온이 적당한 농도로 용해되어 균형을 이루어야 함

⑥ 재배기간이 길어질 때 농도, 무기원소, pH의 변화를 최소화해야 함

⑦ 수온이 높을수록 용존산소량이 낮아지므로 지속적인 산소공급이 필요함

⑧ 양액의 온도는 최저 10℃ 이상 유지해야 함

5) 양액재배와 토양재배의 차이

종류	양액재배	토양재배
이식 및 정식	• 이식과 정식이 편함 • 이식 및 정식 피해가 적고 정지 작업이 필요없음	• 이식과 정식에 시간이 오래걸림 • 이식 및 정식의 피해를 입고 정지 작업이 힘듦
시비	• 시비량이 적고 균등 시비가 가능하며 이용 효율이 좋음	• 시비량이 많고 균등 시비가 어려우며 이용 효율이 나쁨
배지 소독	• 노동력이 많이 요구됨	• 노동력과 시간이 요구됨 • 완전소독이 불가능함
재식 밀도	• 밀식 가능	• 양분과 광에 따라 밀식이 제한됨
연작(이어짓기) 피해	• 발생하지 않음	• 발생함
병충해	• 배지 내에 병원균이 없어 돌려짓기가 필요하지 않지만 침입하면 번성하기 쉬움	• 토양 전염성 병원균, 선충, 해충 때문에 돌려짓기를 함
잡초방제	• 제초작업이 필요 없음	• 제초작업 필요

(2) 공정육묘의 정의와 특징

정의	재래식 육묘를 개선하여 상토혼입, 자동화육묘 시설을 이용하는 기술집약적 육묘방법으로 성형묘, 플러그묘, 셀묘 등으로 불리며 기간단축 및 생산비 절감, 대량생산, 묘 소질 개선, 운반의 편리함 등의 장점이 있음
특징	• 균일한 품질 생산 가능 • 취급 및 수송이 용이 • 정식작업이 용이하며 이식 시 모의 상처가 적음 • 노동력이 적게 소요됨 • 공정시설과 기자재에 비용이 많이 듦 • 환경조절 등 숙련된 기술이 필요

확인문제

01 절화의 수명연장방법으로 옳지 않은 것은? ▶ 2015년 손해평가사 제1회

① 화병의 물에 살균제와 당을 첨가한다.
② 산성물(pH 3.2~3.5)에 첨가한다.
③ 에틸렌을 엽면 살포한다.
④ 줄기 절단부를 수초간 열탕처리한다.

 에틸렌은 성숙 및 노화 호르몬으로, 수명연장방법에 쓰이는 물질로 적절하지 않다.

02 토마토의 생리장해에 관한 설명이다. 생리장해와 처방방법을 옳게 묶은 것은? ▶ 2018년 손해평가사 제4회

칼슘의 결핍으로 과실의 선단이 수침상(水沈狀)으로 썩게 된다.

① 공동과 - 엽면시비   ② 기형과 - 약제 살포
③ 배꼽썩음과 - 엽면시비   ④ 줄썩음과 - 약제 살포

 토마토 배꼽썩음과는 칼슘 부족으로 생기므로 석회 등의 Ca비료를 엽면시비하여 방제한다.

03 A농가가 오이 성 결정시기에 받는 영농지도는? ▶ 2018년 손해평가사 제4회

지난해 처음으로 오이를 재배했던 A농가에서 오이의 암꽃 수가 적어 주변 농가보다 생산량이 적었다. 올해 지역 농업기술센터의 영농지도를 받은 후 오이의 암꽃 수가 지난해보다 많아져 생산량이 증가되었다.

① 고온 및 단일환경으로 관리   ② 저온 및 장일환경으로 관리
③ 저온 및 단일환경으로 관리   ④ 고온 및 장일환경으로 관리

 오이 등의 박과채소는 야간 온도 15℃이하의 저온과 단일조건에서 암꽃 착생수가 증가한다.

정답   01 ③   02 ③   03 ③

확인문제

04 A농가의 하우스 오이 재배 시 낙과가 발생하였다. B손해평가사가 주요 원인으로 조사할 항목은?
▶ 2019년 손해평가사 제5회

① 유인끈 ② 재배방식
③ 일조량 ④ 탄산시비

 오이는 영양생장 비대가 일어나는 시기에 일조량이 부족하면 낙과하므로 일조량을 확인해야 한다.

05 절화의 수확 및 수확 후 관리 기술에 관한 설명으로 옳지 않은 것은?
▶ 2020년 손해평가사 제6회

① 스탠다드 국화는 꽃봉오리가 1/2 정도 개화하였을 때 수확하여 출하한다.
② 장미는 조기에 수확할수록 꽃목굽음이 발생하기 쉽다.
③ 글라디올러스는 수확 후 눕혀서 저장하면 꽃이 구부러지지 않는다.
④ 카네이션은 수확 후 에틸렌 작용 억제제를 사용하면 절화 수명을 연장할 수 있다.

 글라디올러스는 수확 후 눕혀서 저장하면 꽃이 중력 반대방향으로 휠 수 있으므로 세워서 저장한다.

06 장미의 블라인드현상의 직접적인 원인은?
▶ 2023년 손해평가사 제9회

① 수분 부족 ② 칼슘 부족
③ 일조량 부족 ④ 근권부 산소 부족

 블라인드 현상 : 꽃봉오리가 생기지 않거나 생겨도 개화하지 못하고 퇴화하는 현상으로 일조량 부족 및 낮은 야간 온도에서 나타난다.

07 작물의 시설재배에서 연질 피복재만을 고른 것은?
▶ 2015년 손해평가사 제1회

| ㄱ. 폴리에틸렌필름 | ㄴ. 에틸렌아세트산필름 |
| ㄷ. 폴리에스테르필름 | ㄹ. 불소수지필름 |

① ㄱ, ㄴ ② ㄱ, ㄹ
③ ㄴ, ㄷ ④ ㄷ, ㄹ

정답 04 ③ 05 ③ 06 ③ 07 ①

《연질 피복재의 종류》
- PE(폴리에틸렌필름) : 두께 0.25mm 이하로 상대적으로 저렴해 가장 많이 이용됨
- PVC(염화비닐 필름) : PE의 단점을 보완한 자재로, 가격이 상대적으로 비싸 많이 사용되지 않음
- PO(폴리오레핀 필름) : PVC 대체 목적으로 개발된 필름으로 광투과율과 인장강도가 매우 우수하며 수명이 5년 이상으로 길지만 설치 비용이 높음
- EVA(에틸렌아세트산 비닐 필름) : 내구성, 내후성, 보온성, 가격은 PVC〉EVA〉PE 의 순으로 중간 정도임

08 다음이 설명하는 시설재배용 플라스틱 피복재는? ▶2017년 손해평가사 제3회

- 보온성이 떨어진다.
- 광투과율이 높고 연질피복재이다.
- 표면에 먼지가 잘 부착되지 않는다.
- 약품에 대한 내성이 크고 가격이 싸다.

① 폴리에틸렌(PE)필름 ② 염화비닐(PVC)필름
③ 에틸렌아세트산(EVA)필름 ④ 폴리에스터(PET)필름

《PE(폴리에틸렌필름)》
- 두께 0.25mm 이하로 상대적으로 저렴해 가장 많이 이용됨
- 장점 : 광 투과율이 높음, 먼지가 잘 부착되지 않음, 약품 내성이 큼
- 단점 : 내구성과 내후성이 작아 수명이 짧고 보온력이 약함

09 시설 내의 온도를 낮추기 위해 시설의 벽면 위 또는 아래에서 실내로 세무(細務)를 분사시켜 시설 상부에 설치된 풍량형 환풍기로 공기를 뽑아내는 냉각 방법은? ▶2017년 손해평가사 제3회

① 팬 앤드 포그 ② 팬 앤드 패드
③ 팬 앤드 덕트 ④ 팬 앤드 팬

《시설 내 기화냉방법》
- 팬 앤드 패드(Fan and Pad) : 물이 증발할 때 주변 열을 흡수하여 공기를 냉각시키는 기화냉각 원리를 활용한 방법으로 외부에서 유입된 공기가 젖은 패드를 통과하며 냉각되어 실내 온도를 낮춤
- 팬 앤드 미스트(Fan and Mist) : 흡기구 외부에 분무실을 설치하고 미스트를 분무하면 시설 내부를 통과한 후 반대편의 팬으로 배출되는데, 이때 발생되는 기화열로 실내 온도를 낮추는 방법
- 팬 앤드 포그(Fan and Fog) : 팬 앤드 미스트와 같지만 미스트보다 더 미세한 입자를 분사하는 방법
- 지붕 분무냉방 : 지붕 위에 분사하면 내면에 접한 공기가 냉각되는 방법

정답 08 ① 09 ①

확인문제

10 시설원예 자재에 관한 설명으로 옳지 않은 것은? ▶ 2018년 손해평가사 제4회

① 피복자재는 열전도율이 높아야 한다.
② 피복자재는 외부 충격에 강해야 한다.
③ 골격자재는 내부식성이 강해야 한다.
④ 골격자재는 철재 및 경합금재가 사용된다.

> **〈피복자재의 구비조건〉**
> - 투광성 : 작물 생육에 필요한 햇빛이 잘 투과되도록 투명해야 함
> - 보온성 : 겨울에 보온이 잘 되어야 하며, 야간에 저온을 방지할 수 있어야 함
> - 내구성 : 기상환경과 외부 충격에 대한 내구성이 좋아야 하며 수축과 팽창이 적어야 함
> - 열전도율 및 경제성 : 피복재는 열전도율이 낮고 수명이 길며 비용이 저렴해야 함
> - 작업과 관리의 용이성이 좋아야 함

11 수경재배에 사용 가능한 원수는? ▶ 2019년 손해평가사 제5회

① 철분 함량이 높은 물
② 나트륨, 염소의 함량이 100ppm 이상인 물
③ 산도가 pH 7에 가까운 물
④ 중탄산 함량이 100ppm 이상인 물

> 수경재배 시 사용되는 양액은 pH가 7에 가깝고 중금속 및 무기이온의 농도가 낮아 전기전도도 낮은 물을 사용해야 한다.

12 토양재배에 비해 무토양재배의 장점이 아닌 것은? ▶ 2020년 손해평가사 제6회

① 배지의 완충능이 높다.
② 연작재배가 가능하다.
③ 자동화가 용이하다.
④ 청정재배가 가능하다.

> **〈양액재배의 장·단점〉**
>
> | 장점 | 단점 |
> | --- | --- |
> | • 작물의 품질과 수량성이 좋음
• 농약사용량이 적음
• 청정재배, 연작재배, 기계화 및 생력재배가 가능
• 자동화가 쉬워 노동력이 절감됨
• 수익성 증대
• 복잡한 토양환경 배제
• 주년재배가 가능함 | • 초기 자본과 전문지식 및 기술이 필요
• 양액의 완충능이 작아 pH 변화와 양분 농도에 따라 작물에 큰 영향을 미침
• 재배 가능한 작물의 종류가 적음
• 병해 발생 시 단기간에 치명적인 피해가 발생
• 폐자재의 활용이 어려움 |

정답 10 ① 11 ③ 12 ①

13 시설 내의 환경 특이성에 관한 설명으로 옳지 않은 것은? ▶ 2020년 손해평가사 제6회

① 위치에 따라 온도 분포가 다르다.
② 위치에 따라 광 분포가 불균일하다.
③ 노지에 비해 토양의 염류 농도가 낮아지기 쉽다.
④ 노지에 비해 토양이 건조해지기 쉽다.

<시설 내 환경의 특징>
- 토양 : 염류 농도가 높고, 토양물리성이 나쁘며, 연작장해가 있음
- 광선 : 광질과 분포가 다르고, 광량이 감소함
- 수분 : 토양이 건조해지기 쉽고, 공중습도가 높으며, 인공관수를 함
- 온도 : 일교차가 크고, 위치별 분포가 다르며, 지온이 높음
- 공기 : 바람이 없고 통기성이 불량하여 탄산가스가 부족하고, 유해가스가 집적됨

14 담액수경의 특징에 관한 설명으로 옳은 것은? ▶ 2021년 손해평가사 제7회

① 산소 공급 장치를 설치해야 한다.
② 베드의 바닥에 일정한 구배를 만들어 양액이 흐르게 해야 한다.
③ 배지로는 펄라이트와 암면 등이 사용된다.
④ 베드를 높이 설치하여 작업효율을 높일 수 있다.

담액수경 재배 시 산소가 부족해지기 쉬우므로 산소공급장치를 설치해야 한다.

15 다음이 설명하는 온실형은? ▶ 2021년 손해평가사 제7회

- 처마가 높고 폭이 좁은 양지붕형 온실을 연결한 형태이다.
- 토마토, 파프리카(착색단고추) 등 과채류 재배에 적합하다.

① 양쪽지붕형 ② 터널형
③ 벤로형 ④ 쓰리쿼터형

벤로형 : 여러개의 작은 박공형 지붕이 연속적으로 연결된 구조로 처마가 높고 폭이 좁은 양지붕형 온실을 연결한 형태

정답 13 ③   14 ①   15 ③

저자 소개

유헌석

약력
- 손해사정사
- 前) 보험금지급심사 및 언더라이팅 부서장 역임
  - 2017~2025. 1 손해사정업무 담당
- 現) ABL생명 근무 (손해사정 및 분쟁업무 등 담당)
  - 이패스손사 손해평가사 상법(보험편) 전임강사

저서
- 이패스 손해평가사 1차 기본서 (이패스코리아)
- 손해평가사 1차 객관식 문제집 (이패스코리아)

박이준

약력
- 서울대학교 사회학과/서울대학교 행정대학원 졸업
- 행정고시 합격
- 前) 행정사무관(규제개혁, 對의회, 문화관광, 국무총리실 감사반 등)
- 現) 이패스손사 손해평가사 농어업재해보험법령 전임강사
  - 이패스노무사 행정쟁송법 전임강사

저서
- 이패스 손해평가사 1차 기본서 (이패스코리아)
- 손해평가사 1차 객관식 문제집 (이패스코리아)
- 공인노무사 행정쟁송법 기본서(이패스코리아)
- 공인노무사 행정쟁송법 사례연습(이패스코리아)
- 행정사 행정절차론 기본서 및 사례·약술 연습(이패스코리아)
- 행정사 행정법 기본서 및 문제집(이패스코리아)
- 행정법총론·각론(교컴)
- 경찰승진 행정법, 행정학(경찰공제회)
- 공무원 행정법, 행정학 기본서 등 시리즈(이패스코리아)
- 소방공무원 승진 행정법, 소방공무원법(소방사관)
- 소방공무원 소방관계법규 기본서 등 시리즈(소방사관)
- 공무원 헌법 기출문제집(예응)
- 사무관승진 헌법 기본서 등 시리즈(교컴)
- 공기업 법학(이패스코리아)
- 경비지도사 법학개론(이패스코리아)
- 법학적성시험 LEET 추리논증(로앤피로스쿨)
- 최강 NCS 직업기초능력(이패스코리아)
- 국가정보원 NIAT(이패스코리아) 등 다수

약력

- 건국대학교 식량자원과학과 졸업
- 경기도 농촌지도직 공무원 합격
- 공공기관(학교, 보건소 등) 출강

前) • 공공기관 병해충, 잔류농약 업무 담당
現) • 해커스공무원 농업직 전임교수
  - 이패스코리아 식물보호기사 전임교수
  - 이패스손사 손해평가사 재배학 및 원예작물학 전임강사

김 소 정

보유자격

- 식물보호산업기사
- 식물보호기사

저서

- 이패스 손해평가사 1차 기본서 (이패스코리아)
- 이패스 식물보호기사(산업기사) 필기, 실기(이패스코리아)

2026 이패스 손해평가사 1차 기본서

개정1판 인쇄	2025년 11월 28일
개정1판 발행	2025년 12월 12일

지 은 이   유헌석, 박이준, 김소정
발 행 인   이 재 남
발 행 처   (주)이패스코리아
         [본사] 서울시 영등포구 경인로 775 에이스하이테크시티 2동 1004호
         [학원] 서울시 종로구 청계천로 35 관정빌딩 6층
전   화   02-722-0533 팩스 070-8956-1148
홈 페 이 지 www.epasskorea.com
이 메 일   book@epasskorea.com
등 록 번 호 제318-2003-000119호(2003년 10월 15일)

※ 잘못된 책은 교환해 드립니다.
※ 교재 오류 및 수정사항은 홈페이지 고객센터로 접수해주시기 바랍니다.
※ 이 책은 저작권법에 의해 보호를 받는 저작물이므로 무단전재와 복제를 금합니다.
※ 본교재의 저작권은 이패스코리아에 있습니다.

보험전문교육기관 이패스손사
www.sonsakorea.com

2026 최신판
개정 1판

2026 이패스 손해평가사 기본서 1차

유헌석 · 박이준 · 김소정 공저

1과목 **상법 보험편**

2과목 **농어업재해보험법령**

3과목 **농학개론 중 재배학 및 원예작물학**

epasskorea

머리말

합격을 위한 지식, 전문가를 위한 깊이!

손해평가사는 농업 분야에서 발생한 피해 사실을 확인하고 보험가액과 손해액을 정확하게 산정하는 전문가로서, 보험가입자와 보험사업자 사이에서 가장 공정한 조정자이자 신뢰의 연결고리입니다.

오늘날 손해평가사의 역할이 점차 확대되고 그 중요성이 더욱 조명되고 있는 이유는 다음과 같습니다.

1. 농업재해 보상체계의 전문성 강화 - 농업손실을 공정하고 정확하게 평가하여 신뢰할 수 있는 결과를 제공합니다.
2. 농업인의 생활 안정 지원 - 재해로 인한 경제적 손실을 최소화하고 빠른 복구를 돕습니다.
3. 재해보험제도의 신뢰성 확보 - 객관적인 손해평가를 통해 분쟁을 예방하고 보험제도의 안정적 운영을 뒷받침합니다.
4. 농업의 지속 가능성과 경쟁력 제고 - 재해 대응체계를 강화하여 국가 농업 경쟁력 향상에 기여합니다.

이처럼 손해평가사는 단순한 직업을 넘어, 농업 현장의 회복과 성장에 함께하는 필수적인 전문 직역입니다. 손해평가사 자격시험은 전문성과 실무능력을 갖춘 인재를 선발하기 위한 핵심 관문이 됩니다.

이 교재의 구성과 특징

본 교재는 1차 시험과목인 「상법(보험편)」, 「농어업재해보험법령」, 「재배학 및 원예작물학」을 효율적으로 학습할 수 있도록 다음과 같은 원칙에 따라 구성하였습니다.

- **체계적인 이론 정리**
  출제 범위를 기반으로 핵심 개념과 주요 내용을 명확하고 이해하기 쉽게 정리했습니다.

- **기출문제 집중 분석**
  출제 경향을 반영하여 빈출 주제를 선별하고, 이를 중심으로 학습 흐름을 구성했습니다.

- **실전 대비 확인문제 수록**
  각 장마다 문제를 배치하여 학습 내용을 점검하고 실전 감각을 높일 수 있도록 하였습니다.

손해평가사 1차 시험은 세 과목을 중심으로 농업재해론, 농업경영·경제학, 재해보험법규 등 다양한 분야에 대한 폭넓은 이해와 융합된 지식을 요구하므로, 기초부터 차근차근 학습하며 자신의 학습방향을 늘 점검하는 것이 중요합니다. 본 교재는 이러한 과목의 특성과 학습자의 학습 부담을 고려하여, 그 내용을 쉽게 이해할 수 있도록 체계적으로 설명하였으며, 초보 학습자도